力量训练的科学基础与实践应用

（第三版）

Science and Practice of Strength Training

（Third Edition）

［美］弗拉基米尔·M. 扎齐奥尔斯基

［美］威廉·J. 克雷默　［美］安德鲁·C. 弗赖伊　著

李家霞　史瑞应　译

朱晓兰　刘卉　审译

北京体育大学出版社

策划编辑： 王英峰
责任编辑： 王英峰
责任校对： 林小燕
版式设计： 墨轩

北京市版权局著作权合同登记号：01-2022-4275

图书在版编目（CIP）数据

力量训练的科学基础与实践应用 ： 第三版 / （美）弗拉基米尔 • M. 扎齐奥尔斯基，（美）威廉 • J. 克雷默，（美）安德鲁 • C. 弗赖伊著 ； 李家霞，史瑞应译. — 北京 ： 北京体育大学出版社，2024.3
书名原文：Science and Practice of Strength Training (Third Edition)
ISBN 978-7-5644-3979-8

Ⅰ. ①力… Ⅱ. ①弗… ②威… ③安… ④李… ⑤史… Ⅲ. ①力量训练 Ⅳ. ①G808.14

中国国家版本馆 CIP 数据核字(2024)第 001933 号

［美］弗拉基米尔 · M. 扎齐奥尔斯基
［美］威廉 · J. 克雷默 ［美］安德鲁 · C. 弗赖伊 著
力量训练的科学基础与实践应用（第三版） 李家霞 史瑞应 译
LILIANG XUNLIAN DE KEXUE JICHU YU SHIJIAN YINGYONG（DI-SAN BAN）

出版发行： 北京体育大学出版社
地　　址： 北京市海淀区农大南路 1 号院 2 号楼 2 层办公 B-212
邮　　编： 100084
网　　址： http://cbs.bsu.edu.cn
发 行 部： 010-62989320
邮 购 部： 北京体育大学出版社读者服务部 010-62989432
印　　刷： 唐山玺诚印务有限公司
开　　本： 787mm×1092mm 1/16
成品尺寸： 185mm×260mm
印　　张： 24.25
字　　数： 542 千字
版　　次： 2024 年 3 月第 1 版
印　　次： 2024 年 3 月第 1 次印刷
定　　价： 188.00 元

（本书如有印装质量问题，请与出版社联系调换）

出版说明

《力量训练的科学基础与实践应用（第三版）》[*Science and Practice of Strength Training*（*Third Edition*）] 是由国际顶级运动生物力学专家弗拉基米尔·M.扎齐奥尔斯基和他的同事及学生共同著作的。本书的内容以有效提高各类人群力量和运动表现为目的，以研究文献为依据，在严谨论证的基础上提出具有实践指导意义的观点。所有对力量训练感兴趣的教练员、运动员及健身爱好者都可以从本书中汲取很多有意义的信息和启示。

正如后文本书的序中所说，扎齐奥尔斯基博士拥有苏联和东欧国家力量训练的丰富经验，另两位作者提供了美国学者关于力量训练的观点。三位作者在运动人体科学、运动训练学等领域具有深厚的研究基础、学术背景和教学经验，这保证了本书内容的科学性、先进性、实用性和全面性。本书是全面指导力量训练科研和教学训练实践的经典书籍，值得反复研读和深入思考。

Science and Practice of Strength Training 的第二版由北京体育大学前任校长金季春教授翻译出版（北京体育大学出版社，2011）。与第二版相比，第三版增加了力量房中的速度，超量训练、过度训练和恢复及力量房中的运动员监测等目前有关力量训练的最新理念、研究成果或从业者普遍关注的问题，使本书内容更加系统、全面和先进。

本书由李佳霞、史瑞应翻译，由北京体育大学朱晓兰、刘卉审译。在翻译和审校过程中，参考和借鉴了金季春对本书第二版的译稿，查阅并研读了相关研究文献，以确保第三版译稿中体育专业词汇、物理专业词汇、公式、图表注释等翻译的准确性，使译稿在准确表达作者观点的同时，更加易于读者理解。但由于时间仓促，书中难免出现疏漏，恳请广大读者批评指正。

序

《力量训练的科学基础与实践应用（第三版）》由3位作者完成，他们都是力量训练领域国际公认的高水平专家和学者。在力量训练领域，3位专家有长期、丰富的实践经验：扎齐奥尔斯基博士拥有来自苏联和其他东欧国家力量训练的丰富经验；克雷默博士和弗赖伊博士提供了美国学者关于力量训练的观点。该书以独特和通俗易懂的方式，呈现了当下体能训练的新知识。3位作者都有丰富的大学教学经验，多次在国际会议上发言，并主持过力量训练理论和实践研讨会。这些背景使他们能够在力量训练领域交流信息并传递新理念。作为力量训练领域的科研专家，他们广泛收集各种出版物；作为教练员和专业人士，他们有丰富的经验。因此，书中的文字体现了一种特有的方式，运用科学理念为各种训练制订有成效的力量训练计划，是读者制订力量训练计划的有益指导。

该书的阅读对象是教练员、运动员及健身爱好者，满足他们制订个性化力量训练计划的渴望，使其在力量、爆发力、体能及特定的运动表现方面获益。该书不适合那些为了力量训练而寻找捷径的人（如每组要有精确的重复次数或者认为这种训练方法比其他训练方法好）。该书涵盖了力量训练领域所需要的各个方面。在力量训练方面，你的经验可能有限，也可能很丰富。无论怎样，你都会发现一些有争议的观念，这些观念会影响你如何制订更具挑战性与专项的力量训练计划。我向所有对力量训练非常感兴趣的人士强烈推荐该书，因为该书可以帮助他们获得新理念，提高知识水平，并在实践中取得成功。

凯乔·哈基宁（Keijo Häkkinen）教授，博士
芬兰于韦斯屈莱大学

前言

虽然力量训练领域在不断发展，但是影响力量发展的基本原则始终保持不变。基于对过去、现在和未来的考虑，我们很高兴地推出《力量训练的科学基础与实践应用（第三版）》。扎齐奥尔斯基博士和克雷默博士在宾夕法尼亚州立大学共事近 10 年。因为对力量训练的主题一直保持着共同兴趣和热情，所以两位作者的合作持续到第三版。为了拓展力量训练的研究广度，他们邀请了安德鲁 • C. 弗赖伊博士作为第三版的合著者。弗赖伊是克雷默博士在宾夕法尼亚州立大学的博士生，在过去的 27 年里一直致力于研究力量训练，他对科学事业的投入令人钦佩。

正如第二版建立在第一版的基础上，第三版延续了这种方法，拓展了力量和爆发力发展的概念内涵并探究了其复杂性，从而优化运动员和所有年龄健身爱好者的运动发展。第三版除了更新的信息外，为了更好地评估进展及所用计划的有效性，还增加了新的内容——力量房中的速度，超量训练、过度训练和恢复，力量房中的运动员监测。

本书是根据 3 位作者在这一领域的丰富经验撰写的，记录了 1 000 多名优秀运动员的经验，包括奥运会冠军、洲冠军、国家冠军和纪录保持者。克雷默博士还提供了从初中到大学阶段的训练经验。他在大学生运动员和专业运动员训练研究方面的工作为本书增加了一个维度，扩展了其概念上的相关性。弗赖伊博士数十年来一直致力于力量训练研究，尤其关注过度训练。他在力量房中对高中、大学、国内、国际运动员的训练工作与他对肌肉分子和细胞的研究同步进行，使其能够在实验室研究和力量房实践计划之间建立有益的联系。

《力量训练的科学基础与实践应用（第三版）》是为那些对肌肉力量及其发展方法感兴趣的读者准备的。因此，它适用于教练员、即将成为教练员的学生及想自学成为教练员的运动员。它为认真的读者而设计，因为他们不但愿意记住和重复信息，而且愿意理解和应用信息。多年来，教练员和运动员要求科研专家为每个人提供提高力量的最好练习、方法或训练计划。这个问题很复杂，因为没有一个单一的计划在任何时间和任何条件下适用于所有运动员。每名运动员的个人需求不同，在一个时间点上可行，在另一个时间点上不一定可行。最好的计划建立在坚实的原则和概念基础上，并且变化是不可避免的。

本书是为从业者撰写的，因此应该对一些概念和原则进行简单考查，因为这些概念和原则是为运动员确定恰当训练计划的依据。很多人试图把力量训练这个主题简单化，从本质上来说，力量训练虽然很复杂，但是我们也能理解。本书的许多方面都解决了这种复杂性，同时还为具体情况提供了明确的方法。本书提供了训练案例来说明书中讨论的一些概念和原则，但它不是一部配方书，因为这种方式充满了隐患。

力量训练的研究每年都在大幅增长，多年来一些只作为传闻的概念得到了证实。尽管如此，力量训练计划的制订和实践永远不会只遵循科学研究中发现的循序渐进的结果。相反，它基于可靠的原则、务实的见解、教练员的经验及科学探索导向的完美结合，从而形成最优化的知识框架来为特定运动员制订可行和有效的训练方案。

本书深受3位作者经验的影响，在一定程度上会有所偏重。扎齐奥尔斯基博士的经验主要来自苏联、德国和保加利亚。克雷默博士和弗赖伊博士引入了美国学者的视角。他们观点的整合取得了很大的成功，使力量训练理论可以有更多的融合方案。

本书努力做到全面详尽，对过时的概念或通过研究证明无效的概念进行修改或删除，以提供实践与科学方面最前沿的训练概念与理论。

本书由 3 部分组成。第一部分是力量训练基础，共 3 章。第一章，训练理论的基本概念，该章着重分析了力量发展的一些基本原则。第二章，专项力量，该章拓展了与专项性相关的力量训练原则。第三章，运动员个性化力量，该章分析了如何根据运动项目和运动员个体需求改变训练计划。第二部分探讨了力量训练概论，共 8 章。第四章，训练强度，该章分析了在力量训练计划中训练强度概念的重要性和多样性。第五章，力量训练的时间安排，该章剖析了力量训练方案的不同阶段和进展。第六章，力量训练的练习选择，该章概述了力量训练计划中练习的选择及其不同和应用。第七章，力量房中的速度，该章介绍了不同运动速度下的力量表现及力量如何影响运动表现的新概念。第八章，运动损伤预防，该章阐述了如何预防常见的运动损伤，以及力量训练在运动损伤预防中的重要性。第九章，超量训练、过度训练和恢复，过去30多年的重要研究表明，适度的训练和恢复对消除力量训练计划中的损伤很重要。第十章，力量房中的运动员监测，该章提出了运动员监测的概念和思想，目的是确定所使用力量训练计划的有效性并确保运动员向着训练目标前进。第十一章，力量训练的目标，这对每个训练周期的进展至关重要。第三部分对特定人群的力量训练进行了更深入的研究，共 3 章。第十二章，女性运动员的力量训练。第十三章，青少年运动员的力量训练。第十四章，老年运动员的力量训练。

需要说明的是，本书对于体育运动中的药物使用问题不做讨论，这一问题会继续受到全世界的关注。这种做法有害健康，用在体育运动中是极不道德的，而且是违法的。现在，运动员使用的合成代谢药物种类越来越多，这降低了他们利用身体自身的自然合成代谢机制（如内分泌系统）优化训练方法的愿望。再次申明本书的目的是让运动员在没有使用药物的情况下进行训练，并通过优化所使用的力量训练计划，最大程度地、自然地提高身体的能力。

本书使用了有限的参考资料，凸显了3位作者在写作中采取的实用方法，值得读者借鉴。力量训练领域的知识库逐年扩大，本书所提供的书籍、评论和观点立场都是精选的参考资料，让读者获得更多的背景阅读材料，以增强对各种概念和原则的理解。如果本书提供了所有的相关资料，那么本书的篇幅规模将掩盖其实用性。本书的最终愿望是将训练理论与科学基础完美结合，不断推动力量训练实践更科学、更系统。

目录

第一部分　力量训练基础

第二部分　力量训练概论

第一部分

力量训练基础

本书旨在为读者提供运动员训练所需的实用建议或有效运动的处方。然而，如果没有说明应该训练什么，以及为什么有些训练方法比其他训练方法好，就不能给出最为实用的建议和指导。本书第一部分详细描述了训练理论，第二部分涵盖了许多不同的研究主题，如力量训练方法、运动损伤预防、监测以确保计划的成功。第三部分是特定人群的力量训练。

第一部分整体上是描述性的，按照自然的顺序拓新了几个概念。第一章概述了训练理论的原则；描述了适应体力负荷的特点。该章讨论了两种流行的训练理论——单因素理论（超量补偿理论/超量恢复理论）和双因素理论（体能-疲劳理论），这两种理论被业界视作有效的方法，从而得到广泛应用；同时还详细说明了训练效果的类别。虽然该章中介绍的概念和术语贯穿全书，但是该章是独立的，并且假定读者并无此类科学知识的积累。读者通过对该章的学习，也可以系统掌握相关科学知识。

第二章和第三章阐述了影响肌肉力量的因素。这两章的内容是在假定读者对运动生理学和运动生物力学知识有一定的了解，或至少熟悉肌肉生理学知识的基础上撰写的。不过如果读者对这些知识不熟悉，也可以尝试去阅读本书，因为本书对主要概念的阐释是以一种很容易理解的方式进行的，即使读者对运动和体育科学了解很少，也可以读懂。如果读者觉得第二章和第三章理解起来确实有困难，就不用一口气读完，可在阅读完其他部分后再回过头来继续读，效果会更好。

第二章为理解肌肉力量奠定了基础，对通过测量肌肉得到的信息进行了分类和解释。该章介绍了最大肌肉力量的概念，以及两个基本关系（参数关系和非参数关系），并解释了肌肉力量的含义。该章详细讨论了运动训练中涉及的各种因素，如阻力、发力时间、运动速度、运动方向和身体姿势。各种研究主题的整体思想简单明了，即练习的专项性。为了使训练有效，练习应该与主要的运动相似，并且根据该章讨论的标准设置练习的相似度。

第三章从运动员的角度阐述了肌肉力量。为什么有些人比其他人更有力量？优秀运动员有哪些特质让他们变得卓越？由于决定肌肉力量的主要因素是潜在的，因此只能通过生理学方法来识别它们。如果能够准确识别出来，我们就可以在目标导向的训练中更好地利用这些决定肌肉力量的主要因素。所以该章讨论的训练和方法是以具体的目标，而不是一般的力量训练为中心的。基于运动生理学家提出的事实和理论，该章还讨论了肌肉和神经两大类内部因素。

在影响肌肉力量的因素中，第三章除了重点讨论肌肉维度及其对应的体重外，还简要描述了包括营养和激素状态的其他因素。另外，第三章还回顾了神经机制，如肌内协调和肌间协调。第三章对理解训练方法极其重要。

第一章　训练理论的基本概念

力量训练理论作为训练科学或运动训练理论，是运动员科学训练的一部分，运动员科学训练涉及更广泛的知识领域。科学训练课程包括运动员准备阶段的以下部分：体能训练（力量、速度、耐力、柔韧性和其他运动能力）、运动技术学习和周期化训练（即在一个赛季中训练计划的变化安排）。全书广泛应用了在科学训练框架内开发的概念和方法。在当前的体能训练领域，使用基本科学原则对每名运动员和每项运动设计方案至关重要，此外，还需将优化每名运动员的训练计划并保障安全放在首位。本章将介绍训练中的一般问题。其他章节会使用出现在本章的概念和术语。

第一节　训练的适应性规律

如果训练日程安排正确，并且执行得当，一旦机体适应了体力负荷，那么系统性训练会提高运动员的体能，特别是力量水平。一般来讲，适应性是指机体对其所处环境的调整。如果环境发生变化，机体就会随之改变，以便在新的环境中更好地适应和生存。在生物学中，适应性是生物的主要特征之一。

然而，人们也必须考虑适应不良，即当训练计划没有持续稳定地进行，或当负荷和代谢需求超过机体适应的潜力时，机体无法积极响应。简而言之，适应不良意味着训练量太大、训练过程太快。

训练的即时效应和延迟效应

训练结束后，运动员通常会因疲劳而出现运动表现不佳的情况。仅一组训练或单次训练不足以使机体变得更强壮。那么，为什么随着时间的推移，多次训练最终会提高运动表现呢？这是因为机体适应了训练过程并接受了训练负荷的反复刺激。

训练或有规律的身体活动对适应性是一个非常强大的刺激。训练的目的是产生特定的适应性，以提高运动表现。这就需要遵守一个精心策划并具有执行性的训练计划。从实践的角度来看，适应过程的以下 4 个特征对运动训练至关重要。

（1）刺激量（超量负荷）。

（2）适应性。

（3）专项性。

（4）个性化。

一、刺激量（超量负荷）

为了使运动员的状态发生积极的改变，必须进行超量负荷运动训练。只有当训练负荷超过了平时的水平，训练适应性才会发生。在训练过程中，有两种方法可以诱导适应性：一种是增加训练负荷（强度、量），训练方法不变，如耐力跑；另一种是改变训练方法，如果训练方法是新的，运动员可能会不习惯。

如果一名运动员在很长一段时间内使用相同训练负荷的标准训练，就不会有额外的适应性，体能也不会发生实质性变化（图 1.1）。如果训练负荷过低，就会发生停训情况。在优秀运动员中，如果有运动员停训，在几周（或几天）内获得的训练效果就会消失。在比赛期间，优秀运动员不能连续超过 3 天完全被动休息（通常只休息一天或两天）。

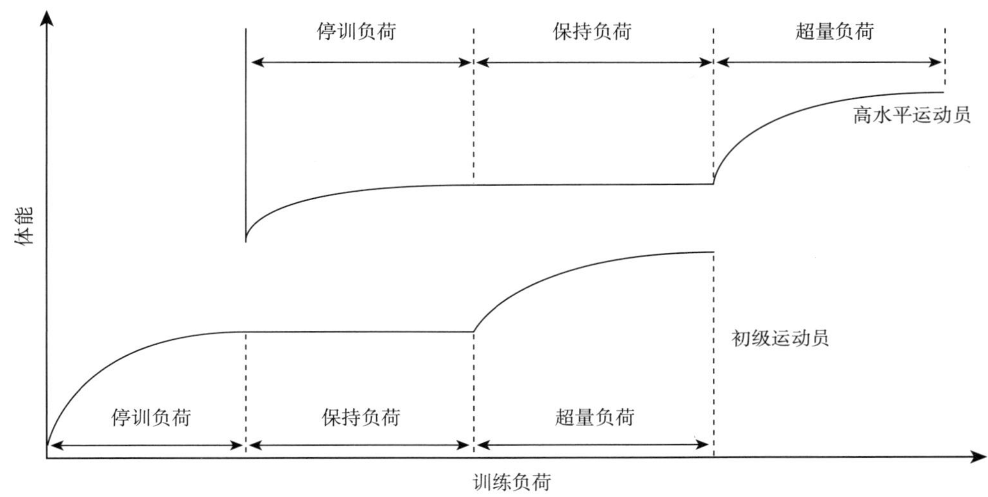

图 1.1　训练负荷（停训负荷、保持负荷、超量负荷）与体能的关系

注：矩形表示与训练负荷的小波动相对应的中间持平区（保持负荷），体能水平在此负荷下基本不变。请注意，阶梯效应表明随着训练刺激量的变化，适应性曲线发生了变化，引起高水平运动员停训的训练负荷对初级运动员来说是超量负荷。

超量负荷案例

3 名运动员是三胞胎，拥有相同的力量。他们一次都能够举起 57.5kg 的杠铃。他们开始用 50kg 的杠铃训练，一组 5 次举起杠铃直至力竭。经过一段时间的训练，3 名运动员适应了训练过程，适应性提高了，一次能举起 60kg 的杠铃。然而，尽管继续训练，他们的成绩也没有再进一步提高，因为他们适应了这个训练计划。在这个阶段，3 名运动员做出了不同的决定。三胞胎中的运动员 A 决定增加训练负荷（举起的重量、一组中的重复次数、组数）或改变运动方式。新的负荷量和强度对这名运动员来说是一种新的刺激，举起成绩得到了提高（超量负荷）。三胞胎中的运动员 B 继续使用以前的训练计划，成绩保持不变（保持负荷）。三胞胎中的运动员 C 减少了训练负荷，成绩下降（停训负荷）。

根据大小，训练负荷大致分为以下几类。

- 超量负荷：训练负荷量大于所保持训练水平，可能发生积极适应。
- 保持负荷：训练负荷量持平，体能保持不变。
- 停训负荷：负荷量下降导致运动表现下降，或运动员的机能水平下降，或两者兼而有之。

运动员需要不断增加训练负荷，才能提高适应性，形成渐进性抗阻训练（progressive resistance training），即当力量水平提高时，需要使用更大的训练负荷。由于优秀运动员的训练准备状态一般会持续 8～12 年，因此他们的渐进性抗阻训练对训练计划要求极高。优秀运动员的训练负荷比只有 6 个月训练经验的新手大约高 10 倍。优秀举重运动员每年举重约 5 000t，而新手仅为该水平的 1/12～1/10。其他运动项目的运动员也是如此。例如，优秀越野滑雪运动员的全年训练里程在 8 000～12 000km，而新手大约是 1 000km。

二、适应性

如果运动员在长时间内以相同的训练负荷进行相同的训练，运动成绩的提高量（增值）会下降（图 1.2）。这是适应性的一种表现，通常被认为是生物学的一般规律。根据这个规律，生物体对恒定刺激的反应随着时间的推移而减弱。适应性使生物体降低了对持续刺激的反应。

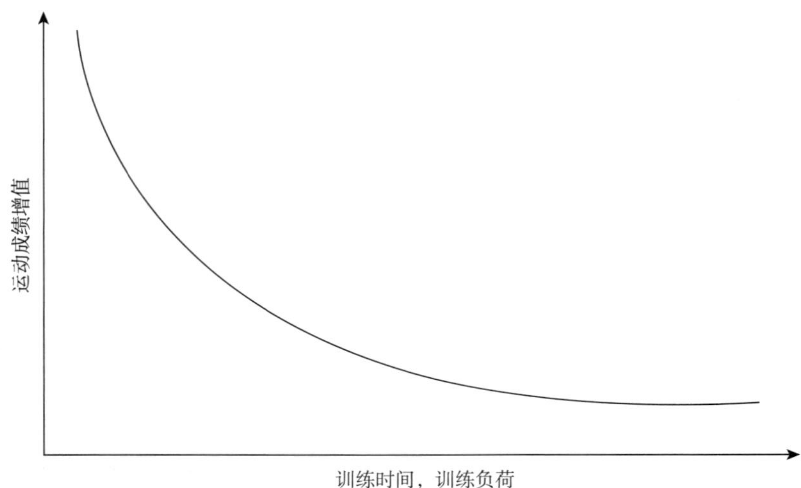

图 1.2　运动成绩的提高量（增值）和训练时间或训练负荷的相关性

注：由于适应性，成绩的提高量（增值）下降。

在训练中，运动是一种刺激，而反应是机体适应后提高的成绩，这个过程被称为转化。随着训练量或训练时间的增加，适应性会降低——这是收益递减的原则。对处于起始阶段的运动员来说，相对较小的训练负荷可能会带来快速的成绩提升，而对有多年经验的运动员来说，即使进行了大量的常规训练，成绩也可能不会有太大变化。原因是缺乏适应变化的机会窗口，而这通常受制于运动员本人所涉及的特定技能训练的遗传上限。

一个怪诞银行的隐喻

对于存款时间较长或存款较多的客户，银行通常会向他们支付较高的利率。假设有一家“怪诞的银行”，采取了相反的政策——客户把钱存在银行的时间越长，存款越多，利息越低。有这种政策的银行很可能很快就会倒闭，但我们的身体机能却如此运行。经过长时间的训练或当运动员增加训练负荷时，在提高成绩方面，我们会看到每单位训练负荷运动成绩的提高量有所下降，就如同本金的利息减少了。

由于适应性，长期使用标准练习或标准训练负荷是低效的。训练计划必须要有所不同。同时，由于训练适应的专项性特征，用于力量训练的练习在肌肉协调性和生理需求方面应尽可能接近主要的运动动作。使用专项运动练习会使训练结果的迁移率最高。这两个要求成了培养优秀运动员的主要冲突之一——训练计划既要有变化，以避免适应性，又要稳定，以满足专项训练需求。

为了避免或减少适应性的负面影响，要定期调整训练计划，大体上有以下两种方法。

- 定量方法——改变训练负荷（如举起的总重量）。
- 定性方法——更新练习。

定性方法被广泛应用于优秀运动员，尤其是那些具有创造力的优秀运动员的训练中。

三、专项性

训练的适应性具有高度专项性。众所周知，力量训练可以增加肌肉质量和力量，而耐力训练会引起其他变化，如有氧能力的增加。由于适应的专项性，各种运动项目的练习和训练是不同的。

专项性可以用一种方式来描述，即训练结果迁移。例如，设想一群年轻的运动员在一段时间内只做练习 A：杠铃下蹲。最终，他们的成绩会提高。假设所有运动员的增重都是一样的，如 20kg，那么这些运动员在其他练习（如练习 B：原地纵跳；练习 C：冲刺跑；练习 D：自由泳）中的成绩会如何呢？可以预测，这些练习的成绩会有不同程度的提高，但原地纵跳提高的幅度可能最大，冲刺跑提高的幅度较小，而自由泳几乎没有提高。换句话说，训练结果从练习 A 到练习 B、练习 C 和练习 D 的迁移是可变的。

即使在非常相似的练习中，训练结果的迁移也可能有很大的不同。在一项实验中，两组运动员在不同的关节角度（70°和 130°）进行等长伸膝（完全伸腿相当于 180°）训练。在不同关节角度下观察到的最大力值 F_m 及力量增值 ΔF_m 是不同的（图 1.3）。

在不同关节位置，两组的力量增值是不同的。第一组运动员以膝关节 70°进行等长伸膝训练［图 1.3（a）］，所有关节位置的力量增长几乎相等。训练结果从训练过的身体姿势（70°）向未训练过的身体姿势（其他关节角度）的迁移很高。第二组运动员以膝关节 130°进行训练［图 1.3（b）］，训练结果的迁移仅限于邻近关节角度：小关节角度的力量增值较低（对比在 130°角和 90°角的力量增值）。杠铃下蹲也是如此。第一组经过训练的身体姿势的力量增值是 410±170N，杠铃下蹲的力量增值是 11.5±5.4kg。第二组经过训练的身体姿势的力量增值是 560±230N，尽管在膝关节 130°下进行训练，力量有如此大的增长，杠铃下蹲的成绩仅增加了 7.5±4.7kg。第二组经过训练的身体姿势的力量增值更高（560±230N vs. 410±170N），但杠铃下蹲的力量增值较低（7.5±4.7kg vs. 11.5 ±5.4kg），原因是训练结果迁移极小。

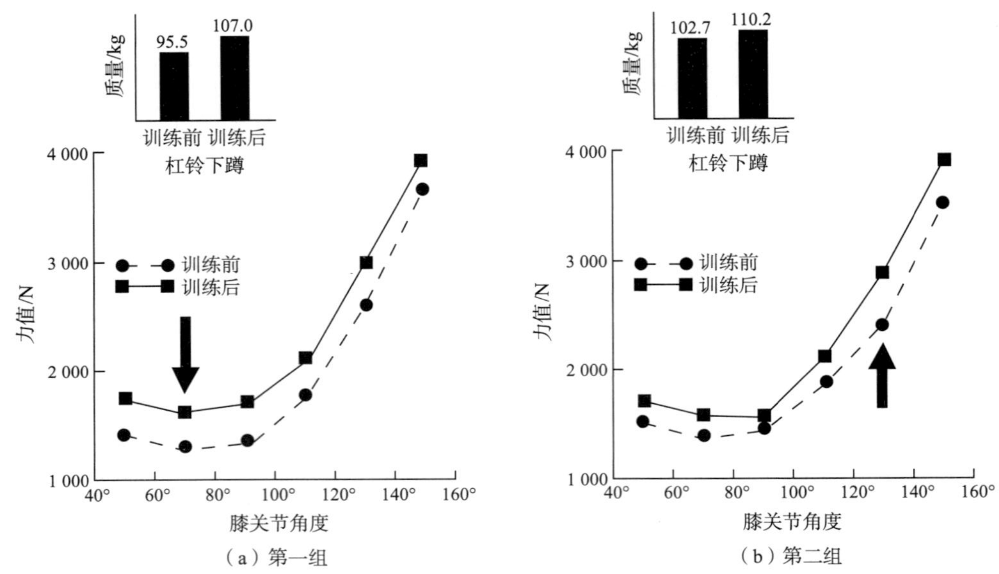

（a）第一组　　（b）第二组

图 1.3　两个实验组的成绩提高量（力量增值）

注：垂直箭头表示进行等长训练的角度。力量是通过等长伸膝和杠铃下蹲测量的。

［资料来源：W.M. Zatsiorsky and L.M. Raitsinm, “Transfer of Cumulative Training Effects in Strength Exercises, ” *Theory and Practice of Physical Culture* 6 (1974): 7-14.］

由于不同的训练中有不同的运动表现形式（力、时间、距离），且不能直接比较，因此应采用无因次量来估算训练结果的迁移，这个单位是用成绩标准差表示的训练结果增值。

$$\text{训练结果增值}=\frac{\text{成绩增值}}{\text{成绩标准差}}$$

例如，如果一个小组的平均成绩为 60±10kg（平均值±标准差），通过训练，一名运动员提高了 15kg，则该运动员的个人提高等于 15/10 或 1.5 个标准差。在训练科学文献中，该组的训练结果增值被称为效应量，计算公式是［（训练后均值-训练前均值）/训练前标准差］。使用未训练的练习（练习 B、练习 C 和练习 D）和训练的练习（练习 A）中增值的比率计算迁移率。根据定义，迁移率的计算公式如下：

$$\text{迁移率}=\frac{\text{未训练练习的结果增值}}{\text{训练练习的结果增值}}$$

两种增值均以标准差（SD）测量。迁移率越高，训练结果的迁移越大。如果迁移率低，训练效果则是专项的。在图 1.3 的示例中，对于以膝关节 130°进行训练的一组，训练效果更具专项性（表 1.1）。适应的专项性随运动熟练程度的提高而增加。运动员的体能水平越高，适应的专项性越强。优秀运动员的训练结果增值迁移率较低。对初级运动员来说，几乎所有训练都是有用的。体能水平较低的人可以通过简单的健美操来提高力量、速度、耐力和柔韧性。初级自行车运动员可以通过杠铃下蹲来提高成绩。优秀运动员应该使用更有专项性的训练负荷和训练方法来提高竞技准备状态。

优秀运动员如何避免奥运周期中的适应性？

为了避免出现适应性，几名连续在三届奥运会上都取得成功的优秀田径运动员是怎么做的呢？他们中没有人每年都使用相同的训练计划；相反，他们改变了训练常规。一些运动员仅在 4 年中使用一次他们认为最有效的训练（如标枪运动员过顶投掷 3kg 重的铅球），这样做就是为了避免产生适应性。

表 1.1　训练结果迁移率的计算

文中讨论的实验里记录了以下数据：

测试	训练前	训练后	成绩增值	结果增值	迁移率
第一组：在 70°角的等长伸膝训练					
在 70°角的力值/N	1 310±340	1 720±270	410±170	410/340≈1.2	
杠铃下蹲/kg	95.5±23	107±21	11.5±5.4	11.5/23=0.5	0.5/1.2≈0.42
第二组：在 130°角的等长伸膝训练					
在 130°角的力值/N	2 710±618	3 270±642	560±230	560/618≈0.91	
杠铃下蹲/kg	102.7±28	110.2±23	7.5±4.7	7.5/28≈0.27	0.27/0.91≈0.30

注意结果：

特点	优势组	对比
训练练习的成绩增值	第二组	560∶410N
训练练习的结果增值	第一组	1.2∶0.91SD
训练结果的迁移率	第一组	0.42∶0.30
未训练练习的成绩增值	第一组	11.5±5.4∶7.5±4.7kg

由于训练结果的迁移率较高，第一组的训练方法较好地提高了杠铃下蹲的成绩。

训练结果迁移：为什么重要？

第一批关于指导运动员如何做训练准备的书出版于 19 世纪，这些书读起来很有趣。为比赛而准备的训练计划只包括主要运动的训练，别的什么也没有。如果一个人参加了 1 英里［1英里（mi）≈1.61 千米（km）］跑步比赛，平时训练就只练 1 英里跑。

教练员和运动员很快就意识到这样的备赛不够完美。要成功跑完 1 英里，运动员不仅要有耐力，还要有适当的冲刺能力、良好的跑步技术，以及强健灵活的肌肉和关节。通过重复跑固定距离来提高这些能力远远不够，所以训练方法发生了质的改变。为了提高运动员特定运动项目的能力，训练计划中采用了许多辅助训练，而不是单一训练的多次重复。这时训练的概念和内涵发生了深刻变化。

为使训练效果从辅助运动项目迁移到主要运动项目上，选择更为有效的运动方法和训练计划需要考虑以下问题。

（1）长跑对耐力游泳运动员有用吗？对越野滑雪运动员、竞走运动员、自行车运动员、摔跤运动员都有用吗？

（2）为了提高棒球投手快速投球的速度，教练员建议投手使用不同重量的棒球进行训练，包括重棒球，那么训练用球的最佳重量是多少？

（3）体能教练员为所有运动员推荐一套训练腿部力量的练习，可以从几组练习中选择一组，也可以将不同组的练习组合在一起，具体如下：

- 运动器械上的单关节等速运动，如膝关节屈伸。
- 类似的单关节自由负重训练。
- 杠铃下蹲。
- 腿部等长伸展训练。
- 附加重量（重腰带）的纵跳训练。
- 上坡跑。
- 使用阻力伞跑步。

以上哪种练习方法最有效？换句话说，什么时候训练结果的迁移更大？

四、个性化

由于个体差异，同样的运动或训练方法在不同的运动员身上会产生或大或小的效果。无数模仿著名运动员训练计划的尝试都不一定成功，也不一定不成功。应该理解并创造性地应用那些隐含在重要训练计划下的基本理念，而不是整个训练计划。这同样适用于训练实践和科学研究中得出的一般规律。优秀运动员需要谨慎地使用一般的训练计划。普通的运动员，或那些远远不够优秀的运动员，按照一般的训练计划准备。冠军不是普通人，他们特别优秀。训练的个性化将优化训练效果，增强对训练方案的预期适应。

第二节　一般训练理论

一般训练理论（模式）是教练员和专家广泛应用于解决实际问题的简单模式。这些模式只包括运动训练的最基本特征，而忽略了许多其他特征。一般训练理论是训练中最基本的概念，被教练员和运动员特别用于训练及制订训练计划中。

一、单因素理论（超量补偿理论/超量恢复理论）

在单因素理论中，人们认为运动训练的直接效果是消耗某些生物化学物质。运动员对于比赛或训练的身体状态表现被称为准备状态，其变化被认为与可马上用于消耗的生物化学物质的量完全一致。在训练和运动科学文献中有证据表明，某些物质会因剧烈训练而耗尽。一个例子是进行大量无氧运动或长期有氧运动之后的肌糖原会耗竭。

恢复期后，给定生物化学物质的水平会增加到初始水平以上，这被称为超量补偿。机体物质水平升高的时间段被称为超量补偿阶段（图 1.4）。

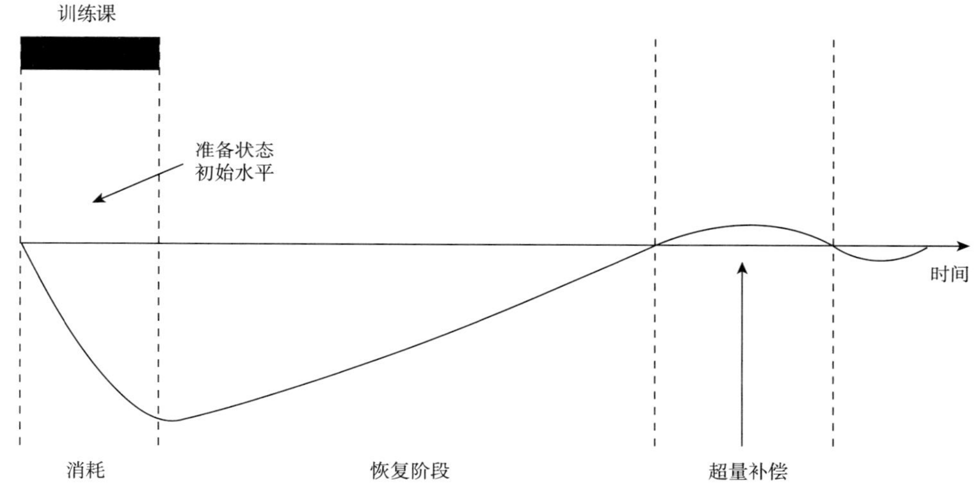

图 1.4　根据超量补偿理论，一次训练课后恢复过程的时间曲线和运动员的训练准备状态

注：纵轴表示物质的量和准备水平。根据模型，两条曲线重合。

如果训练课之间的休息间隔太短，运动员进入下一个训练状态的准备水平就会降低［图1.5（a）］。如果连续训练课之间的休息间隔合适，且下一次训练课与超量补偿阶段同时进行，运动员的准备水平就会提高［图 1.5（b）］。在训练课间隔太长的情况下，运动员的体能不会改变［图 1.5（c）］。教练员和运动员应避免连续训练课之间的休息间隔太短或太长。相反，他们应该探索以下两个方面。

- 连续训练课之间的最佳休息间隔。
- 每次训练课的最佳训练负荷量。

选择最佳休息间隔和训练负荷量的目的是确保后续训练课与超量补偿阶段一致。

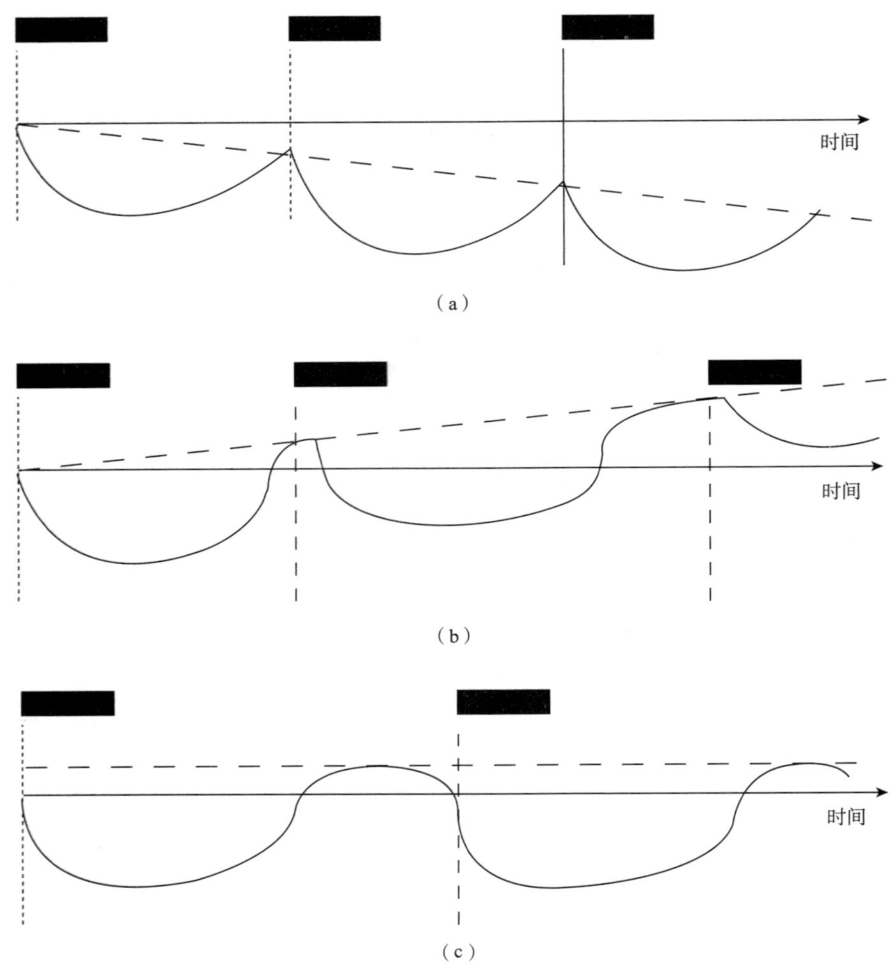

图 1.5 超量补偿理论

注：纵轴既表示物质的量，又表示准备进入下一个训练状态的水平。连续训练课之间的休息间隔有 3 种情况（用黑色矩形表示）：（a）间隔太短，运动员的准备水平由于累积的疲劳而下降；（b）间隔最佳，后续训练课与超量补偿阶段相一致；（c）间隔太长，训练效果不稳定。

在这一理论框架内，更复杂的训练计划变化也是可以接受的。图 1.6 显示了训练中最常见的一种变化，即加强（强化）小周期。在这种情况下，经过几次大负荷训练和短休息间隔训练后，要有一个相对较长的休息时间。人们普遍认为，这样的训练日程最终会产生比正常情况更大的超量补偿［比较图 1.5（b）和图 1.6］。

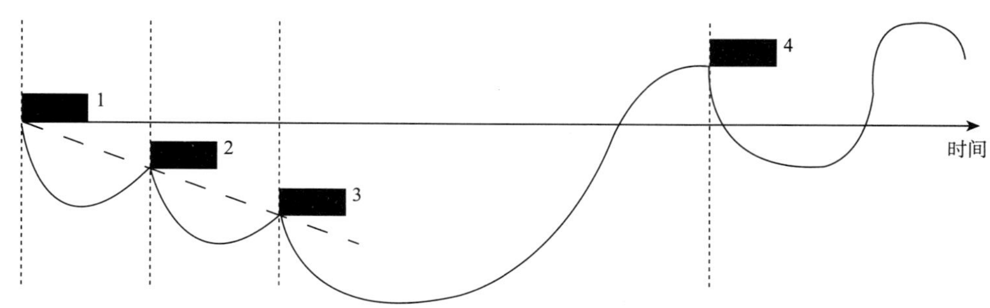

图 1.6　加强（强化）小周期

注：用黑色矩形来表示 4 次连续的训练课，在前三次训练课之间的间隔太短，运动员不能完全恢复，故累积了疲劳。在第三次和第四次训练课之间的间隔较长，这种情况是最佳的。第四次训练课与前三次训练课后的超量补偿阶段同时进行。

几十年来，超量补偿理论（模型）一直是最流行的训练理论，许多教材对它进行过描述和分析，并被教练员广泛接受。尽管它很受欢迎，但我们还是应以审慎的态度进行分析和运用。

大多数代谢物质是否存在超量补偿阶段从未被实验证明过。一些代谢物质，如肌糖原，运动后会消耗已得到证实。适当的训练日程与碳水化合物增补法相结合可能诱导糖原的超量补偿。这个措施只在重要的比赛前使用，不用于训练前，并且它专门针对糖原水平受到活动的生物能量需求影响的运动项目。其他生化基质的浓度在肌肉活动中的作用已被证明是非常重要的，如三磷酸腺苷（ATP），即使在非常剧烈的运动后也不会发生实质性变化。不同代谢物质恢复到初始水平需要不同的时间。我们还完全不确定应该使用哪些标准来选择连续训练课之间正确的休息间隔。总的来说，超量补偿理论过于简单，也许不正确。随着时间的推移，这个概念在运动学界已失去了大部分支持。

二、双因素理论（体能–疲劳理论）

双因素理论（体能–疲劳理论）比超量补偿理论更为复杂。它基于以下观点，即准备状态以运动员潜在的运动表现为特征是不稳定的，是随时间的推移而变化的。运动员的准备状态由两部分组成——缓慢变化部分和快速变化部分。体能一词指运动员在准备状态中缓慢变化的运动能力。体能在几分钟、几小时甚至几天内也不会发生显著变化。然而，疲劳、心理压力过大或流感等突发疾病很可能会快速改变运动员准备比赛的身体状态。运动员的准备状态有时被认为是一组潜在的特征，随时都存在，需要不断地进行测量。根据双因素理论，训练后的即时训练效果是以下两个过程的结合。

- 训练课提高了体能。
- 产生了疲劳。

一次训练课后，运动员的准备状态因体能提高而改善，也因疲劳而衰退，最终结果由正负变化的总和决定（图 1.7）。

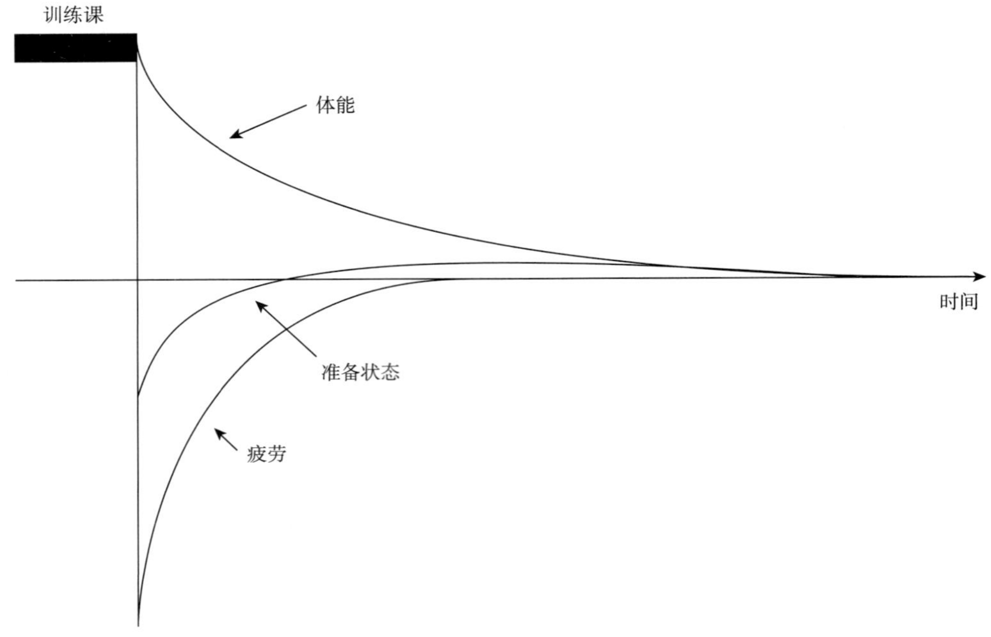

图 1.7　训练的双因素理论

注：一次训练课的直接效果表现为两个过程的共同作用：提高体能与产生疲劳。运动员的准备状态因体能的提高而改善，因疲劳而衰退。

训练的单、双因素理论

单、双因素理论帮助教练员合理掌握和科学构建运动员准备期间的训练与休息间隔的时间安排，并将训练视为一个有组织的过程，而不是杂乱无序的训练和休息间隔。

假设有两位教练员，他们的训练理念不同。教练员 A 严格遵守训练的单因素理论，并试图在（据他估计）超量补偿阶段安排一次训练。教练员 B 更倾向于双因素理论，一直寻求足够长的休息间隔以进行适当的恢复，同时也要保持相当短的休息间隔以维持所获得的体能水平。有时两位教练员的训练计划可能看起来相似，但背后的训练理念却不尽相同。你会看到在临近重要比赛前的阶段，减量训练或调峰训练计划的最大不同。教练员 A 可能会建议他的运动员减少训练课次数（但不会减小训练课期间的负荷），以便在超量补偿的高峰时进行比赛。例如，按照单因素理论，教练员 A 让运动员在赛前的最后一周只训练两三次，每次训练课的负荷都比较大，但教练员 B 更喜欢让运动员保持已有的准备状态，避免疲劳，只参加几次热身性训练课。教练员 B 这样做的目的是减小每次训练课的负荷，而不是减少训练课的次数。

一次训练课所带来的体能增值应该是中等但持久的。疲劳效应在量级上较大，但持续时间相对较短。我们大体估算得出，在一次正常训练负荷的运动中，体能增值的持续时间是疲劳效应持续时间的 3 倍。这意味着，如果疲劳的负面影响持续 24h，则该训练的正面影响将持续 72h。

单次训练课后即刻训练效果的时间过程可以用以下公式来描述：

$$准备状态=P_0+P_1\mathrm{e}^{-k_1t}-P_2\mathrm{e}^{-k_2t}$$

其中，P_0 是训练课前准备状态的初始水平；P_1 是体能增值；P_2 是训练课后即刻估算的疲劳效应；t 是时间；k_1 和 k_2 是时间限制；e 是自然对数的底，约为 2.718。

根据训练的双因素理论，应该选择连续训练课之间的最佳时间间隔，以消除前一次训练课的所有负面痕迹，保持正面的体能增值。这种模式颇受教练员欢迎，主要用于制订训练计划，尤其是赛前最后几天的训练计划。

第三节 训 练 效 应

训练效应——由于训练而在机体内发生的变化，可被划分为以下几类。

- 急性效应是运动过程中发生的变化。
- 即时效应是单次训练课产生的效果，并且在训练课后很快就会显示出来。
- 累积效应是持续的训练课甚至是训练季产生的效果。
- 延迟效应（也被称为慢性效应）是指在完成常规训练后的特定时间间隔内出现的效果。
- 局部效应是由单一训练手段（如卧推训练）产生的变化。
- 痕迹效应是指训练停止后还保持着变化，超出了产生适应性的时间段。

本 章 小 结

训练的主要目的是产生专项适应性，以提高运动成绩。在力量训练中，适应性是指机体对训练（体力负荷）的不断调整。如果训练计划制订合理并执行得当，那么运动员的力量会因为适应而逐渐提高。

当训练负荷超过平时或当运动员不习惯某一训练时，就会发生训练适应。训练负荷大致分为超量负荷、保持负荷和停训负荷。为了产生适应性，需要做到以下几点。

（1）必须进行超负荷训练。

（2）练习和训练计划必须有专项性（与主要运动训练相对应）。

（3）练习和训练负荷（强度、量）应随时间而变化。长时间以同样负荷进行相同训练时，成绩提高的幅度会降低（适应性）。

（4）训练计划必须针对每名运动员进行个性化调整。切记个体之间存在差异。

为了制订训练计划，教练员使用只基于最基本特征的简单理论，这些理论被称为一般训练理论。

超量补偿理论或单因素理论基于以下观点，即某些生物化学物质会因训练课而消耗殆尽。恢复期后，该物质的水平增加到初始水平以上（超量补偿）。如果下一次训练课发生在超量补偿阶段，运动员的准备水平就会提高。在双因素理论（体能-疲劳理论）中，训练课后的即时效应被认为如下：①训练课提高了体能。②产生了疲劳。正负变化的总和决定了最终的效果。

训练效应可分为急性效应、即时效应、累积效应、延迟效应、局部效应和痕迹效应。

第二章 专项力量

如果目标导向的训练是为了知悉运动员必须怎样训练才能获得最佳成绩，那么在这个过程中首先要清楚应该训练什么；其次要明白为什么训练必须以规定的方式进行。要了解力量训练，必须先从整体上理解什么是肌肉力量。

本章将探讨肌肉力量的定义、影响肌肉力量表现的主要因素。当一名运动员做最大用力时，其产生的力量取决于运动任务和个人的能力。因此，我们会在比较运动任务时探讨其决定因素，也会在比较运动员时研究其决定因素。力量房中使用的练习对运动技能的影响与专项力量的概念有关。

第一节　力量的要素

假如要求一名运动员对一枚一分硬币施加很大的力量，这种尝试用力会失败。尽管用了最大力，力的量值还是相当小。我们由此可得出这样的结论——肌力的大小取决于所提供的外部阻力。阻力是决定运动员所产生力量的重要因素之一，其他因素也很重要，下面我们将做详细探讨。

一、肌肉运动表现的最大值

要求一名运动员用不同的力多次投掷铅球。根据力学定律，投掷距离取决于投射物的出手位置和出手速度（包括大小和方向）。假设在不同的尝试中，铅球的出手位置和出手角度都没有改变。在这种情况下，投掷距离（成绩）只取决于投掷的出手速度。由于受试者每次出手时力量大小存在差异，个人肌肉运动表现的最大值（最大距离、最大速度）出现时，投掷距离最大。在本书中，符号 P_m ［或 V_m （最大速度），F_m （最大力）］用来指肌肉运动表现的最大值。

二、参数关系

在实验的下一个阶段，运动员用最大的力量投掷铅球，试图取得最好的成绩。但运动员推的不是男子铅球（7 257g），而是女子铅球（4 000g），使用较轻的铅球，速度明显提高。实验结果记录了两个不同的 V_m 值：一个值是推男子铅球得出的值；另一个值是推女子铅球得出的值。

在科学研究中，决定实验结果（如质量或距离）或数学表达式特定形式的变量被称为参数。换句话说，参数是在实验过程中可被操纵的自变量。可以说，在上面例子中，实验参数（铅球质量）发生了变化。如果铅球质量（参数）以系统的方式改变，如在 0.5 ~ 20kg，每次投掷铅球时肌肉运动表现的最大值（P_m，V_m，F_m）都会不同。

因变量，特别是 V_m 和 F_m 是相互关联的。V_m 和 F_m 之间的关系被称为最大参数关系，简称为参数关系。使用参数这个术语是为了强调 V_m 和 F_m 的变化是因为运动任务的参数值改变了。V_m 和 F_m 之间的参数关系通常是负相关。投掷重铅球比投掷轻铅球用力大、速度小，即 F_m 越大，V_m 越低。其他运动任务也是这样（图 2.1，图 2.10）。

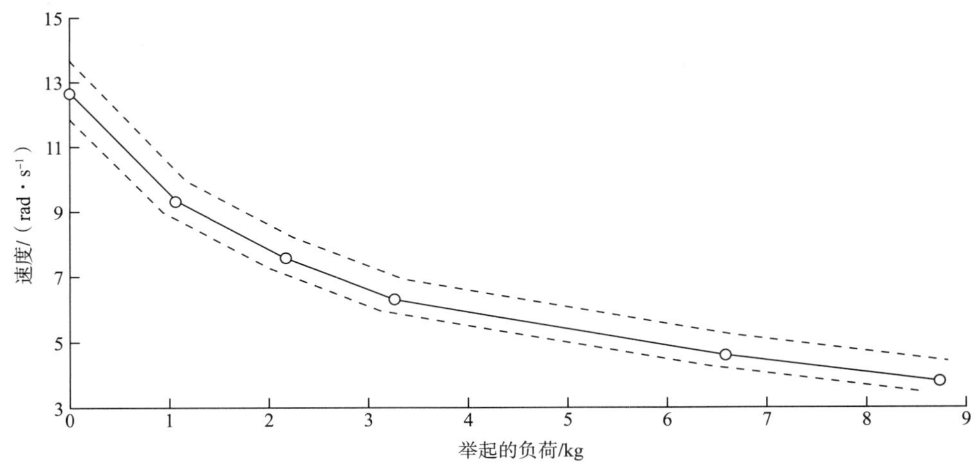

图 2.1　力和速度之间的参数关系

注：在这项实验中，100 名年轻男性在手持杠铃的同时伸展手臂快速地屈肩。在不同的实验中，举起的负荷从 0（空臂）到 8kg 不等。记录每次实验的最大举起速度 V_m。数据为组平均值和标准差。

［资料来源：V.M. Zatsiorsky, Yu. I. Smirnov, and N.G. Kulik, "Relations Between the Motor Abilities, Part 1," *Theory and Practice of Physical Culture* 31, no. 12(1969): 35-48. 许可转载］

参数关系示例

一位教练员建议自行车运动员在训练中改变他们自行车的齿轮比，该比值越高，施加在踏板上的力越大，踏板的速度越低。力与频率（脚的运动速度）之间的（负相关）关系是参数关系的一个例子。

以下是来自不同运动项目的参数（力–速度）关系的例子。

运动项目	可变参数	力	速度	关系
自行车	齿轮比	对踏板施加的力	踏板（频率）	负
划船、皮划、独木舟	桨叶面积	用在桨叶上的力	桨叶相对于水	负
上坡/下坡步行	坡度	起步时的力	步行	负
投掷	器械的重量/质量	对器械施加的力	器械出手时	负
原地纵跳	重量调整：增加重量（腰带）或减少重量（悬挂系统）	起跳时的力	起跳后的身体	负

注意：所有的关系都是负的（相反的）——力越大，速度越低。

三、非参数关系

参数曲线（V_m - F_m）上的每个点在给定的运动任务参数值（即物体重量、外部阻力、齿轮比、距离）上对应运动表现的最大值。这些值中有峰值，如最大的 F_m 或 V_m。这些成绩在最大值中达到最高限度，被称为运动表现的最大极限值，用符号 P_{mm}、V_{mm} 和 F_{mm} 表示。只有在最有利的条件下才能达到这些水平。例如，只有在外部机械阻力很小且运动时间短的情况下（如投掷较轻的物体或冲刺）才能获得 V_{mm}，只有在外部阻力足够大的情况下才

能获得 P_{mm} 。

$P_{mm}\left(V_{mm}，F_{mm}\right)$ 与 $P_m\left[V_m，F_m，T_m\left(\text{达到最大力的时间}\right)\right]$ 之间的关系称为最大非参数关系，简称非参数关系。以下两对运动表现是非参数关系的示例。

- 卧推的最大成绩（ F_{mm} ）和投掷 7kg 或 4kg 铅球的距离（ P_m 或 V_m ）。
- 腿屈伸最大极限力和原地跳的高度。

与参数关系不同，非参数关系通常是正的。例如，F_{mm} 越大，V_m 就越大，这意味着运动员越强壮，他就可以越快地完成一个指定的动作。只有当运动员克服的阻力（如器械的重量）足够大时，这个结论才成立（图 2.2）。例如，在运动员推动自己身体的运动中，如原地纵跳，F_{mm} 和 V_m 之间一般是正相关——强壮的运动员跳得更高。对初级运动员来说尤其如此。如果阻力（任务的参数值）较低，F_{mm} 与 V_m 之间的相关性较小，如在乒乓球击球运动中，强壮的运动员并没有优势。最大极限值 F_{mm} 和 V_{mm} 之间的相关性为 0，在这种情况下，最强壮的运动员不一定是最快的运动员。

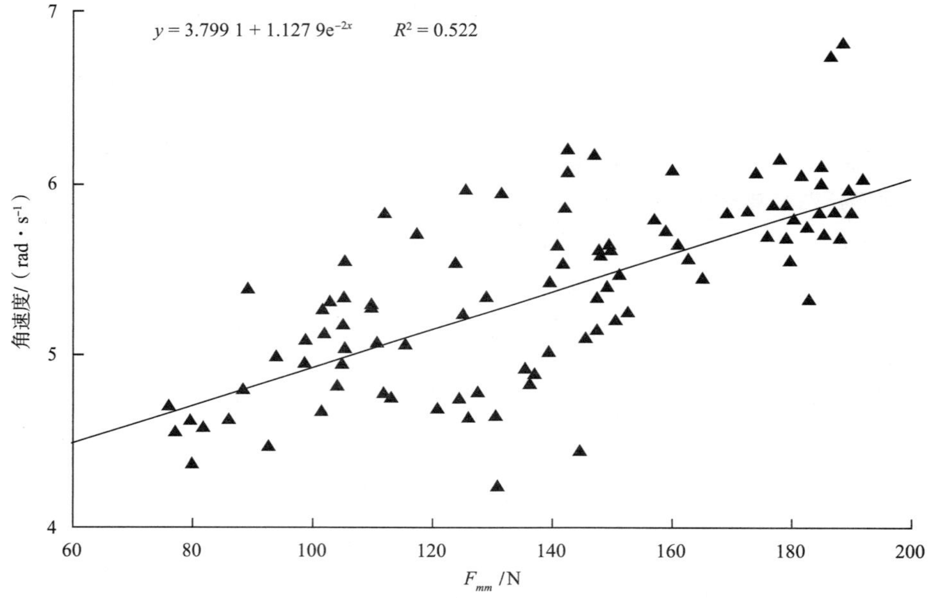

图 2.2 伸臂屈肩的最大极限力（F_{mm}）和最大速度（V_m）之间的非参数关系

注：100 名受试者，手持 6kg 哑铃，可与图 2.12 进行对比。

［资料来源：V.M. Zatsiorsky, “Motor Abilities of Athletes, ” unpublished doctoral dissertation (Moscow：Central Institute of Physical Culture, 1960), 46.］

在考虑训练最大肌力时，应区分 F_{mm} 和 F_m 。

四、肌肉力量的界定

力量或肌肉力量，是产生最大极限力 F_{mm} 的能力。回想一下，力在力学和物理学中被定义为两个物体之间相互作用的瞬时测量值。力的表现方式有两种：要么改变物体的运动；要么使物体变形（或两者兼有）。力是一个矢量，它的特征如下：①大小；②方向；③作用点。由于力是一个瞬时测量值，而所有的人体运动都是在一定的时间跨度内进行的，因此教练员和运动员感兴趣的是整个力-时间的连续体，而不仅是某一特定时刻的力。

非参数关系示例

一位游泳教练员想确定陆上力量训练是否会影响她的运动员的游泳能力。为了明确这一点，她测量了运动员在特定划水运动中克服大阻力产生的 F_{mm} 和游泳速度。

她认为，如果两个变量之间的相关性很高，那么 F_{mm} 很重要，运动员值得花费精力和时间来提高最大力。如果两个变量之间的相关性很低（也就是说，最强壮的运动员不一定是游得最快的运动员），最大力量训练就不具价值，其他能力（如肌肉耐力和柔韧性）更重要。

该教练员发现 F_{mm} 和游泳速度之间的相关性是显著的。优秀游泳运动员在特定的动作中会产生更大的力量。这是一个非参数关系的例子。

为什么力量训练对短跑和跳跃运动员至关重要?

身体重量（在向上起跳的动作中）和身体质量（在水平和垂直的推进过程中）提供了很大的阻力。如果在没有任何外部阻力的情况下练习腿蹬伸运动，力量训练的意义很小，因为在这种情况下，F_{mm} 和 V_{mm} 之间没有正相关性。

体育运动中存在着许多不同的力。在生物力学中，力分为两种——内力和外力。人体的一个组成部分对另一个组成部分施加的力是内力。内力包括骨骼对骨骼的作用力和肌腱对骨骼的作用力等。运动员身体与环境之间的作用力称为外力。根据力量的定义，只有外力才能被视为衡量运动员力量的标准。

众所周知，激活的肌肉在下面 3 种情况下对骨骼施加力。

（1）长度缩短［向心收缩或微等长（miometric）收缩］。

（2）长度拉长［离心收缩或超等长（pliometric）收缩］。

（3）长度不变［静态收缩或等长（isometric）收缩］。

请注意，metric 表示“长度”；mio 表示“较少”；pleio（plio）表示“更大”（在美国，plyometrics 已经成为一种常见的拼写方式，而 pliometrics 是另一种拼写方法）；iso 表示“相同”或“恒定”。不考虑肌肉力（由肌肉产生的力）和肌肉力量（施加在外部物体上的最大力）之间的差异，这种简单的分类可以被用来识别肌肉力量的变化。

从另一个角度来看，力量可以被定义为通过肌肉用力克服或抵消外部阻力的能力。在向心收缩（动作）中，阻力的作用方向与运动的方向相反，而在离心收缩（运动）中，外力的作用方向与运动的方向相同。

第二节　决定因素：运动任务之间的比较

如果在不同的尝试中，不考虑时间和速度等要素差异的话，我们可以说运动本身是相同的，因为身体的所有部分都沿着相同的轨迹或非常相似的轨迹运动。因此，根据定义，运动只由运动的几何学决定，而不是由运动学或动力学决定。例如，用不同重量的杠铃进行抓举（奥运会举重比赛中的一种举重动作，运动员用一个连贯的动作把杠铃从地板上一下子举过头顶）是一种运动，纵跳中的起跳动作无论有无附加负荷也是一种运动。

运动员在同一运动中所发挥的最大力，如腿伸展动作，在条件改变时是不同的。决定这一差异的是外在（外部）和内在（内部）两种因素。

什么是肌肉力量?

受试者被要求用最大的力弯曲肘关节，以对不同的物体产生尽可能大的力和速度。这些物体包括一枚一角硬币、一个棒球、一个 7kg 的铅球和不同重量的哑铃，其中一个哑铃太重举不起来。测量施加在物体上的 F_m，结果是不同的。

问题：哪一个 F_m 值代表肌肉力量?

答案：根据给出的定义，最高的一个。不是 F_m，F_{mm} 才是测量肌肉力量的标准。

一、外因与阻力的作用

力是一个物体对另一个物体作用的测量值，其大小取决于运动中的两个物体的特征和动作。运动员施加在外部物体（如自由调节重量的器材、投掷器械、运动器械的手柄、游泳和划船中的水）上的力不仅取决于运动员自身的能力，还取决于外部因素。

为了判断外部阻力的作用，想象一名运动员在腿部伸展中用的最大力 F_m。采用两种实验范式测量外部阻力。在第一种情况下，测量不同的腿屈伸度对应的 F_m。许多研究人员发现，F_m 和腿的长度（骨盆到脚的距离）呈正相关关系——腿伸展，力量增加（图 2.3，*A* 线；另见图 1.3）。当腿接近完全伸展时达到最大极限力 F_{mm}。这与日常观察到的相一致——运动员在半蹲时可以举起最大的重量，而不是在深蹲时。

然而，如果在一个动态运动中记录腿的伸展力，如跳跃中的起跳，相关性正好相反（图2.3，*B* 线）。在这种情况下，最大的力量产生于最深的蹲位。F_m 与腿长呈负相关关系。

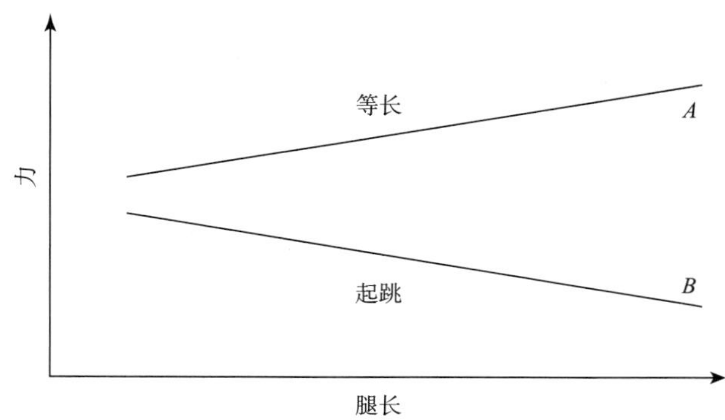

图 2.3　腿部伸展的最大力与身体姿势（腿长）的关系

注：A 线为等长测试。B 线为起跳时腿伸展产生的力。

这里腿支撑的机械力学特征类似于弹簧的性质：形变越大（即膝盖弯曲），力越大。记住，在两种实验条件下（等长和起跳），运动员都在用最大力。因此，F_m 的大小及 F_m 与腿长的相关性（正或负）都因为阻力类型的改变而改变。在第一种情况下，阻力是不可移动的障碍物；在第二种情况下，阻力是运动员身体的重量和惯性。

1. 机械力学反馈

根据阻力的类型，所有的力量训练可分为有机械力学反馈和没有机械力学反馈两种。在此以水中划桨运动作为示例进行说明。在流体力学中，作用于水的力与速度的平方成正比（$F = kV^2$）。然而，桨的速度是运动员用力的结果，是一种外部肌肉力。机械力学反馈环路如图 2.4 所示。在这里，激活的肌肉力量使划桨的速度更快，这反过来又增加了水的阻力。然后，为了克服增加的水的阻力，肌力增加。因此，增加的水的阻力可以看作高肌力（机械力学反馈）的影响。

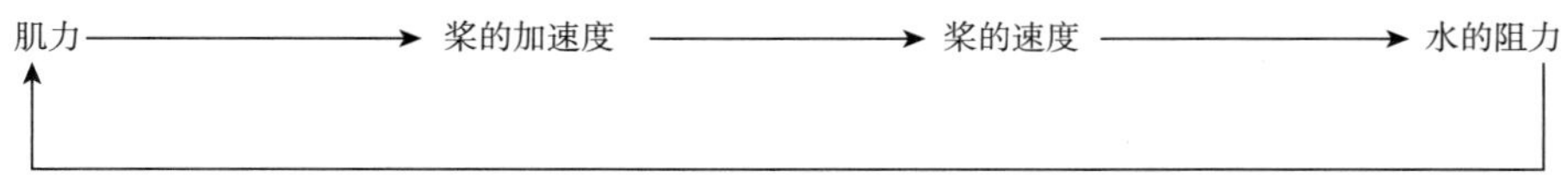

图 2.4　机械力学反馈环路

想象一个不同的场景，一个人推着一辆已在移动的重型卡车。不管这个人是否用上了所有的力，卡车都以相同的速度移动。人体的肌力不会使卡车的移动产生变化（没有机械力学反馈）。

体育运动通常涉及机械力学反馈：由于运动员施力，运动和阻力都会发生变化。只有进行等长运动和使用等速装置时，才没有机械力学反馈。

使用等速装置，肢体围绕关节运动的速度保持不变。该装置的阻力等于在整个运动范围内施加的肌力。最大力 F_m 是在动态条件下测量的，前提是运动的肢体已达到预设速度。

2. 阻力类型

由于力量训练的特殊要求，因此，在训练中选择合适等级的机械阻力设备非常重要。在抗阻训练项目中，通常可以根据使用的设备所涉及的阻力类型来分类。下面介绍 6 种阻力。

第一种是基于弹性的阻力，力的大小是由位移范围决定的。具有理想弹性的物体的长度随所施加力的增加而成比例增加。公式为 $F = k_1 D$，其中，F 为力；k_1 为系数（刚度）；D 为位移（形变）。换句话说，位移范围越大（如弹簧、弹力拉绳或橡皮筋的形变），所施加的肌肉力量就越大。在这种训练中，运动员在运动过程中施加的阻力和力增加，并在运动结束时达到最大值（当橡皮筋被拉到最大时，橡皮筋的张力最大）。

第二种是基于惯性的阻力。遵循牛顿第二运动定律：$F = ma$，其中，m 为质量；a 为加速度。力与加速体的质量（惯性）及其加速度成正比。由于通常选择身体质量作为运动任务的参数，因此力决定加速度。然而，由于重力和摩擦力的作用，很难观察到仅由惯性造成的阻力运动。台球在水平面上的移动就是一个例子。

在科学研究中，研究者通过使用一个惯性轮或滑轮来研究对抗惯性阻力的运动，这个轮围绕垂直于其平面的轴自由旋转。将一根绳子绕着滑轮反复缠绕，然后受试者拉动绳子；受试者施加的力反过来使滑轮旋转并做机械功。利用该装置，系统的势能是恒定的，除了微小的摩擦损失外，所有机械功都转化为动能。通过改变轮子的质量（或惯性矩/转动惯量），我们可以研究所用的肌力，特别是 F_m 和运动物体质量的相关性，结果如图 2.5 所示。

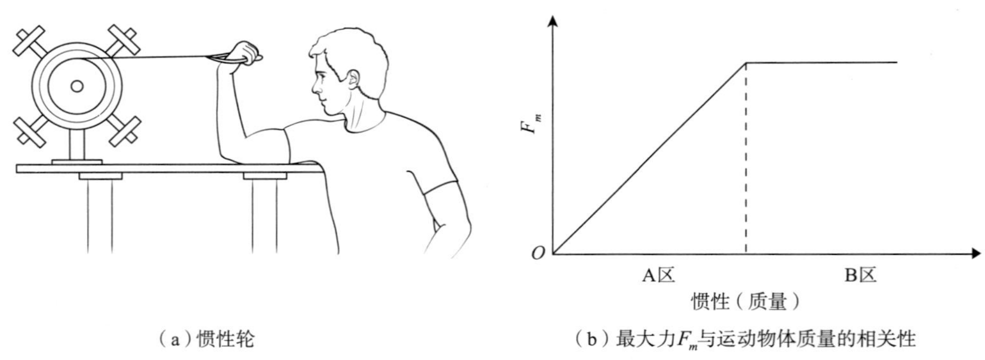

（a）惯性轮　　（b）最大力 F_m 与运动物体质量的相关性

图 2.5　惯性轮以及最大力 F_m 与运动物体质量的相关性

注：（b）中横坐标上是对数刻度。

［资料来源：V.M. Zatsiorsky, *Motor Abilities of Athletes* (Moscow: Fizkultura i Sport, 1966). 许可转载］

如果运动物体的质量相对较小，那么运动员施加的最大力取决于质量的大小［图 2.5（b），A 区］。运动员不可能对质量小的物体施加一个很大的 F_m，就如不可能对一枚硬币施加很大的力一样。如果一个物体的质量很大，那么 F_m 不取决于物体质量，而只取决于运动员的力量［图2.5（b），B 区］。

质量与力的关系可以用一个运动训练的例子来说明。当运动员投掷不同质量的物体时（如在训练中使用 1～20kg 的铅球），对轻铅球的用力相对较小，在很大程度上受到铅球质量的影响（A 区），但对重铅球的用力只取决于运动员的力量（B 区）。

第三种是基于重量的阻力。公式为$F=W+ma$，其中，W为物体的重量；a为垂直加速度。如果 a 为 0（物体处于静止状态或匀速运动），力就等于物体重量。在进行自由负重训练时，运动员需要将杠铃固定在静止的位置。通常情况下，在用力之前和用力之后都不能立即放松，不像其他类型的阻力运动（如游泳运动员的划水）可以立即放松。运动员克服自身体重的所有运动（如体操运动员的力量训练），都属于这类基于重量的阻力。

如果肌力使一个物体做加速运动，那么加速度的方向与力的方向不一致，除非运动是垂直的。例如，在投掷铅球中，铅球加速度的方向与运动员施加在铅球上的力的方向不一致（图 2.6）。跳跃运动中起跳时也是如此。相反，它与合力的方向一致，合力是肌力和重力的矢量和。由于重力总是向下作用，运动员应该通过将用力的方向高于预期的运动方向来补偿这种作用。

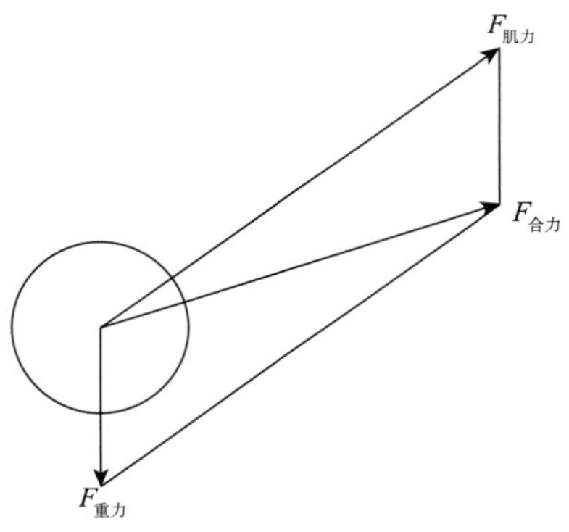

图 2.6　施加在铅球上的肌力（$F_{肌力}$）和重力（$F_{重力}$）

注：铅球的加速度与合力（$F_{合力}$）的方向一致，但与肌力（$F_{肌力}$）的方向不一致。

第四种是水动力阻力，这种阻力在游泳、划船和皮划艇等水上运动中占主导地位。在该阻力下，力取决于速度的平方：$F=k_2V^2$，其中，V为相对于水的速度；k_2为水动力阻力系数。这种类型的阻力很难在陆地上模拟。因此，为运动员选择合适的力量训练或陆上训练是一个特殊的问题。使用重物或弹性阻力来解决这个问题并不是令人满意的解决方案。当进行划水训练时，运动员在划水前后立即放松，并在达到最大速度时，对水动力阻力施加最大的力。弹跳和自由负重则没有这两个特点。

第五种是基于黏度的阻力，有些训练装置的阻力是由黏度来提供的。这时运动员所施加的肌力与运动速度成正比，公式为$F=k_3V$。这些训练装置主要用于水上运动的陆上训练。

第六种是复合阻力。训练也使用复合阻力。例如，把弹力带的一端固定在地板上，另一端连接到杠铃上。在这种情况下，当举起杠铃时，运动员克服了杠铃重量阻力（恒定）、杠铃惯性阻力（与杠铃的加速度成正比）和弹力带阻力（杠铃举得越高，弹力越大）。

二、内因

运动员在同一运动中所能发挥的力量由几个变量决定：发力可用时间、速度、运动方向和身体姿势。很显然，单个肌肉的活动产生了肌力。以上 4 个变量也决定了单个肌肉的力输出。然而，肌肉用力（特定肌肉的活动）与肌肉力量（如举杠铃）之间并不是直接相关的。肌力是由许多单个肌肉协同活动决定的。活动的肌肉对骨骼产生直线牵拉作用，但是肌肉力量的平移作用也会引起关节的旋转运动。由于不同肌肉着生在离关节旋转轴不同的距离处，关节的旋转动作（力矩）与肌肉所产生的力不成正比。几个关节的旋转运动是协调一致的，这可在预定方向上产生最大的外力，如举起杠铃所需的垂直方向。因此，肌肉用力（特定肌肉的活动）与肌肉力量（最大外力）之间存在着复杂的关系。尽管存在这些差异，涉及众多肌肉的复杂运动显示了肌肉生物力学和单个肌肉的生理机能的许多特征。

游泳运动员陆上训练的选择

一位游泳教练员探索了几种用于陆上训练的训练器械。运动员俯卧在长凳上，就所提供的阻力开始进行划水运动。首先，他们使用了可伸缩的橡皮筋。在这个训练中，与通常的划水运动不同，拉力会从开始持续增加到结束。其次，游泳运动员用一个带滑轮的举重器械拉动一根系在重物上的绳子。在拉力范围内，阻力几乎是恒定的，但在运动结束时，他们不能放松肌肉。他们的手臂被强行往相反的方向拉。最后，运动员使用了带有摩擦阻力（或水动力阻力）的训练器械。这些训练器械要么提供恒定阻力（摩擦装置），要么提供与拉力速度成比例的阻力（水动力训练器械），这模拟了水动力阻力。然而，模拟与现实并不相同，在自然划水过程中，阻力与相对于水的速度的平方值成正比。

1. 发力可用时间

对于一个给定的运动，发出最大力需要时间（图 2.7）。达到最大力的时间 T_m 因人而异，因动作而异；一般来说，如果进行等长测量，T_m 是 0.3 ~ 0.4s。通常，达到最大力的时间甚至比 0.4s 还要长。然而，力的最终增值非常小，当小于 F_m 的 2% ~ 3%时，力量的输出开始产生波动，就不能精准确定到达最大力的时间。在训练实践中，教练员和运动员通常会忽略力–时间曲线的最后部分。

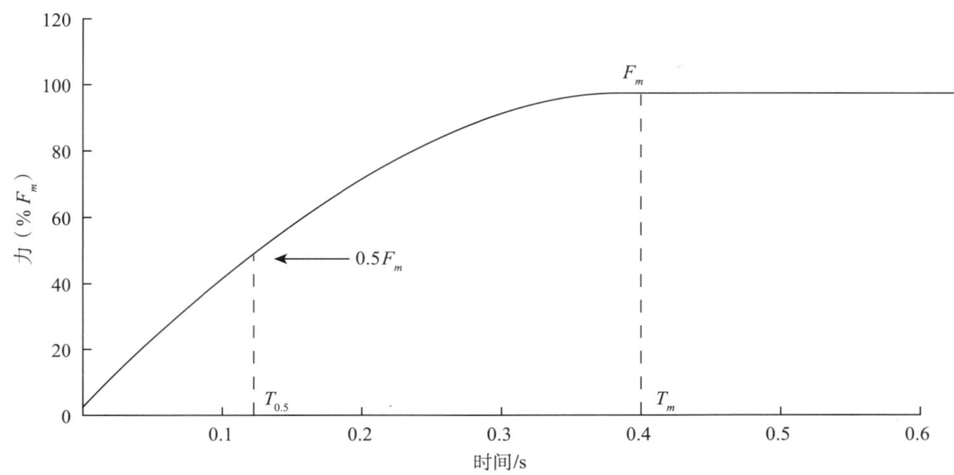

图 2.7　最大力随时间的变化

注：T_m 是达到最大力 F_m 的时间；$T_{0.5}$ 是达到 $1/2F_m$ 的时间。

优秀运动员完成不同运动所需的时间如表 2.1 所示。

表 2.1　优秀运动员完成不同运动所需的时间

运动	时间/s
起跳	
冲刺跑	0.08～0.10
跳远	0.11～0.12
跳高	0.17～0.18
投掷	
标枪	0.16～0.18
铅球	0.15～0.18
（体操跳马）推手腾空	0.18～0.21

在所有给出的例子中，运动时间都小于 T_m。由于持续时间短，在运动过程中无法达到可能的最大极限力 F_{mm}。

随着阻力的减小和运动时间的缩短，F_m（在给定条件下达到的最大力）与 F_{mm}（在运动员最佳状态下达到的最大极限力）之间的差值增大。F_{mm} 和 F_m 之间的差值被称为爆发力不足（ESD）（图 2.8）。按照释义，得出：

$$\mathrm{ESD}(\%)=(F_{mm}-F_m)\div F_{mm}\times 100\%$$

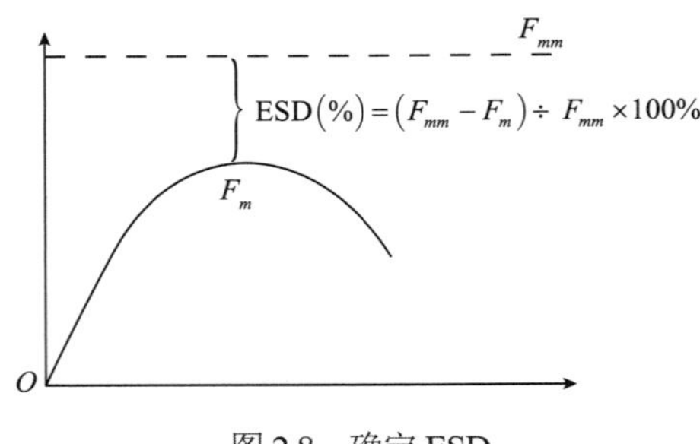

图 2.8　确定 ESD

ESD 显示的是运动员在一次指定的动作用力中未发挥的力量潜力的百分比。在投掷运动中的起跳和出手阶段，ESD 约为 50%。例如，当最优秀的铅球运动员投掷成绩达到 21.0m 时，用在铅球上的最大力 F_m 在 50～60kg。对拥有这些成绩的运动员来说，手臂伸展运动（F_{mm}，卧推）的最佳成绩通常是 220～240kg，或者每只手臂 110～120kg。因此，在投掷中运动员只能使用约 50%的 F_{mm}。

原则上，有两种方法可以增加爆发性运动中的力量输出，即增加 F_{mm} 或降低 ESD。第一种方法用在运动准备阶段效果良好。如果一名年轻的铅球运动员的成绩提高了，如把卧推成绩从 50kg 提高到 150kg，并且适当注意其他肌肉群的协调发展，那么这名运动员的基础很好，在投掷铅球方面提升运动成绩的空间更大。然而，对一名把卧推成绩从 200kg 提高到 300kg 的优秀运动员来说，这不一定有效。尽管其为之付出了巨大努力，但投掷铅球的成绩可能不会提高，造成这种情况的原因是投掷阶段的持续时间非常短。运动员根本没有时间发出 F_{mm}。在这种情况下，不是运动员的 F_{mm}，而是第二个因素，即爆发力，才是关键因素。通过以上分析我们得出：爆发力是指在最短时间内发出最大力的能力。

让我们比较一下运动员 A 和运动员 B，两个人有着不同的力-时间曲线（图 2.9）。如果运动时间短（即在时间不足区），那么运动员 A 比运动员 B 的力量大。如果运动时间长到足以发出最大肌力，那么情况正好相反。如果运动员 B 的运动训练处在时间不足区，最大力的训练并不能帮助运动员 B 提高成绩。

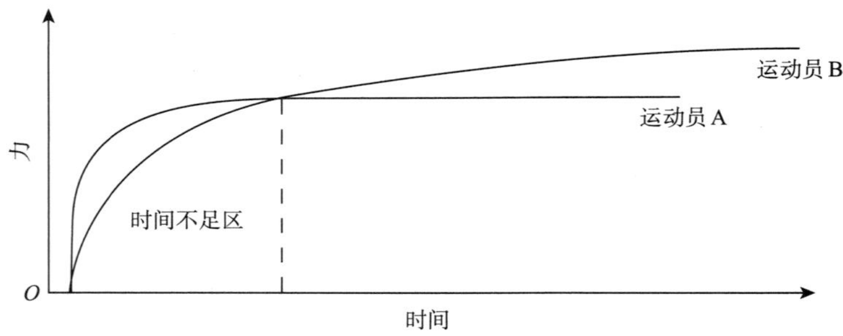

图 2.9　运动员 A 和运动员 B 的力-时间曲线

注：如果可用的发力时间较短（在时间不足区），则运动员 A 的力量大于运动员 B。如果不限制时间，则运动员 B 的力量大于运动员 A。

当运动成绩提高时，运动时间就会缩短。运动员的素质越高，发力速度（rate of force

development，RFD）对取得高水平运动成绩的作用就越大。这已成为科学训练中评价训练计划和运动员运动潜能的重要生物标记。

为什么弹指比无障碍伸出手指更快更有力？

回想一下你小学时做过的事：如图所示，将你的食指指尖放在你的拇指指尖下面，并使出最大的伸展力。把手指压紧一段时间，然后松开。弹打另一只手的手掌。再试一次，这次只需伸出食指。你会发现弹指比简单地伸出手指更快更有力。为什么会这样呢？

解释如下：伸出手指的时间约为 0.1s。这个时间太短，无法发出最大的力量。相反，在弹指动作的第一阶段，用于发力的时间是不受限的，并且积累了最大张力。然后松开手指，在运动过程中累积的张力显现出来。虽然这个实验看起来像一个孩子的玩闹，但科学家们使用了一种类似的技术来消除发力速度对力量表现的影响，这被称为快速释放技术。

以下是几个用于估算爆发力和发力速度的指标（符号代表的意思见图 2.7）。

（2）爆发力指数（IES）：

$$\mathrm{IES} = F_m / T_m$$

其中，F_m 是最大力；T_m 是达到最大力的时间。

（2）反应系数（RC）：

$$\mathrm{RC} = F_m / \left(T_m W\right)$$

其中，W 是运动员的体重；RC 通常与跳跃性运动的成绩相关，尤其是与起跳后的身体速度相关。

（3）力量梯度，又称 S-梯度（S 表示开始）：

$$S\text{-梯度}= F_{0.5} / T_{0.5}$$

其中，$F_{0.5}$ 是最大力 F_m 的一半；$T_{0.5}$ 是达到最大力一半的时间；S-梯度呈现了肌肉用力开始阶段的发力速度。

（4）A-梯度（A 表示加速度）：

$$A\text{-梯度}= F_{0.5} / \left(T_{\max} - T_{0.5}\right)。$$

其中，A-梯度用于量化爆发性肌肉用力后期的发力速度；F_m 与发力速度，特别是与 S-梯度是不相关的，说明力量强大的运动员不一定拥有很快的发力速度。

2. 速度

讨论肌肉运动表现最大值时，力–速度关系是所描述的参数关系的典型例子。运动速度随着外部阻力（负荷）的增加而减小。例如，如果运动员投掷不同重量的铅球，投掷距离（和器械的初始速度）随着铅球重量的减轻而增加。当速度变小时，达到最大极限力（F_{mm}）；相反，当外部阻力接近 0 时，达到最大极限速度（V_{mm}）（图 2.10；图 2.1）。

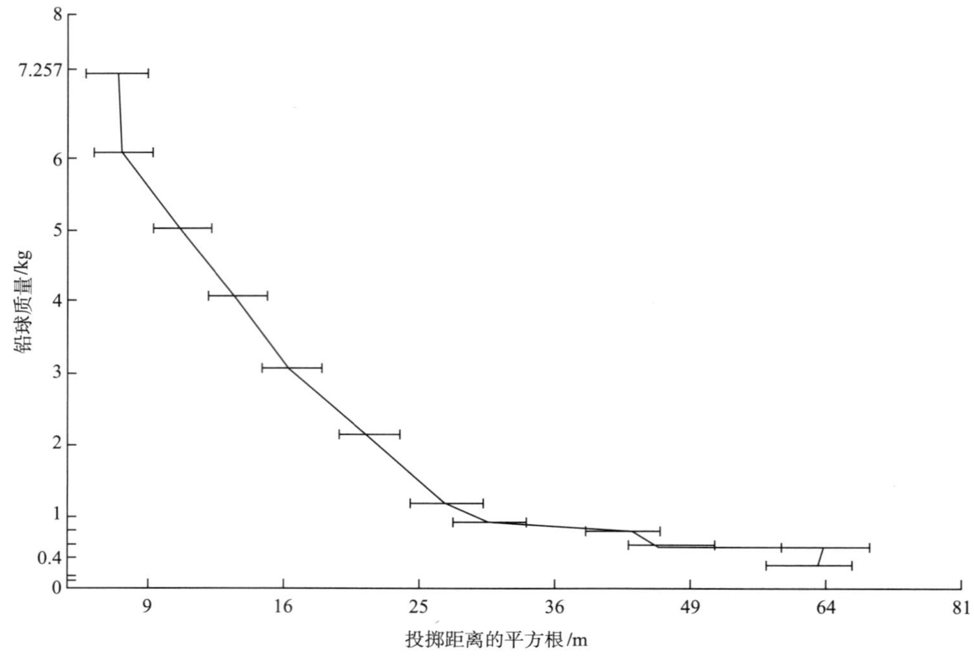

图 2.10 器械的质量与投掷距离的关系

注：运动员（n=24）在站立位置从头部上方投掷不同重量的铅球，在出手点和出手角度不变的情况下，投掷距离是出手速度的函数。因此，铅球重量与投掷距离之间的关系（近似）表现为力–速度的参数关系。

［资料来源：V.M. Zatsiorsky and E.N. Matveev, "Force-Velocity Relationships in Throwing (As Related to the Selection of the Training Exercises)," *Theory and Practice of Physical Culture* 27, no. 8(1964): 24-28. 许可转载］

明确训练目标：力量还是发力速度？

一名年轻的运动员开始进行自由负重训练，用较重的杠铃做下蹲。一开始他能够蹲起一个与他体重（BW）相等的杠铃。他的原地纵跳成绩是 40cm。两年后，他的杠铃下蹲成绩是 2BW，原地纵跳成绩增加到 60cm。他继续以同样的方式训练，又过了两年，他的杠铃下蹲成绩提高到 3BW。然而，不是因为最大绝对值，而是因为受到起跳时间（发力速度）短的制约，他的原地纵跳成绩并没有得到进一步提高。

许多教练员和运动员都会犯类似的错误。他们在训练中继续增加最大肌肉力量，但这时真正需要提高的是发力速度，这是提高运动成绩的制约因素。

在实验室条件下对单个肌肉进行测试得到的力–速度曲线（图 2.11），可用双曲线方程描述，该曲线被称为希尔方程（以希尔命名，1938 年）。

$$(F+a)(V+b)=(F_{mm}+a)b=C$$

其中，F 表示力；V 表示肌肉缩短速度；F_{mm} 表示肌肉的最大极限力；a 表示力量大小，是一个常数；b 表示速度大小，是一个常数；C 表示爆发力大小，是一个常数。

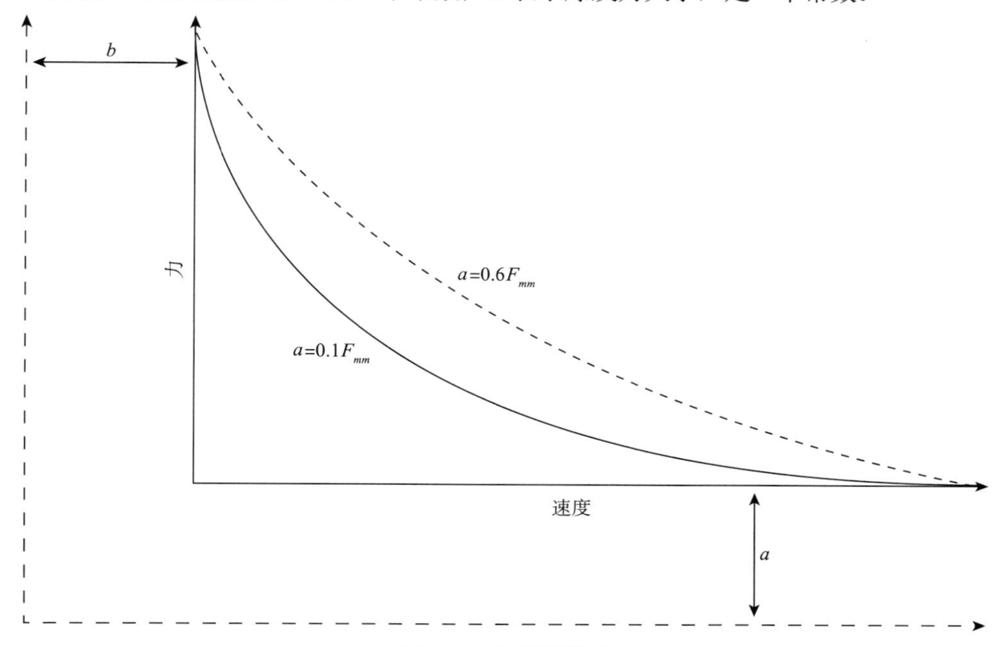

图 2.11　力–速度曲线

注：注意常数 a 和 b。

［资料来源：V.M. Zatsiorsky, "Motor Abilities of Athletes, " unpublished doctoral dissertation (Moscow: Central Institute of Physical Culture, 1960).］

力–速度曲线可以作为双曲线的一部分，轴线（外部）如图 2.11 所示。力–速度曲线图的曲率由比值 $a:F_{mm}$ 决定。比值越低，曲率越大。曲率随 $a:F_{mm}$ 的增加而降低。比值 $a:F_{mm}$ 在 0.10～0.60 变化。力量型运动员的比值通常高于 0.30，耐力型运动员和初级运动员的比值较低。人体运动中的力–速度（以及力矩–角速度）关系与单个肌肉的类似曲线并不相同，因为人体运动中的力–速度关系是具有不同特征的几块肌肉力量叠加而产生的结果。然而，人体运动中记录的力–速度曲线被认为是双曲线。这只是近似的，而不是绝对准确的，但对运动训练的实际问题来说，其精确度还是可以接受的。各种主要的运动动作涉及力–速度曲线的不同部分。

在某些运动中，力–速度曲线可能与图 2.11 所示不同。这种情况发生在快速运动中，当可用于发力的时间太短而无法发出最大力时，就扭曲了“真实的”力–速度曲线。为了消除发力可用时间的影响，实验者使用快速释放法。受试者进行等长发力，身体的一部分机械锁定在一个位置，然后触发释放锁定的姿势，受试者可以在给定阻力下完成该动作。在这种情况下，肌肉缩短的初始条件是由力的大小决定的，而不是由发力的速度或时间决定的。

在运动过程中能保持恒定速度的等速装置也可以被用来研究力–速度关系，但现代化等速装置的速度范围相对较小，这阻碍了研究者对快速运动的深入研究。

希尔方程的以下几个结果对运动实践很重要。

（1）在快速运动中不可能发挥很大的力。如果运动员在第一阶段的动作速度太快，那么在第二阶段用力的能力可能会有所下降。例如，如果运动员在举起杠铃时一开始速度太快，这可能会阻止该运动员在最有利的位置（杠铃靠近膝盖时）发挥出最大的力量。

（2）在力–速度曲线的中间区域，力和速度的大小取决于 F_{mm}。换句话说，运动员的 F_{mm} 决定了在动态条件下可以施加的力量值。在阻力相对较大、速度较慢的运动中，动态条件下所形成的力及速度与最大极限力 F_{mm} 相关性更大（图 2.12）。同时，F_{mm} 与 V_{mm} 之间没有相关性。产生 F_{mm} 的能力与在同一动作中获得较快速度的能力是两种不同的运动能力。这适用于力–速度曲线的极端数值区域，而中间值取决于 F_{mm}。

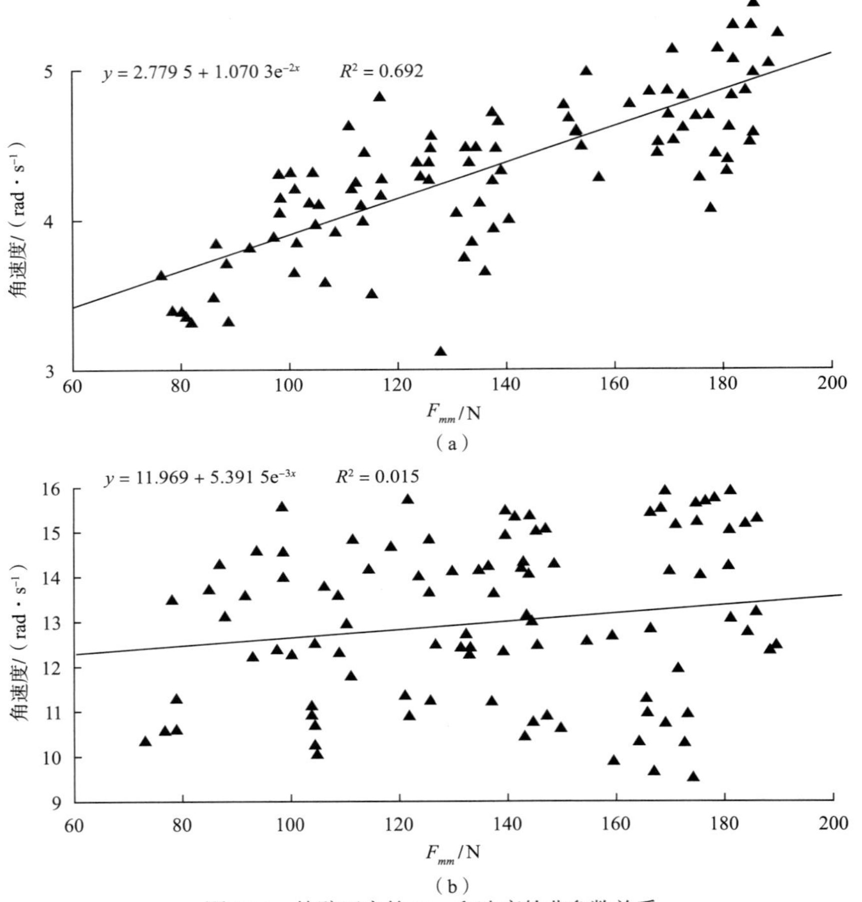

图 2.12　伸臂屈肩的 F_{mm} 和速度的非参数关系

注：图中显示了 F_{mm} 与（a）V_m 和（b）V_{mm} 的散布图（黑色三角形表示受试者）。与图 2.2 比较：（a）手拿 8kg 的负荷（哑铃），F_{mm} 和角速度（V_m）有较大的相关性；（b）无负荷，F_{mm} 与 V_{mm} 之间无显著相关性，许可转载。

［资料来源：V.M. Zatsiorsky, *Motor Abilities of Athletes* (Moscow: Russian State Academy of Physical Education and Sport, 1969), 48. 许可转载］

（3）在力和速度的中间区域达到了最大机械功率（爆发力）。随着运动速度的增加，施加的力减小，释放的能量（功+热）增加。效率（即功与能量之比）在速度约为20%V_{mm}时达到最大值，机械功率（爆发力）在速度约为最大速度值的三分之一时达到最大值（图2.13）。

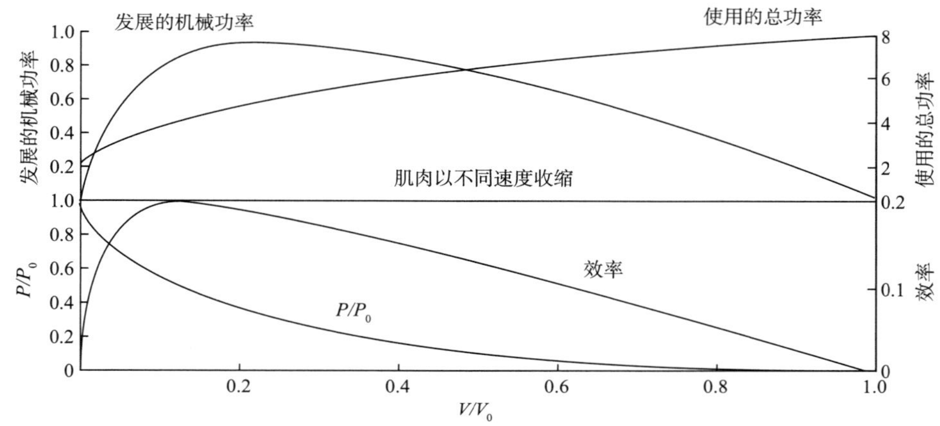

图 2.13　各种运动变量与运动速度的关系

注：横坐标：速度 V 与零负荷下最大速度 V_0 的比值。纵坐标：功率与在零速度下最大力 F_0 的功率的比值；效率=完成的机械功/使用的总能量；机械功率是力与速度的乘积；使用的总功率=机械功率/效率。来自对离体动物肌肉及人体进行的实验。

［资料来源：A.V. Hill, " The Dimensions of Animals and Their Muscular Dynamics," *Science Progress* 38, no. 150(1950): 209-230. 许可转载］

令人惊讶的是，当速度为最大速度值的三分之一时，功率值（爆发力值）最大，但别忘了在最简单的情况下，功率（爆发力）等于力乘以速度：

$$P = w / t = F(D / t) = F(V)$$

其中，P 是爆发力；w 是功；F 是力；D 是距离；t 是时间；V 是速度。由于 F_m 和 V_m 是负相关关系，当力和速度的大小最佳时，爆发力最大——约为最大极限速度（V_{mm}）的三分之一及最大极限力（F_{mm}）的二分之一。因此，最大极限爆发力（P_{mm}）约等于能够同时施加最大极限力（F_{mm}）和最大极限速度（V_{mm}）时所达到的值的六分之一：$P_{mm} = 1/3V_{mm}(1/2F_{mm}) = 1/6(V_{mm}F_{mm})$。

这就是投掷相对较轻的铅球比举起较重杠铃时爆发力更大的原因。例如，把一个7.25kg的铅球投掷到18.19m时爆发力为5 075W（6.9HP），但在抓举150kg的杠铃时，爆发力仅为3 163W（4.3HP）。同时，施加在铅球上的最大力 F_m 等于513N，施加在抓举上的最大力 F_m 等于2 000N。虽然推铅球时用力较小，但是由于运动速度要快得多，因此在这种情况下发出的爆发力较大。

为什么铅球运动员和标枪运动员对大负荷抗阻训练的重视程度不同?

在铅球和标枪投掷及棒球或垒球投掷等运动项目中，运动任务是相似的，都是使器械达到最大速度。那么，为什么这些项目的运动员的训练方式不同（为什么他们的体格如此不同）呢？优秀铅球运动员把总训练时间的50%都用在大抗阻训练上，而优秀标枪运动员在力量房中的训练时间只占总训练时间的 15%～25%。原因是器械的重量差别很大。男子铅球是 7.257kg，女子铅球是 4kg；相应的标枪只有 0.8kg 和 0.6kg。对优秀运动员来说，铅球出手速度在 14m/s 左右，而标枪出手速度在 30m/s 以上。这些值和力–速度曲线（参数关系）的不同部分对应。铅球运动员需要一个大的 F_{mm}，因为最大力量和投掷阶段的运动速度（及类似的击球速度）之间的相关性大（非参数关系），但这种相关性在标枪投掷中很小。对乒乓球运动中的拍球来说，相关性变得更小，因为球拍很轻。F_{mm} 与空负荷挥臂 V_{mm} 相比较时，相关性为 0。

在一些运动训练中，外部阻力的大小（如自行车齿轮、桨叶的面积）可以被改变。在这种情况下，如果最终目标是提高最大极限爆发力 P_{mm}，就可以通过阻力（外力）和节奏（速度）的某种最佳组合来实现。

3. 运动方向（超等长收缩，拉长–缩短周期）

在肌肉被迫拉长的条件下（肌肉离心或超等长收缩），运动退让阶段的力量很容易超过运动员最大等长力的 50%～100%。单个肌肉也是如此，单个肌肉的离心力可以达到零速度（等长）力的两倍。

（1）肌肉的离心收缩。落地是肌肉离心收缩的一个典型例子。从高处落地的运动退让阶段所发出的力可以大大超过起跳力或最大等长力。通常，地面反作用力在支撑期的前半段（髋关节、膝关节和踝关节屈曲时的退让阶段）高于后半段（关节伸展时）。

以运动员在举起一个很重的杠铃时施加的握力为例进行说明。用握力测力器测量的男子举重运动员的最大等长握力通常小于 1 000N，这远远低于施加到杠铃上的力。举起 250kg 杠铃的运动员，其瞬时最大力超过 4 000N。每只手臂需要用 2 000N 的力来加速杠铃。虽然最大握力只有施加在杠铃上的力的一半，但是运动员可以在不增加握力的情况下支撑这个 4 000N 的力。

离心力随着关节运动速度（及相应的肌肉拉长的速度）的初始增加而显著增加，之后随着速度的进一步增加，离心力基本保持不变（图 2.14）。这主要适用于具有一定等级的运动员和腿部伸展等多关节运动（根据已发表的数据，在未受过训练的人中，离心膝关节伸展或屈曲过程中的自发扭矩最大输出与运动速度无关，并保持等长水平）。如果以向心和离心的方式施加同样的外力，肌肉在拉长的同时，激活的肌纤维较少。正因为如此，如果发出相同的力，肌肉离心收缩运动中的肌电活动（EMG[①]）水平较低。

---

① EMG：electromyogram，肌电图。

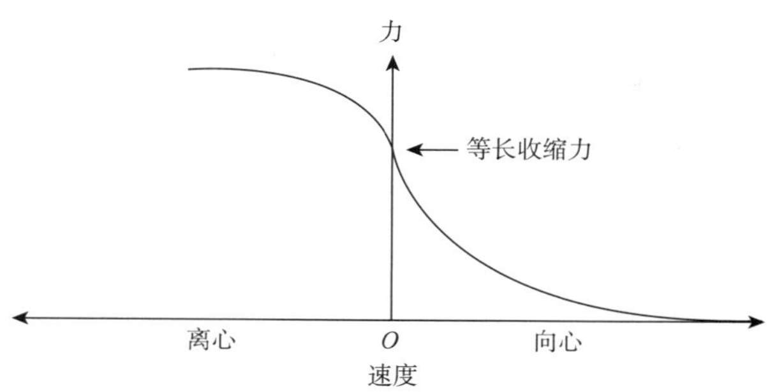

图 2.14　肌肉向心动作和离心动作的力–速度曲线

由于肌肉离心动作的训练通常涉及增加很大的力量，因此运动员受伤的风险很高，教练员应该了解这种风险。即使离心力不是最大的，这样的训练（如下坡跑）也容易诱发延迟性肌肉酸痛，尤其是对于还没准备好的运动员。肌肉酸痛的原因是肌纤维受损。一些训练专家认为，轻微的损伤是肌肉适应了增加力量的正常前兆，调节肌肉可以减少损伤。

（2）肌肉的可逆动作。在人体运动中，肌肉的离心动作和向心动作一样是自然存在的。许多人体运动由离心（拉长）阶段和向心（缩短）阶段两个阶段组成。这种离心阶段的拉长和向心阶段的缩短（拉长–缩短周期）是许多运动技能的共同构成要素，被称为肌肉的可逆动作。例如，挥臂准备投球的动作和立定跳跃中起跳前的反向动作。

如果肌肉在拉长后立即缩短，会出现两种情况。

- 力量和爆发力输出增加。
- 能量消耗减少。

因此，肌肉可以产生更大的机械力和爆发力，同时使用更少的能量代谢。

肌肉的可逆动作是某些运动固有的一部分，如跑步中的落地和离地（“腿里的弹簧”；图 2.15）；但其他一些动作（如投掷动作）是必须要学习的。由于许多运动动作非常复杂，而且要在很短的时间内完成，即使是一些优秀的运动员也不能正确地完成这种肌肉的可逆动作。

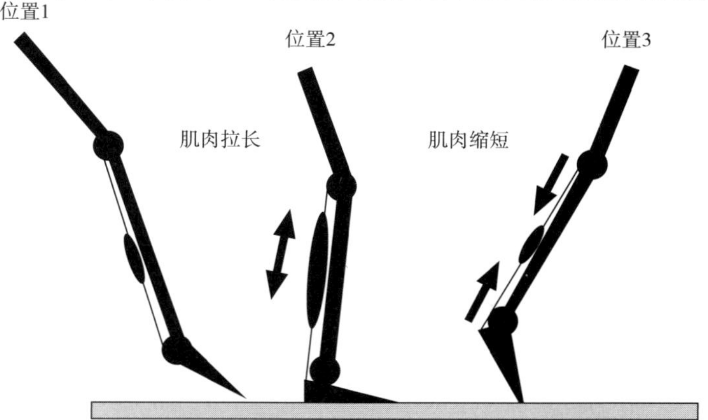

图 2.15　跑步中支撑阶段的拉长–缩短周期

注：足底屈肌在支撑阶段的第一部分（从位置 1 到位置 2）被拉长，之后从位置 2。到位置 3 缩短。

在拉长–缩短周期的缩短阶段，肌肉可以产生更大的力的原因主要有 4 个：第一，在周期峰值，即从拉长到缩短的过渡时刻，力在等长条件下增加，因此，避免了高速度的影响，产生的是 F_{mm}，而不是 F_m。

第二，由于力在离心阶段开始增加，可用于发力的时间更长。反向跳跃（不是下落跳）就是这种现象的有力证据。

除了这两种原因，还有两个因素影响到肌肉可逆动作的运动结果——外围因素（肌肉和肌腱弹性）和中枢（神经）因素（或反射作用）。

第三，肌肉和肌腱弹性在增强运动输出中起着重要的作用。如果肌腱或活动的肌肉被拉伸，弹性能量就储存在这些生物结构中。在拉长–缩短周期的向心阶段，这种弹性形变能量（应变能）被反弹并用于增强运动的输出。根据物理学原理，储存弹性能量的多少与施加的力和诱发的弹性形变能量成正比。由于肌肉和肌腱是串联排列的，它们承受着相同的力，在这种情况下，它们之间储存的弹性能量的分配只是它们弹性形变的函数。弹性形变又是肌肉或肌腱刚度（或其相反的值，柔性）的函数，见图 2.16。

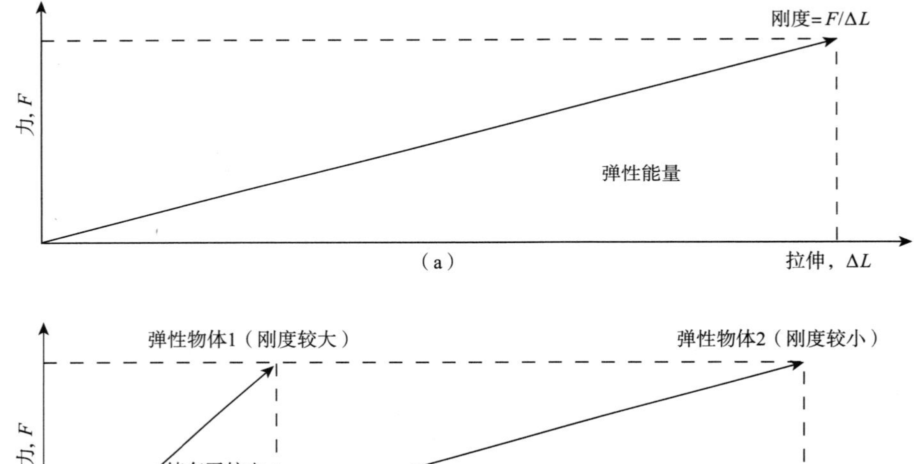

图 2.16　弹性物体形变（伸展）过程中弹性能量的积累

注：（a）储存的弹性能量等于以形变（ΔL）和力（F）为边的三角形的面积。刚度等于 $F/\Delta L$。
（b）相同的力对两个不同刚度物体的弹性能量积累的影响。弹性物体 1 刚度较大，形变较小。弹性物体 2 刚度较小（更柔），形变（伸展）较大，因此储存了较多的弹性能量。

肌腱的刚度是恒定的，而肌肉的刚度是可变的，并取决于所产生的力。被动用力的肌肉具有柔韧性，也就是可以很容易地被拉伸。主动用力的肌肉有刚度，必须用很大的力量来拉伸。肌肉张力越大，肌肉的刚度就越大，肌肉抗拉伸的能力就越强。优秀运动员可以发出很大的力。他们肌肉的刚度在活动时超过了他们肌腱的刚度（图 2.17）。这就是为什么优秀运动员（如在起跳时）的弹性能量主要储存在肌腱而不是肌肉中。对优秀运动员来说，肌腱的弹性及在运动中使用这种弹性的特殊技能（起跳、投掷）是很重要的。有趣的是，跑得快的动物（如马），有短而强壮的肌肉和长而柔韧的肌腱。肌腱在动物奔跑中起着弹簧的作用。肌腱使每一步都能储存和反弹大量的机械能。

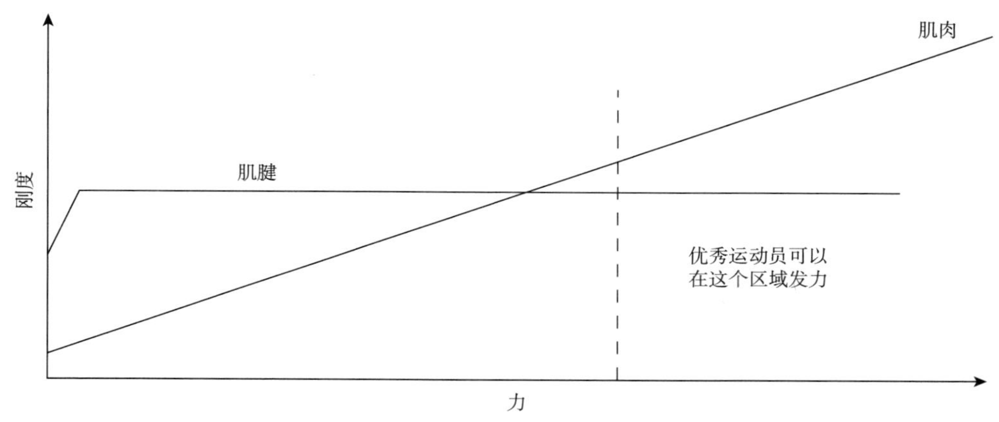

图 2.17　肌肉和肌腱在不同肌力水平的刚度

注：由于优秀运动员能够发出很大的力量，肌肉的刚度在活动时可能超过肌腱的刚度。在这种情况下，肌腱比肌肉形变的程度更大，故储存了更多的弹性能量。

第四个因素涉及中枢（神经）或反射作用。细想一下在下落跳着地时控制肌肉可逆动作的神经机制。当脚撞击地面后，肌肉长度和产生的力量都发生了快速变化。肌肉被强行拉伸，与此同时，肌肉张力急剧上升。两种运动反射协力控制和部分抵消了这些变化。这两种运动反射被称为牵张反射（或肌伸张反射）和高尔基腱反射。

这两种反射构成了两个运行的反馈系统：

- 保持肌肉接近预设的长度（牵张反射；长度反馈）。
- 防止异常高的和潜在的损伤性肌肉张力（高尔基腱反射；力反馈）。

肌反射受体（或肌梭）和构成肌肉主体的肌纤维平行（并联）排列。当肌肉被外力拉伸时，肌梭也受到拉伸。拉伸引起肌梭放电增加。肌梭导致 α 运动神经元的放电增加，反过来又引起拉伸的肌肉的反射性收缩。这种反射性收缩使肌肉恢复到最初的长度，而不受施加在肌肉上的负荷影响（长度反馈）。

高尔基腱器官与肌纤维串联排列。这些感受器对肌肉中产生的力很敏感，而不是像肌梭那样对长度变化很敏感。如果肌肉张力急剧增加，高尔基腱反射就会引起对肌肉动作的抑制，随之而来的肌肉张力下降可防止肌肉和肌腱受到损伤（力反馈）。

在拉长-缩短周期的拉长阶段，牵张反射和高尔基腱反射的共同作用调整了传出神经放电（传递到肌肉）：来自牵张反射的正（刺激性）效应和来自高尔基腱反射的负（抑制性）效应。在落地时，腿部伸肌的伸展（通过牵张反射）使该肌肉产生收缩，同时，较高的肌肉张力在同一肌肉中产生了高尔基腱反射，从而抑制了该肌肉的活动（图 2.18）。如果运动员（即使是强壮的运动员）不习惯这样的训练，起跳时腿部伸肌的活动就会受到高尔基腱反射的抑制。正因为如此，在下落跳中，即使是世界级的举重运动员也无法与三级跳远运动员竞争。由于经过了专项训练，高尔基腱反射被抑制，当运动员在不减少施加的肌力的情况下仍能承受很高的着地力时，就可以增加下降高度。

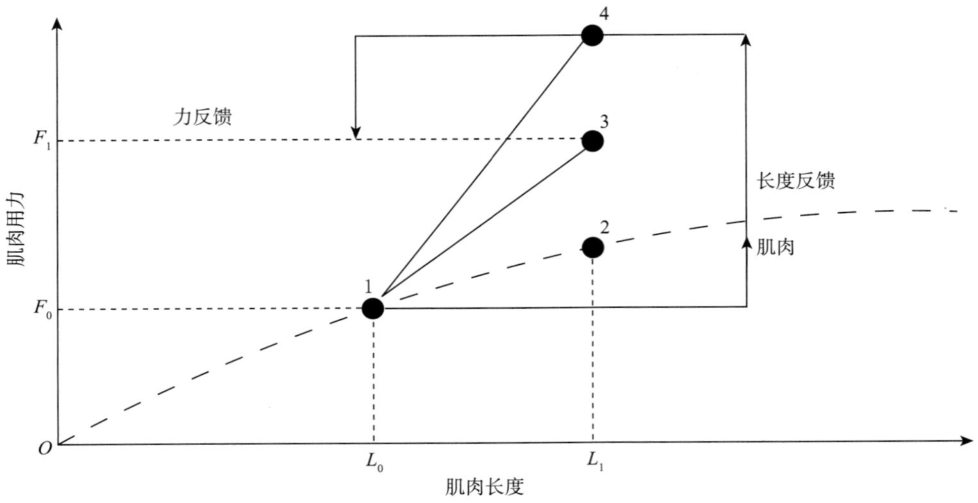

图 2.18　拉长–缩短周期中力量输出增强的中枢（神经）机制

注：由于从 L_0 到 L_1 的伸展，肌肉力量从 F_0 增加到 F_1。如图所示，力量的增加是 3 个因素起了作用。第一，肌肉。由于肌肉和肌腱的弹性（刚度），力在拉长的过程中增加。第二，长度反馈。长度反馈增加了力的输出，该因素产生于促进性肌梭放电（牵张反射）。第三，来自高尔基腱器官的力反馈。长度反馈增加肌肉的刚度（对抗拉长的阻力），而力反馈降低肌肉刚度，最后的结果是从 1 到 3 的那条线，这条线的斜率决定了刚度。该理论最初由 J. C. Houk 提出，发表在“Feedback Control of Muscle：A Synthesis of the Peripheral Mechanisms”1974，in V.B. Mountcastle（ed.），*Medical Physiology*，13th ed.（pp. 668-677），St. Louis：Mosby。

［资料来源：P.V. Komi, “Training of Muscle Strength and Power: Interaction of Neuromotoric, Hypertrophic and Mechanical Factors,” *International Journal of Sport Medicine* 7, suppl. 1(1986): 10-15. 经作者许可］

由于肌肉的可逆动作是许多运动动作的组成部分，因此运动员必须进行专门学习或训练。1960 年以前，这种可逆动作训练是偶尔发生的，这种技能的提高是其他训练的副产品。之后，如下落跳等具有可逆肌肉动作的运动才被正式纳入训练。请注意，这种训练方法被一些人错误地称为超等长收缩（增强式训练）。因为训练目标是肌肉的可逆动作，而不是肌肉的离心收缩，所以这个术语用在这种情况下并不恰当。

对初级运动员来说，肌肉的可逆动作的运动表现可以通过其他运动（如举重）来提高。对优秀运动员来说，这项技能是非常具体的。例如，即使是在负重训练的情况下，下落跳的成绩也不会因为平常的力量训练而得到提高（图 2.19）。在优秀运动员中，肌肉 F_{mm} 和快速肌肉的可逆动作产生的 F_m 是不相关的，应该作为单独的运动能力进行专门训练。

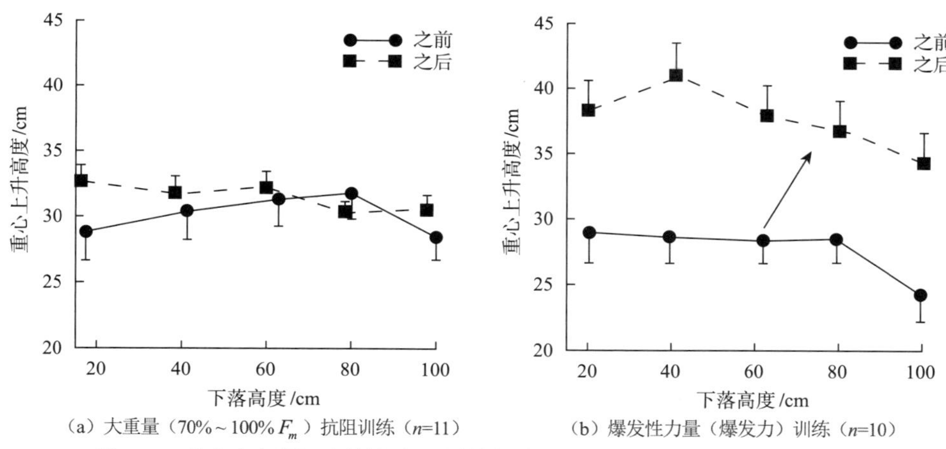

图 2.19 经验丰富的运动员经过 24 周的大重量（a）和跳跃专项（b）训练后，下落跳成绩的变化

［资料来源：K. Häkkinen and P.V. Komi, "Changes in Electrical and Mechanical Behavior of Leg Extensor Muscles During Heavy Resistance Strength Training," *Scandinavian Journal of Sports Sciences* 7(1985): 55-64; and K. Häkkinen and P.V. Komi, "Effect of Explosive Type Strength Training on Electromyographic and Force Production Characteristics of Leg Extensor Muscles During Concentric and Various Stretch-Shortening Cycle Exercises," *Scandinavian Journal of Sports Sciences* 7(1985): 65-76. 经 P.V. Komi 许可］

肌肉和肌腱像两个串联的弹簧

您可以通过想象两个串联的弹簧来理解拉长–缩短周期。第一个弹簧（肌腱）给定的特性（刚度、柔度）在运动过程中不会发生变化。第二个弹簧（肌肉）的特性具有变化性，取决于肌肉的激活水平。

当肌肉放松时，它是非常柔顺的。如果在这样的肌肉–肌腱复合体上施加外力，肌肉很容易被拉伸。形变的阻力很小，只有肌肉（而不是肌腱）被伸展。然而，如果肌肉被激活，它对外部拉力的阻力就会增加。在这种情况下，当施加拉力时，发生形变的是肌腱（而不是肌肉）。

然而，即使运动员努力产生最大的肌力，肌肉的激活水平也不是恒定的。除了自主控制外，肌肉还受潜意识反射控制，这可能是在脊髓水平上实现的。至少有两种反射同时起作用。第一种是牵张反射，负责维持固定的肌肉长度。如果肌肉被拉伸，它会被额外激活来抵抗形变力并恢复到原来的长度。第二种是高尔基腱反射，防止肌肉因过度用力而受伤。当肌肉紧张或速度过快时，从脊髓到肌肉的神经冲动就会受到抑制。

肌肉激活的实际强度是两种反射（加上自主性肌肉激活）之间的协调。每种反射的强度不是恒定的，它决定了最终的结果。当运动员习惯于剧烈的肌肉–肌腱拉伸时，如在下落跳时，高尔基腱反射（反牵张反射）被抑制，并产生很大的力量。在这种情况下，下落跳的训练目的是使运动员进行快速肌肉拉伸，而不是立即产生很大的力量。

4. 身体姿势和力量曲线

运动员在指定动作中所能产生的力量取决于身体姿势（关节角度）。例如，一个人对杠铃所能施加的最大力取决于杠铃杆的高度（图 2.20）。当杠铃杆略高于膝关节时，施加了 F_{mm}。运动员施加的外力（或力矩）与可测量的恰当身体位置（即关节角度）形成一条力量曲线。

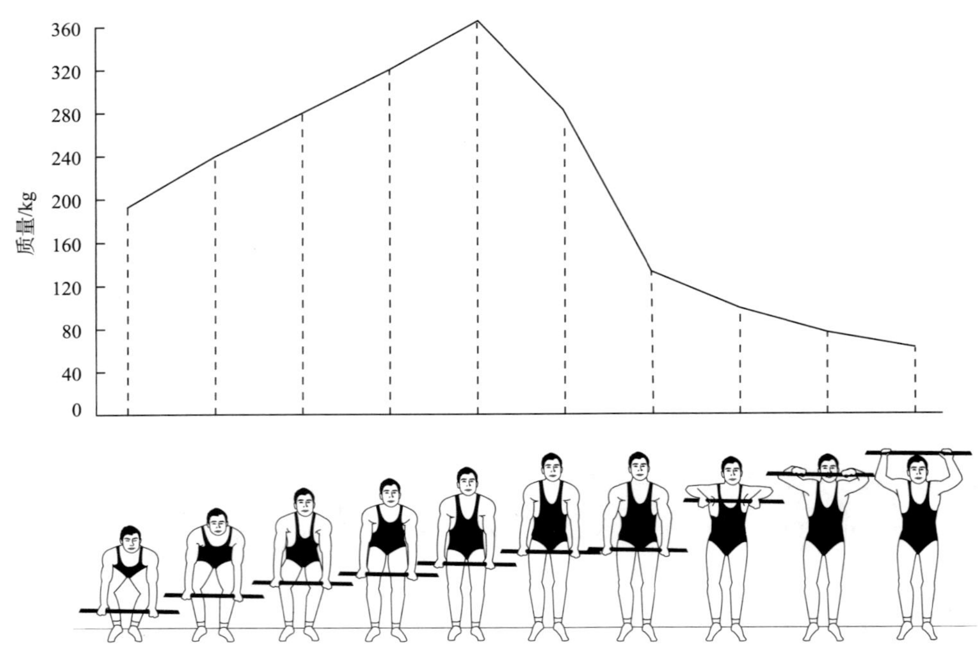

图 2.20　在身体不同位置（杠铃杆的不同高度）施加在杠铃杆上的 F_m

注：这是一个多关节运动的力量曲线示例。

［资料来源：D.D. Donskoy and V.M. Zatsiorsky, *Biomechanics* (Moscow: Fizkultura i Sport, 1979), 203. 经许可改编］

为什么优秀举重运动员要从地板上慢慢地举起杠铃?

一名优秀的举重运动员用最大的力举杠铃，试图在杠铃杆略高于膝关节高度时最大限度地加速。这样做出于两个原因：首先，在这个位置可以产生最大的力（图 2.20）；其次，当运动速度增加时，用力减小（力-速度参数关系），这一点可参见关于速度的讨论。杠铃应以相对较低的速度接近最有利的身体位置，以施加给杠铃杆最大的力量。除轻量级运动员外，所有优秀的举重运动员都使用这两个方面的技术。这些运动员都很矮（低于 150cm），杠铃在起举前位于略高于膝关节的位置。

这个示例说明了如何将力生成的两个外部因素（用力姿势和用力速度）结合起来，以形成最大力值。

在单关节运动中，关节力量曲线一般有上升型、下降型和凹型 3 种形式（图 2.21），示例见图 2.22。注意在不同的关节位置产生的力差异很大。

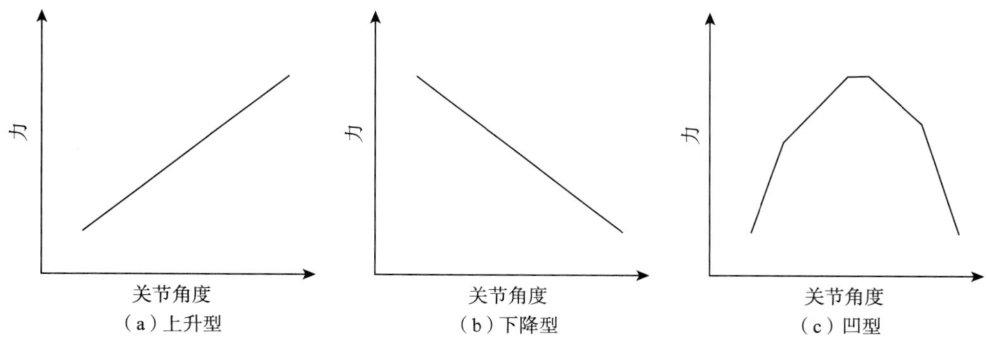

图 2.21　关节力量曲线的 3 种主要形式

［资料来源：J.G. Hay, "Mechanical Basis of Strength Expression," in *Strength and Power in Sport*, edited by P.V. Komi (Oxford: Blackwell Scientific, 1992), 200.］

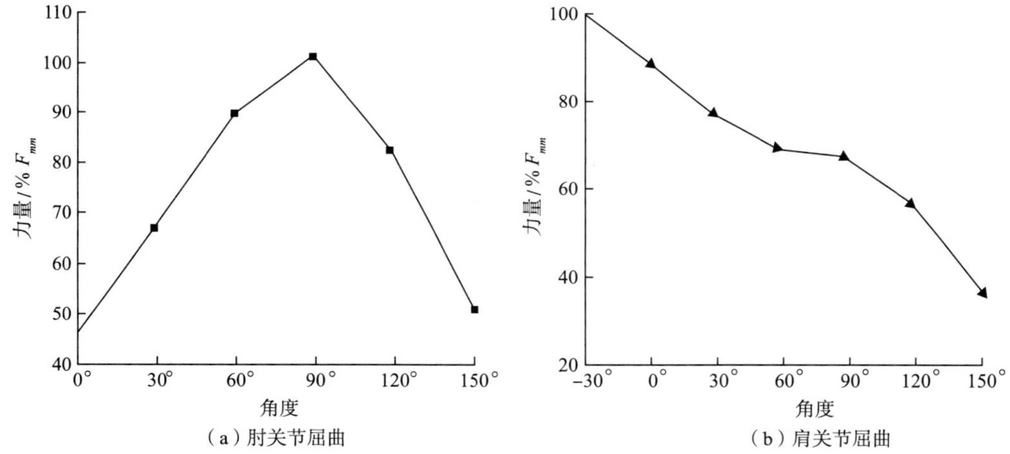

图 2.22　肘关节屈曲和肩关节屈曲时关节角度与等长力的关系

注：根据人体结构姿势确定角度。基于 24 名运动员的平均数据。前臂旋后位测量肘关节屈曲力。受试者以仰卧姿势进行肩关节屈曲测量。前臂处于中位（旋后和旋前之间）。手臂位于躯干后（在−30°位置）。

［资料来源：V.M. Zatsiorsky and L.M. Raitsin, *Force-Posture Relations in Athletic Movements* (Moscow: Russian State Academy of Physical Education and Sport, 1973). 技术报告. 经俄罗斯国家体育教育和体育学院许可］

对于每一个运动，都有一些角度位置可以达到 F_m / F_{mm}。当肘关节屈曲时，在 90°角产生 F_{mm}［图 2.22（a）］；当肘关节伸展时，在 120°角产生 F_{mm}。当肩关节屈曲时，当手臂位于躯干后−30°时产生 F_{mm}［图 2.22（b）］，以此类推。最薄弱位置（或阻碍点）也是非常重要的，在整个关节运动范围内举起的最大重量不能大于在最薄弱位置的力量值。

在生物力学上，F_{mm} 是肌力（或张力）的函数，经历了两次转化。肌力转化为关节力矩，关节力矩又转化为外力，即肌肉–肌腱力→关节力矩→外力（F_{mm}，末端力）。我们按顺序思考这些转化过程。

（1）不同身体姿位的肌肉用力。肌肉的张力取决于肌肉的长度。当关节角度发生变化时，肌肉长度或从肌肉起点到肌肉止点的距离也会发生变化。反过来，肌肉长度的变化导致了肌肉张力的变化。发生这种情况有两个原因：一是肌动蛋白丝和肌球蛋白丝重叠的面积改变，从而改变可以建立的横桥连接的数量（见第三章）；二是弹力的作用，特别是平行弹性机制发生了变化。由于这两个因素的相互作用，瞬时肌肉长度和产生的力之间的关系变得很复杂。我们可以忽略这种复杂性，接受一个普遍的规则，即除了少数例外（如一些骑自行车的人的股直肌），肌肉在较短的长度上施加的张力较小，相比之下，伸展的肌肉会发挥出更大的力。

当关节接近其运动范围的极限时，被动弹性力增大。例如，在举臂投掷时，肩部的外旋接近 180°（图 2.23）。在这个角度位置，肩部的肌肉和其他软组织发生了形变。为了抵抗形变，这些组织有助于关节力矩达到最大值。

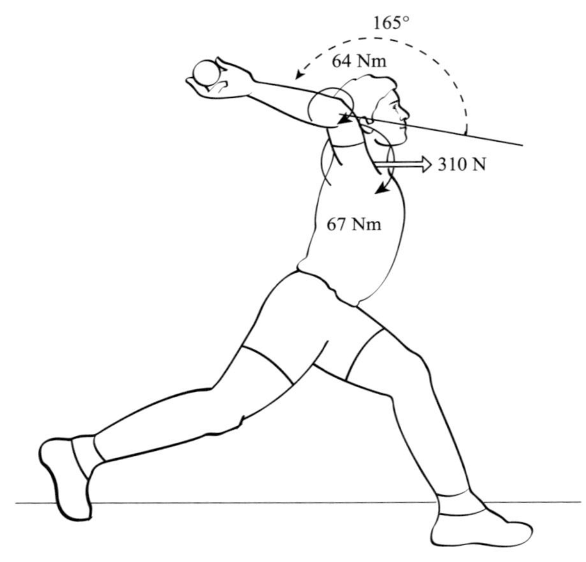

图 2.23　投棒球的力

注：在这种情况下，观察到最大的力。

［资料来源：G.S. Fleisig, J.R. Andrews, C.J. Dillman, and R.F. Escamilla,"Kinetics of Baseball Pitching with Implications About Injury Mechanisms," *The American Journal of Sports Medicine* 23, no. 2(1995): 233-239. 许可转载］

双关节肌肉的长度取决于肌肉交叉的两个关节的角度位置。在这种关节中，F_{mm} 值不但取决于被测关节的角度位置，而且取决于第二个关节的角度位置。例如，腓肠肌是一个双关节肌，它对踝关节的足底屈曲力矩的作用随着膝盖的弯曲而减小，因此，当膝关节处于最大弯曲状态，踝关节处于足底弯曲时，腓肠肌无法产生主动力量。此腿位可用于比目鱼肌的选择性训练。

(2)肌肉用力转为关节力矩。任何力都会使物体围绕不与力作用线相交的任何轴旋转。力的转动效应称为力矩或扭矩。力 F 的力矩（M）等于 F 的大小乘以从旋转中心到力作用线的最短距离 d，即 $M=Fd$ 。d 称为力（矩）臂。当肌肉产生张力时，肌肉张力在关节处产生旋转效应。由肌肉产生的关节力矩计算如下：

$$关节力矩 = 肌肉张力 \times 肌肉力臂$$

当关节角度变化时，横跨关节的肌肉力臂也会改变。例如，在不同肘关节角度位置测得的肱二头肌（长头）的力臂有 4 倍差异，肘关节屈曲 180°（完全伸展）时的力臂为 11.5mm，肘关节屈曲 90°时的力臂为 45.5mm。因此，如果肌肉张力在每种情况下都是相同的，那么肘关节屈曲时肌肉所产生的力矩将会有 4 倍差异，外力（力量）也是如此。

总之，当关节角度变化时，可记录的外力（力量）发生变化有两个原因：①肌肉产生不同的张力；②肌肉力量通过不同的力臂作用（图 2.24）。

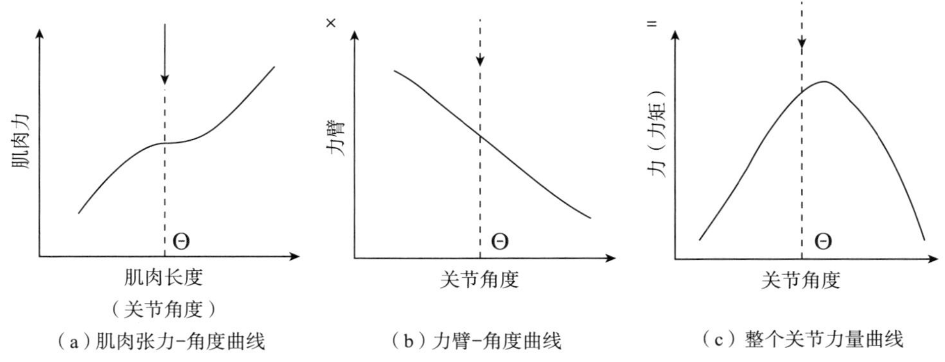

（a）肌肉张力-角度曲线　（b）力臂-角度曲线　（c）整个关节力量曲线

图 2.24　在任何关节角度记录的外力是该关节结构下肌肉张力和力臂的乘积

注：向下的箭头和虚线表示一定的关节角度。

许多肌肉围绕多个关节轴产生力矩。这些肌肉有几种功能，例如，肱二头肌在肘关节处使前臂弯曲和旋后。让我们简单地讨论一下这种身体结构组织的两个影响，这对从业者来说很重要。

首先，肌肉不但在预想的方向上产生力矩（主要力矩），而且在其他方向上也产生力矩（次要力矩）。为了平衡次要力矩，额外的肌肉被激活，而这些次要力矩对预设目的来说并不是必需的。活动肌肉数量增加，但力量可能会降低。例如，想象一个强有力的手臂旋后，肘关节弯曲成直角，就像用螺丝刀拧螺丝一样。在旋后动作中，三头肌即使不是旋后肌，也是主动发力的。一个简单的演示可以证明这一点——在有阻力的情况下进行强有力的旋后动作，同时将另一只手放在做动作的手臂的二头肌和三头肌上。二头肌和三头肌同时起作用。原因很简单，当二头肌充当旋后肌时，它也产生一个屈曲力矩（次要力矩）。

屈曲力矩被三头肌施加的伸展力矩抵消。

其次，运动员在进行强有力的动作时，往往会尽量减少次要力矩。例如，在体操吊环上做引体向上时，运动员总是在肘关节弯曲时将手臂旋后，没有人教他们这么做，但对运动员来说，这种动作模式更为方便。

做引体向上：正握还是反握？

当手臂旋前时，二头肌不能产生最大的张力，因为可能有旋后效应。因此，在进行肘关节屈曲时，前臂旋前会降低肘关节弯曲的力量。因为身体结构，在较高的单杆上做引体向上，反握比正握简单。

（3）从关节力矩到肌肉力量（末端力）。在单关节运动中，力量（施加在效应器末端的力）等于关节力矩与外力力臂的比值。因此，外力越靠近关节，或者说，力的力臂越小，相同关节力矩所产生的外力就越大。

在多关节运动中，关节力矩转化为末端力要复杂得多。幸运的是，有一个简单但很重要的例子——当四肢接近完全展开时，展开的腿或手可以产生最大力（图 2.25 和图2.26）。在这个腿或手臂的位置，力的作用线靠近膝关节或肘关节，因此力臂很小。当腿或手臂几乎完全伸展时，力沿四肢产生作用，这时力臂接近于 0。因此，这种关节结构可以让人们承受非常大的力量。总之，选择适当的身体姿势能影响运动员所能产生的外力的最大值。

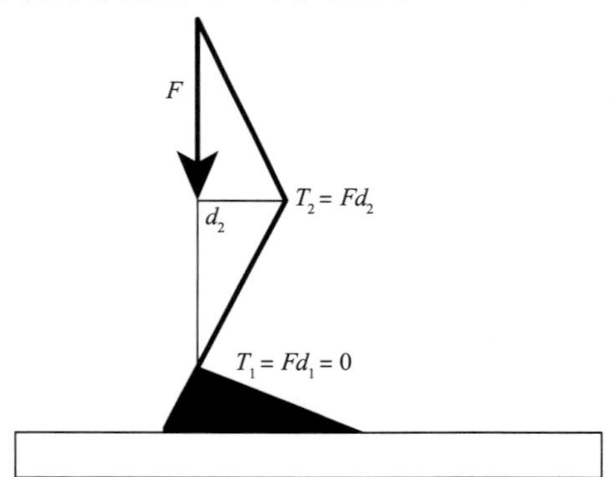

图 2.25　身体姿势与所承受的力

注：腿越接近完全伸展，负荷力的力臂（d_2）相对于膝关节就越小，因此膝关节力矩（T_2）需要承受的力 $F\left(T_2 = Fd_2\right)$ 就越小。这就解释了为什么当腿几乎完全伸展时可以承受最大的负荷。当力的作用线通过关节中心时，关节力矩为 0。如图所示，这发生在踝关节［即没有力矩（T_1）和力臂（d_1）］。相比之下，当腿或手臂将近展开时，在关节力矩较小的情况下可以产生较大的外力。

［资料来源：V.M. Zatsiorsky, *Kinetics of Human Motion* (Champaign, IL: Human Kinetics, 2002), 140. 许可转载］

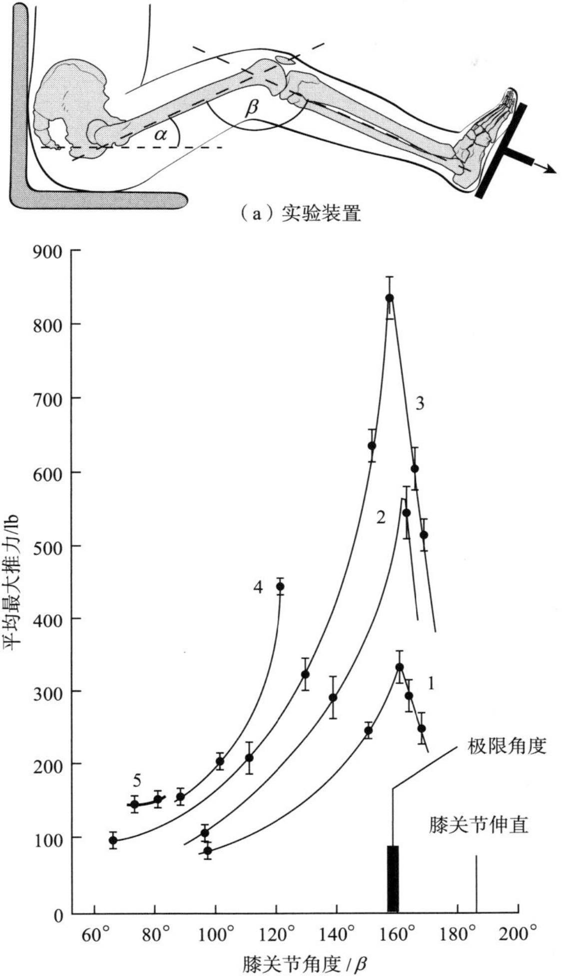

（b）6名受试者在放置于不同位置的踏板上等长施加的平均最大推力（±2标准偏差）

图 2.26　坐位受试者肢体位置和推力的关系

注：对于大腿与水平面的 5 个不同角度（ α ），膝关节的角度（ β ）是不同的。曲线 1 表示角 α 在−15°～−6°的数据；曲线 2 表示角 α 在 5°～10°的数据；曲线 3 表示角 α 在 15°～19°的数据；曲线 4 表示角 α 在 33°～36°的数据；曲线 5 表示角 α 在 48°～49°的数据。如图所示，曲线 4 和曲线 5 在到达极限角度之前必然停止。在这些大腿位置，由于腘绳肌腱的限制，膝关节不能进一步伸展。注意在不同的体位，力的大小相差 9 倍。

［资料来源：P. Hugh-Jones, “The Effect of Limb Position in Seated Subjects on Their Ability to Utilize the Maximum Contractile Force of the Limb Muscles,” *Journal of Physiology* 105, no. 4(1947): 332-344. 许可转载］

本章小结

运动员可以用不同的力量来完成指定的运动任务，如投掷、举重或跳跃。当用力最大时，运动员在给定的任务中获得了肌肉运动表现的最大值。每一项运动任务都以一些被称为参数的变量，如阻力、上坡跑时的坡度、器械的重量，以及这些参数的大小为特征。

如果系统地改变一项运动任务的参数，就可以建立肌肉运动表现的最大值与因变量之间的参数关系。最大力 F_m 与最大速度 V_m 呈负相关关系：力越大，速度越小。最大力中的最高限度被称为最大极限力 F_{mm} 。在给定的参数比例下，F_{mm} 与最大速度 V_m 之间的相关关系是非参数关系，这种关系通常是正相关关系（即力越大，速度越快）。相关性的大小取决于参数值：阻力越大，相关性系数越高。

肌肉力量是产生最大极限力 F_{mm} 的能力。它只能在运动任务的某些参数值下生成和被测量，如施加在重器械上的肌肉力量。当运动员试图产生最大力时，所产生的力值取决于运动任务。即使运动的“几何结构”（如涉及的身体四肢、运动轨迹）是固定的，产生的力也会变化。

有几个因素决定了运动任务中的力值。这些因素分为外在（外部）因素和内在（内部）因素。运动员对外部物体施加的力不仅取决于运动员本身，还取决于外部因素，尤其是阻力的类型（如弹性、惯性、重力和水动力）。

阻力类型影响所产生力的模式。假设针对不同的阻力进行相同的手臂运动（如外侧–内侧方向）：一是弹性阻力；二是黏性阻力（如手臂在硬面团中移动）。在第一种情况下，阻力随着运动幅度成比例增加；在第二种情况下，阻力与运动速度成正比。力量训练器械提供的阻力通常与自然运动中的阻力类型不同。这不利于提高力量训练的效率。

运动任务的几个内在特征对于产生最大力是很重要的。在许多运动项目中，发力可用时间是一个关键因素。产生最大力所需要的时间一般比在实际运动中表现力量的可用时间更长。因此，不是力量本身，而是发力速度在运动成绩中起极其重要的作用。最大力和发力速度的相对作用取决于运动成绩。运动成绩越高，产生力量的时间就越短，因此发力速度的重要性就越大。在最短时间内产生最大力的能力称为爆发力，强壮的人并不一定拥有较好的爆发力。

运动速度影响所能产生力的大小。运动速度越快，力越小（参数关系）。运动速度越慢，自然运动过程中产生的力越大，F_{mm} （及大负荷抗阻训练）对运动成绩的贡献就越大。

运动方向（即在运动过程中，肌肉是缩短还是拉长）是重要的因素。最大力是在肌肉的离心动作和肌肉的可逆动作下产生的，这时肌肉被强行拉长然后缩短。这种拉长–缩短周期是许多运动固有的一部分。在肌肉的拉长–缩短动作过程中产生的力的大小，以及弹性能量的储存和反弹的大小，既取决于肌肉和肌腱的弹性特性，又取决于肌肉活动的神经控制。

两种脊髓反射（牵张反射和高尔基腱反射）的相互作用被认为是决定拉长-缩短周期中传入神经（传递到肌肉）的主要因素。

肌肉力量在很大程度上取决于身体姿势。对于单关节运动，关节力量曲线（即力-角度关系）受到肌力和肌腱力的变化及这些力的力臂变化的影响。在多关节运动中，整个关节活动范围都存在最强和最弱（阻碍）点，最大（最小）力值也出现在这个运动范围内。

第三章 运动员个性化力量

在第二章，我们讨论了特定运动或活动中任务的各种因素是如何影响力量表现的，本章我们将研究影响个体运动员产生最大力的因素，以及运动员的个体差异，也就是运动员之间进行比较的决定性因素。本章的结尾对肌肉力量的决定性因素做了分类，从而帮助读者巩固和整理在第二章与本章中所学到的知识。

不同运动员做类似的动作时会产生不同的最大力。这主要源于两个因素。

（1）单个肌肉产生最大力的能力，或外周因素。

（2）中枢神经系统（central nervous system，CNS）对肌肉活动的协调，或神经（中枢）因素。神经协调的两个方面清晰可辨——肌内协调和肌间协调。

虽然本书不是一部生理学书籍，但是必须注意那些有助于我们理解力量训练及其可适应潜力中的关键因素。

第一节　肌肉力量的外周因素

在影响肌肉力量的外周因素中，肌肉维度似乎是最重要的。肌肉质量（或肌肉中肌纤维的数量）及肌肉维度受到训练和其他因素（包括营养和激素状况）的影响。

一、肌肉维度

众所周知，生理横截面积大的肌肉比横截面积小的同类肌肉产生的力更大。无论肌肉长度如何，都是如此。在大负荷抗阻训练中，当肌肉横截面积增加时，最大力量通常会随之增加。肌肉的横截面积与肌纤维的数量及肌纤维横截面积的总和有直接关系。

骨骼肌由许多肌纤维（或长的、圆柱形的肌细胞）组成。每条肌纤维由许多平行的肌原纤维组成，肌原纤维由称为肌节的纵向重复单位组成。肌节又包括主要由肌动蛋白组成的肌动蛋白丝（细肌丝）和由肌球蛋白组成的肌球蛋白丝（粗肌丝）。肌动蛋白丝和肌球蛋白丝部分重叠。肌球蛋白丝有微小的向外螺旋状突起，称为横桥（或交叉桥）。这些横桥的末端是肌球蛋白头，在收缩时和肌动蛋白丝接触，称为横桥连接或连接。根据肌丝滑动理论，肌动蛋白丝在肌球蛋白丝之间的主动相对滑动使肌节缩短，从而导致肌纤维的收缩。

肌肉产生的力是肌肉亚单位（肌节、肌原纤维、肌纤维）活动的结果。肌节产生的最大作用力在某种程度上取决于肌动蛋白丝横桥连接可用的肌球蛋白头的总数。在给定的肌节中横桥连接的总数是下面两个数量的乘积。

- 肌动蛋白丝和肌球蛋白丝的数量（或所有肌丝的横截面积）。
- 可与肌动蛋白丝相互作用的肌球蛋白头的数量（或肌节长度）。

肌节长的肌肉（更长的肌动蛋白丝和肌球蛋白丝）因可能重叠的程度较大，每单位横截面积发出更大的力量。

一个肌原纤维的所有肌节是串联工作的。一个线性串联中的任一单位（即肌原纤维中的任一肌节）所发出的力或施加在该单位上的力，等于该串联中每个其他单位发出的力。因此，肌原纤维的所有肌节发出相同的力，而且在肌原纤维末端产生的力并不取决于它的长度。

肌纤维产生的力受到肌动蛋白丝和肌球蛋白丝数量的限制，因此也受到并联工作的肌原纤维数量的限制。图 3.1 以两条肌纤维（每条肌纤维由两个肌节组成）为例，列出了肌节并联和串联作用的差异。为了估算肌肉产生力的潜能，研究人员不计算肌丝的数量，而是确定它们的总横截面积。肌丝面积与肌纤维面积的比率称为肌丝面积密度。

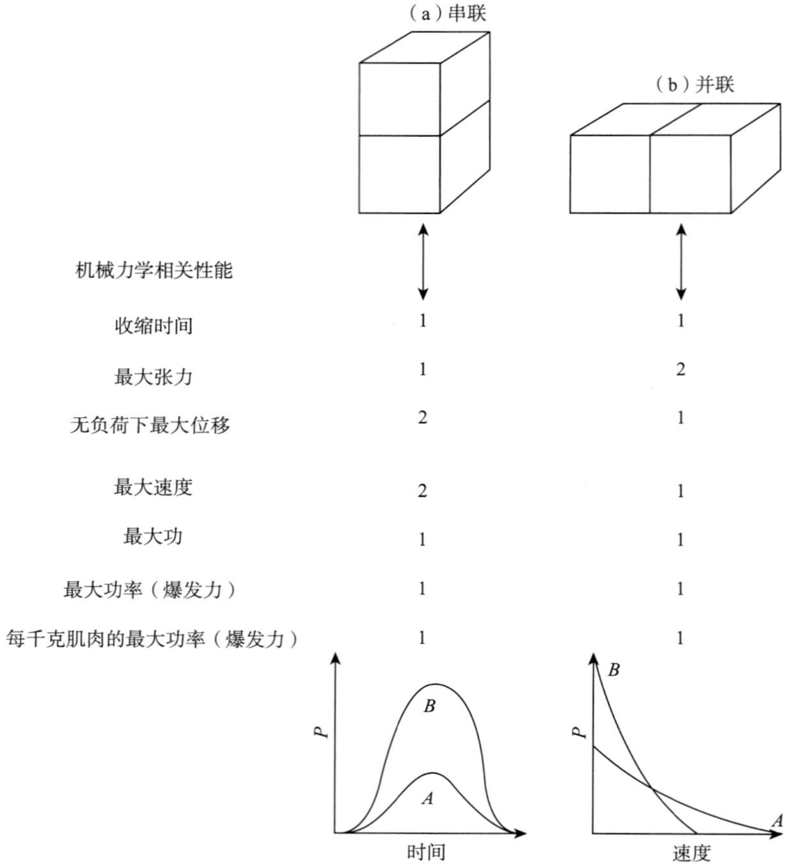

机械力学相关性能	（a）串联	（b）并联
收缩时间	1	1
最大张力	1	2
无负荷下最大位移	2	1
最大速度	2	1
最大功	1	1
最大功率（爆发力）	1	1
每千克肌肉的最大功率（爆发力）	1	1

P
B
A
时间

P
B
A
速度

图 3.1　肌节的不同排列方式对肌纤维机械力学相关性能的影响

注：相关的（肌肉）等长和等张如图底部所示。

［资料来源：W.R. Edgerton, R.R. Roy, R.G. Gregor, et al, “Morphological Basis of Skeletal Muscle Power Output,” in *Human Muscle Power*, edited by N.L. Jones, N. McCartney, and A.J. McComas (Champaign, IL: Human Kinetics, 1986), 44. 许可转载］

力量训练可增加肌原纤维的肌丝数量、肌纤维的肌原纤维数量及肌丝面积密度。因此，肌肉细胞的大小和力量都有所增加。我们对力量训练对肌节长度的影响知之甚少。

肌肉产生力量的能力取决于它的生理横截面积，特别是取决于肌肉中肌纤维的数量和纤维的横截面积。

众所周知，肌肉经过力量训练后，其大小（尺寸）会增加。这种增加被称为肌肉肥大，这一点健美运动员最具代表性，因为健美运动员的训练目标之一就是使得肌肉肥大。全身肌肉肥大是由以下两个原因引起的。

- 肌纤维数量少量增加（肌纤维增生）。
- 主要是单个肌纤维的横截面积增大（肌纤维肥大）。

研究发现，肌纤维增生和肌纤维肥大都有助于增加肌肉大小（尺寸）。然而，肌纤维增生的贡献相当小（< 5%），为了实际的力量训练目的，可以不予考虑。肌肉大小的增加主要是由单个肌纤维大小的增加引起的，而不是由肌纤维数量的增加（通过纤维分裂）引起的。与肌肉中纤维数量较少的人（如马拉松运动员）相比，肌纤维数量较多的人（如竞技性力量举运动员、举重运动员或健美运动员）更容易出现肌肉肥大。适当的训练会增加单个肌纤维的大小，从而增加肌肉的大小。肌纤维的数量大体上不变。

肌纤维肥大有两种极端的类型，即肌质肥大和肌原纤维肥大（图 3.2）。

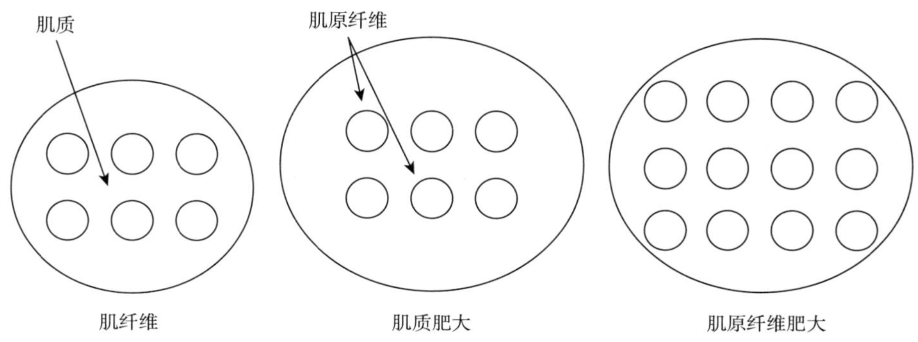

图 3.2　肌质肥大和肌原纤维肥大

肌纤维的肌质肥大的特征是肌质（肌纤维间的半流体物质——水）增加，也称为“细胞肿胀”，这有助于细胞的增长及因维持渗透梯度而产生的尺寸效应。此外，非收缩性蛋白（如 Z 带、肌联蛋白、伴肌动蛋白）的密度会增加，其中非收缩性肌联蛋白最显著地促进了离心力的产生。

肌原纤维肥大是肌纤维作为激活的运动单位（或运动单位 MU，α 运动神经元及其组成运动系统输出的相关肌纤维）的一部分的增大。肌纤维获得更多的肌原纤维蛋白，因而有更多的肌动蛋白丝和肌球蛋白丝。因为非收缩性蛋白质为收缩性蛋白质的组织和特殊排列提供了栅格结构，非收缩性蛋白质相应增加。肌动蛋白和肌球蛋白在肌肉细胞中的合成是由细胞核中的基因控制的。力量训练可以促进细胞核 DNA 上基因的分子信号传导，刺激它们生成肌动蛋白和肌球蛋白（收缩蛋白）及非收缩蛋白。收缩蛋白被合成，蛋白质形成新的肌丝，肌丝密度增加。这种类型的肌纤维肥大导致了肌肉力量的增加。大负荷抗阻训练将肌纤维的肌质肥大和肌原纤维肥大混合起来。根据训练日程，肌纤维肥大的类型根据它们所收到的激活量而不同程度地表现出来。当在训练计划中反复受到刺激时，运动单位（由 α 运动神经元及其相关肌纤维组成）的激活会出现肌肉肥大。如果使用足够大的阻力（参见大小原则），并且在肌肉中有足够多的运动单位被激活，整体肌肉的绝对尺寸也会增加。如果进行适当的大负荷抗阻训练，一段时间后肌肉的尺寸和用力能力将会增加。运动员必须有组织地进行训练，以刺激收缩蛋白的合成，并增加肌纤维密度。

肌肉的修复和重塑部分与一定程度的撕裂有关，轻微损伤或撕裂继而引起激活的肌纤维的修复和重塑。因此，会发生一定量的分解代谢（肌纤维的分解），这在一定程度上是合成代谢过程的信号。多年来，人们认为这是不正确的，但科学家现在认为，即使损伤很小，它也能在这个过程中发挥作用，因为当损伤特征不明显时也会发生肌肉肥大。在许多方面，尽管涉及的损伤程度不同，分解代谢仍是肌肉组织重塑过程的一部分。

然而，如果肌肉损伤或撕裂太严重（如超过离心负荷或训练量极限），修复过程可能会延迟。如果炎症水平持续升高，那么正常的修复和重塑过程就会受到阻碍。一般的训练恢复疼痛感最小，应该在 24～48h 完成。如果肌肉极度疼痛，则表明训练安排得“太多太快了”。如果教练员没有精心设计训练且没有考虑到个体可以承受的持续加载，最糟糕的后果是出现横纹肌溶解风险（即肌肉的撕裂损害肾功能，可能导致永久性残疾甚至死亡）。肌纤维肥大是肌肉蛋白质在恢复期内的一种超量补偿。通过训练，更强的肌纤维可以抵抗损伤或撕裂的程度，并能更快地修复和重塑，这部分是由于即使当使用典型的“向心–离心”重复时也会出现离心负荷，并在训练周期内支持更重的负荷组合。

随着新技术和分子工具被用来测试和检查肌肉肥大过程，参与肌肉蛋白质合成的机制近年来变得越来越清晰。然而，由于存在大量不同的信号传导过程和相互作用，在肌肉肥大适应机制中，对众多途径以及对肌肉中各种生物相容性的影响方面的解释工作存在复杂性。这被归结为蛋白质合成和分解之间的内在相互作用。正如我们之前指出的，当运动单位被募集时，肌纤维会发生一些损伤和撕裂。由于每单位横截面积的作用力较大，当使用更大的阻力（称为机械损伤）时，这种损伤可能更大。运动单位中的一些肌纤维也可能出现更严重的损伤，从而可能需要再生甚至无法恢复。然而，在一般的训练中，这些肌纤维的肌膜壁轻微的撕裂或损伤很容易修复。因此，基于训练的力量需求，对每个被募集的运动单位来说，损伤现象是在一个连续体上。在低阈值、较慢的运动单位中发现的 I 型肌纤维，由于较厚的非收缩蛋白，对损伤的抵抗力要高出许多倍。然而，当炎症极其严重，免疫细胞产生高水平的自由基和其他有毒物质（称为化学损伤）时，训练休息时间短也会导致肌肉损伤，因为这些物质会攻击肌纤维的肌膜壁，并在 48～72h 的长时间内造成损伤。这就是为什么运动员在训练过程中参与这样的训练课后恢复日是至关重要的。

肌纤维的肥大过程涉及许多因素。与运动单位相关的肌纤维必须被阻力负荷激活才能启动肌肉肥大过程。除了维持正常静息水平的体内平衡之外，未被激活的肌纤维不会发生肌肉肥大。一旦运动单位及其相关的肌纤维被激活，来自身体系统的各种信号（如激素、细胞因子、代谢物质）与肌纤维的受体相互作用，将信号信息传递给 DNA 系统。此外，这些物质可以与卫星细胞结合，卫星细胞在肌膜壁下处于休眠状态，也会受到收缩力信号的影响。这些激活卫星细胞的信号随后可以分化，并通过生成成肌细胞帮助修复撕裂的肌肉，成肌细胞的作用类似于黏合剂或绷带来固定纤维膜。肌纤维经历了收缩性和非收缩性蛋白质数量的增加，从而导致了尺寸增加（我们所说的肌肉肥大）。卫星细胞进一步分化，促进细胞核的形成，当尺寸增加超过 25%～35%时，这些细胞核可以控制增加的尺寸。骨骼肌是一个多核细胞，每个细胞核负责蛋白质的特定区域，即核域。合成代谢激素的信号（尤其是男性的睾酮、细胞因子、肌肉因子）刺激蛋白质合成的过程，在这个过程中，蛋白质产生，并系统地被安放在肌纤维适当的几何位置中，肌纤维的大小因而增加。如果肌肉中有足够多的运动单位被适当激活，这种效应就会变得更为广泛，整体肌肉的大小和质量会增加。这种多方面的肌肉肥大过程需要适当的营养、睡眠、生活行为方式和最佳的训练进程来支持，以限制分解代谢信号，从而抑制或抵消这种合成代谢的肥大反应和适应。

许多年前在教练员中流行的一些假说现在被完全忽略了，其中包括以下几个：

• 血液过度循环假说。该假说认为运动肌肉中血液循环增加以刺激肌肉生长。最流行的健身训练方法之一——“充血”，就是基于这一假设。然而，已有研究表明，物理疗法过程引起的运动肌肉人工充血（即增加流经肌肉的血液量）本身并不会激活蛋白质合成。流向运动肌肉的血液对于输送必需的营养和激素很重要；然而，其效果与肌肉中最大数量运动单位的激活有关。

• 肌肉缺氧假说。该假说与血液过度循环假说相反。根据这一假说，在力量训练过程中，肌肉组织中血液和氧气不足（而不是充足）会触发蛋白质的合成。抗阻训练期间，肌肉小动脉和毛细血管受到压缩，激活的肌肉血液供应受到限制。如果张力超过最大肌力的约 60%，血液就不会被输送到肌肉组织。

然而，通过不同的方式使肌肉处于缺氧状态已经被研究人员证明并不会刺激肌肉尺寸的增加。专业的珍珠潜水员、花样游泳运动员和其他经常在缺氧条件下进行低强度活动的人没有肌肉肥大。组织缺氧直接增加自由基生成量和局部组织损伤，研究表明抗阻训练可以减轻这种影响。因此，缺氧状态在很大程度上不利于肌肉的最佳恢复或修复。

• 三磷酸腺苷（ATP）债务假说。该假说基于这样一个假设，即大负荷抗阻训练（建议每组训练 20s，完成 15 次）后 ATP 浓度下降。然而，研究结果表明，即使肌肉在力竭的状态中，ATP 水平也没有变化。

• 第四种假说是肌肉肥大的能量假说。该假说虽然还没有得到详细的验证，但是似乎更现实，更适合实际训练。根据这一假说，增加蛋白质分解代谢的关键因素是在高强度运动中，肌肉细胞里蛋白质合成所需的能量不足。肌肉蛋白质的合成过程需要大量的能量。例如，一个肽键的合成需要两个 ATP 分子水解时释放的能量。在每一个瞬间，肌肉细胞中只有一定储备数量的能量可用。这些能量被用于肌肉蛋白质的合成代谢和肌肉运动。在正常情况下，肌肉细胞中可用的能量可以满足这两个要求。然而，在大负荷抗阻训练中，几乎所有可用的能量都传递到收缩的肌肉元素中并用于肌肉运动（图 3.3）。

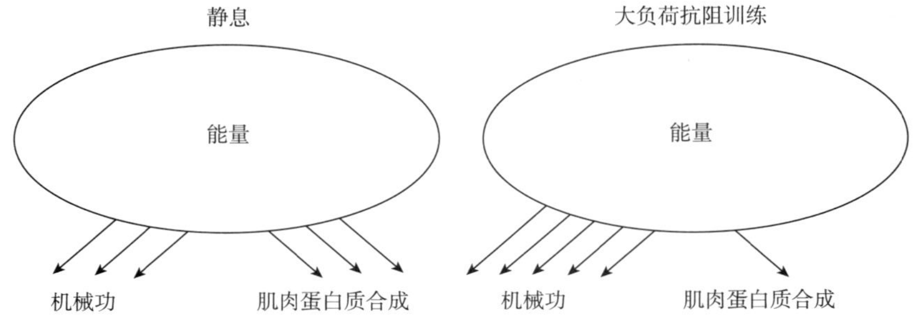

图 3.3　静息和大负荷抗阻训练时的能量供应

注：在大负荷抗阻训练时，可立即用于合成肌肉蛋白质的能量减少。

由于肌肉蛋白质合成的能量供应减少，蛋白质降解增加。在运动过程中，从血液到肌肉的氨基酸吸收会降低。在大负荷抗阻训练中分解代谢的蛋白质的质量超过了新合成的蛋白质的质量。因此，肌肉蛋白质的数量在力量训练课后有所减少，而蛋白质分解代谢的数量（如血液中非蛋白质氮的浓度）高于其静息值。然后，在训练课期间，蛋白质合成增加。从血液中吸收到肌肉中的氨基酸高于静息值。这种不断增加的降解和收缩蛋白合成的过程可能导致蛋白质的超量补偿（图 3.4）。这一原理类似于耐力训练时发生的肌肉糖原超量补偿。

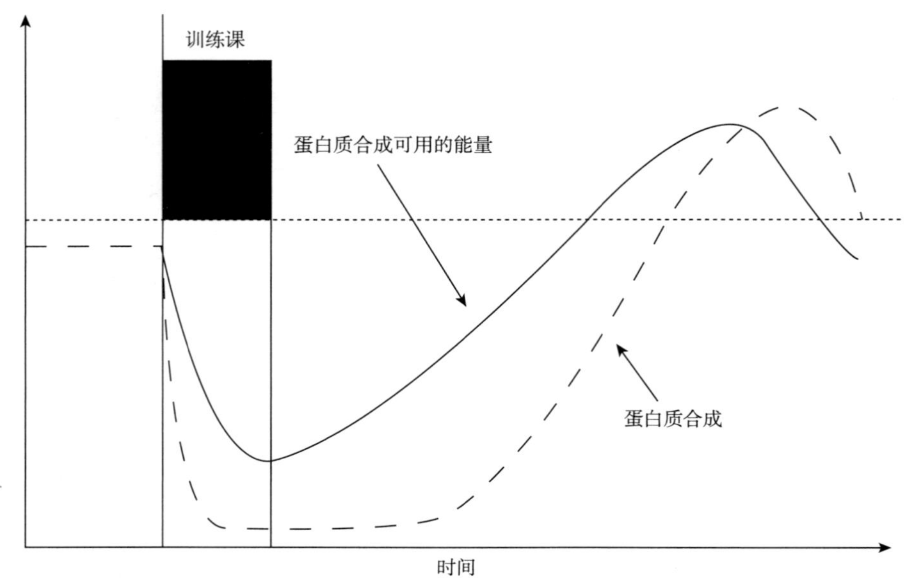

图 3.4　肌肉细胞的能量潜能和蛋白质合成代谢率

［资料来源：A.A. Viru, " Influence of Exercise on Protein Metabolism," in *Lectures in Exercise Physiology*, edited by A.A. Viru (Tartu, Estonia: The Tartu University Press, 1990), 123-146. 经作者许可］

Ⅰ型肌纤维（或慢收缩肌纤维）和Ⅱ型肌纤维（或快收缩肌纤维）的肥大方式并不完全相同。Ⅰ型肌纤维更依赖于减少肌原纤维蛋白质降解量，Ⅱ型肌纤维更依赖于增加蛋白质合成。虽然这两种功能都在肌纤维中发挥作用，但是实际训练中应考虑这些差异。与Ⅱ型肌纤维相比，Ⅰ型肌纤维对停训反应更敏感，可能需要运动员维持更高的训练频率。相反，由于Ⅰ型肌纤维在运动单位从低阈值到高阈值的募集过程中被持续使用（大小原则），当它们受损时，由于非收缩蛋白含量较高，它们可能需要更长的时间来修复。具有Ⅰ型肌纤维的低阈值运动单位对化学损伤更敏感。

无论刺激肌肉肥大的机制是什么，导致这种结果的常规训练的重要参数是运动强度（施加的肌肉力量）和运动量（重复的总次数、完成的机械功）。第四章将描述这一理论的实践方面。

二、体重

肌肉质量是人体质量或体重的重要组成部分（在优秀的举重运动员中，肌肉质量约占体重的 50%）。这就是为什么在受过同样训练的人中，体重较大的人表现出更强的力量。

当受试者具有同样优秀的运动能力时，力量对体重的依赖性就会更加明显。举重世界纪录保持者的成绩水平和体重之间有很强的相关性（相关系数为 0.93），参加世锦赛的运动员的相关系数为 0.80，而那些没有参加体育活动的人，相关系数很低，甚至可能等于 0。

为了比较不同人的力量水平，我们通常会计算每千克体重所具有的力量，或相对力量。在不考虑体重的条件下所能表现的力量被称为绝对力量。因此，下列等式成立。

相对力量=绝对力量/体重

随着体重的增加，训练相同而体重级别越大的运动员，绝对力量增加，相对力量减少（图 3.5）。例如，56kg 级挺举以前的世界纪录是 168.0kg，因此，相对力量为 3.0kg。超重量级运动员的体重必须在 105kg 以上，通常是 130 ~ 140kg。如果这一级别的优秀运动员的相对力量是每千克体重 3.0kg，那么他们在挺举中可以举起 400kg 左右的重量。现实中，这个重量级别的世界纪录是 263.5kg。

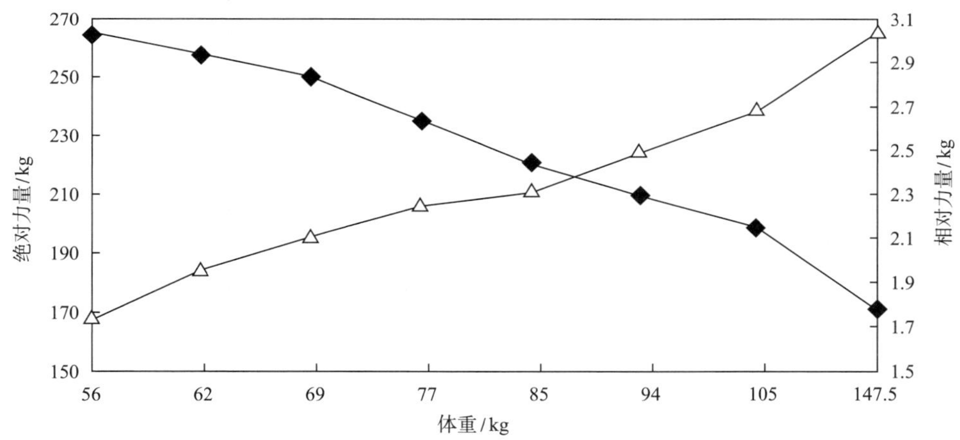

图 3.5　不同重量级别的优秀举重运动员的绝对力量（有三角形的曲线）和相对力量（有菱形的曲线）

注：挺举的世界纪录（截至 2005 年 1 月 1 日）被用作绝对力量的指标。对于超重量级（>105kg）运动员，显示其实际体重（如 H.Rezazadeh，伊朗人，体重 147.5kg，他的纪录是 263.5kg，相对力量是 263.5/147.5≈1.786kg）。

由于相对力量大，体型小的运动员在拉起自己的身体方面具有优势。轻量级的优秀摔跤运动员通常可以在单杠上做 30 多个引体向上；对超重量级的运动员来说，10 个引体向上是一个很好的成绩。

为了解是什么导致了这种差异，我们假设两名运动员 A 和 B 有着相同的健康水平但不同的体型。其中一个的高度是另一个的 1.5 倍（图 3.6）。他们的身高分别为 140cm 和 210cm，前后径和额径的比例均为 1∶1.5。

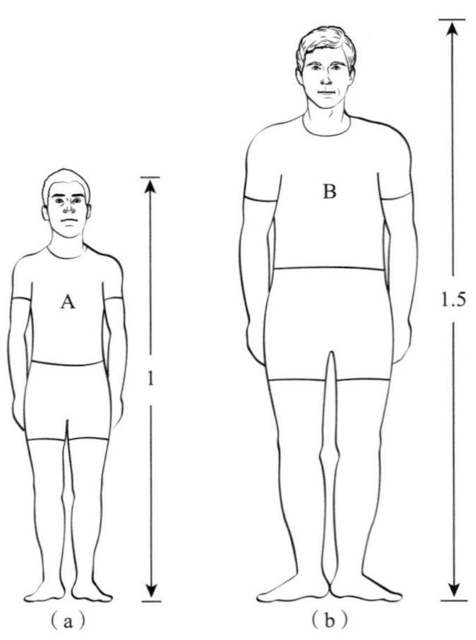

图 3.6　两名身体维度不同的运动员 A 和 B

比较长度测量（节段长度、直径）、面积测量（肌肉生理横截面积、体表面积）和体积测量（体积、身体质量）。

因此，身高比为 1∶1.5；面积（包括肌肉生理横截面积）比为 1∶2.25；体积比为 1∶3.375。运动员 B 的力量是运动员 A 的 2.25 倍，体重是运动员 A 的 3.375 倍。运动员 B 在绝对力量上有优势，运动员 A 在相对力量上有优势（表 3.1）。

表 3.1　运动员 A 和运动员 B 身体维度的比例

测量	运动员 A	运动员 B
长度	1	1.5
面积（和力量）	1	1.5^2=2.25
体积（和体重）	1	1.5^3=3.375

体重和力量之间的关系可以用简单的数学知识来分析。考虑到

$$W = aL^3$$

其中，W 是体重；L 是长度测量；a 是常数（系数）。我们可以写成：

$$L = aW^{1/3}$$

由于力量（F）与肌肉生理横截面积成正比，它也与 L^2 成正比：

$$F = aL^2 = a\left(W^{1/3}\right)^2 = aW^{2/3} = aW^{0.667}$$

或者用对数形式表示：

$$\log_{10}F = \log_{10}a + 0.667\left(\log_{10}W\right)$$

我们可以用举重的世界纪录来验证最后一个方程式。图 3.7 是体重对数与运动员举起

重量对数的关系图。回归系数为 0.63（接近预测值 0.667），证明方程是有效的。这样的方程式（或对应表格，见表 3.2）可以被用来比较不同体重的人的力量。表3.2 显示，在 67.5kg 重量级别中，100kg 的力量相当于超重量级举重运动员的 147kg。

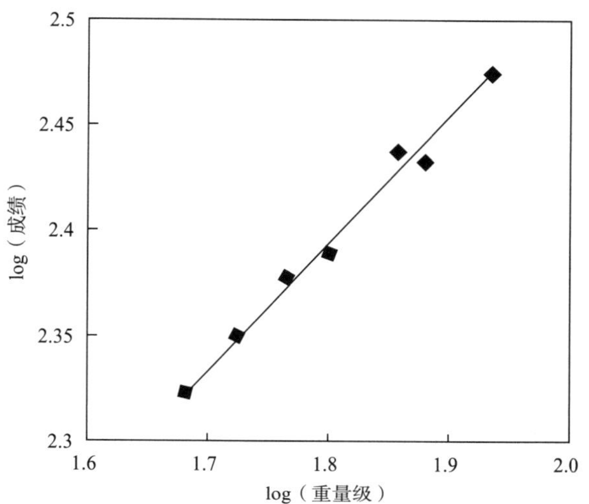

图 3.7　运动员力量与体重的关系

注：不同重量级别的女子举重（抓举加挺举）的世界纪录被用作最大力量的指标。该纪录是 2005 年 1 月 1 日被创造的。由于规则对体重在 75kg 以上的运动员的重量级别没有精确控制，这些数据不包括在分析中（如 2004 年奥运会举重项目的纪录保持者的体重约为 120kg）。注意对数标度。经验回归方程为 $\log_{10}F$=1.27+0.63（$\log_{10}W$）。

表 3.2　不同体重的运动员对应的力量水平

体重/kg							
56	60	67.5	75	82.5	90	110	120
44	46	50	54	57	61	69	73
53	55	60	64	69	73	83	88
62	65	70	75	80	85	96	103
71	76	80	86	91	97	111	117
79	83	90	97	103	109	125	132
88	92	100	107	114	121	139	147
132	139	150	161	171	182	208	220
177	185	200	215	229	242	277	293
221	231	250	290	285	303	346	367
265	277	300	322	343	363	415	425

［资料来源：V.M. Zatsiorsky and I.F. Petrov, “Applied Aspects of the Analysis of the Relations Between the Strength and Body Weight of the Athletes,” *Theory and Practice of Physical Culture* 27, no.7(1964): 71-73.］

对美式橄榄球前锋、超重量级举重运动员和投掷运动员等来说，绝对力量是非常有价值的。对需要移动运动员身体而不是移动器械的运动项目来说，相对力量是最重要的。因此，只有那些相对力量接近 1.0kg（每千克体重产生 1.0kg 的力）的运动员才能完成男子体操吊环项目的“十字支撑”动作（表 3.3）。因为体操运动员不悬空整个身体（不需要施加力量来保持手握），当相对力量略小于 1.0kg 时，也可以进行“十字支撑”动作。

表 3.3　两位世界体操冠军手臂在“十字支撑”位置时内收的最大力

姓名	手臂内收力/kg	体重/kg	超过体重的力量/kg	相对力量/kg	一组动作中的“十字支撑”数/个
Azarian，A.	89	74	15	1.20	5～6
Shachlin，B.	62.9	70	−0.8	0.98	1～2

［资料来源：A.A. Korobova and A.B. Plotkin, *Strength Testing of Elite Athletes*: Technical report#61-105 (Moscow: All-Union Research Institute of Physical Culture, 1961), 48.］

在以绝对力量为主要要求的运动中，运动员应该以刺激增加瘦体重的方式进行训练。随着体重的增加，身体脂肪的百分比必须保持不变，甚至降低，以确保体重的增加，主要是瘦体重的增加。

相对力量的增加可能伴随着体重的不同而变化，有时体重稳定，有时体重下降。表 3.4 展示了这种现象：一名运动员体重减轻，成绩提高。良好的饮食习惯和有规律地控制体重对所有运动员来说都是必要的。最好每周称重并定期测定身体成分（皮脂厚度测量，水下称重）。

表 3.4　1960 年奥运会（跳远）冠军 V. Krepkina 的体重变化及相对力量的某些间接指标

年龄/岁	体重/kg	身高/m	体重/身高	立定跳远/cm	跳远/cm	100 米跑/s
16	64	1.58	40.5	214	490	13.6
24	55	1.58	34.8	284	617	11.3

［资料来源：V.M. Zatsiorsky, *Motor Abilities of Athletes* (Moscow: Fizkultura i Sport, 1966), 26.］

一种常见的运动训练是在比赛前减轻体重。运动员“减轻体重”是为了增加相对力量，从而提高成绩。在如摔跤和柔道等分重量级别的运动项目中，运动员采用这样的方式才有资格获得比他们通常的体重级别更低的级别。减少饮食的摄入量、利用热处理（如桑拿）引起脱水等都是为了达到此目的。

如果使用得当，那么该策略是可以接受的（一般运动员每周减重不应超过 1kg，优秀运动员每周减重不超过 2.5kg），但是过度减重不利于运动表现，而且也不安全。在短时间内体重的快速下降导致瘦肉组织和水分的减少，而不是脂肪的消耗。此外，糖原储备会耗尽，这是高强度运动最重要的能量来源。由于碳水化合物利用率降低或体液平衡紊乱，运动员的运动能力降低。因此，重要的是运动员要遵循长期的、有计划的减重计划，每天能量摄入限制在低于正常能量摄入 2 000～4 000J（500～1 000kcal）范围内。

运用极端、快速的方法进行减重的行为（如使用橡胶减肥服、泻药、灌肠剂、诱导呕吐和利尿剂）是不合理的。例如，利尿剂被视为兴奋剂，被国际奥林匹克委员会（简称为

“国际奥委会”）医学委员会禁用。不幸的是，尽管国际奥委会已尽一切努力阻止快速减肥方法的使用，但许多运动员仍然通过不可取和不安全的方法减肥，尤其是对儿童和青少年来说，这些乱用减重方法的行为应该受到强烈反对。

减重的替代方法是通过增加肌肉质量来增加相对力量。这是完全合理的，运动员不用担心在运动中承受主要负荷的肌肉的增长。

为什么不同运动项目的运动员有不同的身体维度?

为什么体操运动员个子矮（男子体操运动员的最佳身高一般在 155 ~ 162cm；女子体操运动员的身高通常是 135 ~ 150cm，甚至更矮）？他们必须拉起自己的身体，所以对体操运动员来说重要的是相对力量，而不是绝对力量。矮个子运动员在这项运动中有优势。

为什么最优秀的铅球运动员又高又重（但不肥胖）？在这种情况下，绝对力量很重要。体型大的运动员在这项运动中有明显的优势。

女子体操运动员面临的风险

Christy Henrich 是 20 世纪 80 年代美国最优秀的体操运动员之一，因为饮食问题而导致了悲剧性后果。当她重 95 磅（43.09kg）时，她的教练员告知她，她太胖了，进不了奥运队。她开始了厌食和暴食的生活，但仍然错过了奥运会。她在 22 岁去世，当时体重只有 52 磅（23.59kg）。教练员们应该审慎、认真地评论体重问题。

三、其他因素（如营养、激素状态）

只有当有足够的物质促进蛋白质修复和生长时，力量训练才会激活收缩蛋白的合成，导致肌纤维肥大。这些蛋白质的组成部分是氨基酸，其必须在训练课后的休息时间内进行重新合成。

氨基酸是蛋白质消化（或水解）的最终产物。有些氨基酸是必需的或不可缺少的，不能由身体自身产生，必须由食物提供。食物提供的氨基酸原封不动地通过肠壁进入全身血液循环，它们从那里被肌肉吸收，以形成自身蛋白质，这取决于肌肉所需的特定氨基酸。具体如下：

- 恢复期间，血液中必须有蛋白质合成代谢所需的各种氨基酸。
- 蛋白质，特别是必需的蛋白质，必须由适当种类的食物提供足够的量。

在举重和铅球等以肌肉力量为主要运动能力的运动项目中，运动员每千克体重至少需要 2g 蛋白质。优秀运动员在大运动量训练期间，当训练负荷极高时，对蛋白质的需求可能会更高，当每天每千克体重消耗的蛋白质超过 2.45g 时，多余的蛋白质会被氧化，消耗更多的能量。这是一些运动员，如健美运动员，在准备“瘦身阶段”消耗更多能量的一种饮食策略，但它对肝脏和肾脏的要求过高，不利于健康。这一数量的蛋白质必须由含有适当种类的必需氨基酸的食物提供。必需氨基酸和支链氨基酸十分重要，乳清蛋白已成为运动员在力量训练中的常用补充剂。

除了氨基酸的供给外，运动员的激素状况也起着非常重要的作用。人体不同腺体分泌的几种激素影响着骨骼肌组织。这些影响包括分解代谢作用（导致肌肉蛋白质分解）和合成代谢作用（导致氨基酸合成肌肉蛋白质）。合成代谢激素包括睾酮、生长激素（GH）和胰岛素样生长因子。主要的分解代谢激素是皮质醇，由肾上腺分泌。虽然每一种激素都在合成代谢或分解代谢中发挥作用，但是所有的激素在调节体内稳态平衡中都有多种作用，不能仅用它们在一个生理平衡中的作用来界定。然而，一种激素对运动员的净效应可能是正的，也可能是负的，因为它涉及肌肉的增加及分解代谢和合成代谢的平衡。骨骼肌和其他组织的合成代谢和分解代谢指标之间的平衡对于平衡蛋白质的正、负水平非常重要，因为运动后，人们可能会看到运动导致的蛋白质负平衡。恢复可以使蛋白质负平衡回升到正值。

血液中这些激素的浓度在很大程度上决定了肌纤维的代谢状态。女性的血清睾酮水平低于男性，力量训练不会引起女性和男性同样程度的肌肉肥大。力量训练引起血液循环中合成代谢激素水平的变化。这些变化可能是急性的（作为一次训练课的反应）或累积的（静息水平的长期变化）。例如，力量训练引起静息血清睾酮浓度的小幅增加，并导致循环睾酮水平的急剧升高。血清睾酮与性激素结合球蛋白（SHBG）的比值与竞技性举重比赛中挺举成绩的相应提高呈较大的正相关（$r = 0.68$）（图 3.8）。在这样的情况下，如在优秀举重运动员中，肌纤维面积增加的可能性很小，睾酮可能与神经系统的受体有更多的交互作用。

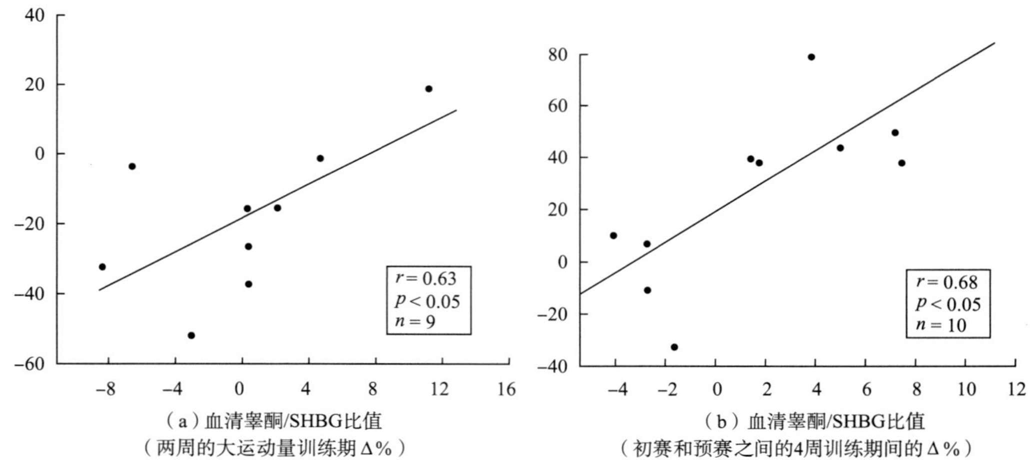

图 3.8　血清睾酮/ SHBG 比值的相对变化和挺举成绩之间的关系

注：睾酮不能自由溶于血浆，必须与血浆蛋白或球蛋白结合才能在血液中循环。在静息状态下，超过 90%的睾酮与 SHBG 或白蛋白结合。剩下的睾酮是一种代谢活跃的“游离”形式。这项研究表明，力量的增加与游离睾酮和结合睾酮的比例有显著的相关性。研究对象都是芬兰举重冠军或全国纪录保持者（或两者兼而有之）。

［资料来源：K. Häkkinen, A. Pakarinen, A. Alén, H. Kauhanen, and P.V. Komi, “Relationships Between Training Volume, Physical Performance Capacity, and Serum Hormone Concentration During Prolonged Training in Elite Weight Lifters,” *International Journal of Sports Medicine* 8, suppl. 1(1987): 61-65. 经许可改编］

成长和力量

随着儿童和青少年变得更高、更重，他们的相对力量应该会降低。这经常发生在青春期的生长高峰期。8 岁男孩和女孩具有较大的相对力量也很常见。例如，他们可能会做 10～12 个引体向上，但如果他们不定期练习，在 16 岁时就不能获得同样的成绩了。

然而，通常情况下，儿童和青少年的相对力量在儿童期和青春期不会下降，因为在成长过程中，成熟个体的肌肉每单位体重产生更大的力量。因此，在儿童期和青春期同时发生两种作用相反的过程——生长（即身体维度增加）和成熟。由于生长，相对力量降低；同时，由于成熟，相对力量增加，这两个过程的叠加决定了所表现出来的力量提高（或降低）。儿童和青少年发育的两个同时进行的过程的相互作用在儿童和青少年运动员的培养过程中很重要。

思考一下苏联解体前其加盟共和国的最佳男体操运动员的训练方法。他们在 12 岁或 13 岁青春期快速生长开始之前学习所有的主要技术动作，包括最难的技术动作。在青春期（13～16 岁），他们学的新动作元素很少（如果有的话）。在这一时期的训练中，他们主要集中于体能训练，特别是力量训练和专项耐力训练，以及运动表现的稳定性。所有的规定动作和自选动作都要经过训练（以获得运动的高稳定性和提高专项耐力），而不是训练新的动作元素和单一技术。他们高度重视力量发展。因此，17～18 岁时的体操运动员就准备参加国际比赛。例如，Dmitri Belozerchev 在 16 岁时就获得世界锦标赛的全能冠军。

随着自选动作复杂性的增加，最困难的技术动作不是由当代奥运会冠军或其他世界大赛的冠军（在训练期间）完成的，而是由他们的年轻对手（即正在准备参加未来奥运会的 12 岁或 13 岁的男孩）完成的。

血清生长激素（GH）水平（即 22-kD）在大负荷训练（最大力量的 70%～85%）期间显著升高。当阻力降低到可以完成 21 次重复时，未观察到血清生长激素的变化。静息状态的生长激素水平不会因力量训练而改变。这可能是因为基本的生长激素分子可以成簇结合在一起，形成更高的分子变体或聚集体，而不同变体以及结合蛋白对力量训练的反应不同。我们才刚刚开始了解现在被称为生长激素超级家族的复杂性。运动员对特定训练课的急性激素反应的程度与以下因素有关。

- 激活的肌肉量。
- 训练量。
- 组间和训练之间的休息时间。

蛋白质和碳水化合物的摄入

一节训练课前后蛋白质和碳水化合物的摄入会影响与雄激素受体结合的睾酮

的数量。肌肉中睾酮与雄激素受体结合的增加导致“增量调节”，这意味着对循环中的睾酮做出反应的受体数量增加。睾酮是肌肉中蛋白质合成增加的主要激素信号之一，但它必须与受体结合。睾酮和所有类固醇的受体位于细胞核内。当它被运送到细胞中时，它会与受体结合并向细胞的DNA机制发送信号。研究结果表明，随着营养摄入的增加，循环中的睾酮会减少。这被认为是由于更多地使用睾酮和从血液中摄取睾酮，增加了其与雄激素受体的结合。因此，少量的必需氨基酸（6～10g）的摄入，在训练课前后都是特别重要的，通过为组成成分提供可用的氨基酸，可以在训练课期间和课后立即帮助蛋白质合成。训练课后10min内摄入20～25g乳清蛋白（含有必需氨基酸）也有帮助。运动员在训练课后也可以从饮品中摄取少量碳水化合物（10～25g），但不是必需的，过量会引起胰岛素反应，从而停止分泌脂肪燃烧酶。来自脑下垂体前叶腺的生长激素和来自肝脏的胰岛素样生长因子-1也随着一节训练课前后的营养摄入而增加。因此，摄取大量营养素的时机对于优化一节训练课前后的合成代谢环境可能是至关重要的。蛋白质合成的增加似乎是由许多不同的合成代谢激素和分子信号分子（如mTOR系统）介导的。

第二节　肌肉力量的神经（中枢）因素

中枢神经系统在肌肉力量的发挥和发展中起着至关重要的作用。肌肉力量不仅取决于所涉及肌肉质量的量，还取决于肌肉中单个肌纤维被激活的程度（通过肌内协调）。发挥出最大力是一种熟练的动作，许多肌肉必须通过动作被适当地激活。这种许多肌肉群的协调激活被称为肌间协调。由于神经适应，优秀运动员可以更好地协调激活单个肌肉和肌肉群的肌纤维。换句话说，他们具有更好的肌内协调性和肌间协调性。

一、肌内协调

神经系统使用3种选择来改变肌肉力量的产生。

- 募集，通过增加和减少激活的运动单位对总肌力分级。
- 频率编码，运动单位放电频率的变化。
- 同步，以差不多同步的方式激活运动单位。

这3种选择都是基于运动单位（MU）的存在。运动单位是运动系统输出的基本元素（量子）。每个运动单位由脊髓中的运动神经元和它支配的肌纤维组成。运动单位还包括一条从运动神经元向下延伸到肌肉的长轴突，在那里它分支并支配单个肌纤维。当运动神经元处于激活状态时，冲量（作用在肌肉上产生变化的力）被分布到运动单位的所有肌纤维中。一方面，在具有精细控制能力的小肌肉群中，运动单位由几十根肌纤维组成。例如，位于眼睛位置的眼外肌的运动单位平均只包含23根肌纤维。另一方面，在像股直肌这样的大肌肉中，一个运动单位可能包含多达 2 000 根肌纤维。

运动单位根据收缩的性质可以分为慢运动单位和快运动单位。慢运动单位，或慢收缩（ST，也被称为Ⅰ型）运动单位，专门用于速度相对慢且时间长的收缩。它们包括：①小的低阈值运动单位（放电频率低）；②传导速度较低的轴突；③高度适应长时间有氧训练的运动肌纤维。它们还具有更高密度的非收缩肌肉蛋白，为肌动蛋白和肌球蛋白的收缩性蛋白质提供格栅结构。快运动单位，或快收缩（FT，也被称为Ⅱ型）运动单位，专门用于相对较短时间段的活动，其特点是爆发力输出大、速度快和发力速度高。它们包括：①大的高阈值运动单位（放电频率高）；②传导速度较高的轴突；③适应爆发性或无氧运动的运动肌纤维。更详细的分类包括 3 类肌纤维：Ⅰ型（慢）肌纤维、ⅡA 型（快速但抗疲劳）肌纤维和ⅡX 型（快速但易疲劳）肌纤维，见表 3.5 和图 3.9。与之前的报告对照来看，训练后Ⅰ型肌纤维不可能转变为Ⅱ型肌纤维；早期关于这方面的报告并没有对所有类型的肌纤维及其混合体进行完整分类。

表 3.5　肌纤维的主要类型

类型	Ⅰ型	ⅡA 型	ⅡX 型
收缩频率	慢	快	快
抗疲劳	高	中等	低
呼吸类型	有氧	有氧-无氧	无氧
毛细血管	大量	大量	少量

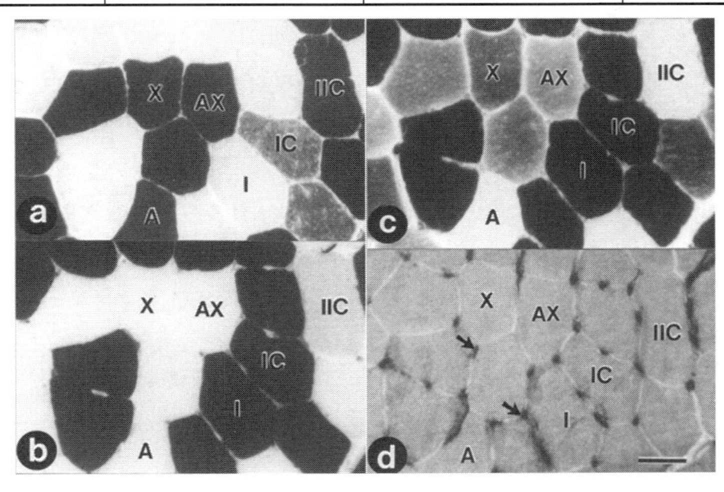

图 3.9　肌纤维横截面的显微图

注：通过使用 ATP 酶组织化学染色的不同颜色进行分型。肌纤维的主要类型是（慢肌纤维）Ⅰ型（图中的“Ⅰ”）、（快肌纤维）ⅡA 型（图中的“A”）和ⅡX（图中的“X”），以及典型的快肌纤维混合体ⅡAX（图中的“AX”），ⅡAX 是当肌纤维的蛋白质特性从Ⅱ型肌纤维转变为另一种类型的肌纤维时出现的。综合分类法根据其他标准对肌纤维进行分类。人体的主要肌纤维从最具氧化性到最不具氧化性有Ⅰ型、ⅠC 型、ⅡC 型、ⅡAC 型、ⅡA 型、ⅡAX 型和ⅡX 型。注意，C 型肌纤维仅用于组织化学分析，以了解肌纤维类型混合体的转变。与其他类型不同，人类的基因组中没有 C 型基因。

运动单位根据“全或无”定律被激活。在任何时间点，运动单位要么是激活的状态，要么是没激活的状态；运动神经元兴奋水平无梯度变化。一个运动单位的力量分级是通过改变其放电频率（频率编码）来完成的。

在人体中，慢收缩运动单位的收缩时间从 90ms 到 110ms 不等，快收缩运动单位从 40ms 到 84ms 不等。Ⅱ型肌纤维的最大收缩速度几乎是Ⅰ型肌纤维最大收缩速度的 4 倍。Ⅱ型肌纤维和Ⅰ型肌纤维的每单位面积的力是类似的，但快收缩运动单位通常具有更大的横截面，每一个运动单位产生更大的力。运动单位之间产生力的能力差异可达 100 倍。

所有的人体肌肉都包含慢收缩运动单位和快收缩运动单位。混合肌肉中慢收缩运动单位和快收缩运动单位的比例因运动员而异。耐力项目的运动员慢收缩运动单位的比例较高，而力量和爆发力运动项目的运动员快收缩运动单位的比例较高。

1. 募集

在主动收缩期间，募集的有序模式由运动单位的大小控制。运动单位的大小由各种确定大小的因素决定，如肌纤维的数量、肌纤维的类型、肌纤维的横截面积和激活阈值，所有这些因素结合在一起就形成了大小原则。较小的运动单位具有较低的神经激活阈值，并且总是在对一个动作施加力或爆发力时首先被激活。因此，放电阈值最低的运动单位首先被募集，因为需要更大的力量。为了满足力/爆发力的需求，更高阈值、更大、更有力的运动单位还要逐渐被募集（图 3.10）。运动单位只包含Ⅰ型肌纤维或Ⅱ型肌纤维两者中的一种，因此，它们与慢收缩运动单位和快收缩运动单位实际上是同质的。不管肌肉张力的大小和发展速度如何，慢收缩运动单位的参与是恒定的，因为它们总是在从低阈值运动单位到高阈值运动单位的过程中被募集。相比之下，如果没有大量的训练，完全激活快收缩运动单位可能很难实现。未经训练的人不能募集他们所有的快收缩运动单位。参加了力量和爆发力训练的运动员的运动单位激活增加，中枢和外周抑制减少。

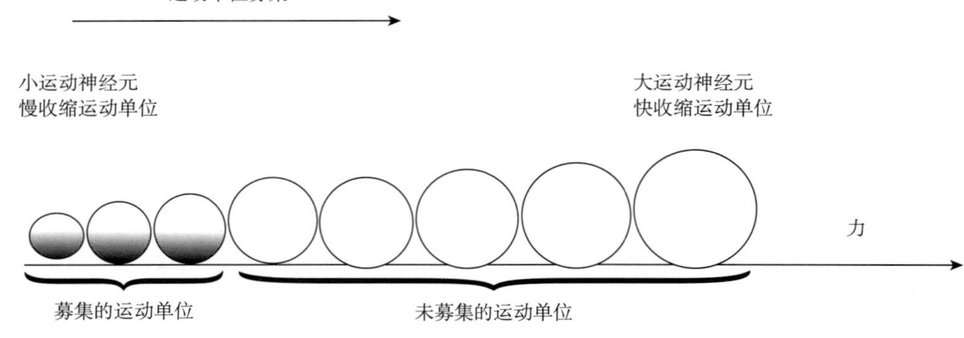

图 3.10　α 运动神经元募集的大小原则

注：α 运动神经元按大小排列。小的 α 运动神经元支配Ⅰ型肌纤维，大的 α 运动神经元支配Ⅱ型肌纤维。当肌肉力量增加时，α 运动神经元根据由小到大的顺序被激活（募集）。在这张图中，当所需的力量很小时，只有很小的 α 运动神经元被募集。当力量变大时，被激活的运动单位数量增加，快收缩运动单位被募集。

对于参与特定运动的肌肉，即使运动速度或发力速度发生变化，运动单位的募集顺序也相对固定，然而，如果多功能肌肉在不同的动作中被使用，则可以改变募集顺序。同一肌肉中不同肌群的运动单位可能对一个动作有低阈值，但对另一个动作有高阈值。

募集顺序的变化是大负荷抗阻训练中训练效果专项性的部分原因。如果训练的目标是肌肉的全面发展（不是提高运动成绩），就必须在所有可能的运动范围内训练肌肉。这种情况在健美运动员和初级运动员中很常见，但在优秀运动员中并不常见。由于许多肌肉对主动肌起协同或支持作用，因此教练员必须注意在新角度或运动范围内所使用肌肉的减训问题，这可能对预防受伤很重要，还应坚持仔细检查训练课和训练计划，以确保除了可能被视为“核心”训练（如下蹲、下蹲翻、硬拉、卧推、划船）之外的重要动作和训练也应该被包括在训练周期的不同时间段中。

2. 频率编码

肌肉力量分级的另一个主要机制是频率编码。运动单位的放电频率可以在相当大的范围内变化。一般来说，放电频率随力量和爆发力的增加而增加。

在主动收缩力分级中，募集对频率编码的相对贡献在大肌肉和小肌肉中是不同的。在小肌肉中，大多数运动单位在小于 F_{mm} 的 50%的力水平上被募集；此后，频率编码在力量进一步发展到 F_{mm} 中发挥着主要作用。在大的近端肌肉中，如三角肌和肱二头肌，额外的运动单位募集似乎是提高发力的主要机制，高达 F_{mm} 的 80%，甚至更高。在 F_{mm} 的 80%～100%的力范围内，力量的增加几乎完全是通过增加运动单位的放电频率来实现的。

3. 同步

通常，运动单位是异步工作，以产生稳定、准确的运动。然而，有证据表明，在拥有优秀的爆发力和力量的运动员中，运动单位在最大主动收缩时被同步激活。

总之，当下列情况发生时，肌肉力量达到最大。

（1）募集的慢收缩运动单位和快收缩运动单位的数量最多时。

（2）在每个运动纤维中产生强直收缩的频率编码最佳时。

（3）运动单位在最大主动收缩的短时间内同步激活时。

心理因素也至关重要。在极端情况（即生死攸关的情况）下，人们可以展现非凡的力量。当未受过训练的受试者（不是优秀运动员）受到力量增强的催眠暗示时，他们表现出力量的增强，而运动员和未受过训练的人在受到力量减弱的催眠暗示后，都表现出力量减弱。这种力量增强被解释为在特殊情况下，中枢神经系统要么增加持续的兴奋性刺激，要么减少对运动单位的抑制性影响，或者两者兼有。

这可能是在正常情况下，脊髓中 α 运动神经元的活动受到中枢神经系统的抑制，因此不可能激活特定肌肉群中的所有的运动单位。在力量训练的影响下，在特殊情况（包括重要的体育比赛）下，伴随着可募集的 α 运动神经元池的扩大和力量的增加，神经抑制减少。

二、肌间协调

每一项运动，即使是最简单的运动，都需要众多肌肉群进行复杂的协调。训练的主要目标必须是整个运动模式，而不是单个肌肉的力量练习或单个关节的运动。因此，运动员应把所使用的单个肌肉的力量练习（这种练习只涉及单个关节运动）作为主要训练计划的补充。

以下一些例子说明了整个协调模式（而不是单个肌肉的力量）对肌肉力量的重要性。

• 通过肌肉电刺激（electrical muscle stimulation，EMS）可以诱导肌肉肥大并增加单个肌肉（如股直肌），甚至是一个肌肉群（如膝伸肌）的最大力量。然而，如果只使用 EMS，在多关节运动（如腿部伸展）中，将这种增加力量的潜能转化为可测量的力量增益需要花费大量的时间和精力。一些尝试了 EMS 的运动员认为不值得这么做（见第六章中关于 EMS 的内容）。通过传统的主动收缩的训练获得的力量依靠神经系统的变化，而这些变化在肌肉受到 EMS 时不会发生。

• 一方面，优秀的举重运动员是世界上最强壮的人，但他们不能进行一些只需要力量的缓慢体操练习（如吊环上的“十字支撑”练习）；另一方面，优秀的体操运动员不通过自由重量来增加肩胛带肌肉的力量，他们在体操练习中以体重为阻力来达到此目的（有时会佩戴沉重的脚踝护套或腰带）。

• 如果一名运动员同时用两侧肢体施加最大的力量，那么每侧肢体的力量都比单侧发力时要低。进行双侧收缩训练可以减少双侧肌肉力量不足。在划船或举重等运动中，需要同一肌肉群同时双侧收缩的运动员应进行类似的训练，以消除双侧肌肉力量不足的现象（然而，优秀的超重量级举重运动员会进行一些练习，如使用 180kg 或更重的杠铃在长凳上做踏上台阶的动作训练。他们这样做是为了避免在下蹲练习中出现的极高负荷中受伤，在这种练习中杠铃的重量可能超过 350kg）。

在瓶颈效应的情况下，当运动链的一个关节力量较低而限制了运动表现（如膝伸肌的力量是下蹲的限制因素）时，教练员应该先尝试改变练习，在不同的肌肉群之间重新分配负荷。在这之后进行单独的膝关节伸展抗阻练习才可行。

许多力量训练器械的主要局限在于，它们旨在训练肌肉，而不是专注于运动本身。正因为如此，它们并不是运动员最重要的训练工具。

第三节　力 量 分 类

现在我们回顾一下第二章和第三章中的一些事实。

（1）缓慢动作中的最大力（F_m）的大小与等长收缩动作中的 F_m 的大小区别不大。

（2）最大肌肉力量是在离心收缩动作中产生的，这种力量有时是等长收缩状态下产生的力量的两倍。

（3）在向心动作中，F_m 随着达到 F_m 所需时间 T_m 的减少或速度的增加而减小。

（4）在外阻力最小的运动中，F_{mm} 与 F_m 之间没有显著相关性（注意：体重不是最小的阻力）。当阻力增加时，这种相关性变大。

（5）发力速度（尤其是 *S*-梯度）与 F_{mm} 无关。

（6）在大负荷抗阻训练后，无论 F_{mm} 增加与否，肌肉可逆动作训练中的力量不会改变（至少对经验丰富的运动员来说是这样）。

综上所述，可以提出以下方案作为肌肉力量的分类方法（表 3.6）。

表 3.6　肌肉力量的分类方法

力量类型	表现形式
静态力量（简称为力量）	等长和慢速向心收缩
动态力量	快速向心收缩
退让力量	离心收缩

此外，爆发力（或发力速度）和在肌肉的拉长–缩短（可逆）动作中施加的力被认为是运动功能的独立组成部分。

从科学的角度来看，汇总分类方案肯定不能完全令人满意，因为它使用了不同的分类基础（动作的方向、速度、时间）。此外，在现实中，不同的力量类型之间存在平稳的转变，而不是泾渭分明的界限。尽管有这些合理的批评，但多年来，这一分类体系在实践中一直是很有用的工具，目前还不存在更好的分类方案。

本 章 小 结

为了理解是什么决定了运动员之间的差异，我们仔细研究了两个因素：外周因素（即单个肌肉的能力）和中枢因素（即中枢神经系统对肌肉活动的协调）。在外周因素中，肌肉维度似乎是最重要的——生理横截面积大的肌肉产生更大的力。当教练员实施了一个正确的力量训练计划，并且运动员通过营养补充提供了所需数量和有选择的氨基酸时，肌肉的大小会增加。单个肌纤维横截面积的增大（肌纤维肥大）而不是肌纤维数量的增加（增生）是肌肉大小增加的主要原因。大负荷抗阻训练激活肌肉蛋白质的分解，为在休息期间增强收缩蛋白的合成创造了条件。训练中蛋白质分解代谢的质量超过了新合成的蛋白质的质量。增加蛋白质分解的关键因素是在大负荷抗阻训练中肌肉细胞缺乏蛋白质积累可用的能量。

由于肌肉质量构成了人体体重的大部分，体重较大的运动员比受过同样训练但身体维度小的运动员表现出更大的力量。相对力量是指运动员每千克体重所具有的最大力量，绝对力量是指在不考虑体重条件下所能表现的最大力量。在进行同样训练的各种重量级别的运动员中，绝对力量随着体重的增加而增加，而相对力量则随着体重的增加而降低。如果控制恰当的话，体重减轻有助于增加相对力量。但是，必须告诫运动员快速减重的弊端。

中枢因素包括肌内协调和肌间协调。在肌内协调水平上，中枢神经系统主要使用 3 种选择来改变肌肉力量的产生——募集、频率编码及同步。这些可以在训练有素的运动员最大用力时被观察到。运动单位的募集顺序是由 α 运动神经元的大小控制的（大小原则）——小的 α 运动神经元首先被募集，在需要更大力量时则激活支配快收缩运动单位的大的 α 运动神经元。不管肌肉力量的大小和发力速度如何，慢收缩运动单位的参与似乎是被动的。运动单位的放电速率随力量生成的增加而增加（频率编码）。当募集的运动单位数量最多、频率编码最优，以及在最大用力的短时间内运动单位被同步激活时，就达到最大力量。

许多研究已证实了肌间协调对于产生最大肌力的重要性。因此，应该把整个运动模式，而不是单个肌肉的力量或单个关节的运动作为主要的训练目标。爆发力（或发力速度）和肌肉的拉长-缩短（可逆）动作中施加的力是运动功能的独立组成部分。

第二部分

力量训练概论

第二部分总结了成功指导训练应必备的知识，重点是科学证据和所记录的优秀运动员的实际经验信息。

第四章讨论了力量训练的强度和方法。首先介绍了测量技术，其次回顾了当前关于不同抗阻训练的科学资料，分析了代谢反应、肌肉协调性及生物力学变量。该章还审视了优秀运动员的训练强度，并提供了几十名世界顶级运动员（包括东欧的奥运冠军和世界纪录保持者）35 年来训练记录的数据。该章最后概述了 3 种主要的力量训练方法，并详细讨论了训练实践和科学知识的相似之处。

第五章探讨了力量训练中短期和中期的时间安排。内容包括：短期计划涉及的主要问题；如何在训练课、训练日，以及在小周期和中周期中进行力量训练；周期化的 4 个主要方面，即延迟性转换、延迟性转化、训练痕迹和训练效果的叠加。

第六章讨论了教练员在制订力量训练计划时首先要面对的问题，即练习的选择。该章剖析了各种类型的力量练习，并对练习进行了分类，提出了练习选择的理论基础。对有经验的运动员来说，决策是相当复杂的，他们必须考虑的练习特征包括运动肌群、阻力类型、发力时间和发力速度、运动速度、力–姿势关系。该章描述了现代力量训练中采用的 3 种基本原则，即顶峰收缩训练原则、调节抗阻训练原则和强化区训练原则。

第六章分析了被很多人认为是补充性的力量训练方法，包括等长练习、自重练习和退让性练习。我们注意到，具有肌肉可逆动作的练习（如下落跳）正变得越来越流行。与此同时，要求附加阻力的练习，通常被称为速度阻力练习，现在已很难被称为辅助练习。事实上，一些专家认为，这种练习的流行程度的转变，是自 20 世纪 80 年代以来最明显的训练趋势的转变。该章解释了如何选择和使用这些训练方法，回顾了作为训练技术的 EMS 和振动训练，并针对训练时的呼吸方法提供了实用的建议。

第七章讨论了举起动作的速度（包括高速和低速）对训练刺激的作用。该章介绍了训练刺激中许多经常被忽视、被低估或存在误解的方面，以及预期训练效果的含义。因为许多与运动相关的技能及与运动表现相关的动作发生在一个广泛的运动速度范围内（有些甚至发生在不到一秒钟的时间内），因此了解力量训练计划如何通过训练速度来影响力–速度曲线和力–时间曲线上的各种能力至关重要。

第八章描述了在力量训练中可以预防损伤（特别是腰椎区域）的方法，并解释了基础理论，同时介绍了实用的技术。该章对肌肉力量的增强、运动技术的要求、保护性器械的使用、姿势矫正和柔韧性发展、康复措施等方面进行了讨论。

第九章深入探讨了训练压力过大、恢复时间太少的力量训练计划所产生的影响。该主题很复杂，研究难度很大。该章主要探讨了训练偏误，它影响了力量训练计划和运动员的运动表现，以及由此产生的生理和心理上的不适应。该章还讨论了超量训练和过度训练的概念。鉴于对过度训练及其产生原因有许多误解，因此了解目前关于过度训练进展的内容至关重要。了解超量训练和过度训练的不同类型，以及防止这种情况（许多教练员和运动员往往认为训练越多越好）的发生，将有助于优化训练环境。

第十章介绍了力量房中运动表现测量领域快速发展的信息，包括如何有效地利用这些信息的建议。对任何力量训练计划的制订者来说，最重要的是确定其有效性的能力。该章还涉及当今力量训练中更为关键的一个方面——监测运动员。通过使用监测技术、可穿戴设备、数据采集软件和进行实时评估，教练员和运动员可以更好地评估训练质量，了解训练需求和恢复情况。这些数据对教练员和运动员来说至关重要，有助于他们通过制订和优化个性化训练课，以及避免超量训练和过度训练来提高运动表现。

第十一章探讨了力量训练的特定目标，并阐述了运动员和非专业人员如何进行力量训练，这不仅是为了提高运动表现，还有许多其他原因，如提高爆发力表现、增加肌肉力量、提高耐力表现或损伤预防。该章还总结了力量训练的具体特点。

第四章 训 练 强 度

本章的主题是训练强度，我们将重点讨论5个主要问题。第一，探讨几种测量训练强度的方法。第二，讨论不同强度训练的生理特征，特别是不同的力量训练对新陈代谢和肌内协调、肌间协调的影响。第三，分析世界级优秀运动员的训练强度，通过他们了解哪种训练模式最有效。第四，通过比较研究确定最优的训练强度。第五，概述所描述的训练模式的理论基础，并提出力量训练的主要方法。

第一节 测 量 技 术

训练强度可以用4个指标来衡量。

• 阻力的大小（如举起的重量），用相关运动中的最佳成绩（F_m 或 F_{mm}）的百分比表示（如果举起的重量以 kg 表示，则很难比较具有不同熟练水平和重量级别的运动员的训练负荷）。

• 每组重复（举起）的次数（一组代表连续完成一个动作的重复次数）。

• 最大阻力（重量）的重复次数（或百分比）。

• 训练密度（一次训练课中每小时的组数）。

我们用相对于运动员最佳成绩的所举起重量的百分比来描述阻力（负荷）的大小。对于如何确定最佳成绩，我们可以使用测量方法的两种主要变量。第一种是使用在正式体育比赛中获得的运动成绩（比赛 $F_{mm}=CF_{mm}$），或最大极限比赛重量（CF_{mm}）。第二种是使用最大极限训练重量（TF_{mm}）。

根据定义，最大极限训练重量是运动员在没有巨大情绪压力的情况下所能举起的最大重量（一次最大重复，或 1RM）。在实践中，有经验的运动员通过记录心率来确定 TF_{mm}。如果举重前心率加快，这是情绪焦虑的征兆。在这种情况下，所举起重量超过 TF_{mm}（然而，需要注意的是，在举起最大极限比赛重量 CF_{mm} 之前，运动员心率的加快有很大差异。在重大比赛中，心率的范围在每分钟 120 ~ 180 次。要确定 TF_{mm}，运动员必须了解自己的个人反应）。对水平较高的举重运动员来说，TF_{mm} 与 CF_{mm} 的差异为 12.5±2.5%。大重量级运动员的差异更大。对在比赛中举起 200kg 的运动员来说，180kg 重量通常超过了他们的 TF_{mm}。

对运动员来说，CF_{mm} 和 TF_{mm} 之间的差异是巨大的。一场重要的比赛后，举重运动员即使只完成了 6 次举重，也会感到非常疲惫，而这相当于他们一次常规训练课上完成的近 100 次举重。这样，运动员会有一种无力感，不能举起较大的重量。因此，他们需约一周的休息时间，在此期间，他们只能举较小的重量进行训练，一个月后才能参加重要的比赛（相比而言，其他运动项目的比赛每周举行 2 ~ 3 次），原因不是身体负荷本身，而是运动员在举起 CF_{mm} 时所经历的巨大情绪压力。而在每次训练课中他们均可举起 TF_{mm}。

对于计算训练强度，使用 CF_{mm} 比使用 TF_{mm} 更实用。自 20 世纪 60 年代以来，优秀运动员的平均训练强度为 75±2%。

在如举重这类运动中，训练强度由强度系数（IC）来描述。训练强度的计算公式是：

$$（举起的平均重量/运动成绩）\times 100\%$$

其中，举起的平均重量和运动成绩以 kg 为单位，运动成绩以抓举加挺举成绩来测量。

平均来说，优秀运动员的强度系数为 38±2%。

在训练之前和训练之后的正式比赛中取得的两次成绩的平均值是恰当的 CF_{mm} 值。例如，如果 12 月的一次比赛成绩是 100kg，5 月的一次比赛成绩是 110kg，那么 1 ~ 4 月的平均 CF_{mm} 是 105kg。由于没有完全描述 CF_{mm} 和 TF_{mm} 之间的差异，体育科学文献中对大负荷抗阻训练中所使用的训练负荷存在许多误解，因此这一差异是很重要的。

在最大极限力 F_{mm} 难以甚至无法评估的情况下（如仰卧起坐），每组的重复次数是测量运动强度最常用的方法。

阻力（重量、负荷）的大小可用一组可能重复的极限次数（到力竭）来描述。力竭前用指定的重复次数所能举起的最大负荷称为最大重复次数（RM）。例如，3RM 是一组中只能举起 3 次的重量。确定 RM 需要反复试验，以确定运动员在指定次数内可以举起的最大重量。RM 是一种非常方便的测量大负荷抗阻训练强度的方法。然而，举起重量的大小（用相关运动中 F_{mm} 的百分比表示）和最大重复次数（RM）之间没有固定的关系。这种关系因运动员和运动项目的不同而不同。如图 4.1 所示，10RM 和约 75% F_m 相对应。这对力量和爆发力占优势的运动项目（如举重、短跑、跳跃和投掷）很有效。然而，要注意到，给定的 1RM 的百分比并不总是对应于不同举起动作中举到力竭的相同的重复次数。

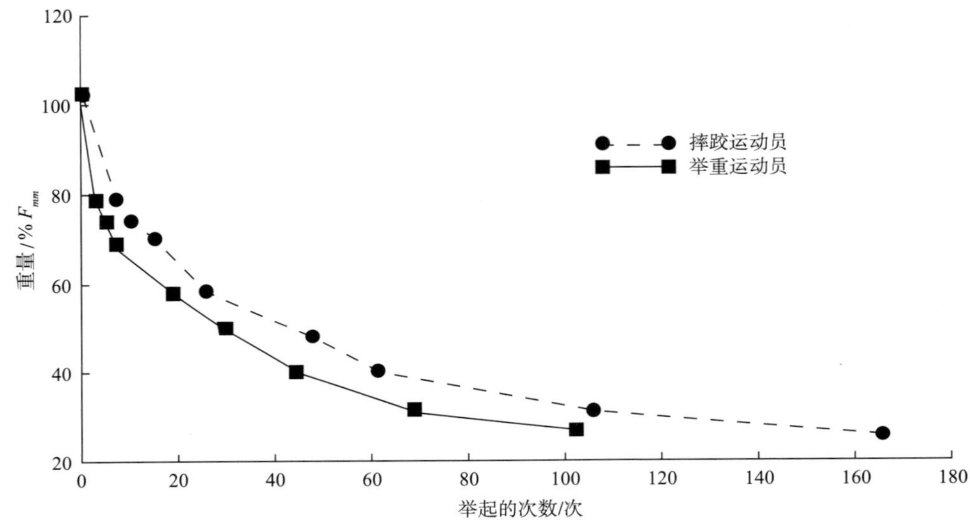

图 4.1　举到力竭的最大重复次数与举起的重量的关系

注：两名有一定等级的运动员（举重运动员和摔跤运动员）的卧推成绩。推举的速度为每次 2.5s。两名运动员的积极性都很高。

［资料来源：V.M. Zatsiorsky, N.G. Kulik, and Yu. I. Smirnov, "Relations Between the Motor Abilities," *Theory and Practice of Physical Culture*, Part 1, 31, no. 12(1968): 35-48; Part 2, 32, no. 1(1969): 2-8; Part 3, 32, no. 2(1969): 28-33. 许可转载］

在训练中，优秀的运动员在不同的举起动作中重复次数不同。在抓举和挺举中，典型的重复次数为 1～3 次，最常见的是 2 次（在所有组中，约 60%都进行 2 次重复）。杠铃下蹲的范围是每组 2～7 次（在所有组中，93%以上在这个范围内完成；见图 4.2）。本章后面会有更多的例子及对结果的解释。根据经验，发展肌肉力量时最大重复次数不应超过 12RM，仰卧起坐等极少数特殊情况除外。

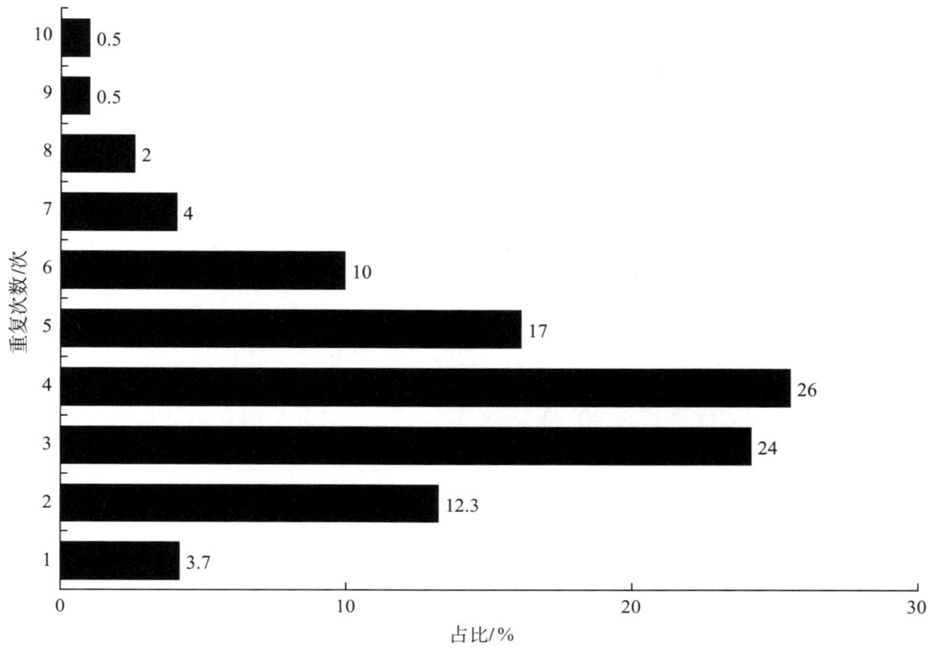

图 4.2　杠铃下蹲时不同重复次数的组占总组数的百分比

注：对 8 位挺举世界冠军进行为期一年的训练观察。

［资料来源：*Preparation of the National Olympic Team in Weight Lifting to the 1988 Olympic Games in Seoul* (Moscow: Russian State Academy of Physical Education and Sport, 1989), 79. Technical report#1988-67. 经俄罗斯国家体育教育和体育学院许可］

确定训练强度

一名体能教练员想为两名运动员 A 和 B 确定杠铃下蹲的训练强度。运动员 A 是轻量级的竞技举重运动员；运动员 B 是足球运动员。在最近的一次模拟比赛中，运动员 A 用力成功举起了一个 150kg 的杠铃（他的最大极限比赛重量 CF_{mm}）。为了准备比赛，运动员 A 在赛前 10 天没有进行杠铃下蹲训练，进行了 2 天的完全休息。他认为这次比赛很重要，在心理上先设定了下蹲比赛的个人最好成绩。在比赛中，运动员 A 在热身后体力充沛的状态下立即进行下蹲。由于情绪紧张，他在举重前的心率大约是 180 次/分钟。

对运动员 A 来说，最大极限训练重量 TF_{mm} 必须在 135kg 左右。为了更精确地确定这个重量，教练员监测了该运动员在间歇时的心率，发现他在举起 135kg 的杠铃之前，心率没有升高。这说明这个重量不会引起他过大的情绪压力。教练员建议该运动员在下一个训练周期的大部分训练课中都使用 135kg 的重量作为最大负荷。这正好是他在比赛中取得的最高成绩的 90%。

在没有经历情绪压力和进行特别的赛前热身的情况下，运动员 A 在一组比赛中能够举起 135kg 重的杠铃 1～2 次。由于得到的建议是每组做 3～4 次下蹲，所以运动员 A 主要用 125～130kg 的杠铃进行训练。他也会定期使用更大的负荷，包括一些大于 135kg 的负荷。教练员对这些举重训练进行统计，并将举重次数作为测量训练强度的补充手段。

运动员 B 也用 150kg 的杠铃进行下蹲。与运动员 A 不同的是，他在训练日程中的常规训练课上经常这样做。测试前没有额外休息，也没有采取特别措施。对这名运动员来说，150kg 的成绩可以被视为最大极限训练重量 TF_{mm}。他可以经常用此负荷进行训练。

最大阻力的重复次数是力量训练强度的另一种非常有用的测量方法。根据定义，所有杠铃重量超过最大极限比赛重量 90%的举重均属此类。对几乎所有运动员来说，这些负荷都高于最大极限训练重量。

第二节　不同阻力的训练

不同阻力的训练对生理影响不同，会引起不同的新陈代谢反应，包括蛋白质的分解和合成。阻力的大小或训练强度也会影响肌内协调和肌间协调。

一、新陈代谢反应

根据第三章所描述的肌肉肥大的能量假说，决定蛋白质分解代谢和合成代谢平衡的关键因素是运动过程中可用于蛋白质合成的能量。如果阻力相对较小，肌肉细胞中的可用能量被运用于肌肉活动，同时用于肌肉蛋白质的合成代谢。因此，能量供应满足了这两个需求。在重负荷举重过程中，大量的能量被提供给可收缩的肌肉部分，并用于肌肉运动。蛋白质合成的能量转移减少，而蛋白质降解率（每次举起动作发生的蛋白质降解的量）增加。蛋白质降解率和举起的重量是函数关系——举起的重量越大，蛋白质降解率越高。

蛋白质降解的总量与蛋白质降解率和所做的机械功（或举起的总重量）都是函数关系。当阻力适中，且一组连续几次举起重量时，机械功会更大。例如，如果一名运动员将 100kg 的杠铃举起 1 次（该运动员的 RM），举起的总重量也是 100kg，但同一运动员应能够将 75kg 杠铃举起约 10 次（至力竭），此时举起的总重量等于 750kg。

在大负荷抗阻训练中蛋白质降解的量可以表示为蛋白质降解率和举起次数的乘积。如果阻力很大（如 1RM），蛋白质降解率高，但重复次数少。另一种极端情况是，如果阻力较小（如 50RM），则举起的次数很多，机械功很大，但蛋白质降解率很低。因此，在以上两种情况下，蛋白质降解的总量都很小，尽管原因不同（表 4.1）。

表 4.1　进行不同阻力的力量训练时蛋白质降解的量

阻力（RM）	蛋白质降解率	机械功（重复次数）	蛋白质降解的总量
1	高	小	小
5～10	中等	中等	大
>25	低	大	小

从实践角度来看，这种训练的另一个重要特点就是一次训练课的训练量很大或举起的总量很高。这个量是常规训练中举起总量的 5～6 倍。运动员以这种方式在特定时期进行训练（为了增加体重和诱导肌肉细胞肥大，以便参加重量级更大的比赛），一次训练课的训练量就累积超过了 20t，并且在某些情况下，一天超过 50t。这种训练量会阻碍运动员在训练期间完成其他训练的能力。

不同重量的训练：机械功与代谢反应

一名运动员杠铃下蹲的最好成绩是 150kg，他分别用 150kg、120kg 和 90kg 的杠铃进行下蹲。他的体重是 77.5kg，膝关节以上的体重是 70kg（下蹲时只有这部分身体抬起，脚和小腿几乎静止不动）。因此，举起的重量（杠铃加膝关节以上的体重）分别是 220kg、190kg 和 160kg。重心提高的距离（重心最低和最高位置之差）为 1m。运动员举起 150kg 杠铃 1 次，120kg 杠铃 10 次，90kg 杠铃 25 次。最重的杠铃所产生的机械功相当于 220kg·m（220kg×1 次重复×1m），120kg 的杠铃为 1 900kg·m，最轻的杠铃为 4 000kg·m（160kg×25 次重复×1m）。当使用轻杠铃训练时，运动员产生的机械功是用最重的杠铃训练的 18 倍。

在使用轻杠铃进行训练时，代谢能量的消耗要多很多倍。然而，当用 120kg（平均）的杠铃下蹲时，蛋白质降解达到最大值。在用 150kg 的杠铃下蹲时，蛋白质降解的强度（每重复一次蛋白质降解的量）很大。然而，这个重量的杠铃只举起一次。当运动员使用轻杠铃（90kg）下蹲时，蛋白质降解的强度较低，尽管产生的机械功的值很大，但蛋白质降解的量很低。因此，120kg 的负荷量是为该运动员提供的训练强度和训练量（举起的总负荷量）的最佳组合。

这个例子说明了只在一组举重的训练情况。一节训练课的总代谢强度也取决于每组间的休息状况（见第六章）。

二、肌内协调

举起最大重量对运动单位有多种影响：激活最大数量的运动单位，运动单位募集最快，运动神经元放电频率最高，并且运动单位的活动同步。

尽管许多运动员用尽全力来发出最大力量，也不能募集或激活一些运动单位达到最佳放电频率，众所周知，高阈值（快收缩）运动单位具有较高的最大放电频率。研究人员发现，未经训练的人在最大自主收缩期间，许多高阈值运动单位可能比低阈值运动单位表现出更低的放电频率，因为即使个人试图获得最大力量，高阈值运动单位仍未完全被激活。

人体肌肉产生更大力量的“潜力”也可以通过 EMS 来展示。在最大自主收缩期间，用电流刺激肌肉。这种刺激使肌肉产生的力量增加超过了最大自主收缩水平。比率：

（电刺激时的力 – 最大自主收缩力）/最大自主收缩力×100%

该比率被称为肌力不足（MSD）。MSD 通常在 5%～35%。优秀运动员的 MSD 较小；当一个人焦虑或只有小肌肉被激活时，MSD 也很小。MSD 的存在表明，人类肌肉通常具有产生最大力量的潜力储备，而这些储备在自主用力时没有被使用。

大负荷抗阻训练的一个目标是教会运动员在每根肌纤维中产生强直收缩的最佳放电频率下募集所有必要的运动单位。当举起次最大重量时，中等数量的运动单位被激活；快收缩运动单位没有被募集；运动神经元放电频率为次最大值；运动单位活动是异步的，此时我们很容易看出举起最大重量训练和举起次最大重量训练之间肌内协调的差异。因此，中等负荷的抗阻训练不是发展力量的有效训练手段，特别是当需要改善肌内协调时。

许多专家认为，在优秀举重运动员的准备过程中，当在训练课中使用的重量等于或大于 TF_{mm} 时，才能实现最佳的肌内协调。从这个角度出发，在训练课上举起 CF_{mm} 并不是必需的。在训练课中获得的最佳成绩（即 TF_{mm}）和在重要比赛中获得的最佳成绩（即 CF_{mm}）的差异可以用心理因素（如兴奋程度）和比赛前休息的增加（回顾第一章中训练的双因素理论）来解释。然而，这两个时期肌内协调和肌间协调的差异很小，并不影响成绩。训练中只是偶尔使用超过 TF_{mm} 的重量（占所有举重的 3.5%～7.0%）。

三、生物力学变量与肌间协调

当运动员举起最大重量时，运动速度达到极限值，然后几乎保持不变。杠铃的加速度接近于零，力大概等于所举起杠铃的重量。

在举起中等重量时，可能有两种变化。在图 4.3（a）中运动员使用了最大的力，在举起的初始阶段加速度增加，然后下降到零，并在运动的第二阶段变为负值。当开始举起时，施加在杠铃上的力大于举起杠铃的重量，然后减小。运动的第二阶段部分是通过杠铃的动能完成的。在这种类型的举起中，肌肉协调性与举起最大或接近最大重量时不同，也就是说，肌肉只在动作的前半部分集中（强化）用力。

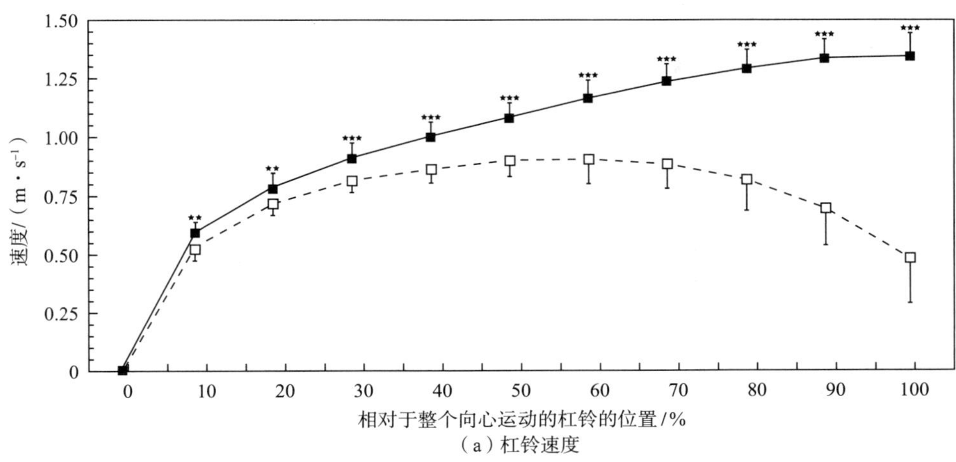

（a）杠铃速度

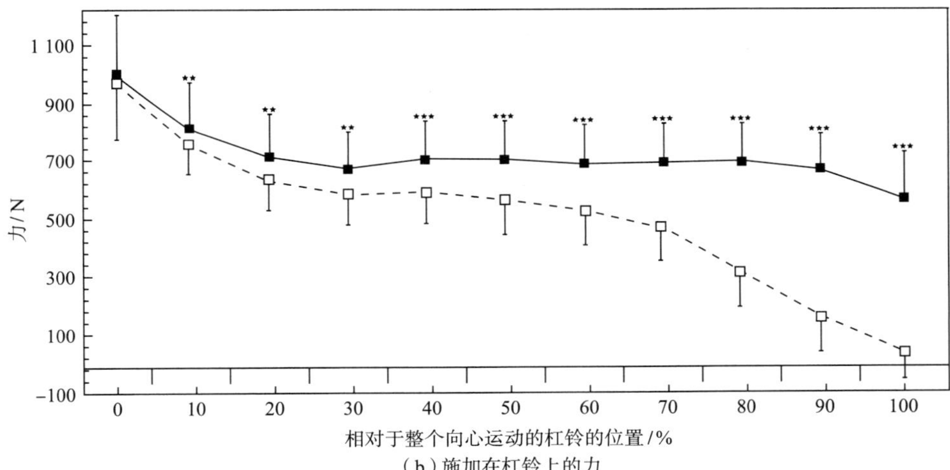

（b）施加在杠铃上的力

图 4.3　在爆发性杠铃卧推（虚线）和爆发性杠铃卧抛（实线）过程中，杠铃速度和施加在杠铃上的力的情况

注：平均值和标准差（17 名受试者）。杠铃的重量是个体 1RM 的 45%。*表示卧推值和卧抛值之间存在统计学上的显著差异，$**p<0.01$；$***p<0.001$。在动作的最后阶段，快速卧推时的速度和力值要比快速卧抛时的速度和力值小。肌肉活动水平同样也是如此（图中未显示）。作者认为，在举重过程中，运动员以爆发性动作方式举起，同时要保持部分力施加在杠铃上，从而在动作末端将杠铃撑住，因此速度、力的输出和肌肉活动都小于抛起动作。抛起是运动表现中通常使用的更专项的爆发性动作。

［资料来源：R.U. Newton, W.J. Kraemer, K. Häkkinen, B.J. Humphries, and A.J. Murphy, "Kinematics, Kinetics, and Muscle Activation During Explosive Upper Body Movements," *Journal of Applied Biomechanics* 12, no. 1(1996): 31-43. 许可转载］

在第二个例子中［图 4.3（b）］，动作的运动学变量（速度、加速度）与运动员举起最大的重量时观察到的情况相似。加速度和施加在杠铃上的相应外力几乎是恒定的。然而，这种有意地缓慢举起的模式包括了拮抗肌群的共激活作用。这种肌间协调阻碍了最大力值的出现。

当举起非最大负荷时会发生什么？

运动员用 30kg 的哑铃做屈臂弯举动作，会发生以下情况：①募集了最大数量的运动单位；②激活了最快的（也是最强的）运动单位；③运动神经元的放电频率最佳；④运动单位的活动（可能）是同步的。

当运动员举起一个 15kg 的哑铃时情况如下：①只募集了部分运动单位；②没有激活最快的（和最强的）运动单位；③运动神经元的放电频率不是最佳的；④运动单位的活动（肯定）是不同步的。

这两种活动中的肌肉协调性有很大不同。因此，举起 15kg 的负荷不能改善举起 30kg 阻力所需的肌肉协调。

运动员在不同的负荷下训练时，所经历的潜在生理机制的差异解释了为什么只有在大负荷训练时，肌肉力量才会增加。原则上，这种训练的负荷必须高于通常的训练负荷。肌肉群的训练阻力必须随着力量的增加而不断增加（这被称为渐进性抗阻训练原则）。

对未经训练的人来说，当阻力低于其 F_{mm} 的 20%时，测量的力量水平下降。对已习惯于大负荷训练的运动员来说，即使负荷已相对较大，但只要低于平时训练的负荷水平，力量也会开始下降。例如，如果有一定级别的举重运动员以 TF_{mm} 的 60%～85%的重量进行训练，并且在一组训练中不举起力竭重量，那么在这种训练模式下第一个月的力量水平保持不变，在第二个月下降 5%～7%。在季节性运动项目（如赛艇）中，如果运动员在赛季期间不进行高强度抗阻训练，无论是否进行了密集的专项训练，也会失去在季前训练中达到的力量水平。

有一定级别的运动员在几个月内完全使用中等（非最大）负荷进行中等（非最大）的重复次数训练时，他们只能保持肌肉尺寸，而无法保持肌肉力量。

第三节　优秀运动员的训练强度

优秀运动员的训练经验是体育科学研究中具有参考价值的信息来源。这些经验虽然没有提供合理的科学证据证明所采用的训练计划是最优化的，但是反映了目前已知的最有效的训练模式。未来，知识的更多获取肯定会影响训练计划的制订，然而目前我们并不明确哪种方法最佳。

优秀举重运动员用来训练的重量分配如图 4.4 所示。请注意优秀运动员使用的负荷范围很广。他们将低于 CF_{mm} 的 60%的重量主要用于热身和恢复训练（这些重量占所有举起重量的 8%）。占所有举起重量的比例（35%）最高的重量是 CF_{mm} 的 70%～80%。这与多年来观察到的数据一致，优秀运动员训练中举起重量的平均值是 CF_{mm} 的（75%±2.0%）。超过 90%CF_{mm} 的训练负荷仅占所有举起重量的 7%。

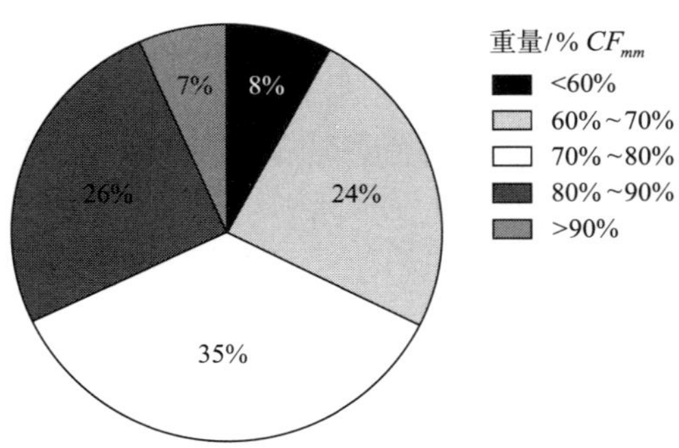

图 4.4　苏联奥运会代表团成员在备战 1988 年奥运会期间举起重量的分配情况

注：练习分两组：抓举和挺举。在主要运动练习（抓举或挺举）中，举起的重量以 CF_{mm} 的百分比表示。此分析不包括杠铃下蹲。直接观察历时一年。

（资料来源：V.M. Zatsiorsky, *Training Load in Strength Training of Elite Athletes*, presented at Second IOC World Congress on Sport Sciences, October 1991, Barcelona.）

每组重复的次数因运动项目而异。在抓举和挺举中，所有组别大多数重复了 1~3 次（图 4.5）。在抓举中，重复 4~5 次的组数只占总组数的 1.8%；在挺举中，重复 4~6 次的组数占总组数的 5.4%，大多数都是重复 2 次，占到总组数的 55%~60%。

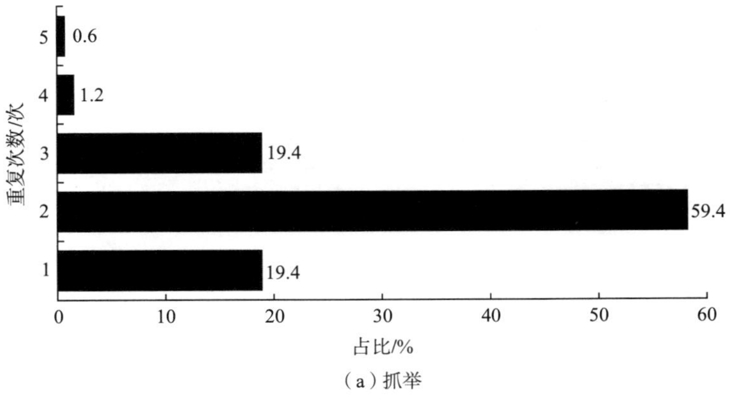

（a）抓举

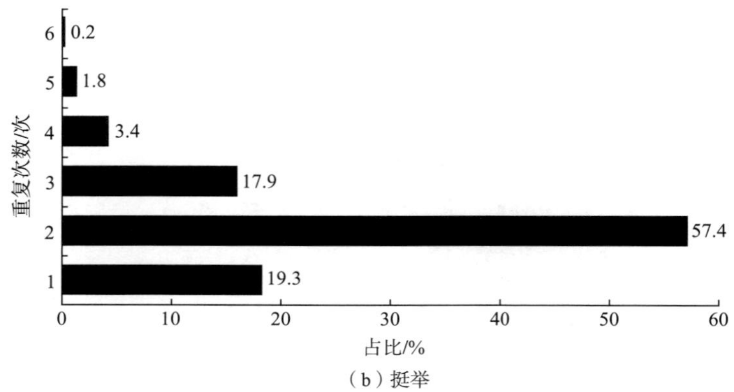

（b）挺举

图 4.5　优秀运动员在抓举和挺举训练时，不同重复次数的组占总组数的百分比

（资料来源：V.M. Zatsiorsky, *Training Load in Strength Training of Elite Athletes*, presented at Second IOC World Congress on Sport Sciences, October 1991, Barcelona.）

在如杠铃下蹲等辅助力量训练中，动作的协调性仅部分类似于抓举和挺举的协调性，每组的重复次数增加。例如，在杠铃下蹲中，重复的次数从 1 次到 10 次不等，多为 2 ~ 7 次（图 4.2）。

一般来说，当练习动作中肌间协调变得更简单，以及动作技术偏离主要运动项目的技术时（以抓举和挺举的技术为例），重复次数就会增加。在挺举中，每组重复次数为 1 ~ 3 次（重复 2 次的组占 57.4%）；下蹲中一般每组的重复次数为 3 ~ 5 次，颈后杠铃背屈伸中每组的次数多是 5 ~ 7 次（图 4.6）。

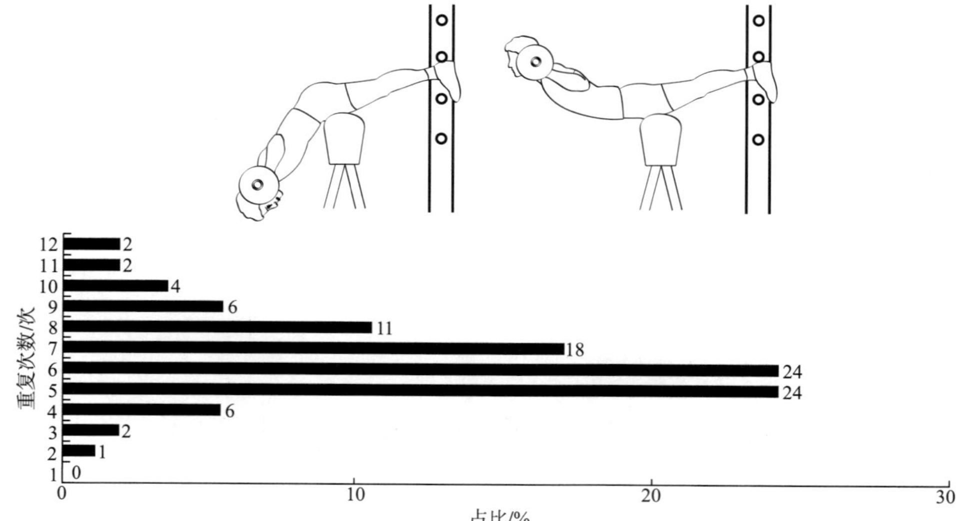

图 4.6　颈后杠铃背屈伸和该练习中不同重复次数的组占总组数的百分比

注：在 Alexeev 的训练中直接观察的结果（共 130 组）。Alexeev 是 1972 年和 1976 年的奥运会举重（超重量级）冠军。

［资料来源：*Preparation of the National Olympic Team in Weight Lifting to the 1980 Olympic Games in Moscow* (Moscow: Russian State Academy of Physical Education and Sport, 1981). Technical report#1981-34. 经俄罗斯国家体育教育和体育学院许可］

最大阻力（接近 CF_{mm}）的重复次数相对较少。在 1984—1988 年的奥运会训练周期中，苏联优秀运动员每年在主要运动项目（抓举、挺举）中举起这种重量的次数是 300～600 次。这个量占所有举起量的 1.5%～3.0%。重量的具体分配如表 4.2 所示。

表 4.2　苏联优秀运动员举起接近 CF_{mm} 重量的具体分配

杠铃重量，% CF_{mm}	举起的次数占比
90%～92.5%	65%
92.6%～97.5%	20%
97.6%～100%	15%

在重大比赛前的一个月，在抓举、挺举（或两者的结合）中，苏联优秀运动员举起超过 CF_{mm} 的 90%的重量达到 40～60 次。

在 20 世纪七八十年代，苏联与保加利亚举重队几乎包揽了世界大赛上的所有金牌。据报道，保加利亚举重运动员每年举起最大重量的杠铃次数超过 4 000 次。保加利亚运动员的训练强度实际上高于苏联运动员。然而，如此巨大差异（每年 600 次与每年 4 000 次）的真正原因不是训练本身，而是确定最大重量的方法。在各自的训练计划和日志中，苏联运动员使用 CF_{mm}，而保加利亚运动员坚持使用指定的 TF_{mm}（指定训练的 1RM）。

第四节　最佳训练强度的比较研究

优秀的运动员不会以相同的强度进行所有的训练。例如，奥林匹克举重主要动作（抓举和挺举）的训练强度要远远大于颈后杠铃背屈伸（图 4.5 和图 4.6）。这样的训练模式很难在实验中被复制。

为了确定力量训练的最佳运动强度，研究人员进行了许多实验。他们的想法是，以不同的方式和不同的 RM 训练运动员，然后再确定通常获得运动表现最大提升的强度（最佳强度）。遗憾的是，我们很难比较不同研究得出的结果，主要是因为存在许多干扰因素，如受试者之间的差异（性别、年龄、训练经验）及不同研究中使用的训练计划之间的差异（组数、训练频率、所训练的肌肉群、练习）。尽管如此，当将许多研究结果进行比较时我们发现（这种对已发表的数据进行的定量分析被称为元分析或荟萃分析），似乎对有一年以上训练经验的运动员来说，最佳强度是 1RM 的 80%（图 4.7）。对没有训练经验的个体来说，通过使用强度为 1RM 的 60%，每周 3 天，每个肌肉群练习 4 组的训练，运动员能够获得最大的训练收益。

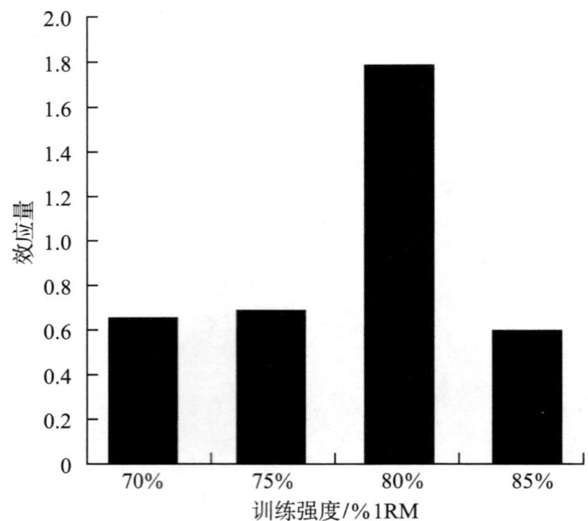

图 4.7　运动成绩的提高与训练强度呈函数关系（平均数据）

注：效应量 =（训练后均值 – 训练前均值）/ 训练前标准差。此图基于包含 1 433 个效应量的 140 项研究的元（荟萃）分析。注意，在每个实验组中，普通受试者所有练习的训练强度相同，而优秀运动员在不同的练习中使用不同的强度。

［资料来源：M.R. Rhea, B.A. Alvar, L.E. Burkett, and S.D. Ball, “A Meta-Analysis to Determine the Dose Response for Strength Development,” *Medicine & Science in Sports & Exercise* 35, no. 3(2003): 456-464.］

回到之前描述的优秀运动员的训练日程上，应该注意这些重复水平不应该被机械地复制。相反，教练员和运动员需要理解这种训练的基本理念（训练概念），如果他们接受这种理念，就要认真地应用实施。在后文中我们要描述的训练概念包括不同训练方法的具体特征，适合练习的选择，以及训练的时间安排。

第五节　力量训练方法

根据达到最大肌肉张力的方法对力量训练进行分类具有实用价值。在文献中，有时根据所使用的练习（即等长、等张、离心练习）对力量训练的方法进行分类。我们更倾向使用这种分类作为力量练习的分类法，而不是力量训练的方法。以下 3 种方法有助于达到最大肌肉张力。

（1）举起最大负荷（对抗最大的阻力），即最大用力法。

（2）举起非最大负荷直至力竭；在最后的重复过程中，肌肉在疲劳状态下产生最大力量，即重复用力法。

（3）以能达到的最快速度举起（抛起）非最大负荷，即动态用力法。

另外，用非最大负荷重复举起中间次数（不到力竭）可作为一种补充力量训练方法（次最大用力法）。

一、最大用力法

最大用力法被认为是提高肌内协调和肌间协调的最佳方法。肌肉和中枢神经系统只适应施加在它们上面的负荷。这种方法应该被用来产生最大的力量增量。如果存在中枢神经系统抑制，则可以少用这种方法。因此，以最佳放电频率激活最大数量的运动单位、运动和肌肉协调的生物力学参数与主要运动练习中的类似值相似。然后，受训者学着去记忆这些运动协调方面的变化（在潜意识层面）。

我们之前看到，应用这种方法时阻力应该接近 TF_{mm}，为了避免较大的情绪压力，CF_{mm} 必须只是偶尔被纳入常规训练。如果一次训练的目的是动作（即训练的目标是肌内协调和肌间协调），建议每组重复次数为 1～3 次，在此以抓举或挺举为例（图 4.5）。当训练的目标是肌肉而不是动作时（因为训练不具专项性，在技术上与主要运动训练不同，所以运动和肌肉协调的生物力学参数不是首要的），每组重复次数增加。例如，在颈后杠铃背屈伸中典型的重复次数是 4～8 次（图 4.6）。下蹲的重复次数通常在 2～7 次（图4.2）。

尽管最大用力法在优秀运动员中很流行，但它存在几个局限，不能推荐给初学者，最主要的局限是具有很高的受伤风险。运动员只有在掌握了练习的正确技术（如杠铃下蹲），以及相关的肌肉（竖脊肌和腹肌）得到充分发展后，才被允许举起最大的重量。在一些练习（如仰卧起坐）中，这种方法很少使用。另一个局限是，当使用较少的重复次数（1 次或 2 次）时，最大用力法诱导肌肉肥大的能力相对较小。这种情况是因为运动员只完成了少量的机械功，降解的收缩蛋白的量相应地很有限。

此外，因为举起最大重量需要很高的动机水平，运动员使用这种方法很容易变得筋疲力尽。过度训练性心理疲劳的典型表现有以下几点。

- 精力下降。
- 焦虑感和抑郁感加剧。
- 早上有几个小时有疲倦感。
- 举起固定的重量时感到更加费力。
- 静息时血压升高。

如果运动员在训练中过于频繁地使用 CF_{mm} 而不是 TF_{mm}，这种反应是非常典型的。疲劳不仅取决于举起的重量，还取决于所使用的练习类型。卧推比挺举更容易举起最大重量（杠铃可以简单固定，腿部和躯干肌肉不被激活）。挺举对腿部和躯干肌肉的激活度、平衡能力和兴奋水平的要求要高得多。

力量训练方法

一名运动员杠铃前蹲的最佳成绩是 100kg。他在给定的一组中能够蹲起这个重量一次（1RM）。

以下训练方法可供运动员选择，以进行力量训练。

• 选用 100kg 的杠铃进行前蹲（最大用力法）。

• 选用小于 100kg 的杠铃（如 75kg），重复次最大次数（次最大用力法）或直至力竭（重复用力法）。

• 选用最快速度重复（举起）次最大负荷，如佩戴负重腰带跳高（动态用力法）。

二、次最大用力法和重复用力法

次最大用力法和重复用力法的区别仅在于每组重复次数的不同。第一种情况是中间次数，第二种情况是最大次数（至力竭）。两种方法对肌肉肥大的刺激效果相似。根据第三章描述的肌肉肥大的能量假说，蛋白质降解率和完成机械功的总量对于引起蛋白质降解量和新合成量之间的差异至关重要。如果没有重复最大次数（至力竭），所做机械功的总量减少。然而，如果重复次数相对接近最大值（如果重复举起 10 次而不是最大的 12 次），那么上述两者之间的差异并不重要。它可以通过各种方式来得到补偿，如通过缩短组间的间歇时间。人们普遍认为，在一组练习中重复最大的次数以诱导肌肉肥大是值得做的，但不是必需的。

然而，如果大负荷抗阻训练的主要目标是练习适当的肌肉协调模式，情况就不同了。该解释基于运动单位募集的大小原则，也可称作力量训练的大小原则理论。该理论有 3 个主要假设。

（1）运动单位的募集顺序由大小原则决定。

（2）只有被募集的运动单位才受到训练。

（3）被募集的运动单位应运动至力竭（或者至少应该被高度激活，这意味着它们的运动神经元的放电频率应该足够高）。

我们用一个例子来解释这个理论。假设一名运动员以每秒 1 次的给定速度举起一个 12RM 的杠铃。受到训练的肌肉由不同耐力时间（1 ~ 100s）的运动单位组成（实际上，一些慢收缩运动单位的耐力时间要长得多，它们可能会运动几十分钟而没有任何疲劳的迹象）。运动单位的最大重复次数（至力竭）也是从 1 到 100 不等。如果运动员只举起一次杠铃，那么只有一部分的运动单位被募集，其他的运动单位则不会被募集（图 3.10）。根据大小原则，先被募集的是慢收缩、抗疲劳的运动单位。几次重复举起后，被募集的运动单位中有一些变疲劳了。显然，耐力时间最短的运动单位会先变得疲劳。例如，在重复 10 次后，只有耐力时间在 10s 以下的运动单位才会疲劳。由于疲劳的运动单位现在不能像动作开始时那样有同样的张力，因此新的运动单位被募集。这些新被募集的高阈值运动单位收缩快、不抗疲劳，因此它们很快就筋疲力尽了。如果在 12RM 中只完成了 10 次，那么运动单位的整体将被分为 3 部分（图 4.8）。

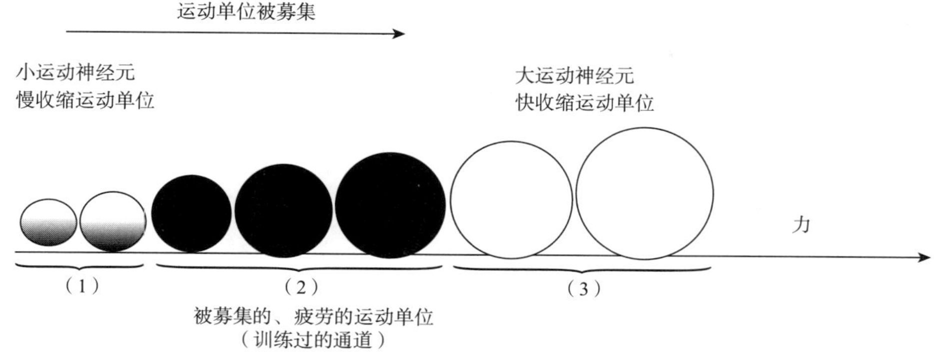

（1）—被募集的但不疲劳的运动单位；（2）—被募集的疲劳的运动单位；（3）—未被募集的运动单位。

图 4.8　当举起非最大重量时，在力量训练中所使用的运动单位的子集

（1）被募集的但不疲劳的运动单位。如果没有感到它们疲劳，就是它们没有得到训练。所有耐力时间超过 10s 的运动单位都属于这一类。很明显，这个子集由慢收缩运动单位组成。慢收缩运动单位被募集所需的力量水平低，因此在日常活动中也会被激活。然而，没有得到特别训练时，它们的力量不会增加。我们从这一发现中得出了有充分根据的结论，即很难增加慢收缩、抗疲劳的运动单位所需的最大力。因此，力量增加与Ⅱ型肌纤维的百分比呈正相关关系。快收缩运动单位比例高的个体往往不但更强壮，而且通过力量训练也能更快地获得力量的增加（图4.9）。

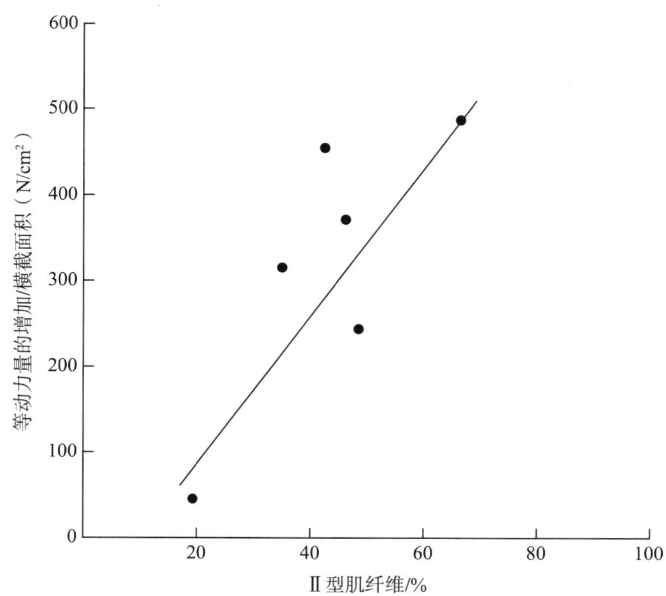

图 4.9　每单位肌肉横截面积力量的增加与Ⅱ型肌纤维分布的百分比

［资料来源：B. Dons, K. Bollerup, F. Bonde-Petersen, and S. Hancke, "The Effect of Weight-Lifting Exercise Related to Muscle Fiber Composition and Muscle Cross-Sectional Area in Humans," *European Journal of Applied Physiology and Occupational Physiology* 40, no. 2(1979): 95-106. 许可转载］

（2）被募集的疲劳的运动单位。这些运动单位是在这个子集中唯一受到训练刺激的。这些运动单位具有中间特征。在这个子集中，没有最慢的运动单位（被募集但没产生疲劳），也没有最快的运动单位（未被募集）。运动单位的通道在受到训练刺激后可能相对狭窄或宽阔，这取决于举起的重量和一组中重复的次数。力量训练计划的一个目标可以是增加受训练影响的运动单位的子集，或者拓宽通道。

（3）未被募集的运动单位。因为它们没有被募集，所以就没有得到训练。注意，这个子集包括最快和最强的高阈值运动单位。

如果训练进行到力竭或接近力竭（重复用力法），在最后的举起中状态会改变。此时会募集最大数量的可用运动单位。所有被募集的运动单位现在分为两个子集：力竭（疲劳）和非力竭（非疲劳）。训练效果仅对第一个子集（力竭）有显著影响。如果总重复次数低于 12 次，耐力时间超过 12s 的运动单位均属于第二个子集。尽管它们很早就被募集，但这些运动单位并没有达到力竭（因为有很强的耐力）。

当举起最大重量（最大用力法）时，运动单位通道中被募集的、疲劳的运动单位要少于将次最大重量举至力竭时（图 4.10 中的全黑圆圈）。这是最大用力法的一个明显缺点。这种方法只对快收缩运动单位有训练效果，但该方法的优点大于它的缺点。

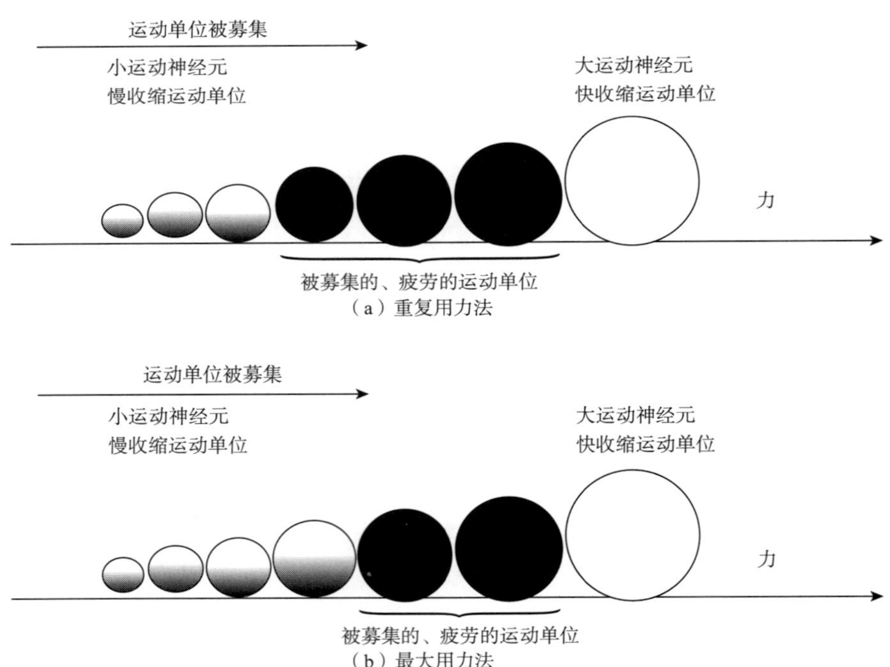

图 4.10　在重复用力法和最大用力法中运动单位的子集

注：在这两种方法中，几乎所有的运动单位都被募集（不过如果你不是一名优秀的力量运动员，很可能一些快收缩运动单位仍然没有被激活），但主要是训练快收缩运动单位。相反，有些慢收缩运动单位没有得到训练或得到的训练不多。

避免用力过度

教练员应对运动员的健康负责，为运动员设计有效、安全和可承受的训练课和训练计划是对运动员负责任的表现。正如本书前面所讨论的，过多、过快或过于频繁地使用同一个地方的肌肉可能会诱发横纹肌溶解，这是肌纤维撕裂导致肌纤维成分释放到血液循环中的一种紧急情况。其中一些成分是有毒的，可能导致肾脏损害。横纹肌溶解的症状是尿液颜色异常（黑色、红色或可乐色）、肌肉疼痛和身体虚弱。危险人群包括：缺乏经验的训练者，如正在进行训练的新兵、有脱水或热应激反应的运动员，以及像马拉松或铁人三项等剧烈运动的参加者。在医学文献中已报告了几例有经验的运动员出现了运动性横纹肌溶解。在某些情况下，私人教练员或力量教练员支持过度用力，并以此作为惩罚，或者主教练员在不知情的情况下下达了增加训练量的指令（如每组下蹲 100 次，大量重复的山地跑，或者训练量大而间歇时间短的训练课），这种极端的过度用力是危险的，应该避免。这也不是一个谨慎的、科学的训练计划，是该领域的渎职行为。如果运动员怀疑发生横纹肌溶解（如尿液呈黑色），应立即寻求医学诊断和治疗。然而，如果认真安排负荷和训练进度，这种情况本不应该出现。教练员要特别注意年度训练周期中的过渡阶段，这时运动员还没有准备好进入大训练量或高强度的训练中去。

当重复用力法或最大用力法专门被用于训练那些由最大运动神经元支配的运动单位，以及最强和最快的高阈值运动单位时，运动员应该竭尽全力举至力竭（最大次数）。这一要求很重要，因为质量比数量更重要。如果一名运动员不能（至少）达到先前已达到的爆发力能力的 90%，那么对爆发力适应性训练的影响将是最小的，训练时间也就被浪费了。这同样也适用于用大力量训练或高负荷训练。如果一名运动员在星期一可以用 220kg 做 5 次下蹲，然而一周后只能做 2 次，那么这种训练就出问题了，仅仅为了增加力量而达不到高质量完成训练。测试数据和训练日志数据将表明运动员是否按照训练规定的渐进性负荷并高质量地完成了训练。从生理角度来看，关键是通过训练强度或阻力来激活目标运动单位，以提高神经肌肉的力量或爆发力适应性。当训练目标无法实现时，教练员就必须仔细评估训练计划；超量训练综合征或行为生活方式问题也必须被考虑在内。如果训练问题持续存在，教练员可能需要修改训练课和训练计划目标。如果此类问题在许多训练课中都持续存在，教练员就要让运动员休息几天。

与最大用力法相比，重复用力法有其优缺点。重复用力法有 3 个重要的优点。第一，它对肌肉新陈代谢有较大影响，从而有利于肌肉肥大；第二，它使更多的运动单位受到训练；第三，它造成损伤的风险相对较低（图 4.10）。不过这种方法也有局限性，在一组举起中最后一次举起动作是在肌肉疲劳时完成的，因此这种训练不如举起最大重量训练有效。而且训练量（举起重量的总量）很大，限制了该方法在有一定级别运动员的训练中的应用。然而，如果训练的目标是一般的健康和健身，而不是为了增加专项力量，那么运动员所做的大量机械功是有益的。

上述所描述的方法都应该被应用到一定级别的运动员的力量训练中。为利用这种随时间变化的多负荷或阻力计划，人们已提出了不同的训练周期方法。许多人试图回答这样一个问题，是最大重量训练还是中等重量训练更有效？这个问题类似于 800m 跑运动员的训练距离是短于还是长于 800m 的问题。答案是这两种距离都应该训练。同样的道理也适用于运动员的力量训练——他们应该使用不同的 RM 进行练习。通过各种负荷的力量训练来让肌肉中各种类型的运动单位都得到训练（大小原则）。

三、动态用力法

由于爆发力不足的存在（见第二章），在克服中等阻力的快速运动中要获得 F_{mm} 是不可能的，故采用动态用力法不是为了提高最大力量，而是为了提高发力速度和爆发力。

总之，这些方法的结合可以提高最大极限力 F_{mm}（表 4.3）。

表 4.3　不同力量训练方法的直接目的

方法	直接目的
最大用力法（重复用力法作为第二选择）	改善神经肌肉协调性 • 运动单位募集 • 频率编码 • 运动单位同步 • 协调模式
重复用力法（以及次最大用力法或两者兼而有之）	刺激肌肉肥大
重复用力法	增加被募集和受过训练的运动单位的通道

本 章 小 结

训练强度可以通过以下方法计算。

• 阻力（即举起的重量）的大小，可以用相关运动中最佳成绩（F_m 或 F_{mm}）的百分比来表示。

• 每组重复（举起）的次数。

• 最大阻力（重量）的重复次数（或百分比）。

在不同阻力水平下进行训练会导致：①新陈代谢反应；②肌内协调；③生物力学变量与肌间协调的差异。所产生的机械功和代谢能量的消耗随着举起重量的减少而增加。

根据肌肉肥大的能量假说，蛋白质降解率和举起的重量呈函数关系：举起的重量越大，蛋白质降解率越高。蛋白质降解的总量与所做机械功（或举起的总重量）和蛋白质降解率都呈函数关系。在大负荷抗阻训练中，蛋白质降解的总量是蛋白质降解率和举起次数的乘积。当训练强度在 5 ~ 6RM 和 10 ~ 12RM 时，蛋白质降解的总量最大。

运动单位募集的大小原则是力量训练大小原则的理论基础。该理论基于 3 个主要假设：

①大小原则是有效的；②只有被募集的运动单位受到训练；③被募集的运动单位应该练至疲劳（或者至少它们应该被高度激活，即它们的运动神经元放电频率应该足够高）才被训练到。当运动员举起最大重量时，最大数量的运动单位被激活；最快的运动单位被募集；运动神经元放电频率最高，并且运动单位活动是同步的。大负荷抗阻训练的一个目标是教会运动员以在每根肌纤维中产生强直收缩的最佳放电频率募集所有必要的运动单位。

优秀的举重运动员使用的负荷范围很广，但使用比例最大的重量在 CF_{mm} 的70%～80%。这些运动员举起的平均重量是 CF_{mm} 的（75%±2.0%）。不应机械地照搬这些训练重量，训练的实施是经过深思熟虑的结果。

力量训练可以通过 3 种方式完成：①举起最大负荷（对抗最大阻力），即最大用力法；②举起非最大的（但足够大的）负荷至疲劳，在最后的重复过程中，肌肉在疲劳状态下产生最大力量，即重复用力法；③以能达到的最快速度举起（或抛起）非最大负荷，即动态用力法。另外，用非最大负荷重复举起中间次数（不到力竭）可作为一种补充力量训练方法（次最大用力法）。

人们认为最大用力法是改善肌内协调和肌间协调的最佳方法，最大数量的运动单位在最佳放电频率的情况下被激活。当使用这种训练方法时，阻力的大小应该接近 TF_{mm}。如果训练目的是动作，建议每组重复次数为 1～3 次。当目标是训练肌肉时，重复次数增加。最大用力法虽然在优秀运动员中很受欢迎，但是仍有几个局限性，如受伤风险高、易疲劳。最大用力法刺激肌肉肥大的潜力也相对较小。

次最大用力法和重复用力法在诱导肌肉肥大的能力上是相似的。然而，在训练肌肉力量，特别是提高产生最大力量所需的神经肌肉协调性方面，它们有很大的不同。次最大用力法（举起非最大负荷，但不到力竭）似乎在训练高阈值运动单位及提高特定的肌肉内协调性方面不具有效性。当使用重复用力法训练高阈值运动单位（即那些由最大运动神经元支配的运动单位；最强和最快的运动单位）时，运动员应该竭尽全力举到力竭（最大次数）。在这种情况下，只有募集到最大数量的运动单位的最后重复举起的动作才是真正有用的。

第五章　力量训练的时间安排

在一定时间周期内分配运动和训练负荷，或者说训练的时间安排，对运动员训练的结果至关重要。这方面主要有两个挑战：一是如何安排训练和休息的间隔时间；二是如何安排运动顺序。

第一节　训练的结构单元

训练可以分成几个结构单元。通常这些单元被确定为训练课、训练日、小周期、中周期、大周期、奥运周期（4 年一次）、长周期或多年训练周期。

一般我们把训练课视为包含不超过 30min 休息时间的一次课。这样定义（起初看来过于正式）的原因是需要描述运动训练，其中每天的练习份额被分配到几次训练课中。表5.1

是一个日常训练时间表。根据以上定义，这些运动员每天只有两次训练课，因为间隔 30min 的训练被认为是一次训练课的一部分。这个日常训练时间表是世界级运动员全天候训练的一个典型例子。一名著名的运动员曾经开玩笑说：“我的生活非常丰富和多样化，由训练、比赛、飞行、睡觉和吃饭 5 个部分组成。”这非常接近他们的现实生活。

表 5.1 保加利亚奥运举重队日常训练时间表

时间	星期一、星期三、星期五	星期二、星期四、星期六
9：00～10：00	抓举	抓举
10：00～10：30	休息	休息
10：30～11：30	挺举	挺举
11：30～12：30	训练	训练
12：30～13：00	休息	训练
13：00～17：00	休息	休息
17：00～17：30	训练	训练
17：30～18：00	训练	休息
18：00～18：30	休息	训练
18：30～20：30	训练	休息
全部训练时间	6h	4.5h

为了评估不同训练课的训练负荷，根据以下分类，从一次训练课中恢复过来所需的时间一般如表 5.2 所示。

表 5.2 从一次训练课中恢复过来所需的时间

一次训练课的训练负荷	恢复时间/h
极大	72
大	48～72
较大	24～48
中等	12～24
小	<12

小周期由几个训练日组成。在准备期间，小周期一般是一周。在比赛期间，小周期的持续时间通常根据主要比赛的持续时间进行调整。例如，如果摔跤比赛持续 3 天，则建议使用持续时间相同的小周期。通常，小周期的一般结构是在相对较长的一段时间内例行重复（这就是为什么它被称为周期）。

中周期是由几个小周期组成的系统。一个中周期通常持续 4 周，也有可能是 2～6 周。

在东欧运动员的训练中，中周期的持续时间甚至存在都受到集中备赛的影响，优秀运动员曾经在训练基地整年备赛，这主要是后勤方面的原因。家里的食物和其他重要物品的短缺不能创造正常的训练条件，但是这种训练管理有其利弊，积极的一面是提高了竞技能力，增加了获取和分享信息的可能性；不利的一面是标准的环境、没有家人的陪伴及必须与同一群体的人生活和交流，而这些人往往是同一项运动的竞争对手，这无形中给运动员带来了额外的心理负担。为了减轻这种心理负担，并使环境多样化，训练基地会定期变动。对运动员的访谈显示，他们更喜欢在 4 周的基地训练生活中穿插 1 ~ 2 周回家生活。

西方国家不会完全复制这种模式。然而，以上所描述训练时间安排中的一些要素（包括中周期），无疑是有作用的。根据训练目标，中周期包括累积、转换和实现 3 个阶段。累积中周期的目标是提高运动员的潜力，即提高基本的运动能力（体能）和运动技术（技能学习）。对累积中周期的结果进行的评估基于测试（如力量或有氧能力的测试），以及运动员在辅助练习中的运动表现和运动技术的质量。在这些中周期中，各种训练，包括非专项训练，可被用于体能的增强。

转换中周期是把所增强的非专项体能转化成运动员的专项竞技能力（准备状态），这一过程被称为转换。在这一时期，专项训练主要被用于增强体能和提高运动技术。在非正式或一般性比赛中的运动表现主要被用于评估训练进展。

实现中周期，也被称为赛前阶段的中周期，是根据运动员的体能（身体素质）水平而设定的能实现最好运动成绩的周期。重要比赛中的成绩是衡量这段时间训练成败的唯一标准。

大周期指的是一整个赛季，包括赛季前时期、赛季中时期和赛季后时期。在欧洲，这些时期通常被称为准备期、比赛期和过渡期。每个训练阶段由几个中周期组成。一个大周期的持续时间通常是一年（冬季运动项目）或半年（室内和室外田径项目）。在摔跤和游泳项目中，一年有 3 个大周期。大周期及其阶段中的训练计划的组织叫周期化。

奥运周期是 4 年一次，从一届奥运会到下一届奥运会长达 4 年。长期或多年训练贯穿了运动员的整个职业生涯。

训练课、训练日、小周期和中周期构成了短期计划。大周期就是中期计划。长期计划就是多年训练周期。

第二节　短期计划

在短期计划中，疲劳效应是主要的影响因素。例如，训练课的设计应该使旨在改善精细运动协调性（是中枢因素，不是外周因素）的训练（如力量、速度或技术训练）在精力充沛的状态下进行，最好是在热身后立即进行。然而，在耐力训练中，当目标是提高跑完一段距离后的速度，而不是在精力充沛的状态下能达到的最大速度时，速度练习可以在耐力训练后进行。

一、短期训练时间安排的范式

短期训练设计的一般原则是，不同类型的肌肉训练产生的疲劳效应是特定的。这意味着一名运动员如果太疲劳而不能以可接受的方式重复同一项练习，那么仍然可以进行另一项练习，而这一项练习仍然让人满意。适当地改变或调整训练顺序可以安排更多的训练内容，并可以适当地增加训练负荷。比如，运动员进行一项腿部练习（如下蹲）和一项手臂练习（如卧推），当训练顺序为卧推、下蹲、卧推、下蹲时，总的举起次数会大于顺序为下蹲、下蹲、卧推、卧推时的举起次数。同样的原理适用于不同方向的练习，如力量和冲刺跑练习。大负荷抗阻训练的疲劳效应主要影响完成或重复这类运动的可能性。因此，一个人恢复体力进行其他练习的速度要比恢复体力重复相同练习的速度更快（图 5.1）。

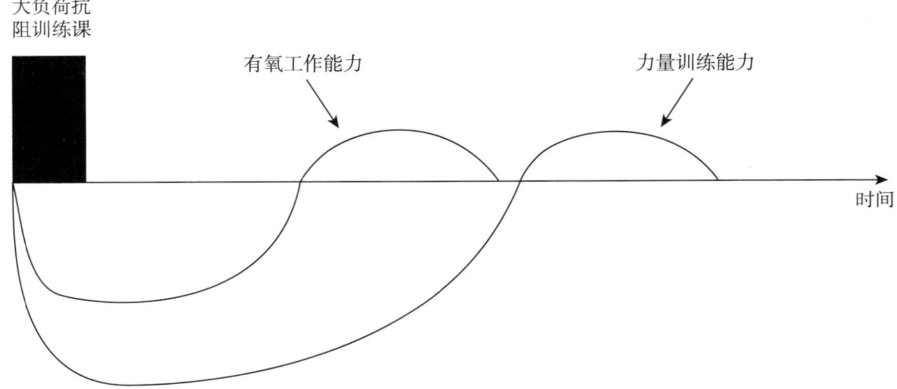

图 5.1　大负荷抗阻训练课后运动员恢复的时间过程

如果连续进行两次类似的训练课，两次训练课的疲劳痕迹是叠加的（图 5.2）。如果训练负荷很大（即恢复时间需要 48 ~ 72h），连续进行几次这种类型的训练课可能会让运动员感到极度疲劳。

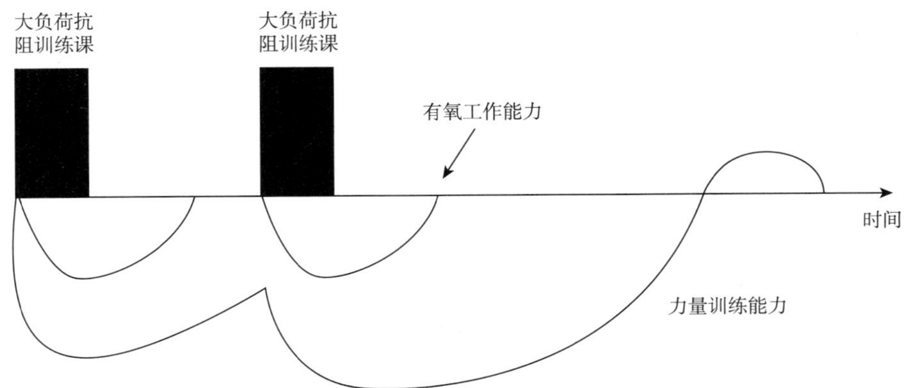

图 5.2　两次抗阻训练课的疲劳痕迹叠加及其影响

如果在所有的训练时间里存在不同目标的练习，就可以很容易地在训练课中合理安排这些练习，从而避免疲劳痕迹的叠加。如果在一次训练课、一个小周期或中周期中同步训练几种运动能力，体能增益就会下降。因此，在一个小周期或中周期中有两个及以上的主要目标并不是好办法。例如，没有理由在一个小周期中训练最大力量、爆发性力量、有氧能力、无氧乳酸和非乳酸能力、最大速度、灵活性和动作技术。生物体不能同时适应这么多不同的需求。与仅仅发展一种身体素质的增益相比，发展所有运动能力的增益将是微不足道的。当训练目标有序被分布在几个中周期时，体能增益增加。显然，在一个训练计划中，减少训练目标数量的趋势和增加训练目标范围的趋势之间存在着冲突。

为了提高运动表现，教练员或运动员会减少小周期和中周期的目标数量，他们采用专项训练。相比之下，他们使用组合训练计划来增加这个数量，以便在设计训练日程表方面有更多的自由空间，以避免训练课产生的疲劳痕迹叠加和心理疲劳风险。

在制订各种训练计划时一般会出现类似的矛盾，关键是在相互冲突的需求之间找到适当的平衡点。在一些世界级的运动员中我们已经发现，在一个中周期可以得到提高的运动能力的最佳数量是两种。此外，在这个时期，只能训练一项运动技术的基本特征（如耐疲劳、稳定性）。中周期内所有训练工作中最多有 80%用于目标运动能力的发展（每个目标为 35%～40%）。

二、训练课及训练日

力量训练课设计的总体思路是让运动员在保持精力充沛的同时，尽可能地多做训练。与耐力训练的情况不同，运动员不需要在大负荷训练课上变得非常疲劳（不要将此训练与练习混淆）。如果受训者在不疲劳的时候训练，力量增益会更大，尤其是当抗阻训练的目标是肌内协调和肌间协调时。一般而言，受训者在训练时应该“学会”减少中枢神经系统的抑制性输出或增强其兴奋性输出，从而获得力量。如果受训者从先前的训练中完全恢复过来，而不是感到疲劳，那么这种训练会更成功。为了让运动员尽可能在精力充沛的时候进行训练，教练员应该非常周密地设计训练课。

训练的时间安排有 3 个方面：休息–练习交替、练习顺序和强度变化。

休息–练习交替

大负荷抗阻训练通常采用较长的休息间歇以促进肌肉力量恢复。

在过去的 50 年里，优秀举重运动员在准备期中每天训练的总组数没有变化（大多数运动员完成 32～45 组，但有一些运动员能够完成 50～52 组）。然而，一次训练课的持续时间已经改变——1955～1956 年只有 2～2.5h，1963～1964 年为 3～3.5h（每天一次训练课）。自 1970年以来，运动员每天进行两次及以上的训练课，训练课中安排的组数相同。

运动实践和科学研究都已经证明，只要训练之间的时间间隔足够用来恢复，将训练量分配到较小的单元中可以产生更有效的刺激效果，特别是对神经系统。

为了防止过早疲劳，优秀运动员的组间间歇时间是 4～5min，尤其是在大负荷训练时。由于一次力量训练的持续时间短，对于这种类型的练习活动，练习/休息比（即一次练习相对于休息的持续时间）很低。然而，即使是 4～5min 的休息时间也不足以使身体完全恢复，在举起最大极限训练重量（TF_{mm}）后需要 10～15min 的休息时间。如果一次力量训练课的持续时间有限，一种可能的解决方案是将各组练习组合成系列，并在系列之间安排较长（10～12min）的休息间隔。由于训练课的训练时间短，休息时间长，训练课密度（一次训练课每小时训练的组数）并不被认为是力量训练强度的一种信息度量。

练习顺序

按顺序练习的理念极有价值，这样的练习需要运动员在休息后精力恢复的状态下进行精细的运动协调性和最大神经元输出。为了避免对随后运动造成不利的过早疲劳，我们给出以下建议。

- 先进行主要的运动训练，再进行辅助练习。
- 先进行动态的、爆发型练习，再进行慢速的练习，如下蹲。
- 先训练较大的肌肉群，再训练较小的肌肉群。

如果一次训练课的目标是增加肌肉力量（而不是诱发肌肉肥大；见第十一章），连续的练习应该最少地涉及相同的肌肉群。已被证明不合适的练习顺序如下：①哑铃手臂外展（只有三角肌是活跃的）；②卧推（涉及的肌肉相同）；③前蹲起（辅助训练，以相对慢的速度进行）；④抓举（比赛举重，需要产生最大的爆发力和应用复杂的技术）。正确的顺序如下所示：①抓举；②卧推；③前蹲起；④哑铃手臂外展。

强度变化

因为举起训练的最大重量（最大用力法）被认为是最有效的训练方法，所以运动员应该在热身后训练课开始时进行练习。然后，运动员按照比赛日预期的训练重量进行几次（2 次或 3 次）单举，并以该重量进行几组（最多 6 组）训练。保加利亚运动员每天都用试错法来达到TF_{mm}。俄罗斯教练员通常提前计划训练强度，将 90% CF_{mm}的负荷作为TF_{mm}。一种混合使用练习组的综合体（如抓举练习）最多持续 30min（6 组，每组 5min 的休息时间）。

“金字塔”式训练在多年前很流行，按照先升后降的方式逐渐改变一系列练习组中的负荷。这种做法实际上已被具有奥运会水平的运动员所抛弃。这种顺序的上升部分会导致过早疲劳，而下降部分由于在疲劳状态下进行而效率不高。快速进入主要的训练负荷阶段是现在训练的典型方式。

关于强度变化的其他几点在特定情况下是有用的。感到疲劳的运动员可以在两次TF_{mm}之间进行比TF_{mm}低 10～15kg 的单举。这对复习正确的技术模式也有帮助。此外，如果在同一训练中既使用最大用力法又使用重复用力法，则应先举起最大重量。

关于练习顺序和强度变化的建议可以扩展到一个训练日的计划中。因此，需要最大神经元输出的练习（如竞技性举重、爆发力练习、举起TF_{mm}或CF_{mm}）应在运动员从之前的活动中（即早期的训练课）恢复到精力充沛的状态时进行。

每天有多次训练课：一个示例

保加利亚运动员每天有多次训练课，总持续时间长达 6h（表 5.1）。据我们所知，2000年和 2004 年奥运会上取得成功的希腊与土耳其举重运动员也有类似的训练经历。每次训练课的时间限制在 60min，有时是 45min。上午两次，下午两次，间隔 30min 休息。以上训练时间的基本假设是血清睾酮水平升高只能维持 45～60min，需要 30min 的休息来恢复睾酮水平（这一假设尚未得到证实，在力量训练过程中睾酮水平升高的确切机制尚不清楚。一般说来，这种升高可能是睾酮生成增加或肌肉和其他组织中睾酮受体数量减少引起的）。在 30min 的休息时间里，运动员可以选择躺下并听音乐。为了避免身体变凉，他们会穿上很暖和的衣服，用一条小长凳做支撑，双腿微微抬起放松。

对照训练

建议在大负荷抗阻训练之间安排柔韧性练习和放松练习，以加速恢复和防止柔韧性的衰退。柔韧性练习的首选部位是肩关节。

混合训练课

把力量常规训练作为训练课的一部分不如专门的大负荷抗阻训练课有效。在那些肌肉力量是最重要能力的运动项目（如田径项目、美式橄榄球）中，特别建议在单独的训练课中进行大负荷抗阻训练。如果没有足够的时间这样做，力量训练可以被安排到混合训练中，且为了防止负面影响，通常在训练结束时进行（体操等运动项目接受这种训练模式），然而，教练员应该意识到，在训练开始运动员不感到疲劳时，使用相同的力量训练组合体会更有效。

过去的时代

奥运会（1960 年）冠军维克多·布舒耶夫（Victor Bushuev）的硬推（站立推）训练日志。

• 1958 年，TF_{mm} 为 90kg。执行了常规的“金字塔”式训练方案。举起以下重量：60kg、65kg、70kg、75kg、80kg、85kg、90kg、90kg、85kg、80kg、75kg、70kg。除了开始使用的 60kg 和 65kg 重的杠铃外，其他每个重量都被举到力竭。该方案的初始负荷（60～85kg）并不是很有用，它引起了严重的疲劳，并降低了举起最大重量的效果。

• 1960 年，TF_{mm} 为 110kg。杠铃重量改变，顺序是 70kg、90kg、100kg（一组中 3 种重量只举 1 次），然后是 110kg。最大重量举 5 组，每组 1～2 次。

1964 年以来，“金字塔”式训练方案实际上已被排除在优秀力量运动员的训练之外。

循环训练

循环训练的思想是同时训练几种运动能力（尤其是力量和耐力）。这种训练由多个（多达 10 个或 12 个）站点组成，每个站点都要完成一种指定练习。

循环训练的基本理念（同时提高力量和耐力）似乎令人质疑。众所周知，力量型和耐力型身体活动的生物学适应机制是不同的（该问题将在第十一章中进行讨论）。肌肉不能同时最好地适应这两种类型的训练。把力量训练和耐力训练结合起来会妨碍获得力量的能力。剧烈的耐力活动会抑制力量发展（图 5.3）。

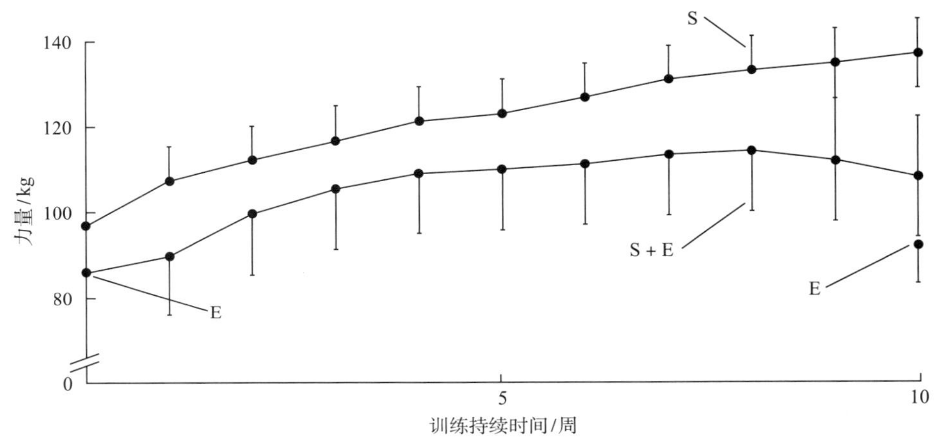

图 5.3　同时训练耐力（E）和力量（S）会抑制力量发展

［资料来源：R.C. Hickson, "Interference of Strength Development by Simultaneously Training for Strength and Endurance," *European Journal of Applied Physiology and Occupational Physiology* 45, no. 2-3(1980): 255-263. 经许可改编］

由于力量增幅较小（与常规力量训练相比），因此我们不推荐循环训练，并且力量型和爆发型运动项目的运动员几乎没有采用过循环训练。然而，它可以用于对力量和耐力都有很高要求的运动项目（如赛艇、皮划艇）中，也可以用在力量不是主要运动能力的运动项目（如排球、网球）中。循环训练主要被运动员用来增强或保持一般体能，而不是专项肌肉力量的发展。

三、小周期与中周期

在小周期与中周期中大负荷抗阻训练计划的时间安排有两个主导思想：一是在运动周期之间允许充分的恢复；二是在训练刺激的稳定性（引起适应）和可变性（避免过早适应和心理疲劳）之间找到适当的平衡。

有必要进行专门的力量训练吗?

肌肉力量只是运动员应具备的几种能力之一；除了力量，他们还有很多其他的能力需要提高。教练员决定是否花时间进行专门的力量训练。在许多运动项目中，如网球和男子体操，在主要的训练后立即进行力量训练是可能达到所需的力量水平的。然而，如果力量水平低，实际上限制了运动表现，那么专门的力量训练课是有用的。例如，在曾属于苏联的一些国家里，男子少年体操队采用单独的力量训练课，而男子成年队没有。在许多运动项目中，如田径、划船和皮划艇，大负荷抗阻训练是常规训练的一部分。在其他运动中，如游泳和摔跤，训练课还包括专项性力量练习和负荷，而不仅仅是标准的大负荷抗阻训练（游泳的陆上训练；在摔跤动作中，使用负重人体模型模拟阻力或附加阻力来模仿抱摔）。

充分恢复

在一个小周期中，休息–练习交替和恰当的练习顺序可以缓解疲劳。当肌肉从之前的训练阶段中恢复过来，并为承受最大负荷做好准备时，就会对标准刺激产生最大的训练适应。请记住，有一定级别的运动员每周有 5～6 天的训练，因此我们可以得出结论，训练课后的恢复时间应该是 24h 左右，运动员应该以较小（恢复时间少于 12h）和中等（恢复时间是 12～24h）的训练负荷进行训练。在这种情况下，总训练负荷不足以刺激力量的发展。解决方法是在连续的训练课中进行适当的交替训练。由于不同阻力的训练产生的疲劳效应是特定的，因此有可能通过在连续训练课中适当的交替训练来将训练负荷递增到最佳水平。连续训练课的练习应该尽量少地涉及相同的肌肉群，以避免重复相同的肌肉协调模式。例如，连续两次训练课都安排抓举练习是没有意义的。

从大负荷抗阻训练中恢复的时间因肌肉而异。对于小肌肉群，如小腿肌肉，恢复时间通常小于 12h（请记住，这里只涉及有相关经验的运动员的训练）。对于小肌肉群（如踝关节跖屈肌和前臂肌肉），每天可以训练数次。中等肌肉群需要更多的时间恢复。对于这些肌肉群，每天都可以进行训练。此外，建议在休息时间至少为 48h 的情况下训练大肌肉群。例如，杠铃下蹲训练通常每周只进行两次，每次训练间隔 72h 或 96h（奥运会水平的举重运动员每周进行两次前蹲和后蹲训练）。教练员和运动员在重要的比赛开始前一周（举重）或 10～12 天（田径赛）就从训练计划里去掉了下蹲训练。

为了增加肌肉力量，训练计划应该包括每周至少 3 次大负荷抗阻训练。最好将相同的训练量分配到多次训练课中，而不是集中到几次训练课中。在保持训练量（重复次数、举起的总量）不变的同时，增加每周训练次数的运动员通常会获得明显的力量增长。例如，当将训练量分配到每天两次的训练课中时，力量增长大于将其安排到每天一次的训练课中时。

为了保持力量的增长，应该每周至少安排两次训练课。

可变性

在小周期和中周期，训练计划的可变性是通过训练负荷的变化实现的（不是训练组合）。一个稳定的训练组合应该通过一个中周期来实现（以引起适应）。这种组合大约包含 10 项练习，分布在一个小周期的各个训练日和训练课中，前提是每项练习每周至少训练两次。

从一个小周期到另一个小周期，练习的时间顺序保持不变。例如，抓举和前蹲是每个小周期第一天早晨进行的训练。

为避免过早适应，每天和每个小周期的训练负荷应都有所不同。60%经验法则经受住了时间的考验——负荷最小一天（小周期）的训练量应该是负荷最大一天（小周期）的训练量的 60%左右。

加强（强化）小周期

一些有经验的运动员使用加强（强化）小周期（图 1.6），在这个周期中，如果常规训练计划不能带来力量增益，疲劳就会日复一日地累积（由于训练负荷高和休息间隔短而不足以恢复）。加强（强化）小周期后的小周期应包括小的训练负荷。优秀运动员可以承受连续两个加强（强化）小周期（双强化小周期）。然而，教练员和运动员使用这种方法时应该非常谨慎。加强（强化）小周期每年使用的次数不应超过 4 次。双强化小周期每年只使用一次。

苏联的优秀举重运动员每 4 周中周期的训练量约为 1 700 次举起；拥有运动健将称号的资深运动员重复 1 306±99 次；只有一年举重训练经验的运动员的重复次数是 986±99 次。

第三节 中期计划（周期化）

周期化是指将训练阶段（通常为一年）划分为更小、更易于管理的时间间隔（训练周期、中周期和小周期），其最终目标是使运动员在该赛季最重要的比赛中取得最佳成绩。为了做到这一点，运动员在赛季前和赛季中的训练期间要改变练习、负荷和方法。如果在整个赛季中，从前期准备阶段（赛季前）到赛季中的训练都采用相同的训练计划，那么只有在早期阶段成绩才会提高，随后成绩会趋于平缓。用这样的计划进行训练，早期心理疲惫几乎是不可避免的。

周期化问题

周期化被认为是运动员训练中最复杂的问题之一。由于涉及的因素太多，因此在中期计划中很难在相互对立的需求之间实现适当的平衡。

大周期计划的有效性是为运动员群体确定的，而不是个人。功效系数计算如下：

功效系数（%）= 在本赛季最重要比赛中取得最佳成绩的运动员人数/运动员总人数

对奥运会国家队来说，奥运会和世锦赛这类的比赛被视为最重要的比赛。功效系数约75%被认为是优秀，60%被认为是良好，50%被认为是可接受的。

在中期计划中，有 4 个问题至关重要：

（1）训练负荷的延迟性转换（转换为体能增强）；

（2）辅助训练（相对于主要运动技术）中获得的非专项体能向专项体能的延迟性转化；

（3）训练痕迹；

（4）训练效果的叠加。

延迟性转换

为了解释延迟性转换这一概念，请想象一组运动员按以下方式训练：他们在每次训练课（每周 3 次）中以恒定的强度（2～5RM）和量（5 组）进行相同的练习（如硬拉）。刚开始时，最大力量增长相对较快；然而，经过 2～3 个月的标准训练后，力量增长的速度由于适应而下降。为了克服适应问题，教练员决定增加训练负荷（每周训练课的次数，每次训练课的组数），但几周后，运动员未能再次提高成绩。这时教练员决定减少训练负荷。经过一段时间后，运动员运动成绩又开始提高。

一般来说，在艰苦训练期间，运动员不能取得最好成绩的主要原因有两个：一是需要时间来适应训练刺激；二是高强度的训练会导致疲劳，这种疲劳会随着时间的推移而累积。因此，需要一段时间相对轻松的训练来体现之前艰苦训练的结果，这显示了延迟训练的效果，被称为延迟性转换（训练工作转为成绩增长）。适应主要在（使用超量负荷后）使用保持负荷或停训负荷时发生。

延迟性转换时间随训练总负荷和累积疲劳的增加而延长。通常，延迟性转换持续 2～6 周，平均时间为 4 周（正好是一个中周期）。这种中周期被称为实现中周期或比赛前中周期。它的目的是让运动员为即将进行的比赛做好准备，此时的训练负荷很小，主要的训练工作已经在之前的中周期（累积和转化）完成。由于影响是延迟的，适应在负荷很小而不是在负荷较大时发生（或表现）。

延迟性转化

继续上面的例子，当运动员的运动表现不再提高时，教练员调整策略，决定改变练习而不是训练负荷。现在，运动员不再进行硬拉，而是开始进行一些辅助练习，如腿部和脊柱伸展与手臂弯曲。经过几个月的训练，运动员在所有训练中的运动表现都有所提高（除了也许是唯一的一项未经训练的硬拉以外）。运动员的潜力比以前更好了，但硬拉的表现结果相同。

教练员现在必须推进一种专项训练计划，将获得的运动潜能转化为运动成绩。要达到这一目标，运动员需要付出专门的精力和时间，这是在转化中周期实现的。在中周期的训练是高度专项化的。一个赛季中转化中周期的数量和总持续时间取决于前一个累积中周期的总持续时间。当转化中周期和实现中周期被视为一个单元时，这通常被称为减量训练（或调峰训练）时期。

以上的例子分析表明，训练内容（使用的练习）和训练负荷在整个训练季内应有所变化。累积中周期、转化中周期和实现（减量训练）中周期按照一定的顺序依次排列。为了有效地计划这些训练中周期（即安排它们的持续时间、训练内容和训练负荷），教练员或运动员必须考虑到训练痕迹和训练效果的叠加。

训练痕迹

减少或停训在适应效果方面会造成重大损失。然而，运动员即使不进行大量持续的训练，随着时间的推移也可以在一定程度上保持所获得的训练效益。花精力去适应和具体适应过程都需要时间。如果运动员将指定的一组练习（如最大力量负荷）排除在训练计划之外，他们会逐渐失去适应能力。产生适应效果的时间和停训时间之间存在正相关关系（图 5.4）。

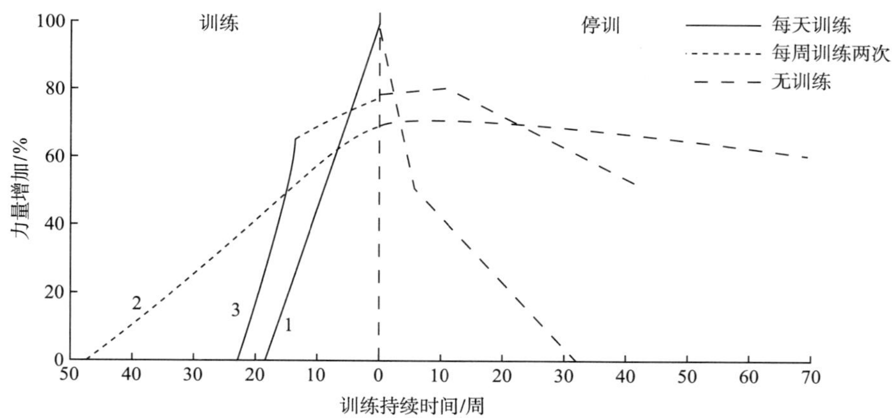

图 5.4　3 组受试者的训练时间和停训时间

注：第 1 组每天训练一次；第 2 组每周训练两次；第 3 组每天训练，之后每周训练两次。

［资料来源：T. Hettinger, 1966, *Isometrisches Muskeltraining* (Stuttgart: Fischer Verlag). 许可转载］

决定停训时间的主要因素有 4 个：①前一训练周期的持续时间（累积期）；②运动员的训练经验；③目标运动能力；④停训（或保持训练）中周期专项训练的负荷量。

（1）一般规律是，训练的时间越长，停训的时间就越长，当准备期（赛季前）很长（如几个月），而比赛期短（如几周）时，就像许多奥运项目一样，可以在比赛期间取消某些练习（如大负荷抗阻训练）。在这种情况下，运动员就不会失去力量的适应性，这主要是因为停训时间短。然而，在有短暂的赛前周期和连续多场比赛的运动项目中，如果不使用最大的力量负荷，在短暂的赛前周期（几周）获得的力量在比赛期间（几个月）几乎完全丧失。

（2）拥有持续训练和广泛训练背景的成熟运动员的训练痕迹效果相对稳定。这些运动员停训的速度很慢，在相对较短的时间内再训练后能够取得好成绩。这是他们过去训练所积累的和现在完成的结果。拥有多年训练背景的优秀运动员比那些经验不足的运动员能够更快地恢复运动能力。

（3）一旦停止专项训练，不同的训练收益会以不同的速度消失。无氧能力很快丧失，而对有氧或最大力量负荷的适应则相对持久。最稳定的收益是基于骨骼肌形态变化上的训练痕迹。例如，肌肉的大小在训练和停训过程中变化缓慢，在这种情况下，运动员可以专门使用按顺序发展运动能力的中周期。运动能力达到设定的水平（如最大力量）是一个中周期的主要目标，在随后的中周期中以较小的负荷可以维持这一运动能力水平。

（4）如果专项训练负荷（如大阻力练习）保持在某一水平，则运动员有可能保持或以相对较慢的速度失去所获得的专项运动能力水平。教练员可以规定一定期间内具体的保持或停训负荷，在此期间，训练痕迹保持在适当的水平（但不提高）。

训练效果的叠加

不同的训练方法并不能给所有的生理系统带来总体相同的效益。训练效果具有专项性，它们以不同的方式影响各系统。在一种运动能力或生理系统中产生有益适应的方法可能对另一种运动能力或生理系统产生负面影响。例如，由于运动肌肉的毛细血管密度降低，与肌肉肥大相关的力量的过度增加可能会对有氧耐力产生负面影响。

不同类型的训练之间正负效应的迁移不一定是对称的。换言之，运动员进行训练活动 X 对其在训练活动 Y 上的能力的影响，往往不同于该运动员进行训练活动 Y 对其在训练活动 X 上的能力的影响，通常大运动量训练会对有氧耐力产生负面影响。有氧耐力训练对最大力量的反作用（如果存在的话）较小。正因为如此，力量–有氧耐力顺序在两个连续的中周期中具有明显优势。在第一个中周期内获得的力量增益并没有在第二个中周期内通过有氧训练而减少。相反的顺序，有氧耐力–力量训练顺序则效率较低。在这个顺序安排中，有氧能力最初是增加的，但在随后的中周期中会减弱。

第四节　周期化训练计划模型

尽管大多数人都理解在整个赛季中改变训练负荷和训练内容的必要性，但要为特定运动员制订最佳的训练计划并预测其对运动成绩的影响并非易事。训练计划在这方面是有争议的。实际上，一个良好的周期计划是在相互冲突的需求间进行巧妙协调的结果。

运动员不能同时发展最大力量、无氧耐力和有氧耐力。仅当运动员在相当长的一段时间内（至少一个中周期）专注于此类训练时，他们才能在这个目标方向上获得最大收益（如力量训练或有氧训练）。在这种情况下，力量或有氧能力的提高程度将比采用更加多样化的计划获得的提高程度大。

一、线性周期模型

相互冲突的需求之间的权衡形成了以下建议，即按顺序一个目标接着一个目标地训练。这种训练模式被称为线性周期化［图 5.5（a）］。多年来，优秀运动员一直青睐这种使用广泛的方法。

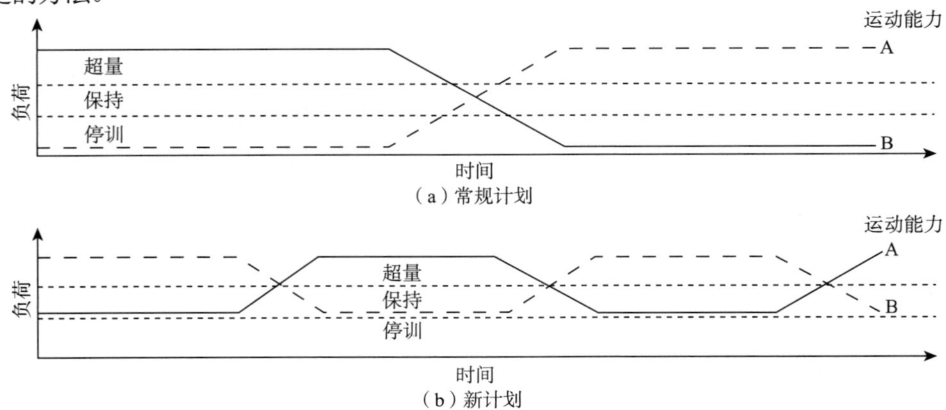

图 5.5　赛前周期两种间隔时间安排训练负荷下的运动能力变化情况

注：训练目标分别是 A 和 B 两种运动能力。（a）超量负荷和停训负荷下进行的长间隔强化（有针对性）训练，线性周期。（b）超量负荷和停训负荷下进行的短间隔强化（有针对性）训练。

例如，在 20 世纪 60 年代，中长跑运动员的准备时间为 7 个月，由以下顺序组成：①有氧训练（2.5～3 个月），当时被称为马拉松训练或公路训练；②山坡跑或上坡跑训练（2.5 个月），以增加阻力的无氧运动为主；③在体育场进行短道训练（约 1.5 个月）。这个训练计划与以下说法相对应——当运动员开始训练的时候，应进行基础能力的训练，接近比赛时则着重训练他们的专项能力。同样，投掷运动员在准备阶段开始时进行力量训练，持续 2.5～3 个月的训练后，才开始进行更加专项的训练。

若使用这种方法，运动员就几乎没有机会进行其他的训练或练习，因为他在一个方向上花费了大量的时间和精力。若长时间的停训，非目标运动能力水平大幅下降。此外，在强化训练期间获得的巨大身体潜力（如力量、有氧能力）并不直接影响运动。力量水平提高了（如游泳运动员的陆上训练），但运动成绩没有提高。运动员需要花费大量的时间和精力来将所有局部的提高融合到高水平比赛的准备状态中。

二、非线性周期模型

另一种训练策略（非线性周期模型）被作为线性周期模型的替代方案。该策略基于两个理念。

- 随着训练目标的频繁、间歇性改变，专项运动因素按顺序甚至同时发展[图5.5（b）]。
- 在保持负荷的情况下保持非目标运动能力。

这种方法（随着目标的频繁、间歇性改变，按顺序训练各种运动能力）通常使用两周间隔或半个中周期。训练目标每两周间歇性地改变一次。例如，参加北欧两项（15km 越野滑雪加跳台滑雪）的运动员就使用了这种策略。滑雪者将每两周设为一个训练阶段。在第一个两周期间，越野滑雪是训练的主要目标，跳台滑雪的负荷仅在保持水平；随后进行两周的跳台滑雪训练（在刺激训练负荷下），越野滑雪的负荷仅在保持水平，以此类推。

在这种情况下，同步训练是指在时间上尽可能接近，或在同一训练日，在同一小周期，或在间歇性小周期中（但不是在同一训练课中）。这一策略已经成功地被应用于多个爆发力运动项目，如苏联的链球运动员就使用这种方法。在同一小周期中，运动员用这种方法训练多种运动能力（如最大力量、发力速度、爆发力）。

我们一直在研究的周期化思想已在训练计划中以多种方法实现。

三、灵活的非线性周期模型和计划的非线性周期模型

非线性周期模型的早期版本是由宾夕法尼亚州立大学的克雷默（Kraemer）博士在 20 世纪 90年代初首创的，并在许多运动队中得到了测试，特别是女子网球队。在一年中的大部分时间里，运动员都有不断变化的需求，必须根据练习环境、损伤、疾病、比赛、旅行及学生运动员的学习日程等大量多变因素对体能训练课做出正确的反应。2001年，克雷默博士与杰里 • 马丁（Jerry Martin）和安德里亚 • 胡迪（Andrea Hudy）两位教练员及体能研

究工作人员一起在康涅狄格大学研究并实施了一种新的周期模型，该模型得到了发展。多年来，在康涅狄格大学，杰里・马丁教练员和克雷默博士带领团队对该模型进行了进一步修改。2004 年，安德里亚・胡迪教练员来到堪萨斯大学，并于 2019 年来到得克萨斯大学，在那里她继续扩展和探索这种灵活的非线性周期训练模式，证明其对学生运动员（特别是篮球运动员）的作用。现在，这个模型已经演变成许多版本，并作为年度大周期所用方法的一部分被应用发展到其他运动上。训练的基本原则之一是确保训练课的质量成为获得适应性和运动效果的关键因素，因此产生了起先计划的非线性周期化和后来灵活的非线性周期化，以更好地应对学生运动员日常生活模式的变化。使用训练前测试和训练日志对非线性周期计划非常重要。随着训练课的进行，教练员要仔细检查训练日志，以确定练习和组数是否能满足目标负荷。

这个非线性周期模型试图在同一周内训练肌肉肥大和肌肉力量的神经系统。一个小周期是一天，中周期可以为 8～16 周，这是基于日程安排和运动员的时间表。大多数的课程表更适用于 8～10 周的中周期，因此，运动员在 8～10 周的中周期中的相同的 7～10 天内，在两种生理适应下进行训练，小周期为一天。这似乎是可能的，可能更有利于个人的日程安排（特别是当比赛、旅行或其他日程冲突导致难以遵循传统的线性方法时）。在整个训练周期内（如 10 周），每周训练的强度和量不同。这个计划使用 4 天的轮换（可以使用任意天数轮换），并在训练之间有 1～2 天的休息时间。计划的非线性周期模型在中周期中采用不同负荷或训练计划的管理方法。在爆发力训练中，使用的负荷为 1RM 的 40%～70%。这些爆发力训练可以使器械或人体本身移动（如高翻、提拉、投掷、跳跃）。在高翻练习的最后阶段，动作应减速，此时器械的速度伴随着动作大幅降低（图 5.3）。主要的大肌肉群练习通常是周期性的，但两周期的计划可以用于小肌肉群练习。例如，三头肌下推的负荷可以在中等（8～10RM）强度和大（4～6RM）强度周期变化。在单独的辅助练习中，需要注意小肌肉群，如肩袖和腘绳肌。这将为孤立的关节肌肉提供所需的肌肉膨胀，也可提供支持大肌肉群更大负荷训练所需的力量。任何练习的活动范围对于收缩和非收缩组织获得所需的全面训练效果和适应都是重要的。

灵活的非线性周期模型从一个有计划的非线性周期模型轮换开始。计划的非线性周期训练课使用其他章节中讨论的每个阻力负荷范围的相关休息时间。计划的非线性安排的负荷轮转可能如下所示。

- 星期一：4 组，12～15RM。
- 星期二：4 组，4～6RM。
- 星期三：休息。
- 星期四：4 组，8～10RM。
- 星期五：5 组，1RM 的 40%～70%，其中 3 组用于爆发力训练。
- 星期六：休息。
- 星期日：休息。
- 星期一：4～5 组，1～3RM。

在所提出的计划安排中，强度跨度超过 14RM 范围（一周周期内可能是每组 1RM 或每组 15RM）。计划的非线性周期模型在每个训练期的不同负荷之间轮换。通常，如果运动员错过了星期一的训练，则向前推进轮换顺序，这意味着执行了轮换的训练计划。例如，如果轻的 12～15RM 训练计划在星期一进行，但如果错过了，可以在星期二进行，并继续计划中的轮换顺序。这样，运动员就不会错过训练刺激。灵活的非线性周期模型的第一个版本是测试并默认使用另一种训练课方案，或者休息一天来恢复。这是成功的关键因素。随后，作为任何周期训练模型的典型，更多的模型开始被研发出来。

在更高级的计划的非线性周期模型中，一个中周期的总体目标是确定的，而负荷反映了这个主要目标。因此，一种负荷类型的数量可能比标准的计划的非线性周期模型还更多，该模型在 7～10 天中使用等量分配的训练负荷。这种发展在过去 15 年里变得越来越灵活适用和负荷有序，以至于灵活的非线性周期化的概念越来越强大，这不仅满足了运动员对高质量训练的需求，还达到了目标阻力和运动量，且在一年中的特定时间改变了负荷顺序，以模仿其他模式。在这种方法中，我们可以说非线性周期模型可以根据需要“改变”不同负荷强度的顺序和练习量。因此，使用该模型的教练员可以连续两天安排大负荷训练，该模型也可以反映短时间内（如一周或两周）的其他周期模型。这种方法的关键是，所使用的训练能够反映运动员达到目标训练负荷的能力，然后在第二天或下一次训练课之前恢复。教练员也可以根据运动员的时间安排对训练做出调整。如果一位篮球教练员改变了计划安排，那么运动员必须在练习后进行力量训练。本来计划的是爆发力训练，但是存在这样的一个问题，那就是之前的疲劳会影响爆发力训练的质量。在这种情况下，运动员可以默认进行一次小负荷训练课或休息一天。灵活性是关键，个性化也是该模型的一个至关重要的原则，因为在日常实施的过程中，并不是所有的人对训练计划都有相似的反应。在一个国家橄榄球联盟的球队中，很多外部因素会影响每名运动员承受负荷的能力，所以执行几个不同的计划安排并不罕见。在灵活的非线性周期模型中，目标计划均为 8～12 周的中周期。每个中周期需要有一个总体的针对性目标（如一般性准备、最大力量、最大爆发力），以及由各种负荷和训练引起的所需的训练适应，以实现周期内的目标（如一般性准备、最大力量、最大爆发力或恢复）。灵活的非线性周期模型的针对性目标从一个计划开始（就像在一个典型的计划的非线性周期模型中一样），并为一个 8～10 周的指定中周期创建负荷顺序，然后根据训练的“准备情况”或完成训练的能力来调整日常训练（表5.3）。

表 5.3　中周期（8 周）主要练习的负荷顺序安排示例

中周期目标	第 1 周			第 2 周			第 3 周			第 4 周			第 5 周			第 6 周			第 7 周			第 8 周		
	1	2	3	1	2	3	1	2	3	1	2	3	1	2	3	1	2	3	1	2	3	1	2	3
一般性准备	VL	L	M	L	M	M	VL	M	L	M	H	L	H	VL	M	H	M	L	L	H	M	M	H	M
力量	M	H	M	L	VH	M	M	H	VH	H	M	VH	H	M	H	L	VH	H	M	VH	M	M	L	VH

续表

中周期目标	第1周			第2周			第3周			第4周			第5周			第6周			第7周			第8周		
	1	2	3	1	2	3	1	2	3	1	2	3	1	2	3	1	2	3	1	2	3	1	2	3
力量/爆发力	H	L	P	H	L	P	P	H	P	VH	L	P	H	P	H	P	H	P	L	P	H	P	L	P

VL=训练负荷最小/天：20～22RM，休息1～1.5min。
L=训练负荷较小/天：12～15RM，休息1～2min。
M=训练负荷中等/天：8～10RM，休息2～3min。
H=训练负荷较大/天：4～6RM，休息3～5min。
VH=训练负荷最大/天：1～3RM，休息5～7min。
P=爆发力训练/天：1RM的40%～70%，3～6组，重复2～3次，休息3～5min。

每项主要训练负荷的量已经根据其在大周期中的位置进行了调整，采用了非线性周期模型，每个中周期都有一个专项的目标。如果无法完成目标负荷量，或者由于疾病错过了一天的训练，那么可以对这一天的训练负荷进行灵活的更改。由于计划冲突而错过的一天被视为休息日或小负荷训练日，运动员将在第二天继续进行前一天的计划训练。

然后，训练负荷的顺序继续进行，一旦运动员不能达到某一负荷目标的重复次数，就会出现警示信号，并将训练指定为小负荷训练日或休息日，同时对潜在原因做进一步的分析。教练员与运动医学团队合作，检查运动员的疾病、睡眠问题、社会心理问题和营养支持状况，然后解决存在的问题。很多时候，教练员为了“强化训练”而过于用力，甚至分配大量训练来惩罚或训导运动员，从而导致运动员累积了疲劳，这是不合适的，也是危险的。体能教练员和运动医学人员必须抵制这种类型的训练，否则会导致严重的问题。当运动员的运动能力下降时，灵活的非线性周期模型立即响应运动员的训练调整需求。

四、大周期中的力量训练

虽然适当的时间安排对有效的力量训练至关重要，但是在大周期中，即相对长的周期（几个月），力量训练的时间安排只是间接地受到练习-休息模式和希望避免过早疲劳的影响，训练的其他方面变得更加重要。在大周期中，通常有以下几个方面。

- 对训练刺激可变性的需求。
- 训练负荷的延迟性转换（转换为体能发展）。
- 非专项体能延迟性转化为专项体能。
- 训练痕迹。

训练刺激的可变性

教练员通过改变运动计划和训练方法，满足大周期对可变性的要求。此外，日常训练的定量参数（如训练负荷、量、强度）以及练习本身也必须定期改变以避免适应性。因为作为适应性结果，标准的训练计划（如相同的练习、相似的训练负荷）会很快导致力量只是缓慢增加或没有增加。为了启动适应中的新步骤，必须通过两种方式来改变训练计划——增加训练负荷或改变训练组合体。增加训练负荷是有限度的（因为存在心理疲劳和时间限制），所以最好改变训练组合体。该策略在培养国际水平运动员中已经被证明具有有效性。

苏联时期很多加盟国家的最优秀的链球运动员的训练就是采用这种策略。在过去 30 年里，他们在世锦赛、奥运会和欧锦赛中占据主导地位。他们选择或发明了近 120 个专项练习进行训练，并将其分配到 12 个组合中，每个组合中有 10 个练习。根据运动员的个人特点，每个组合都使用 2～4 个月，然后被另一个组合所取代。同样的组合在 2～4年中只使用一次。对特定运动员来说，最有效的练习是在最重要的比赛（如奥运会）中。运动员们几乎在每个训练日都以最大用力完成链球投掷。当练习组合改变时，链球投掷的成绩略有下降。然而，经过一段时间对新负荷的逐步适应后，成绩就会开始提高（图 5.6）。

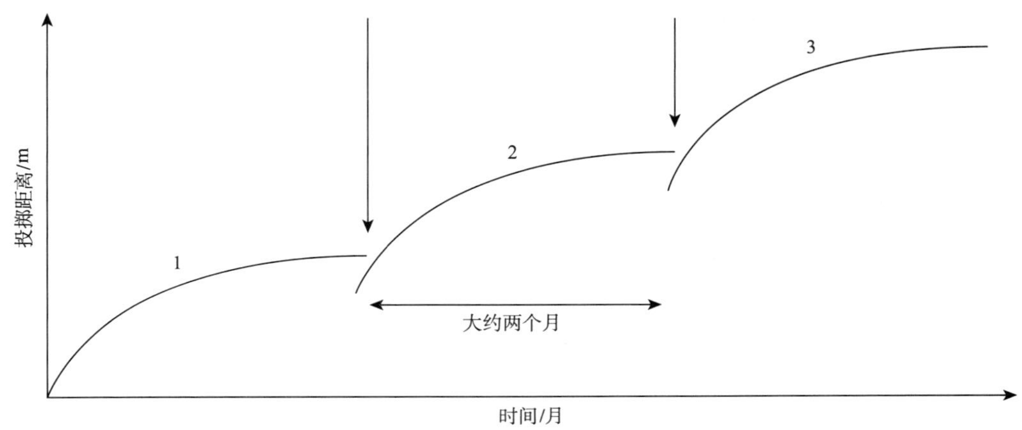

图 5.6　练习组合（垂直箭头）的周期性变化对链球运动员成绩的影响

[资料来源：基于苏联国奥队主教练员邦达尔丘克（Bondarchuk）在 1980 年提出的概念]

力量训练方法（如次最大用力法、重复用力法、最大用力法）在大周期中以不同的比例被使用。通常，赛季前时期开始于中周期，以次最大用力法（举起非最大负荷的中间次数；不到力竭）和重复用力法（一组中最大的重复次数）为中心。然后，运动员转向最大用力法，增加举起的重量，并减少每组重复的次数。根据该策略，运动员先发展肌肉骨骼系统（外周因素），然后改善神经协调。自 1980 年以来，这种传统的模式已经发生了很大变化。一个新趋势是在大周期中多次交替或改变训练方法。在中周期（4 周）或半个中周期（2 周）中，强调重复用力法或最大用力法，并依次进行。

延迟性转换

训练负荷的增加和成绩的提高之间存在时间延迟，因此在重要比赛（延迟性转换期间）前应减少训练负荷。从本质上来说，这是因为身体需要休息和适应的时间。

转换周期的长度与训练负荷的量呈正相关关系，特别是与先前所使用的训练负荷的增量呈正相关关系。训练负荷增量越大，适应所需时间越长，转换周期越长。当负荷相对较小时，赛前阶段的持续时间通常是一个中周期。然而，如果训练负荷随着包含大运动量的小周期的使用而急剧增加，赛前阶段可能会持续 6 周甚至 7 周。相反，当训练负荷轻微增加时，赛前阶段的持续时间约为 2 周。

与准备阶段相比，优秀举重运动员在赛前阶段每周训练课较少（5～10 次，而不是 8～15 次），每次训练课的练习较少（1～4 项，而不是 3～6 项），每个练习的组数较少（3～5 组，而不是 4～8 组）。在此期间的主要目标是在训练课之间好好休息并充分恢复。

延迟性转化

随着时间越来越接近重要比赛，力量练习应该变得更加专项化。这是指在辅助练习（相对于一项主要运动技术）中获得的非专项体能延迟性转化为专项体能。

训练痕迹和保持负荷

运动员所达到的力量水平可以在赛季（大周期的比赛期间）通过保持负荷来维持。每周两次短时间（30～40min）的大负荷抗阻训练通常能提供足够的负荷。每周训练两次可以在整个赛季中保持负荷而不是提高运动员的力量。

对于优秀运动员来说，每个大周期的训练负荷很大，并呈现出总体增加的趋势（图 5.7 显示了保加利亚国家举重队队员的训练负荷）。20 世纪 60 年代最优秀的举重运动员在一年内举起杠铃的次数不到 1 万次。

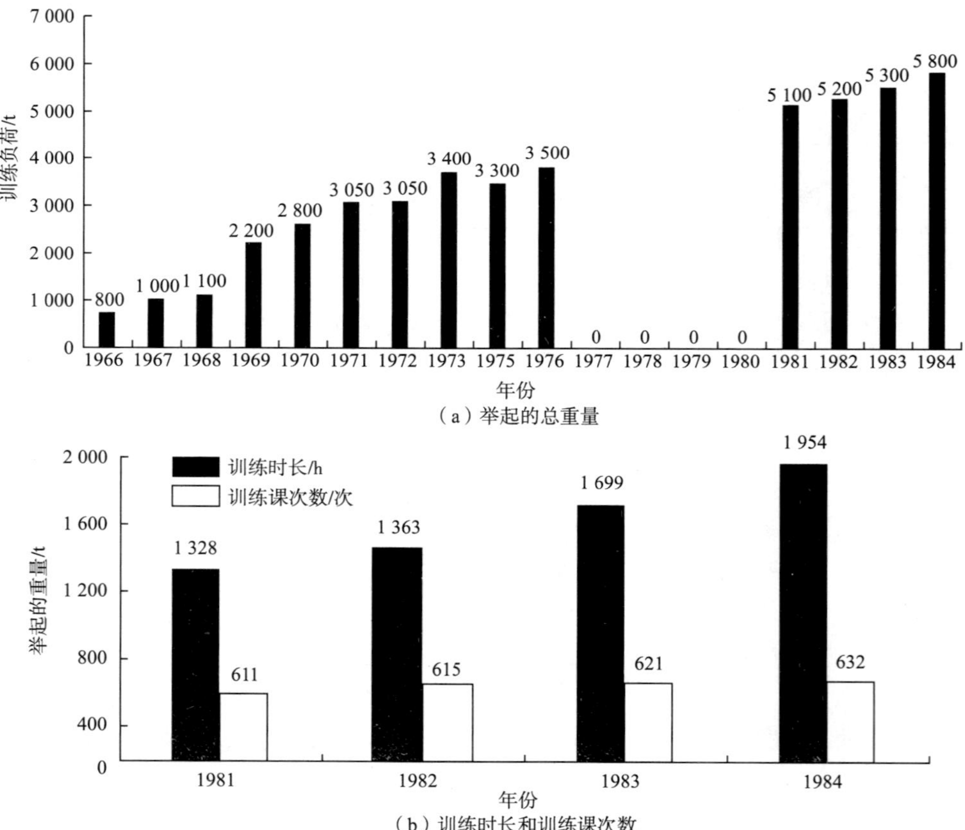

图 5.7　保加利亚国家举重队队员的训练负荷

［资料来源：I. Abadjiev and B. Faradjiev, *Training of Weight Lifters* (Sofia: Medicina i Fizkultura, 1986).］

• Yury Vlasov，1960 年奥运会超重量级冠军，举起 5 715 次。
• Leonid Zhabotinsky，1964 年奥运会超重量级冠军，举起 5 757 次。
• Yan Talts，1972 年奥运会冠军，举起 8 452 次。

在 1973～1976 年的奥运周期中，苏联国奥举重队队员平均每年举起次数为 10 600 次。在 1985～1988 年的奥运周期中，举起次数为 20 500 次。

对于优秀运动员来说，以吨为单位的训练负荷在全年准备期间变化很大（图 5.8）。然而，平均举起的重量（总重量除以举重次数）相当恒定。为什么？因为练习的变化与力量训练方法的改变相关。回想一下，1～2RM 的负荷是在主要的运动练习中举起的，而辅助练习中则通常会重复多次（见第四章）。如果运动员在挺举中减少举起的重量，并在累积周期中进行多次杠铃下蹲，则平均重量可能不会改变。在一次练习（挺举）中负荷的减少被多次杠铃下蹲中举起的大负荷抵消了。

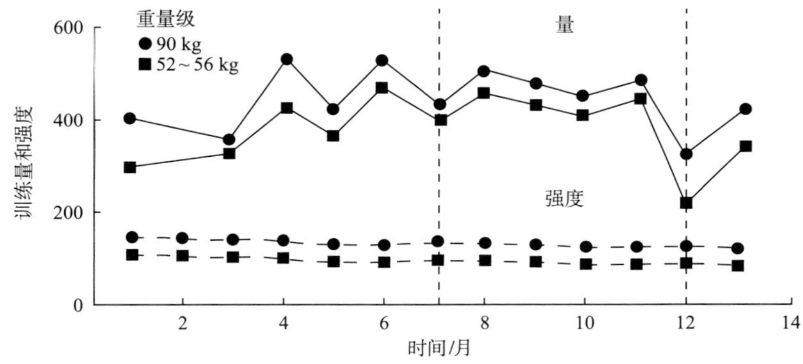

图 5.8　苏联国奥举重队全年训练中的训练量和强度的分布

注：上面两条线为苏联国奥举重队全年训练的训练量，下面两条线为平均举起的重量；52～56kg（n=4）和 90kg（n=3）重量级运动员的平均数据；垂直虚线为重要比赛的时间。

［资料来源：*Preparation of the National Olympic Team Weight Lifting* (Moscow: All-Union Research Institute of Physical Culture, 1984). Annual report#85-012.］

我们建议在计划一个大周期时使用 60%经验法则。如果中周期的持续时间相等，负荷最小的中周期的训练负荷约为负荷最大的中周期的训练负荷的 60%。

本章小结

训练的时间安排包括训练、休息间隔及练习顺序。训练可以分为不同持续时间的结构单元，包括训练课、训练日、小周期、中周期、大周期、奥运周期（4 年一次）和长周期或多年训练周期。

短期计划是指对训练课、训练日、小周期和中周期（通常为 4 周）的计划。设计短期训练计划的一般原则是，不同类型的肌肉运动引起的疲劳效应是特定的。因此，一个运动员因太疲劳而不能以可接受的方式重复同一项练习时，还可以进行另一项练习，而这项练习结果仍然让人满意。在小周期或中周期中的同一训练课中，训练过多的运动能力会降低效果，设定 2～3 个主要目标就足够了。在这些周期中，尽量平衡训练目标的数量，以提高成绩，同时避免个人训练课中疲劳痕迹叠加和心理疲劳风险。

制订训练课和训练日计划的总体思路是让运动员在尽可能精力充沛的时候进行尽可能多的训练。与耐力训练的情况不同，运动员不必在大负荷抗阻训练中变得筋疲力尽。为了防止过早疲劳，每组之间的休息间隔应该较长（4～5min），尤其是当受训者进行大负荷训练时。在训练日期间，如果训练课之间有充足的时间间隔用以恢复，将训练量分配到更小的单元具有一定的优势。

在训练顺序安排合适的练习中，运动员在充分休息的状态下进行最有价值的训练，即那些需要精细的运动协调性和最大神经元输出的练习。为防止过早疲劳，应在辅助练习前进行主要的运动训练。先进行主要的运动训练，再进行辅助练习；先使用动态的、爆发型练习，再进行慢速练习（如下蹲）；先训练较大的肌肉群，再训练较小的肌肉群。

最大用力法被认为是最有效的训练方法，“金字塔”式训练是无效的，甚至是有害的。包括力量日常训练部分的组合训练对力量发展不如专门的大负荷抗阻训练有效果。这同样适用于循环训练。

教练员在制订小、中周期的大负荷抗阻训练计划时，重要的是在训练期间安排充足的休息，并平衡训练刺激的稳定性（产生适应）及其变化（避免过早适应和心理疲劳）。

运动员通过休息-练习交替和适当的练习顺序可以在小周期中获得充分恢复。为了保持已获得的力量增长，每周至少安排两次训练课。通过改变训练负荷（而不是练习组合）可以实现小周期和中周期训练计划的可变性。一个稳定的训练组合应该通过中周期进行（以引起适应）。60%经验法则经受住了时间的考验：最小负荷（小周期）训练日的训练量应该是最大负荷（小周期）训练日的 60%。

中期计划（周期化）涉及大周期。当进行周期划分时，将训练季（通常为一年）划分为更小、更易于管理的间隔（如训练周期、中周期和小周期），目标是在赛季的主要比赛中获得最佳的成绩。

在周期化中，存在延迟性转换。在艰苦的训练期间，运动员无法取得最好的成绩。他们需要一段相对轻松的训练间隔来体现之前训练课上艰苦训练累积的效果。适应性发生（或表现）在减少负荷期间，而不是增加负荷期间。需要考虑的另一个现象是延迟性转化。教练员需要制订专门的训练计划来将获得的运动潜能转化为运动成绩。这一目标是在转化中周期过程高度专项的训练中实现的。此外，在制订中期计划时考虑训练痕迹也很重要，去适应和适应过程都需要时间。训练的时间进程应根据前一阶段训练的持续时间、运动员的训练经验、目标运动能力和中周期的训练量来确定。

一个好的周期化计划是在相互矛盾的需求之间做出的微妙权衡。传统的方法是循序渐进地解决问题，如在休赛期开始时进行非专项力量训练，然后转变为高度专项技术训练。最新的一种策略是，通过训练目标的频繁、间歇性变化，有序地发展专项运动能力，并通过保持负荷来维持非目标性运动能力。

大周期中力量训练的时间安排只是间接地受到练习-休息模式和希望避免过早疲劳的影响。其他训练方面的因素也影响时间安排，包括对训练刺激可变性的需求、训练负荷的延迟性转换（转换为体能发展）、在辅助训练（相对于主要运动技术）中获得的非专项体能向专项体能的延迟性转化及训练痕迹。

为什么必须持续训练?

假期休息时间长是教育系统的惯例。休假不会降低学生获取知识的能力或学生的智力水平。休息后，他们会更加努力地学习，学习效率也会更高。

然而，人体的运动行为却不同。训练过程中长时间休息会影响体能和运动成绩的保持。去适应不可避免地发生，也会发生停训情况。长时间不运动后，运动员必须从较低的体能水平再开始训练，这样就需要花费不必要的时间和精力才能恢复到休假前的体能水平。如果不是因为中断了训练，相同的努力应会被花在增加体能而不是恢复之前的体能上。就像登山一样，如果你想登上一座高山的顶峰，为什么要爬到半山腰再往下走，然后再爬整座山呢？

长时间中断训练不利于运动员的健康。习惯定期进行运动训练需要时间，从习惯的定期运动中脱离出来也需要时间。运动员运动水平的急剧下降没有任何好处。事实上，有两个原因导致受伤的风险增加：不同的运动能力会以不同的方式保留下来，有些会很快消失，有些则比较稳定。运动能力（如大力量与柔韧性和放松能力的下降之间）出现新的不平衡可能会引起损伤。此外，运动员往往在心理上不适应他们的新状况。他们很可能高估了自己目前的能力。如果他们试图像以前那样训练，那么就有可能会受伤。

美国大学体育协会的规则没有充分考虑到这些情况。该规则将有组织的训练活动限制在每年 22～24 周（或 144 天），并鼓励间歇性而不是连续性地进行全年训练。由学生运动员发起的自主和无监督的个人训练对保持以前达到的体能水平很重要。教练员只允许为学生运动员制订一个通用的个人训练计划（不允许为特定日期设计专门的训练计划）。

一个更好的培养学生运动员的计划是强调运动水平的突然变化对他们的运动准备状态和健康的危害性。学生运动员应熟悉训练的主要原则，并了解他们教练员的个人训练理念。

此外，教练员应为每名需要此类指导的学生运动员制订个人训练计划，确保该计划被充分理解，并在个人自主训练期间建议学生采取安全的措施。

如果个人训练计划的目标仅限于保持一般的体能水平，那么学生运动员应该注意以下几个方面：一是监控体重，在总体能量消耗和食物提供的热量之间保持适当的平衡；二是必须保持体重稳定，只允许增加 2～3kg；三是这些学生运动员还应该做健身操（力量和伸展练习），并进行有氧运动，以提供保持体能的最小负荷组合。总之，学生运动员必须保持肌肉力量、柔韧性、有氧能力和体重的稳定。

要在体育运动中取得成功，就必须遵守体能训练的规律。必须持续训练就是其中一条规律。如果渴望成为优秀运动员的学生运动员拥有适当的经验和知识，有机会使用训练设施，并采取预防损伤的安全措施，他们则可以强化（上述）已具有的准备状态，而不仅是保持这种准备状态。在这种情况下，训练应继续按照标准的日程安排进行，并根据学生运动员的学业任务（如考试时间表）进行适当调整。

第六章　力量训练的练习选择

教练员在设计训练计划时遇到的第一个问题就是练习的选择。可供选择的练习似乎数不胜数——自由负重、器械练习、等长练习、负重上坡行走、下落跳、自重练习等。在本章中，你会了解用来增加力量的各种级别的练习。

第一节　练习的分类

用于力量训练的练习通常根据肌肉长度的变化被分类。第一类是静力性练习，或叫作等长练习（字面意思是“恒定长度”）。第二类是动力性练习，这类练习进一步分为肌肉的向心收缩练习、肌肉的离心收缩练习和肌肉可逆动作的练习等。动力性练习有时也被称为等张练习，其基本假设是，肌肉在克服恒定阻力的同时会产生恒定的张力，同时缩短。对整体的肌肉来说，情况并非如此。如果外部阻力（举起的重量）是恒定的，由于肌肉力臂的变化等因素，肌肉在收缩过程中所产生的张力是不同的。

在动力性练习中，有一专门的类别叫作等速（等动）练习。在等速练习中，无论肌肉张力如何，动作速度是恒定的（遗憾的是，“等速”这个术语没有严格定义。动作速度指肌肉长度的变化速率、负荷被举起的速度或关节的角速度）。适当的等速练习需要特殊的器械，而这些器械通常很昂贵。

因为肌肉向心收缩的动力性练习比其他类型的练习更受运动员欢迎，所以动力性练习将是我们讨论的重点。

用于力量训练的练习也可以根据动作所涉及的肌肉群被分组(如腹部练习、腿部练习)。不同肌肉群的力量在一个人身上往往差别很大。一名运动员在一个动作中可能有很大的力量，如腿部伸展，但在另一个动作中力量相对较弱，如引体向上。不同肌肉群力量的比较被称为力量特征图。

用于力量训练的练习常按其专项性进行分类，如下：①非专项力量练习（如标枪运动员或棒球投手进行杠铃下蹲）；②专项力量练习（如在投掷任务中针对所涉及肌肉的练习，如图6.1 所示）；③增加阻力的练习（如上手投掷重物）。

图 6.1　女子链球运动员在力量训练中进行的一组专项力量练习

注：在投掷链球时，主要的作用力不是垂直方向，而是斜方向。这一组练习就是为了响应这一要求而被设计的。特别要注意举杠铃的技术，它们与经典的重量训练技术有很大的不同，经典的重量训练技术通常是运动员对称地举起左右端负荷相等的杠铃。

第二节　初级运动员的练习选择

对于初级运动员，特别是年轻人，力量特征图是正确选择用于力量训练的主要关注点。应该选择和训练最重要的肌肉群。基于经验我们提供以下建议。

（1）加强肌肉群，如果肌肉群太弱会增加损伤的风险（如摔跤运动中及橄榄球擒抱摔倒时的颈部肌肉）。

（2）训练近端的较大肌肉，特别是躯干肌，主要选择腹壁肌和竖脊肌。

（3）增加与运动有关的动作力量，使运动员能够掌握运动技术而不出现技术性错误。

（4）让运动员在整个关节范围内进行练习。只采用次最大用力法和重复用力法，而不应采用单一的最大用力法。

（5）采用有助于控制全身运动链的练习（如下蹲、下蹲变式、拉伸、高翻、硬拉、全身增强式训练）对运动员至关重要，以确保全身运动中的神经联系和相互作用，这对运动表现至关重要。对任何年龄段的初级运动员来说，训练技术的教学都是训练计划的重要组成部分。

（6）教练员确保认真地给运动员做了每项练习的正确技术讲解。当增加负荷时，运动员要确保使用正确的技术来完成动作。使用器械训练时也需要正确的技术，选择适合不同身体部位的器械和合适的运动范围进行训练非常重要。

哪些肌肉群最重要？如何评估一般力量发展？

一个多世纪以来，握力通常被用于评估不同受试者和人群的力量发展水平。近年来，握力已被用来预测各类人群的健康特征或疾病。但其他研究表明，它的应用是非常保守、有限的，不够敏感，不足以显示疲劳或时差等因素导致的握力下降。因此，作为监测训练的测试指标，它是无效的。然而，力量训练确实增加了握力，因为它是所有练习的组成部分。但是，握力是不是测试全身力量的有效方法？在握力测试中，大拇指产生的力对抗其他四指产生的力，由于四指一起产生的力值大于大拇指单独产生的力值，所以在实际测试中只测试大拇指的力量。大拇指的力量在运动练习和日常生活中如此重要，以至于它应该被视为一种有效的，甚至是力量发展的唯一衡量指标。情况是这样吗？当然不是。那么，哪些肌肉群是最重要的？

这个问题已经在几次调查中得到了解决。在理想情况下，少数肌肉群和测试在大型测试组中能够以最高的精确度代表运动成绩。为了找到这样一组肌肉，研究人员对几组受试者进行了多次（多达 100 次）力量测试，并应用统计分析，找出最具代表性的（重要的、有效的）肌肉群和测试。基于研究结果，我们建议在训练初级运动员时应该选择以下最重要的肌肉群进行专项训练——腹肌、竖脊肌、腿伸肌、臂伸肌和胸大肌。当仅限于两组测试时，通过在高杆上翻转和用力伸腿（如单腿下蹲）来测量力量。为了正确测试力量，监测训练日志和测试项目（如下蹲、卧推、划船、拉伸）中使用的主要肌肉群仍然很重要，以确定所规定的训练计划是否有效，以及是否需要在下一个训练周期里进行调整。

第三节　不同等级运动员的练习选择

为有一定等级的运动员选择用于力量训练的练习要复杂得多。基本思想很简单，即用于力量训练的练习必须有专项性。这意味着训练内容必须与运动员所训练项目的要求相关。力量训练的练习必须模仿相关运动技能实际需要的动作模式。在这里，“专项性”一词经常被误解，主要的全身性练习没有被采用，而是采用了较小肌群练习或孤立练习，这是错误的。对于任何运动员来说，都应该特别重视全身性练习，因为运动链及其控制可以帮助大多数运动项目的运动员获得最佳成绩。此外，在全身性练习中运动员可以安全有效地增加负荷，预防损伤并增强在运动训练中受到冲击的结缔组织，从而受益（如长跑运动员和体操运动员）。根据这些全身主要肌群参与的练习，其他练习被用于创建针对每项运动和个体运动员的专项性训练计划。

然而，实现这一基本思想实际上并不容易。教练员和运动员已经做了许多努力来探索各种运动项目的最有效的力量训练练习。下面将描述此任务的主要要求。退让性力量和可逆肌肉动作中的力量被认为是独立的运动能力，将在本章后面进行讨论。

一、运动肌群

关于运动肌群的要求是最容易理解且简单的。在主要的运动项目和训练中必须涉及相关的肌肉群。例如，在皮划艇运动中，为了提高划桨能力的重阻力练习应侧重于与划桨相关的动作模式中所使用的肌肉。

遗憾的是，这一明确要求在运动实践中往往得不到满足。教练员和运动员经常不使用专项性的练习和训练设备，也就是不涉及主要运动动作中使用的肌肉群。因此，在训练了主要肌肉群之后，需要特定角度的练习来训练这些运动中的专项动作。例如，在游泳中，运动员手臂沿着复杂的曲线轨迹（包括向内和向外）运动（图 6.2）。阻力矢量在三维空间中发生［图 6.2（a）］。然而，在陆上训练中，游泳运动员通常使用线性、直背拉动的运动器械［图 6.2（b）］。这种训练中的肌肉运动模式与游泳运动中的明显不同。通过使用二维［图6.2（c）］和三维运动装置来模拟游泳时发生的手臂的三维阻力是比较适合的。

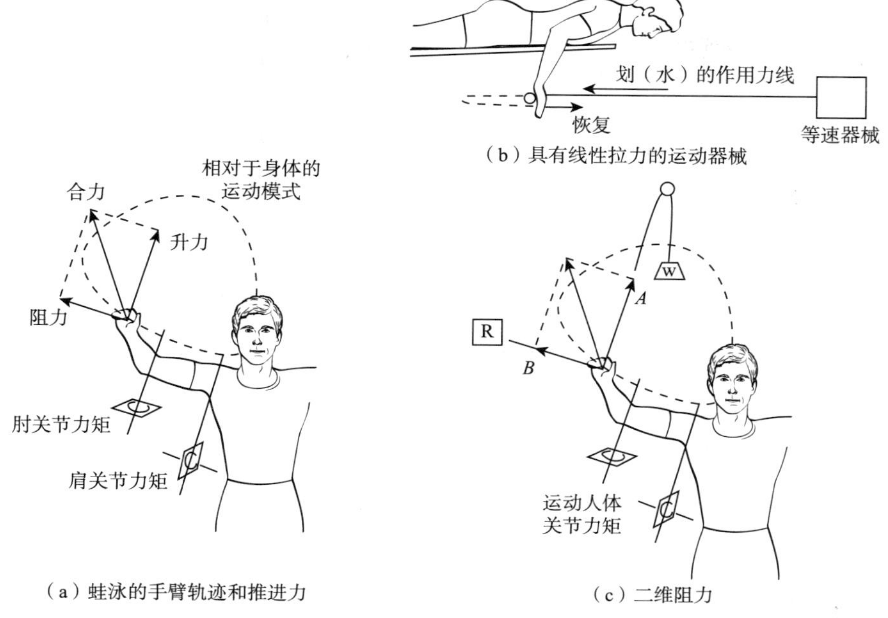

图 6.2　游泳划水模式和用于陆上运动的运动器械

注：（b）中器械只提供直线、一维的阻力；（c）提供了 A 和 B 两个阻力，它们模拟了游泳推进时的升力和阻力分量。

［资料来源：R.E. Schleihauf, "Specificity of Strength Training in Swimming: A Biomechanical Viewpoint," in *Biomechanics and Medicine in Swimming*, edited by A.P. Hollander, P.A. Huijing, and G. de Groot (Champaign, IL: Human Kinetics, 1983), 188-190. 许可转载］

练习器械与自由重量器械

力量练习器械目前使用广泛。当运动员在器械上进行练习时，不需要平衡或控制重量：运动轨迹是已设定的（科学家会说这种系统只有一个自由度）。这与许多实际生活中必须要控制物体的稳定的情况不同。例如，当运动员将杠铃举过头顶时，必须控制好杠铃的位置。如果杠铃向前或向后移动，人体就会失去平衡，这可能会导致试举失败和损伤风险。相比之下，练习器械把运动限制在了某个方向上。机械力学约束运动方向的例子包括开门、推雪橇和踩自行车脚踏板。当运动员在对一个物体施力的同时还必须保持物体在空间位置的稳定时，产生的力就会下降。失去的力是他们为了稳定物体而付出的代价。

当运动受到限制时，运动员可能是在与运动方向不同的方向上施力，并仍然完成动作。实际的限制（对运动的有形物体的实际约束）可能会完全改变关节力矩。因此，当身体运动是不受限制的或实际上（身体）受到限制时，参与运动的可能是不同的肌肉群。尤其是当用力量练习器械训练时，端点力和关节力矩的方向可能与举起或保持自由重量时观察到的方向截然不同。这对业余运动员来说可能不是很重要，但对那些近期目标是提高成绩的有经验的运动员来说可能是不利的。

与使用自由重量器械训练相比，使用练习器械训练有一定的优点和缺点。优点包括以下几点。

• 初始重量可以比较小，可以小幅度增加（1kg 或更少）。

• 损伤风险更小（前提是避免过度用力），并且有适当的技术和装备。

• 因为器械控制运动路径，所以运动员一旦学会技术训练就比较简单了，消耗的时间也更少。

然而，自由重量对运动员来说更具有专项性。总的结论是，建议将练习器械用于业余和初级运动员（也可以使用自由重量器械），而使用自由重量器械训练（尽管需要学习举重技术）对不断努力提高成绩的有经验的运动员来说是有利的。

如果动作表现（如身体姿势）的技术发生改变，同一练习中的肌肉活动也会发生变化。图 6.3 展示了这种情况。一名运动员肩负杠铃采用不同的举重技术进行下蹲，不仅使肌肉活动水平发生了变化，还使特定肌肉群的参与也发生了变化，有些情况下使用膝关节伸肌，有些情况下使用膝关节屈肌。这强调了教练员讲授和监控练习技术的必要性，而且在为训练计划选择练习时，要注意练习动作在不同运动平面中所采用的姿势。

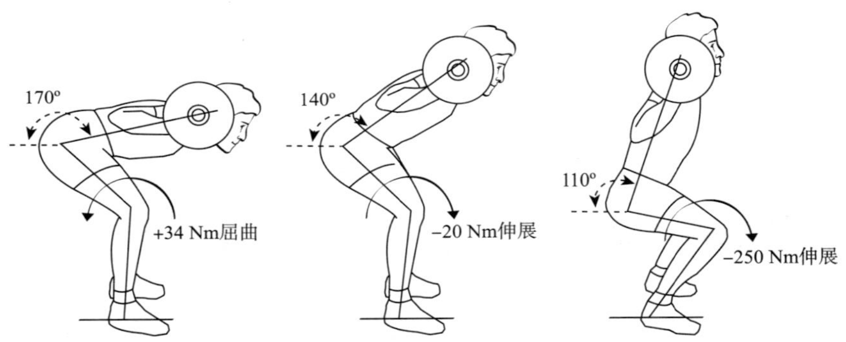

图 6.3　用 80kg 杠铃下蹲时膝关节净肌力矩

注：当运动员的姿势改变时，力矩的大小和方向（屈曲或伸展）都会改变。

［资料来源：V.M. Zatsiorsky and L.M. Raitsin, *Force-Posture Relations in Athletic Movements* (Moscow: Russian State Academy of Physical Education and Sport, 1973). Technical report. 经俄罗斯国家体育教育和体育学院许可］

以下 4 种技术可以被用来识别运动肌群。

（1）肌肉的触诊。变得紧张的肌肉是参与运动的肌肉，针对这些肌肉应该进行大负荷抗阻训练。

（2）应用相关手机软件，可以观察到人体运动的基本生物力学特征和产生的热量，并且显示当热量产生时激活的肌肉。

（3）应用类似图 6.2 所示的关节力矩的生物力学分析。这种方法很好，但在许多情况下过于复杂，难以应用到实际中。

（4）用肌电图记录肌肉的电活动。这种方法比较好，但需要专门的设备和技术人员进行分析。

练习选择的其他要求（将在本章后面描述）就不那么明显了。这些要求主要基于决定各种运动任务中可用肌肉力量大小的各种因素（详见第二章）。

二、阻力类型

在陆上运动中，一个物体（如器械、杠铃、自己的身体）的重量或质量（或重量和质量的一种组合），通常会起到阻力的作用。在水上运动中，如游泳、划船、皮划艇和独木舟，阻力是由流体力学原理决定的。如果训练中练习的阻力不同于运动员所参加运动项目的阻力，那么力量产生和肌肉动作模式也会不同。

在陆上运动中，当一个给定质量的物体（投掷器械或运动员的肢体）加速时，肌肉动作的爆发在时间和空间上是集中的。因此，肌肉动作的持续时间短，且在身体的特定位置发出最大力量。如果在训练中使用其他类型的外部阻力（如带有液压阻力的设备、橡胶绳和等速机械），那么，最大力或者是在整个角运动范围内产生的，或者是在一个不同于运动项目中使用的身体位置上产生的。肌肉动作在时间上不是集中的，且往往会延长激活。对于陆上运动项目，这种练习不是专项的。这些运动项目练习的首选是使用自由重量、身体质量或两者一起作为阻力。

在水上运动中，水的阻力（在划水时）随速度增加而增加（机械力学反馈的一个例子，见第二章）。这种关系是平方关系，意味着运动员施加的外力与手臂或桨相对于水的速度的平方成正比。运动员以一种拉长的方式收缩肌肉，在陆上训练中必须模拟这种类型的活动。此时，最好的选择是提供的阻力与速度的平方成正比的训练设备，但这种设备相当昂贵且不切实际。

还有一些设备，其阻力（F）或者与运动速度成正比，或者在整个运动范围内保持不变。一种设备利用油的黏度作为一种阻力。在液压设备中，油通过一个可调节的出口从一个腔室被挤压到另一个腔室。用力排出油的速度越快，训练设备提供的阻力就越大。这种设备通常只在运动的向心阶段提供阻力。在气压引起阻力的气动设备中，离心（正向）和向心（负向）运动都可以提供阻力。然而，这种设备可能很昂贵，需要多个站点来训练身体中所有的肌肉群。另一种设备利用干摩擦（库仑摩擦）充当阻力。如果速度（V）不等于0，则F是恒定的（F=常数，如果V>0）。在零速度时，力可以从0变为F。这种类型的设备应该作为第二选择。

引体向上和双杠臂屈伸对各种运动项目同样有效吗?

一位体能教练员正在与几个校队合作，她所训练的运动员包括美式橄榄球运动员（如跑卫和外球手）、排球运动员、游泳运动员和赛艇运动员。主教练员要求她特别注意增强运动员的臂力。她的训练理念是使用相关运动的专项性力量练习。此外，可用于力量训练的时间有限。因此，她只能推荐最有效的练习。考虑引体向上（在水平杆上）与臂屈伸（在平行杆上）的5种不同组合，分配如下：100%/0、70%/30%、50%/50%、30%/70%和0/100%。

你的选择是什么？请进行说明。

三、发力时间和发力速度

运动员由于爆发力不足（ESD，见第二章），在时间不足区域内无法达到最大极限力 F_{mm}。如果训练的目标是增加能产生的最大极限力（F_{mm}），运动员就没有理由在无法提高 F_{mm} 的时间不足区域内进行练习。此外，大负荷抗阻训练对提高等级运动员的发力速度并不是很有用（图 6.4）。

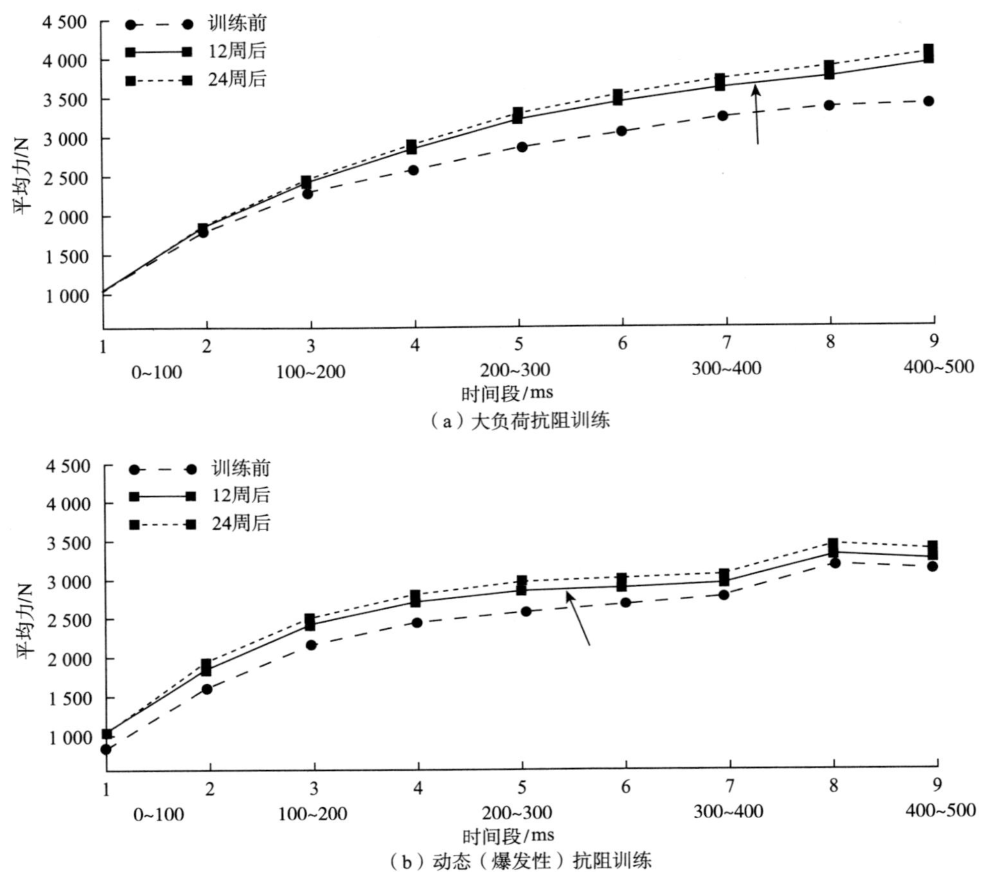

（a）大负荷抗阻训练

（b）动态（爆发性）抗阻训练

图 6.4　大负荷抗阻训练和动态（爆发性）抗阻训练在爆发性最大双侧腿伸展过程中对最大力和发力速度的影响

注：大负荷抗阻训练的结果是，只有 F_{mm} 增加，而在力–时间曲线的初始部分力量并没有增加。发力速度，特别是 S-梯度是不变的。

{资料来源：[（a）和（b）] 改编自 K. Häkkinen and P.V. Komi, “Changes in Electrical and Mechanical Behavior of Leg Extensor Muscles During Heavy Resistance Strength Training,” *Scandinavian Journal of Sports Sciences* 7(1985): 55-64. [仅（a）]也改编自 K. Häkkinen and P.V. Komi, “Effect of Explosive Type Strength Training on Electromyographic and Force Production Characteristics of Leg Extensor Muscles During Concentric and Various Stretch-Shortening Cycle Exercises,” *Scandinavian Journal of Sports Sciences* 7(1985): 65-76. 经 P.V. Komi 许可}

如果训练的总目标是增加爆发性动作中产生的力量，原则上可以通过两种方法中的一种来实现。第一种可选方法是增加最大极限力 F_{mm}。然而，只有当 ESD 远小于 50%时，这种方法才会带来好的结果。例如，假设两名运动员用 500N 的力推铅球，第一名运动员可以卧推举起 120kg 的杠铃（大约每只手臂 600N）。该运动员的 ESD 为[（600−500）/ 600]×100≈16.67%。对铅球运动员来说，这是一个极低的值。运动员很有可能通过增加 F_{mm} 来提高铅球成绩。在卧推中举起 200kg 的杠铃肯定会提高这名运动员的成绩。对另一名运动员来说，卧推 1RM 是 250kg。ESD 为［（1 250−500）/1 250］×100=60%。进一步提高这名运动员的最大卧推力量，如 300kg，也不会提高他的铅球成绩。

第二个可选方法是提高发力速度。研究已表明，要加强优秀运动员的爆发力训练，最大力量练习是至关重要的（即下蹲要达到体重的两倍）。在这种情况下，只进行大负荷抗阻训练并不是最好的选择，尤其是对优秀运动员来说，因为他们必须按照整个的力–速度曲线来训练。专门的练习和训练方法是一个较好的替代方法。

四、运动速度

用于力量训练的练习效果取决于运动速度。一方面，如果在力–速度曲线中的高力值、低速度区域进行练习［图 6.5（a）］，那么在这一训练区域内，主要增加的是最大力 F_m；另一方面，如果在低力值、高速度区域进行练习［图 6.5（b）］，那么在这一训练区域内，提高的是运动成绩。

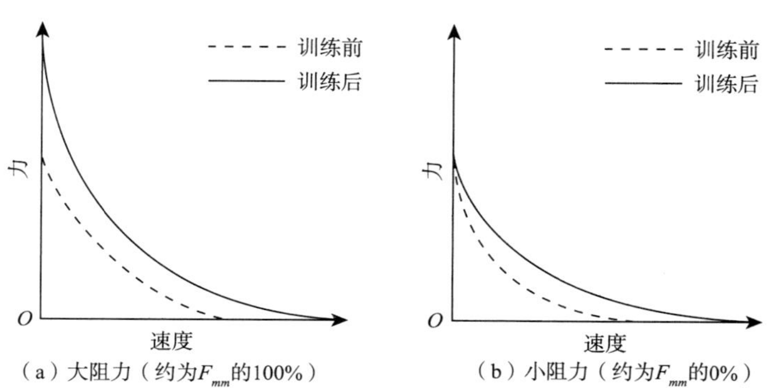

图 6.5 在不同负荷下，肌肉爆发力训练前后的力–速度关系

这些发现为建议以接近运动员运动的速度发展动态力提供了依据。根据建议选择的阻力大小，会产生与相关运动项目在相同速度范围内的运动。如果一项练习是在低力值、高速度区域进行的，那么可用于运动的时间可能太短，无法在运动过程中发出最大的力。我们前面所看到的通过 F_{mm} 或发力速度来训练的情况出现了。因此，动态力量训练应辅以发力速度训练和 F_{mm} 的训练（见关于发力时间和发力速度的内容）。

不要把建议用最大速度进行力量训练的练习误解为用高频率（每分钟最大重复次数）进行力量训练的练习。几项实验已经证明，频率过高会阻碍力量的增加。如果运动频率在中等范围内，其精确值就无关紧要了。例如，在一个实验中，当杠铃每分钟被举起 5 次、10 次或 15 次时，卧推中的力量增加相似，但对以最大频率举起杠铃的运动员来说，力量增加要小得多。

用于力量训练的练习对所有运动员都同样有用吗?

两名身体维度相似的运动员的原地纵跳成绩相当，而他们杠铃下蹲的成绩不同。运动员 P 进行下蹲的杠铃等于他的体重（BW）。运动员 Q 可以下蹲 1.5 倍体重（1.5×BW）的杠铃。在这两名运动员中，哪一个练习杠铃下蹲会更有益呢？为什么？

五、力–姿势关系

在力量训练的练习中，通过选择恰当的身体姿势，运动员可以做到以下几个方面：①改变阻力的大小；②对特定肌肉群使用不同的负荷；③微调关节力量曲线上不同点的阻力。例如，在俯卧撑中，可以通过将手或腿放在不同的高度来改变阻力的大小（图 6.6）。在卧推中，改变握距，使肩关节和肘关节的伸肌获得不同的负荷——握杆距离越宽，肩关节肌肉的负荷越大。

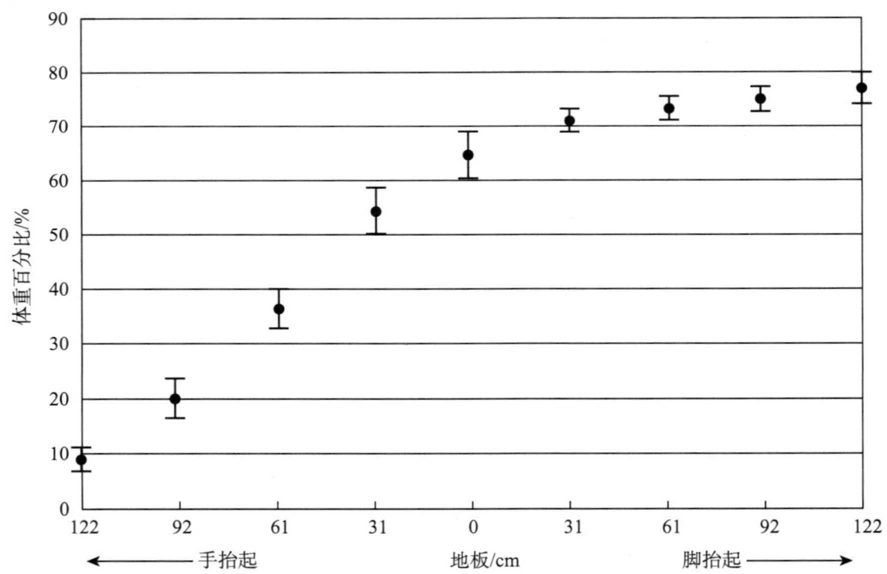

图 6.6　在做俯卧撑时，在不同姿势中两手所支撑的体重百分比

注：根据手臂抬高的高度，阻力从体重的 10%变成了 75%。手和腿都在地板上，双手支撑着大约 65%的体重。

实心球的最佳重量是多少?

实心球是投掷运动训练的常用器械。在一项研究中，研究者确定了水球运动员陆上训练实心球的最佳重量。把在自然条件下（在水中）的球速作为一个标准。结果表明，陆上训练实心球的最佳重量约为 2.0kg。水中投掷速度及因训练而增加的速度均与使用该重量的实心球训练有最大的相关性。

下面我们就关节力量曲线上不同点的阻力微调进行讨论。这些调整背后的指导思想是在不同肌肉长度下训练肌肉力量。力量训练的效果与特定的姿势有关，因此与特定的肌肉长度有关（图 6.7）。在对有经验的运动员进行力量训练时，教练员应该考虑到这一事实。

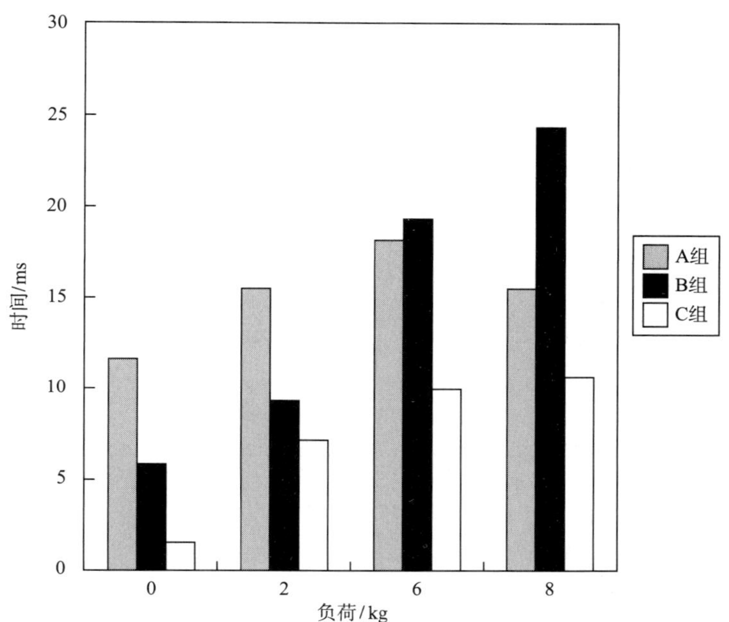

图 6.7　不同关节位置的等长训练对手臂最快运动时间的影响（训练前后运动时间之间的差别）

注：受试者（n=32）手拿杠铃从不同的姿势开始进行最大速度的肩关节屈曲运动。杠铃分别重 2kg、6kg 和 8kg。受试者为初级举重运动员（年龄 17±1.2 岁）。除了所有受试者都进行相同的主要常规训练外，A 组（11 名）进行肩关节屈肌在 0～5°角时的等长训练。B 组（10 名）进行肩关节在 90°角时的训练。C 组（10 名）作为对照组。一次课中等长训练包括 3 组，每组进行 3 次最大用力练习，每周 3 次课，共 24 周。每次举起动作之间的休息间隔为 10s，两组之间的休息间隔为 60s。90°角的训练有利于举起 8kg 重的杠铃，而起始位置的训练有利于举起 2kg 重的杠铃和移动未负重的手臂。

［资料来源：V.M.Zatsiorsky, "Biomechanics of Strength and Strength Training," in *Strength and Power in Sport*, 2nd ed., edited by P.V. Komi (Oxford: Blackwell Science, 2003), 467. 经 John Wiley & Sons 许可］

运动员在给定的动作中所能举起的重量的大小，受到整个关节运动范围最薄弱处所能达到的力量的限制。换句话说，一个肌肉群的最弱点决定了可以举起的最大恒定重量。如果在大负荷抗阻训练中使用恒定的外部阻力（如给定重量的杠铃），肌肉只在运动范围的最弱点被最大限度地激活。例如，在髋关节弯曲的不同角度，可产生的最大力有 3 倍的差异（图6.8）。如果运动员在运动范围的最弱点（当髋关节角度为 70°时）举起的最大重量等于 100% F_m，那么在运动范围的最强点（当髋关节角度为 150°时），髋屈肌只负担最大力量的 33%。肌肉不需要在这个区域施加最大的力量。

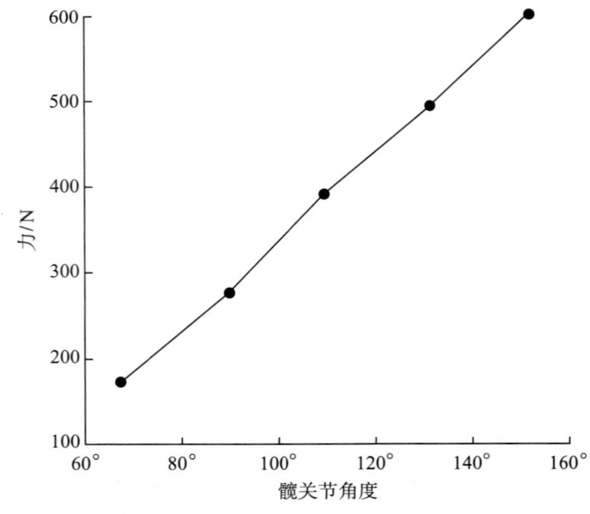

图 6.8 髋关节屈曲的力量曲线

注：等长收缩力，男子，180°角位于解剖位置。

［资料来源：M.Williams and L.Stutzmann, "Strength Variation Through the Range of Joint Motion," *Physical Therapy* 39, no. 3(1959): 145-152. 经美国物理治疗协会许可］

当代力量训练采用 3 种原则来应对力–角度模式，它们是顶峰收缩训练原则、调节抗阻训练原则和强化区训练原则。

顶峰收缩训练原则

支持顶峰收缩训练原则的思想是专注于增加人体力量曲线最小点（最薄弱部位）的肌肉力量，这样整体运动表现（如 1RM）就会提高。在实践中，顶峰收缩训练原则是通过 3 种方法中的一种来实现的。

选择合适的身体姿势是第一种方法。实际上，在整个关节运动范围内，由举起的负荷提供的阻力并不是恒定的。阻力是由重力的力矩决定的（即重量和到旋转轴的水平距离的乘积），而不是由器械或身体部分的重量决定的。当被举起负荷的重心与旋转轴在同一水平线上时重力力矩最大。在这种情况下，重力的力臂最大。改变身体姿势，可以在一定程度上以预期的方式使身体力量曲线和阻力曲线相叠加。

如果"发生最坏的情况"，即当外部阻力（重力力矩）在肌肉力量最小点达到最大时，顶峰收缩训练原则就会实现，相对应的身体位置被称为最小极限力位置（外部阻力是最大极限值，肌力是最小极限值，字面的意思是"最大极限中的最小值"）。在每个关节角度，在该位置上发出最大力 F_m，在这组 F_m 中，最小的 F_m 就是最小极限力值。

为了具体说明这个概念，我们比较从两个体位开始举双腿的练习：仰卧位举双腿和在单杠上举双腿（图 6.9）。第二个练习比第一个练习要难得多。

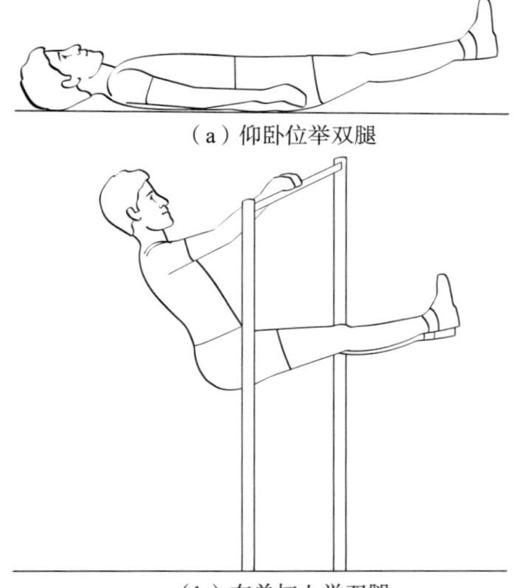

（a）仰卧位举双腿

（b）在单杠上举双腿

图 6.9　仰卧位举双腿和在单杠上举双腿

注：在单杠上进行练习时，难度更大。

在两次练习中，阻力（重力矩）几乎相等，当腿被水平放置时，阻力达到最大极限值。然而，当在仰卧位举起双腿时，最大阻力与力-角度曲线的最强点重合（髋屈肌没有缩短）。当在单杠上进行同样的举腿时，在双腿越过水平线的瞬间，髋屈肌缩短。因此，最大阻力的位置与力-角度曲线上的最弱点重合（即发生了最坏的情况）。

使用专门的训练器械是第二种方法。图 6.10 演示了一个专门的训练器械。如果在手臂弯曲时使用杠铃，最大阻力出现在前臂处于水平位置时。与顶峰收缩训练原则的情况对比来看，前臂屈肌力在肘关节处于这个位置时是最大的，而不是最小的。使用如图 6.10 所示的器械，最大的阻力与在人体力量曲线上的最弱点重合。

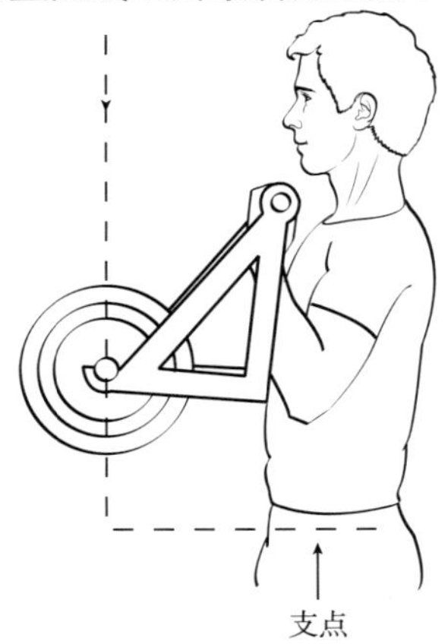

图 6.10　实施顶峰收缩训练原则所用的器械

注：该器械适用于进行臂弯举。在动作结束时出现了最大阻力。当肘关节弯曲程度最大时，运动员的力量（即力的大小）是最小的（图 2.22），而阻力是最大的（即发生了“最坏的情况”）。

利用缓慢的开始动作是第三种方法。力量训练中，运动可以以缓慢的速度开始，如前面所示的颈后杠铃背屈伸（图 4.6）。在这种练习中，当躯干处于水平位置时出现了最大阻力。如果运动开始时动作太快，那么在运动的中间部分进行的抬起动作消耗了在运动的第一部分中获得的动能。因此，竖脊肌并没有被完全激活。有经验的运动员和教练员建议这种训练要缓慢地开始。

对人体力量曲线上不同点（最强点或最弱点）施加最大外部阻力（力矩）的研究表明，当采用顶峰收缩训练原则时，力量增加更大。因此，这种训练方法具有明显的优点。另一个优点是机械功（举起的总重量）相对较小，但缺点是迁移到身体其他部分的训练效果相对较小（图 1.3）。教练员在应用这一原则之前，应考虑其利弊。

调节抗阻训练原则

调节阻力的主要理念是在整个运动范围的每个点，而不是在某个特殊点（如最弱点）发展最大张力。1879 年，Zander 首先提出了这个理念，并根据这个原理开发了许多力量练习的器械。调节阻力是第一次世界大战前流行的医疗体操器械的基石。今天，在美国华盛顿特区的史密森学会可以看到一些 Zander 开发的医疗器械设备。调节阻力可以通过两种方法实现。第一种方法是提供无机械力学反馈的大阻力。在这种情况下，无论发力有多大，运动的速度都是恒定的。这一原理在等速器械中得以体现。在这种设备上的运动速度可以预先设定，不管施加在器械上的力的大小，速度在运动过程中都是一样的（保持恒定）。在整个运动范围内，运动肌群的负荷最大（在不同关节角度下的等长练习，其速度为零，可以被认为是这种方法的一个极端例子）。由于肌肉缩短的速度是预先确定的，因此不同类型的肌纤维（Ⅱ型肌纤维或Ⅰ型肌纤维）的训练可以在等速计划的框架内得到加强。

等速训练虽然在康复理疗中非常流行，但是优秀运动员很少使用。除了设备成本高之外，它的一些缺点也限制了它被广泛应用。例如，运动的角速度通常相对较慢，低于 360°/s（在体育动作中可能高于 5000°/s）。大多数训练设备都是为进行单关节运动专门设计的，而这些运动只在运动训练中偶尔使用。

第二种方法是提供可变阻力，用来调节人体力量曲线或运动速度。在某些器械中，施加的阻力与人体力量曲线相一致（鹦鹉螺形设备）。由于这些器械上特殊的凸轮设计，阻力的力臂或施加的力是可变的，因此负荷也相应地发生变化（图 6.11）。阻力（力矩）随运动员的能力而变化。这种变化在运动员关节结构比较强的位置上提供了更大的阻力，而在较弱的位置上则提供了更小的阻力。运动员必须在整个运动范围内发出最大力。

遗憾的是，许多器械的凸轮设计得不正确。与宣称的相反，其所提供的阻力也与平均力量曲线不匹配。改变（增加）阻力的一个简单方法是，在举起杠铃时使用重链。重链的一端固定在杠铃上，而另一端在整个举起过程中保持在地板上。当杠铃杆被举起时，链条的一些链环被从地板上提起，因此，举起的重量增加了。在杠铃下蹲、卧推和硬拉等练习中，提起的链环有助于调整力量曲线上各个点的阻力（图 2.26）。然而，在某些涉及多个身体部位的举起动作中，力量曲线的形状相当复杂（图 2.21），在这种练习中使用重链可能是没有用的。

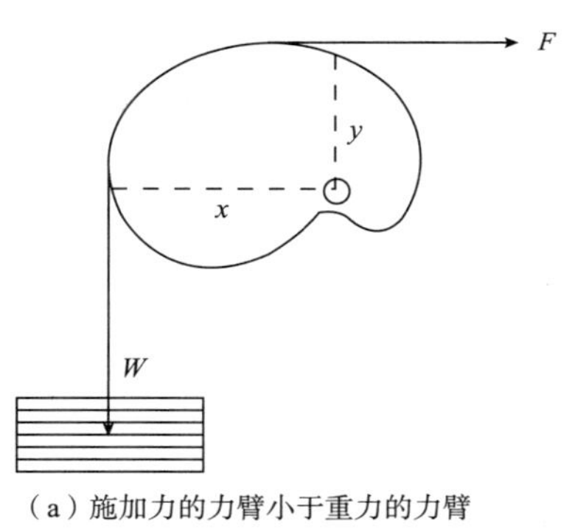

（a）施加力的力臂小于重力的力臂

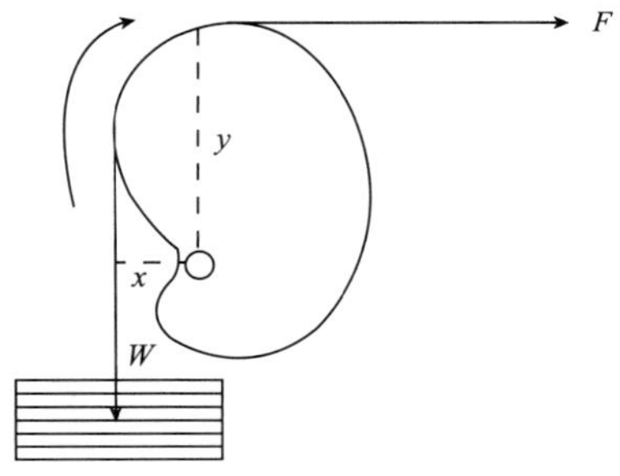

（b）施加力的力臂大于重力的力臂

图 6.11　具有可变力臂的凸轮

注：在这种设备中，施加力（F）的力臂和重力（W）的力臂都是可变的；当施加力的力臂小于重力的力臂时，即 $y<x$，则该比率用在力量曲线上可施加较大力 F 的点上；当施加力的力臂大于重力的力臂时，即 $y>x$，则该比率用在力量曲线的最弱点上。

［资料来源：M.H. Stone and H.S. O'Bryant, *Weight Training: A Scientific Approach* (Minneapolis, MN: Bellwether Press, 1987), 84. 经 M.H. Stone 许可］

练习设备根据运动速度调整阻力。运动速度越快，设备提供的阻力越大。这些设备通常是基于液压原理。与等速运动器械相比，液压设备的运动速度可根据受训者的力量而改变。

专家经常质疑“调节阻力可以提高运动效率”这一说法的有效性。用力量训练器械进行的练习在生物力学上不同于自然运动和传统练习。最值得注意的是，自由度（允许的运动方向）的数量限制从 6 个（当进行自然运动时）降到只有 1 个（当使用练习器械时）；典型的加速-减速模式也不同。虽然等速训练在临床康复环境中可能有某些优点，但是多项研究一直未能证明调节抗阻训练（如等张、可变凸轮）在增加肌肉力量和诱导肌肉肥大方面比自由重量训练更有优势。

强化区训练原则

强化区训练的主要指导思想是只在主要运动动作的范围内训练力量，该动作范围要求产生最大的力。在自然的动作中，至少在陆上运动中，肌肉在相对狭窄的运动范围内活动。

通常，最大的肌肉活动发生在角运动的极值点附近。身体各部分的运动通过肌肉力量先减速，后加速。例如，在腿的摆动动作中（如在跳跃和奔跑中），先前停下的大腿被加速到垂直位置前，然后被减速［图 6.12（a）］。

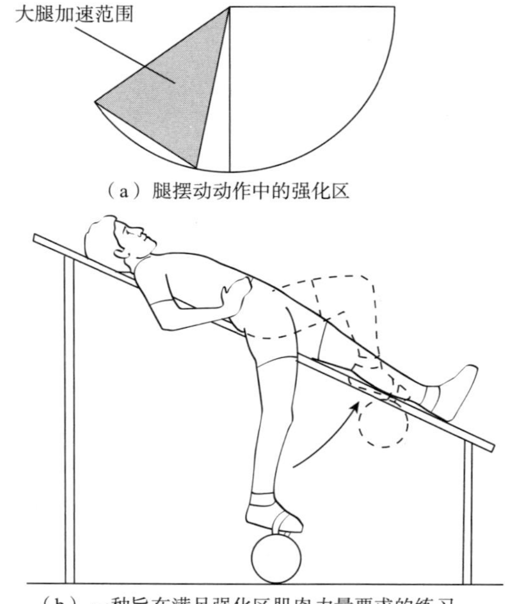

（a）腿摆动动作中的强化区

（b）一种旨在满足强化区肌肉力量要求的练习

图 6.12　强化区和强化练习

［资料来源：D.D. Donskoy and V.M. Zatsiorsky, *Biomechanics* (Moscow: Fizkultura i Sport, 1979), 100. 许可转载］

如果训练目标是增加髋屈肌的动态力量，以提高腿摆动动作的速度，那么没有必要在超出这个活动所需范围外的区域增加这些肌肉力量。图 6.12（b）是满足作用力的特定区域要求的一项练习示例。

强化区训练是受到许多优秀运动员欢迎的训练方法，因为这种方法最能满足练习专项性要求。例如，没有理由按照顶峰收缩训练原则所建议的那样，在最薄弱的位置发展髋关节屈肌的力量，因为在这个练习范围内活动的是髋关节伸肌，而不是髋关节屈肌（图 6.12）。调节阻力练习也是如此。如果动作仅在很小的范围内需要最大的力量，那么运动员就没有必要在整个练习范围内训练最大力量。

满足练习专项性要求的动态训练构成了优秀运动员训练方案的大部分。1987 年和 1988年，苏联的夏季陆上运动项目的优秀运动员在力量训练中，95%以上的组采用自由重量或自重作为阻力。在水上运动项目（如游泳、划船）的运动员中，使用自由重量组的比例不到 40%。

下蹲还是半蹲?

一位体能教练员向 6 组运动员（优秀、中级和初级排球运动员与跳台滑雪运动员）推荐了加强腿部伸肌力量的练习。优秀和中级运动员有一定的举重训练经验，包括下蹲。初级运动员则对这些练习接触不多。教练员考虑的练习有杠铃下蹲、半蹲、负重腿推举和等速阻力腿推举。她随后分析了以下利弊情况。

• 练习专项性。跳台滑雪运动员从深蹲姿势进行起跳；排球运动员几乎从不做从深蹲位置的起跳。

• 力–姿势关系。运动员用半蹲技术举起的负荷大于用下蹲技术举起的负荷。例如，一名运动员可以用下蹲举起相当于其体重（1BW）的杠铃，在半蹲时则能举起 1.2BW 的负荷。当进行完全下蹲时，只有在膝关节深度弯曲时才需要最大的用力。在排球运动员起跳的关节运动范围内，完全下蹲时产生的腿部伸展力远远小于这个最大力（运动员能够举起 1.2BW 的杠铃，但只举起 1BW 的负荷）。

因此，如果该体能教练员支持顶峰收缩训练原则，她很可能会推荐深蹲（因为在膝关节弯曲最深的位置才需要产生最大力量，而这个位置产生力量的潜力是最小的）。如果她选择调节阻力法，那么所选的适合的练习应该是腿推举对抗等速阻力的练习。此外，如果练习的专项性是最重要的，并且她喜欢强化区训练原则，那么这两项运动的运动员所选的练习会有所不同。半蹲对排球运动员更具专项性，而下蹲则对跳台滑雪运动员更具专项性。

• 腰椎承受的负荷和损伤风险在半蹲时最大，在下蹲时中等，在腿部推举时最低。

经过考虑，该教练员建议如下练习（组数的百分比）。

技术水平	排球运动员	跳台滑雪运动员
优秀	60%半蹲 25%下蹲 15%腿推举（对抗一定重量）	20%半蹲 50%下蹲 30%腿推举（对抗一定重量）
中级	30%半蹲 40%下蹲 30%腿推举（对抗一定重量）	10%半蹲 50%下蹲 40%腿推举（对抗一定重量）
初级	0 半蹲 25%下蹲 75%腿推举（40%对抗一定重量，35%对抗等速阻力）	0 半蹲 25%下蹲 75%腿推举（40%对抗一定重量，35%对抗等速阻力）

在初级组，下蹲时举起的重量相对较小（6 ~ 10RM），要优先关注正确的举重技术动作。

第四节　力量训练的其他练习类型

优秀运动员主要采用肌肉向心收缩的动力性训练的练习，但在日常训练中也采用其他类型的练习或作为补充训练，或用于发展 F_{mm} 以外的专项力量能力。

一、等长练习

等长练习不需要昂贵的设备，可以在任何地点进行，假如训练的动作量少，花费的时间也很少。尽管有这些优点，但是等长练习在运动训练中还是主要作为一种补充训练的方法被使用，原因有以下 3 个：第一，它们缺乏增加力量所必需的专项性（尤其对于动力性运动动作）。第二，所选训练的关节角度位置的训练效果很少迁移到其他角度位置。如果一个肌肉群超负荷（如在 100°时），力量会在该角度增加，而在其他角度增加的力量很少（图 1.3 和图 6.7）。第三，这些练习对优秀运动员来说有时是痛苦的。优秀运动员在等长收缩状态下可以产生极大的力。例如，在从地板上举起杠铃的等长模拟练习中，优秀举重运动员在最有利的身体位置时发出的最大极限力 F_{mm} 可能远高于 8 000N。作用在不同身体结构（如腰椎）上的机械负荷可能超过安全水平。

计划进行等长训练的教练员应该牢记，运动员对等长练习的适应性会很快发生。在有等级的运动员中，力量增加在 6～8 周内达到峰值。因此，在等长训练方案中教练员最多安排 2 个中周期。

以下为等长训练方案的指导方针。

- 强度：最大用力。
- 用力时间：5～6s。
- 休息时间：如果只有小肌肉群（如小腿肌肉群）被激活，大约休息 1min；如果是近端大肌肉群，则可以休息 3min。
- 重复次数：每个身体姿势通常是 3～5 次。
- 训练频率：每周 4～6 次，目的是提高 F_{mm}；每周 2 次，以保持力量的增加。
- 身体姿势：①在力量曲线的最弱点；②在整个运动范围内，间隔为 20°～30°；③在角运动的强化区内。

身体姿势的第二个变化是耗时，因为在运动范围内的许多角位置都必须要加强。

近端大肌肉的等长用力可能会导致血压升高。有心脏病、动脉粥样硬化或高血压风险的人应该避免这种练习。运动员在进行等长练习时，应至少每周检查一次动脉压。

由于适应性速度快，在等长练习中增加的力量通常小于在动力性练习中增加的力量。当训练目标是增加等长力量时，应该考虑到这一点。一个典型的例子是“十字支撑”动作，这是男子体操中吊环练习的一个动作。在这种情况下，作为一个常规的顺序，体操运动员应该在开始时使用动力性练习（以加速力量增长），然后间歇地添加等长练习来改善专项性协调模式。

运动员也可以采用等长练习来增强静力性肌肉耐力，如在长距离速度滑冰中，对保持躯干弯曲姿势的要求非常高。在 10 000m 滑冰中，倾斜姿势的负荷必须保持 15min 左右。等长练习也可用于提高姿势的稳定性，如手枪射击中所需的姿势稳定性。在射击姿势中，运动员手拿一个 3～5kg 的重物（而不是手枪）长达 1min 不动，对中级（而不是高级）射击运动员来说是一种有用的练习。这项练习（应该是通过增加强直性 I 型肌纤维的力量）

有助于降低手臂微振动的幅度。

二、自重练习

自重练习在训练中很少被使用，我们也不推荐基于自重的练习（未被包括在前面考虑的分类中）。在这种练习中，拮抗肌的张力对抗发力的主动肌群。如果肌肉接近最大激活状态，训练负荷是极大的。健康的人为了促进一般肌肉的发展可能会做这些练习，但要小心谨慎。在自重练习后，肌肉立即变得僵硬和无弹性（它们对触摸或压痕的抗力增加），四肢围度扩大，这就造成了肌肉肥大的视觉印象。出于这个原因，一些健美运动员在比赛前做自重练习来改善他们的外形。

然而，强行激活拮抗肌会损害几乎所有运动技术中所需的正确的协调模式，因此不建议运动员进行自重练习。

三、退让性练习

在力量训练中，教练员很少使用肌肉离心收缩的大阻力练习（退让性练习）。用“增强式练习”这一术语来描述这些练习是有问题的，因为它被误用了。严格地说，增强式练习是指带有肌肉离心收缩的练习。然而，许多作者使用这个术语来描述肌肉可逆动作练习（超等长收缩练习），如跳深，其中涉及肌肉的离心和向心收缩。

离心练习容易引起延迟性肌肉酸痛。所有运动员在训练课后的某一时期，都会经历延迟性肌肉酸痛，并伴随力量下降。酸痛通常在训练课后 24～48h 出现。据报道，退让性练习会引起更强的肌肉酸痛感（图 6.13）。

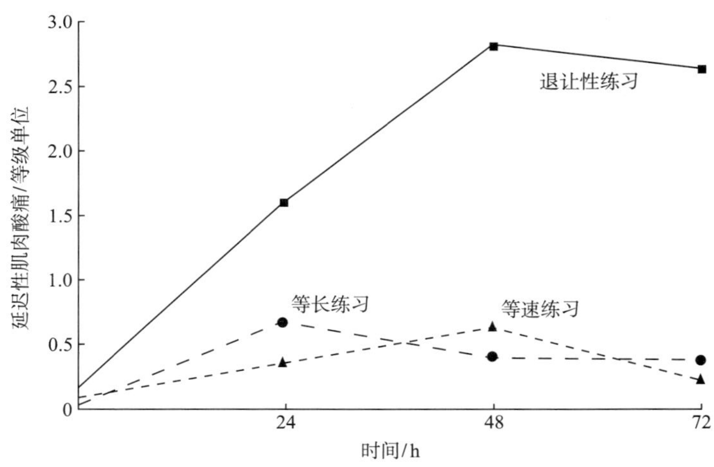

图 6.13　不同练习后的延迟性肌肉酸痛

注：退让性练习后肌肉酸痛最为明显。

〔资料来源：*Research Quarterly for Exercise and Sport*, Vol. 44, no. 4, pages 458-469. Copyright 1973 by the American Alliance for Health, Physical Education, Recreation and Dance [now SHAPE America], 1900 Association Drive, Reston, VA 20191. 许可转载〕

已经提出的几种延迟性肌肉酸痛的理论可以分为两大类：第一类是损伤理论，该理论认为肌肉酸痛是由练习时肌肉或结缔组织受损引起的；第二类是痉挛理论，该理论认为痉挛的周期性进程中有 3 个阶段会导致延迟性肌肉酸痛。练习会引起肌肉局部缺血。由于肌肉局部缺血，一种未知的“疼痛物质”积聚起来，这种疼痛会引发反射性肌肉痉挛。由于痉挛，肌肉局部缺血增加，以此类推，整个过程以这种周期性方式重复进行。

延迟性肌肉酸痛可以通过逐渐增加训练的强度和量来预防。尤其重要的是，训练进展对运动员来说应是可接受的，教练员不能使用体能活动来惩罚运动员或强化训练，这将导致损伤，甚至猝死。轻度到中度肌肉酸痛可能伴随力量训练而出现，但当疼痛非常明显时，就需要采取恢复措施。休息、按摩和冰敷是治疗肌肉酸痛的一些常用方法。此外，运动员还需要知道，他们不应该使用酒精或阿司匹林来治疗肌肉酸痛，因为这类物质会限制凝血功能，并导致出血和肿胀。肌肉或关节因过度使用而引起发炎和肿胀是“危险信号”，需要高度重视。在训练前后进行拉伸练习，尤其是静力性拉伸练习，有助于缓解肌肉酸痛。如果发生严重的肌肉组织损伤，则疼痛不能缓解。

含充足热量和所需蛋白质的固体营养补充剂可以帮助组织修复和重塑。遗憾的是，当炎症和肿胀程度超出正常可恢复范围时，大多数不涉及药物的治疗（如冰敷、营养补充剂、拉伸和 EMS）在治疗严重的延迟性肌肉酸痛方面均无效。肌肉酸痛应该在 24 ~ 48h 得到恢复。如果在肌肉高度酸痛的情况下继续训练，肌肉损伤会恶化，就需要更多的恢复时间，并损失高质量的训练时间。因此，从抗阻训练到休息阶段各个方面，适合的训练负荷增加进程对运动员因适应性而获得成功是至关重要的。负荷监控对约束积极性很高的运动员很重要，对因不了解训练技术及其可能对运动员造成损害而忽略负荷监控的教练员也很重要。

热身组练习也可以让运动员和教练员确定在将要进行的练习的运动范围内是否存在任何组织损伤，而这些组织损伤往往会因运动员和教练员急于开始主要练习组而被遗忘。很多时候，在力量房中施加负荷时发现的运动损伤并不是力量训练造成的，而是在力量训练以外的运动中造成的。

关于使用退让性练习的建议取决于训练目标（即目标是向心、离心还是肌肉的可逆动作练习）。当目标是向心或等长肌肉动作时，离心收缩的练习不会带来特别的好处，但运动员可以用这些练习来准备（在很大程度上是心理准备）超过 1RM 的负荷。在这些练习中，应主动减少大重量杠铃练习（在相关运动中，大约是 1RM 的 110%，如前蹲）。为防止意外事故，运动员应该得到辅助保护。苏联国家举重队队员在 1984 ~ 1988 年奥运周期中进行这些练习时，训练量（总重复次数乘以平均重量）不超过举起总重量的 1%。

退让性练习被广泛用于体操中的专项技术动作训练，如吊环的“十字支撑”动作或在双杠上的水平倒立等。为了达到这个目的，向心练习更有效。如果运动员还不具备正确完成这些高难度技术动作的能力，通常需要专门的技术设备或个人协助来完成。

从理论上讲，离心练习应该被用来训练跳伞、跳台滑雪、花样滑冰或体操中落地时的（离心）退让力量。然而，在这些训练中（从较高的高度降落着地），高冲击力几乎是不可避免的，运动员必须采取专门的预防措施来防止损伤和肌肉酸痛（应渐进地开展练习；使用像体操垫拥有柔软的表面的物体来减小与地面的冲击力），尤其重要的是要轻柔地落地，防止脚后跟着地。尽管有这些预防措施，但是关节软骨和软骨下骨损伤及退化病变的风险仍然太高，因此运动员应该尽量减少落地次数。教练员和运动员都需要认识到过度使用与不恰当地使用退让性练习是不安全的。

退让性练习不被用于训练肌肉的可逆动作（拉长–缩短）。拉长–缩短周期的本质是在蹬起阶段立即使用由预拉伸而增加的力。动作的离心和向心阶段之间的停顿消除了可能从拉长–缩短周期中获得的任何好处。这个拉长–缩短周期是一个不间断的动作，而不是两个联合的动作。进行落地训练的运动员，不要在着地后立即起跳，而是将拉长–缩短动作分为两个动作，而不是一个连续动作。由于训练效果的负迁移，使用退让性练习不能提高肌肉可逆动作的运动成绩。

"反弹"，而不是"黏连"——不要重复这个错误！

一位教练员为了提高运动员们的爆发力，建议他们进行"增强式训练"——以站立落地姿势从高处往下跳，高度在 150～250cm，落地是在体操垫上完成的。尽管在第一次训练课后，运动员们经历了严重的肌肉酸痛，但教练员坚持继续训练，并向运动员们说明"不痛就获得爆发力"是不可能的。尽管运动员们付出了许多努力，但是他们在与起跳相关的活动中的运动表现并没有得到提高。而且，支撑阶段（跳跃甚至跑步）的协调模式被破坏了。运动员们开始将一个连续的离心–向心动作（落地–起跳，拉长–缩短周期）分解为两个仅仅略微相连的练习——落地然后起跳。

在自然运动中，正确运动模式的基本要求不是抵抗外力和减少身体的动能，而是在随后起跳时增加势能。如果在支撑期的第二阶段同时利用肌肉–肌腱弹性形变的势能和增强的肌肉活动（由牵张反射和高尔基腱反射的相互作用引起），运动员就可以实现这一目标。如果运动员在落地后停顿下来，肌肉–肌腱弹性形变的势能就会消失，增强的肌肉活动也就消失了。将一个连续的落地–起跳动作分解为两个运动模式是典型的"坏习惯"，这种"坏习惯"可以迅速而且牢固地扎根，运动员需要花费大量的时间和精力来纠正这个"坏习惯"，在落地训练中应该强调"反弹"而不是"黏连"。

四、肌肉的可逆动作练习

在肌肉的可逆动作练习中，肌肉群在缩短前立即被拉长。下落跳，也就是从一个高度跳到地面，然后立即跳到另一个高度上就是个例子。在肌肉的可逆动作练习中，阻力不仅是由其重量（质量）的速度决定的，还是由下落身体的动能决定的，动能（E）由公式 $E = mV^2 / 2$ 定义，其中，m 是质量，V 是速度。在肌肉的可逆动作练习中，同样大小的动能可以通过不同的速度（下落距离）和质量的组合来实现。质量的增加总是导致反弹速度的减小。接近地面时速度的适度增加最初会导致反弹速度的增加，但如果接近地面时速度过快，反弹速度会减慢（图 6.14）。接近地面时的最佳速度（和动能）取决于运动体的质量。

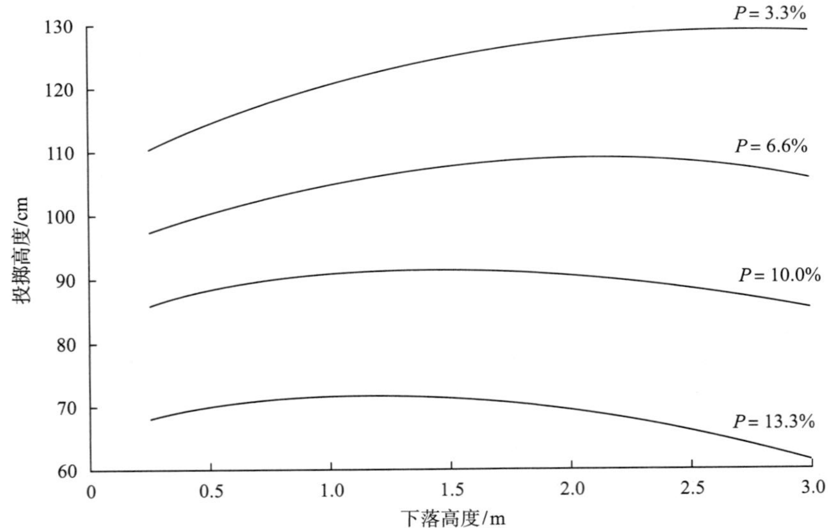

图 6.14　投掷器械高度的变化是其重量和下落高度的函数

注：在实验室条件下，通过专门装置使不同重量的铅球（F_{mm} 的 3.3%、6.6%、10.0%、13.3%）从不同的高度（0.5～3.0m）落下。优秀的铅球运动员是垂直向上（仰卧姿势）推球。测量每次投掷的高度。根据基本力学原理，下落高度与下落速度的平方成正比，投掷高度与反弹速度的平方成正比。

［资料来源：Y.V. Verkhoshansky, *Special Strength Training in Sport* (Moscow: Fizkultura i Sport, 1977), 145. 经作者许可］

涉及肌肉的可逆动作最流行的训练是单腿跳、双腿跳和交替跳。但在有经验的运动员中，下落跳或跳深很受欢迎。许多教练员认为，下落跳是为了提高起跳期间弹性势能的储存和再利用。然而，只有当肌肉张力更大时，更多的能量才会被储存和再利用。因此，运动输出力增加是源于这种活动中产生的肌肉力量增加。增加的力是以下因素的结果。

- 来自高尔基腱反射的抑制作用（因为这种反射是抑制性的，所以发生了“抑制的抑制”）。
- 牵张反射的强化。
- 恰当的节奏。

下落跳有两个主要变化。在着地和起跳（反弹）中通过小幅度的腿部屈曲或大幅度的腿部屈曲（下蹲或反向跳）来完成。

运动员应用最短的接触时间完成反弹。建议运动员做起跳动作时把地面当作一口热煎锅，下落的距离要调整好，以保持脚后跟不着地。着地时的水平速度应该足够高，以避免足底过度屈曲。建议采用下蹲技术来提高纵跳的弹跳力。不过，下蹲幅度不应该太大。膝关节屈曲的范围只应略大于主要运动的动作范围。

通常情况下，跳跃运动员最初用伸展的腿与地面进行接触。然而，如果目标是提高发力速度，可以使用在落地时需要弯曲腿的练习，特别是在膝关节伸肌中。当运动员想要提高弯曲腿的落地能力时也是如此（如花样滑冰运动员在完成几圈旋转跳跃动作后，以一条弯曲的支撑腿着地）。

实践经验表明，跳深是一种非常有效的练习。然而，这种练习损伤风险很高，运动员对这种练习的适应需非常迅速。因此，我们推荐以下指导方针。

（1）遵循在多年训练中规定的练习顺序：首先是常规的跳跃练习，其次是重量训练练习，最后是下落跳练习。经验少于 4 年的运动员不应进行下落跳练习。

（2）不要连续使用下落跳练习超过 2 个中周期。通过使用或不使用负重背心（腰带）来改变训练。初步适应后（通常 2～3 次训练课），使用负重背心 2～3 周，然后在没有负重的情况下进行练习，逐渐增加下落的距离。

（3）在比赛期间，每 7～10 天做一次下落跳练习以保持适当的爆发力水平。在重大比赛前至少 10 天，将这些跳跃练习从训练计划中去除。

（4）在个体基础上确定练习强度（动能、重量、下落距离），主要的要求是正确的技术（即从退让离心阶段到蹬离阶段的平稳过渡，脚后跟不着地）。

训练拉长–缩短周期的练习不应该只局限于跳深这个动作，尽管运动员通常这样做。在跳深中，增加下落身体质量的可能性是相当有限的——运动员要使用负重背心（腰带），但它们不可能有 100kg 那样重。鉴于动能、速度和身体质量之间的复杂关系，一方面我们推荐肌肉可逆动作的运动输出；另一方面推荐使用拉长–缩短周期设备进行训练，在这种设备中质量和速度都可能改变，这种设备如图 6.15 所示。

图 6.15　用于训练落地和起跳时肌肉可逆动作的摇摆练习机

注：运动范围和身体质量在训练中都是变化的。摆动装置的质量可增加至 200～300kg，甚至更多。这在训练有等级的运动员时很重要。

五、增加阻力的运动练习：阻力速度训练

使用增加阻力的运动练习，如阻力速度训练能最好地满足练习专项性要求，上坡骑行和变速自行车骑行就属于这种训练。

每个运动项目都是在克服一定的阻力和速度下进行的。阻力是由器械或运动员身体质量（惯性力）和身体维度（空气动力或水动力）预先确定的。如果运动员以尽可能快的速度完成动作，运动速度是阻力的一个函数（参数关系的附加示例）。如果阻力增大，速度就减小。在阻力速度练习中有两条基本原则。

（1）应在推进方向（如运动的前进方向）提供额外阻力。

（2）阻力不宜过大，不应该从本质上改变运动技术。例如，当游泳者拖着庞大的器械时，他们的身体姿势倾向垂直方向。如果发生这种情况，就是阻力太大了，应该减小。

在陆上运动项目中，通过添加重量、增加上坡运动、阻碍运动员前进及使用阻力伞增加气动阻力等方法来增加阻力。

运动员可穿戴重量较大的装备，如负重背心、腰带、护腕套或护踝。虽然增加重量很简单，但是请注意，它主要是对垂直力的需求（抗重力作用），垂直力随着附加重量的增加而增加。然而，田径运动的典型要求是增加所施加的力的水平分量。附加重量训练要求运动员在不适当的（垂直的）方向上用力。例如，在跑步中，这会导致身体在腾空阶段升得过高。此外，运动时使用附加重量，尤其是脚踝重量，会增加对下肢的冲击力。在过去的 20 年里，这种训练辅助器械由于对动作的影响及可能的损伤已逐渐被放弃。

包括某种上坡行进形式在内的训练，都受到运动技术方面可能变化的限制。一些教练员尝试阻碍运动员的向前行进，例如，让运动员佩戴保护带跑步、拖雪橇，或者使用带重量片的滑轮机行进。这些方法很麻烦，因为设备笨重，通常它们只在较短运动范围内被使用（如当短跑开始时，但不是短跑全过程）。

另外，在像速滑和跑步等运动项目中，增加空气动力阻力是优秀运动员普遍采用的方法。小型阻力伞用于此目的（图 6.16）。当运动员跑步时，阻力伞膨胀，产生阻力，跑步速度越快，阻力越大。运动员在训练中使用不同大小的阻力伞。阻力的大小取决于阻力伞的尺寸，可能在 5～200N 变化（速度在 6～10m/s）。为了防止阻力伞在移动过程中的摆动，阻力伞的中心应该有一个小的开孔（稳定器作用）。

与其他抗阻训练方法相比，阻力伞有几个优势。

- 阻力（拖力）完全作用于运动员的运动方向。
- 练习技术没有不利影响。
- 阻力伞不限于直线运动，当运动员进行弯道跑、跨栏跑或改变方向时可以使用。
- 阻力伞只有几盎司（1 盎司≈28.350 克）重。

图 6.16　跑步训练中使用阻力伞

• 跑步时可以放开阻力伞，这为提高运动速度提供了动力（即助力性训练）。

阻力伞的唯一缺点是，在跑步的支撑和非支撑阶段都提供了相同的阻力。因此，在运动员腾空阶段它阻碍了运动速度，而在脚着地时稍微改变了身体关节的位置，如在跨栏跑时。

为了达到最大的效果，应该在小、中周期及训练课中改变阻力伞的大小。抗阻训练和惯常训练在准备阶段的小周期进行，助力性训练主要在临近赛季时使用。在一次训练课及一系列的训练模块中，由阻力伞大小决定的阻力是逐级减小的，运动员应先（热身后）完成该训练课的最大负荷抗阻训练，最后的尝试是在最小的阻力下完成。运动员使用阻力伞训练之前和之后在正常条件下完成同样的训练，通常每周使用阻力伞训练 2～3 次。阻力伞训练穿插在日常的训练课中。在比赛期间，运动员使用阻力伞是为了产生一种增加速度和增强爆发力的感觉。相比之下，在一次训练课开始时，他们会在专项运动训练中使用 3～5 次，然后进行不用阻力伞当阻力的惯常训练。

在游泳或划船等水上运动中，可以增加水动力阻力。为了达到这个目的，身体的流线型或者身体的正面被改变了，这是以通过增加船或游泳者身体提供的阻力或通过扩大螺旋桨的水动力阻力（如划船时的桨叶、皮划艇和独木舟的桨、游泳者的手臂）来实现的。例如，在游泳训练中运动员使用手划板是很常见的。

在这两种情况下，运动员施加的力都会增加。然而，力输出增加的机制在生物力学上是不同的，因此训练效果也不相同。在水上运动中，运动员所产生的外力既取决于运动员的力量，特别是运动员个体的力-速度曲线（参数的 F_m-V_m 关系），也取决于水的阻力（图 6.17）。如同所有参数关系，力随着运动速度的增加而减小，运动员在肌肉快速收缩的情况下不能发出很大的力。相反，水的阻力随着速度的增加而增加。请注意，在第一种情况下，速度是相对于运动员的身体而言的（实质上，这是肌肉缩短的速度）；在第二种情况下，螺旋桨相对于水的速度是我们应该关注的要点。

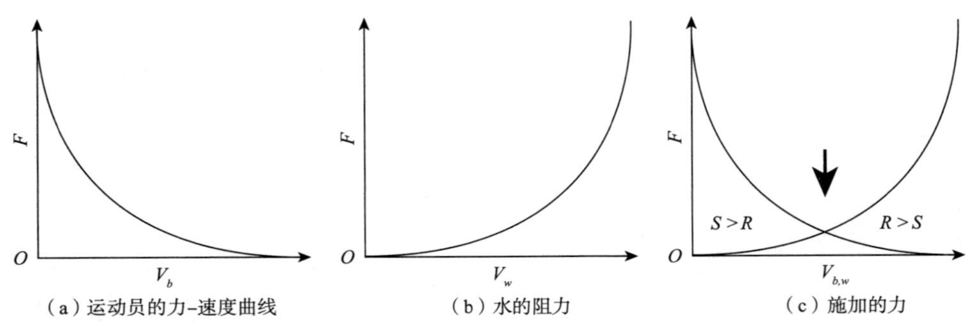

（a）运动员的力-速度曲线　（b）水的阻力　（c）施加的力

图 6.17　运动员所施加的力

注：运动员所施加的力由力-速度曲线（在遭遇大阻力时，运动员在给定速度下所产生的最大力）和水的阻力的相互作用决定。曲线的交点对应于运动员对水的阻力施加的力，在这一点的左边，运动员的力量大于水的阻力（$S>R$）（S 是力量，R 是阻力），在右边，$R>S$；V_b 是身体部分的相对速度；V_w 是身体相对于水的速度。

在图 6.17（c）中粗体箭头表示所施加的力。在这一点的左边，速度很小，运动员的力量大于水的阻力。设想一名运动员在水中缓慢地移动他的手臂或桨。无论这名运动员有多么强壮，他所施加的力都受到水的阻力的限制，在这种情况下，因为运动速度小，水的阻力也小。然而，如果运动速度和相应的水的阻力足够大，那么所需要的力量可能超过运动员所能产生的力。在这种情况下，运动员能否产生足够大的力量成为限制因素。

众所周知，在生物力学上，推进器（船桨、手）相对于水的速度（V_w^p）等于推进器（船桨、手）相对于船（身体）的速度（V_b^p）与船（身体）相对于水的速度（V_w^b）之间的差：

$$V_w^p = V_b^p - V_w^b$$

当船（身体）的水动力阻力增大时，船（身体）相对于水的速度（V_w^b）减小。此外，如果推进器相对于船（身体）的速度保持不变，则其相对于水的速度（V_w^p）增加。因此，当运动员以相对于船（身体）的同样的速度（V_b^p 为常数）划水时，由于推进器相对于水的速度（V_w^p）增加，运动员会遇到更大的水阻力。

当推进器的水动力阻力增加（如用手划板）时，相同的划水速度（V_b^p）产生更大的船（身体）相对于水的速度（V_w^b）。推进器相对于水的速度（V_w^p）随之减小，而不是像前面所述的情况那样增加。然而，由于推进器流线性差，所施加的力会增加（表 6.1）。

表 6.1　船（身体）与推进器（船桨、手）的阻力变化

增加的阻力	推进器相对于船（身体）的速度/V_b^p	船（身体）相对于水的速度/V_w^b	推进器相对于水的速度/V_w^p	施加更大力的原因
船（身体）	=	<	>	更大的速度 V_w^p
推进器	=	>	<	提供的更大的阻力

我们建议轮流提高这些附加阻力。同时还要注意，附加阻力的大小受到运动技术变化的限制。如果运动技术发生重大改变，则必须减小附加阻力。

第五节　力量训练实验方法

在过去的 20 年里，人们多次尝试使用 EMS 和机械振动作为训练运动员的方法。

一、EMS

理论上，EMS 的一个主要优点是激活了Ⅱ型肌纤维，这些肌纤维很难主动募集。在使用 EMS 期间，运动单位募集的大小原则不再有效。在这种情况下，Ⅱ型肌纤维先被激活。它们对外部施加的电流阈值较低，此外，许多Ⅱ型肌纤维位于表面，靠近肌肉的外缘。

EMS 有可能成为常规力量训练方法的有益补充。它不仅能提高最大刺激力，还能提高自主力、运动速度和肌肉耐力。适应期通常是 20 ~ 25 天的最大力量训练和 10 ~ 12 天的最大速度训练。运动员在肌肉耐力的 EMS 训练中，即使在 35 次训练课后也不能达到平稳状态。EMS 在举重、体操、田径，以及排球和篮球项目运动员的弹跳力方面都取得了积极的成果，包括运动成绩的提高。

EMS 于 20 世纪 60 年代末在苏联被开发出来。然而，苏联运动员并没有经常使用 EMS 来替代传统的力量训练。运动员对这种方法的态度差异很大。许多优秀运动员在重要比赛前对 EMS 的使用较积极。例如，一些皮划艇和独木舟的奥运冠军在重要比赛前的一个多月试图使用 EMS 刺激几块肌肉，包括肱二头肌和三角肌。

尽管有证据表明 EMS 可以提高最大力量，但是这种方法尚未被众多有等级的运动员所接受。除了传统观念外，这种方法尚未被广泛接受还有两个主要原因。首先，运动员不能在真正的运动项目中使用增强的等长（特别是电刺激的）力量值。将获得的肌力转化为在真正运动中所需要的力量输出也要花费大量的时间精力。其次，一些使用 EMS 的运动员会有一种不愉快的感觉，即缺乏肌肉控制，失去协调性，他们干脆拒绝继续使用。这证实了这样一种观点，即使用 EMS 只训练了肌肉（而非神经系统）。激活训练过的骨骼肌的能力似乎并没有因为这种训练方法而增强。

运动员对 EMS 的态度如此不同可能有以下两个原因：第一，EMS 与常规力量训练的比例不合理。如果 EMS 训练的比例太大（对特定运动员来说），转化可能会变得困难。

第二，所选择的肌肉群可能不适合（同样对特定运动员而言）进行 EMS 训练。如果肌肉群中最强的肌肉受到刺激，而最弱的肌肉没有受到刺激，运动表现就不会提高。

到目前为止，有等级的运动员只在个别情况下使用 EMS。例如，功能性扁平足跑步和跳远运动员的高训练负荷导致的急性足弓扁平的矫正。运动员定期使用 EMS（每天两次）对足弓小肌肉群进行训练有助于预防和治疗这种疾病。另一个例子是刺激运动员的竖脊肌，特别是赛艇运动员和皮划艇运动员，他们容易腰痛。EMS 还被用于男子体操中进行“十字支撑”的肩关节内收肌群的训练。

以下是俄罗斯采用的 EMS 训练计划。

• 载波信号：正弦波或三角形。

• 频率：2 500Hz 以上。

• 调幅：50Hz。

• 功率周期：50%（信号施加 10ms，试验间隔为 10ms）。

• 刺激幅度（SA）：单独调整，以诱导超过 100%最大自主等长收缩力 F_{mm} 或受试者耐受极限的力；SA 取决于刺激器的输出阻抗值，通常超过 90V。

• 收缩时间：10s。

• 收缩间休息：50s。

• 收缩次数：每天 10 次。

• 训练频率：每周 5 天。

以上所述刺激方案的最重要特征是载波信号的频率，该信号应该位于声音频带内，频率大于 1 500Hz。EMS 如果操作得当，那么几乎是无痛感的。电极表面必须用一种特殊的软膏浸湿，以便在皮肤-电极界面上获得均匀的电阻。

目前关于 EMS 的知识不足以作为我们最终推荐其作为常规训练的基础。EMS 在运动训练中的应用前景有待进一步探讨。

二、机械振动

机械振动（即施加在运动员身体上的周期性振动）既可以作为训练工具，又可以作为按摩工具。虽然振动按摩已经流传一个多世纪，但是振动训练，特别是振动的力量训练，是一个相对较新的概念。

振动的效果主要取决于如下方面：①振动的作用部位；②振动方向，垂直于肌肉表面或与肌肉表面平行；③振动持续时间；④振动强度。振动强度是振动频率 ω 和振动幅度 x 的函数，以振动加速度 a （$a_{max}=\omega^2x$）或振动能量的形式测量，振动能量与振动频率的平方和振动幅度的乘积成正比。在振动按摩中，振动刺激通常被应用于目标肌肉或肌腱，引起垂直于肌纤维纵向方向的振动。肌肉自主放松，振动能量相对较低。

在振动训练中，刺激被施加到练习链的端点（如手），并使振动沿肌肉传播。振动训练有两种——用叠加振动刺激的力量训练和在全身振动下进行的振动训练。在第二种情况下，运动员在振动板上进行训练，当肌肉收缩或伸展时，振动波从脚传递到全身。总体而言，振动训练的理念是将自主性肌肉激活或拉长与振动刺激结合起来。

根据近年来的研究，振动训练引起了几种运动能力的显著变化，其中拉长–缩短（如反向跳、连续跳高等）对这一训练最为敏感。有一种假设是，振动训练的效果与下落跳等方法所引起的效果相似，它们都抑制来自高尔基腱器官对肌肉激活的抑制性反射。由于振动的参数（频率、振幅、持续时间）在所进行的研究中有很大的差异，目前尚无最佳训练方案。正如在一项研究中指出的，适应了振动模式和风格会使任何更改受到限制且无效。因此，随着时间的推移，如何科学使用它还不清楚。振动训练仍然是训练中一个有待研究的课题。

第六节 力量训练时的呼吸方法

在吸气、呼气或在声门（声带之间的通道）关闭的情况下呼气（被称为瓦尔萨尔瓦动作或鼻鼓气法）时，施加最大的力。从吸气到呼气再到瓦尔萨尔瓦动作，力量增加。这种现象的潜在机制是肺肌反射，在这种反射中，增加的肺内压增强了肌肉的兴奋性。肌肉的兴奋性增强的真正机制还有待研究。

虽然瓦尔萨尔瓦动作被认为是一种有用的呼吸技术，可以增加力量，但是它也引发了心血管反应，许多内科医生认为是有害的，特别是对有心脏疾病的人来说。由于空气无法排出，胸腔内压力急剧增加（高达 40 ~ 100mmHg，甚至更高，而正常情况下是 2 ~ 15mmHg，低于大气压）。由于胸腔内压力过高，以及由此造成的腔静脉受压（腔静脉将血液回流到心脏），静脉回流到心脏的血量减少，继而每搏输出量和心排血量都减少。由于静脉回流减少和胸腔内压力高，心脏的维度，特别是心室维度减小（这被称为瓦尔萨尔瓦效应）。减少的每搏输出量由增加的心率来补偿，有时心率超过每分钟 170 次。此外，血压也大幅上升。杠铃下蹲时测量的数值高达 320/250mmHg。血压上升的原因主要是肌内压力过高，这导致总外周阻力的增加，血压上升。

心排血量的减少可能进一步导致脑缺血和意识丧失。这种情况在涉及硬推的举重比赛中发生过很多次。1972 年以来，奥运会举重项目已排除了这种举重。杠铃被举起后，胸腔内压力突然下降，大量血液溢出心脏。然后，每搏输出量和心排血量都增加，血压下降，一段时间后，所有值都恢复正常。

运动员适应了这样的变化，正确计划和执行的力量训练不会引起高血压。与常见的错误观念相反，大负荷抗阻训练（同样，如果计划和执行得当）会导致心血管系统的积极适应。同时，运动员在进行剧烈运动时应注意以下事项。

（1）只能在短时间的最大用力时使用瓦尔萨尔瓦动作，或关闭声门时用力呼气。初学者经常在低强度的重复举起时停止呼吸，教练员应该阻止这种做法。一方面，原则上，胸腔内压力过高是不可取的；另一方面，腹内高压是有用的。腹内压力产生的力矩减少了作用在椎间盘上的压缩力，并可能减少椎间盘损伤发生的可能性，最终提高举起能力（见第八章）。

（2）初学者不该用极限和接近极限的用力去做很多练习。

（3）不应该在举重前最大限度地吸气。最大吸入量不必要地增加了胸腔内压力。

（4）尽可能用力呼气，而不是使用瓦尔萨尔瓦动作。

（5）初学者在运动时要用力吸气、呼气，尤其是当重量压在胸部的时候。

（6）有两种方法可以将呼吸阶段（吸气和呼气）与执行的动作相匹配：身体结构匹配和生物力学匹配。

在用力小的动作（类似于健美操练习中向躯干倾斜的动作）中，吸气应与躯干伸展相一致，呼气应与躯干弯曲相一致，即呼吸阶段和运动的身体结构匹配。相比而言，当产生较大的力时，不管运动方向或身体结构姿势如何，呼气应与运动的用力阶段相匹配。例如，划船运动员在划水阶段呼气或使用瓦尔萨尔瓦动作，这时产生了最大的力量。此时腿和躯干是伸展的，而不是弯曲的（相比之下，在健美操练习中躯干和腿部在没有外部负荷的情况下是弯曲的）。这被称为生物力学匹配。在用于力量训练的练习中，呼吸阶段和动作应该在生物力学上匹配，而不是在身体结构上匹配。

本章小结

用于力量训练的练习有各种类型，它们可能是静力性（等长）的练习或动力性（向心、离心、可逆）的练习。它们可能会针对特定的肌肉群，这些肌肉群力量的比较被称为力量特征图。通过加强全身练习，利用身体的运动链来控制运动，对运动员的成功至关重要，对提高爆发力和运动表现也很重要。练习也可以根据运动任务的专项性被分类。

对于初学者，尤其是青少年运动员，力量特征图是选择力量训练练习的主要考虑因素。例如，应该选择最重要的肌肉群，加强那些如果薄弱就可能有损伤风险的肌肉群，训练近端位置的肌肉，增加与运动有关的动作力量。然而，对于更高等级或成熟的运动员，其目标是选择有专项性的力量训练练习，并模仿实际运动中使用的动作模式。这是一个复杂的过程，需要仔细分析运动，包括阻力、时间、发力速度、运动方向，以及肌肉力量在关节运动范围内的变化。

肌肉力量在整个关节运动范围内的变化，取决于肌肉杠杆臂和肌肉力量的变化。为了管理这种力-姿势关系，运动员可以采用顶峰收缩训练原则。根据该原则，运动员通过选择正确的姿势、特定的训练设备和缓慢的开始动作，主要在人体力量曲线的最弱点增加肌肉力量，或者他们可以在整个运动范围内产生最大的张力（调节阻力，与一些理疗等速设备和训练器械一起使用），还可以采用强化区训练原则（这种强化区方法在东欧国家的运动员中很流行）。

等长练习很少被使用，自重练习和退让性练习有风险，因此不推荐使用。肌肉的可逆动作练习是有效的，但这些练习很快就会产生适应性。有时，教练员会在最符合运动专项性要求的主要运动练习中增加额外阻力（增加阻力的运动练习）。

近年来，EMS 和机械振动这两种非传统的方法被用于增强肌肉力量，引起了人们的极大兴趣。虽然这两种方法显示出力量训练的前景，但是它们还需得到进一步的研究。

呼吸模式影响力量产生，最大力的产生发生在瓦尔萨尔瓦动作中。在用力较小的情况下，吸气应与躯干的伸展一致，呼气应与躯干的弯曲一致（呼吸阶段和运动的身体结构匹配）。在产生较大力的情况下，呼气必须与运动的用力阶段相匹配。在用于力量训练的练习中，呼吸阶段和动作应该在生物力学上匹配，而不是在身体结构上匹配。

第七章　力量房中的速度

当进入力量房训练时，很多人关注的是肌力和肌肉肥大的情况。人们往往认为速度、灵敏性和相关的动作模式是在其他的训练部分发展起来的，但正如我们将在本章中看到的，速度是力量房中所有训练活动的关键组成部分。此外，人们一直没有认识到肌肉力量是速度和灵敏性的基础，这也是为什么恰当的力量训练计划如此重要，我们将换个角度来分析第二章介绍过的几个关键因素，特别是速度与影响举起动作表现的其他因素之间的参数关系。我们还将考察几个非参数关系的例子，因为在力量房中训练出来的肌肉表现会迁移到运动项目和其他类型的活动中。在本章中，我们提供了一些示例，说明速度及相关的运动变量如何成为运动和训练表现的关键组成部分。但在我们更详细地讨论这个问题之前，需要提供几个重要的公式。

- 速度（v）$=ds/dt$（s：位移，t：时间，d：变化）。
- 加速度（a）$=dv/dt$。
- 力（F）=质量×a（N：牛顿）。
- 爆发力（P）$=F\times v$（W：瓦特）。

力量房中几个其他变量也可以提供有价值的信息。

- 功=$F\times ds$（J：焦耳）。
- 冲量=$\sum F\times dt$。
- 动量=质量$\times dv$（P）。

这些公式证实了力量房中每个相关的生物力学变量都受到速度的影响，包括杠铃的速度，或任何被举起或移动的器械的速度，以及身体本身的速度。因此，理解速度在练习中的作用并认识到这些变量之间的相关性是至关重要的。图 7.1 提供了速度在所有负荷下是如何影响爆发力的一个例子，这是许多力量训练计划的一个重要目标。尽管爆发力最大的相对负荷取决于许多因素（这些因素将在后面被讨论），但是所有相对负荷下的爆发力在很大程度上取决于举起速度。希尔在 1950 年的开创性研究表明，受到刺激的离体动物肌肉在大约 30%的最大力量和速度下产生的爆发力最大。这一发现也得到了单一肌纤维爆发力测量结果的支持。正如我们在本章后面将要看到的，当在力量训练练习中测量时，力量房中的许多因素改变了这些关系。希尔还指出，速度和用力是爆发力的“最重要变量”。这意味着最大力对运动表现至关重要，但在速度连续体的许多点上进行训练也是非常重要的。

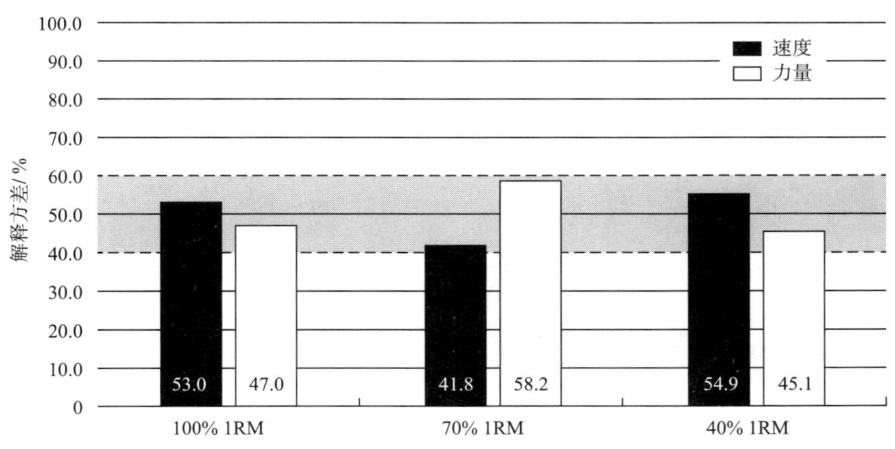

图 7.1　多元回归分析

注：虽然爆发力通常是力量房中的训练重点，但是速度是爆发力的主要因素。不论相对负荷或产生的爆发力如何，多元回归分析表明，50%左右的爆发力都可以用速度来解释。

［资料来源：A.C. Fry, C.E. Bailey, and D. Cabarkapa, “Relative Contributions of Force and Velocity to Peak Power Across a Load Spectrum,” *Malaysian Journal of Movement, Health & Exercise* 8, no. 2(2019):11-16. 许可转载］

对影响力量房中速度的生理机能做深入研究可以很容易地识别出一些可能影响骨骼肌收缩速度的因素。

• 神经调节（运动单位募集模式，肌电图特征，兴奋和抑制）。
• 内分泌变量。
• 神经内分泌和自主神经系统变量。
• 解剖学结构。
• 与收缩速度相关的代谢因素。

事实上，骨骼肌中速度和力的关系在实验室中已经被仔细研究了几十年（Hahn，2018；Alcazar et al.，2018，2019）。本章将聚焦力量房中观察到的速度表现的变量，通过这种方式理解速度的作用及实际应用就会更加明确。

第一节　测量速度的技术

近半个世纪以来，教练员和运动员一直关注杠铃动作速度的测量。最初的尝试是把简易的布制测量带绑在一个移动的杠铃杆上，以确定在测量的时间段内杠铃杆移动的距离。从最初的简易尝试以来，不但在实验室，而且在力量房或比赛中，都出现了许多测量举起动作速度的有效技术。

加强速度或爆发力的不同负荷

下图显示了箱上高翻在一个负荷范围内的平均速度和爆发力。根据统计，速度对于所有低于75%1RM的负荷是相似的，而爆发力对于所有高于70%1RM的负荷是相似的。看来，在这些各自的相对强度范围内进行的训练侧重速度或爆发力。

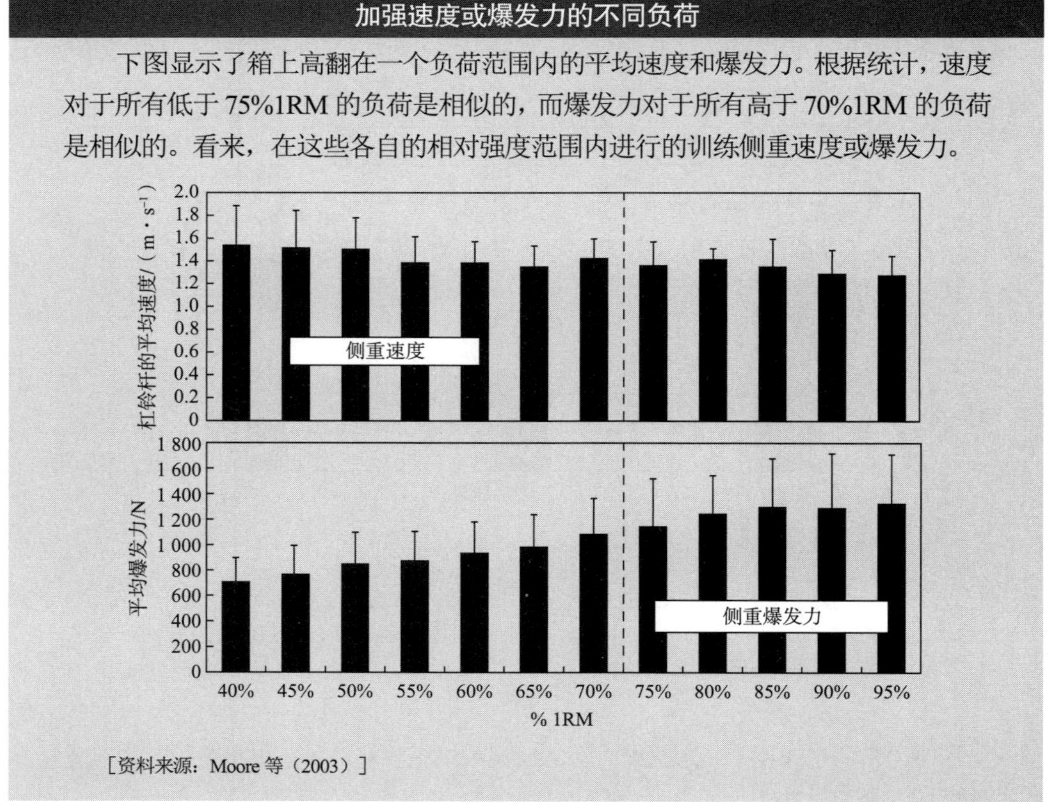

［资料来源：Moore 等（2003）］

一、摄影

早在 19 世纪末，穆布里奇（Muybridge）就使用早期的摄影技术来记录各种动物的动作模式。10 年后，马雷（Marey）创造了一种被称为连续摄影术的时间序列摄影技术来分析人类的动作，这也促使他开发了握力计（或测力传感器）和测力平台（或测力板）。最终，随着力量训练变得流行起来，最初的一些尝试使用了 16mm 的胶片来量化举起的速度，随后通过复杂的数字化过程来分析结果。通常情况下，帧率是每秒 24 帧（fps），这对一些分析来说是令人满意的，但对较快的举起速度来说可能是一个限制因素。近年来，随着视频技术和配套软件的开发，举起动作的数字化记录已被用于生物力学分析。视频的典型采样率约为每秒 30 帧，尽管通过隔行扫描技术可将处理速度翻一番，达到每秒 60 帧，但采样率有时仍太低，无法准确评估高速活动。数码相机技术的发展使高视频采样率（如每秒 120 帧、240 帧，甚至 1 000 帧）成为可能，但并不是所有的分析软件都能适应这样的频率。与此同时，反射、红外线或信号发射标记可以连接到杠铃上，从而使杠铃（偶尔还有身体）动作更容易以数字化形式呈现。在没有这些标记的情况下，个人手动识别并逐帧记录重要位置是比较耗时的一个过程。技术的进步也使摄像机可以直观地识别没有标记的杠铃，从而产生易于收集和相当准确的杠铃速度数据。一旦真实视频得以录制，就需要适当的软件将视频记录转换为数字资料，然后教练员可以对相关变量进行分析。可供选择的软件有免费的在线可下载程序，也有昂贵但功能强大的分析软件。首选软件在很大程度上取决于分析的目的、可用资源及转制时间要求。

二、绳系设备

力量房中最初的一些测速设备使用了基于绳系的技术来监测杠铃的动作。在某些情况下，可以直接测量杠铃杆的垂直位置（即使用线性位置传感器或线性编码器），也可以使用线性速度传感器测量。无论使用哪一种方法，阻力的质量都是手动输入设备中，之后按以下顺序导出数据：位置→速度→加速度→力（输入已知质量）→爆发力（力×速度）。重要的是要注意大量的推导，这可能增加测量误差。无论如何，市场上的许多这种设备都能够提供相当准确的结果，但有些设备只报告了前面列出的几个变量。需要注意的是，有些设备中心系统在计算力时只包括了重力引起的加速度（即 $9.806\ 65 m/s^2$），而没有加上杠铃移动引起的加速度。这一遗漏将导致力量值被低估，特别是最大力。图 7.2 显示了实验室基于绳系的线性位置传感器如何提供地面反作用力的数据，这与用测力板收集的数据非常相似。然而，虽然基于绳系的系统能够提供准确的数据，但是并非所有可用的商用系统都能做到这一点。导致测量误差的因素有许多，如采样率、非垂直动作或使用的算法。一些基于绳系的系统可以补偿非垂直动作，这可能会提高一些练习的准确性。当使用多根系绳或进行数学计算时，这些设备还可以通过三角测量方法提供杠铃轨迹的信息。除了测量杠铃的动作外，基于绳系的设备还可以连接到身体上来测量速度和跳跃等练习中的相关变量。如果操作正确，这项技术可以提供类似于测力板提供的数据。需要注意的是，一些基于绳系设备的灵敏度是可以调整的，这意味着在测量举起动作之前可以调整移动的距离。这种调整可以帮助避免杠铃稍微移动出现的“假”举，如在第一次举起前刚出杠的时候。这种“假”举可能会被设备错误地记录为第一次举起，除非在记录之前将灵敏度设置为更大的运动范围。调整这种灵敏度可以帮助避免记录那些不是规定的实际重复次数的动作。然而，许多基于绳系的系统只有当杠铃杆移动的距离大于灵敏度水平时才会记录数据，这意味着一些重复举起的动作数据将不会被记录。降低灵敏度可以部分纠正这个问题。

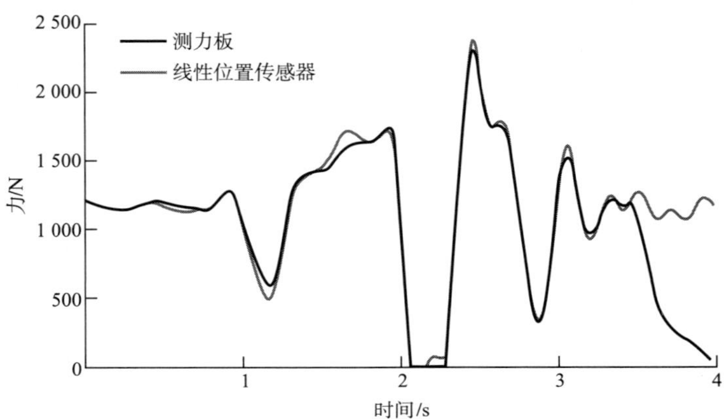

图 7.2　通过测力板测量的下蹲时的实际地面反作用力，以及由基于绳系的线性位置传感器测出的力

［资料来源：L.Z.F. Chiu, B.K. Schilling, A.C. Fry, and L.W. Weiss, “Measurement of Resistance Exercise Force Expression,” *Journal of Applied Biomechanics* 20, no. 2(2004): 204-212. 许可转载］

三、加速计

绳系设备的发展促进了加速计技术的产生。加速计可以非常小，很容易安装在杠铃或器械的配重片上，也可以安装在身体的运动部分（如手腕，它总是跟随杠铃移动）。加速计的灵敏度相当高，完全能够感应到力量房中相关动作的加速度。当使用三维加速计时，加速计的位置是不相关的，因为速度矢量可以根据所有 3 个轴（即 x、y 和 z）的数据被简单地计算出来。加速计的使用还避免了经常出现的问题，如系绳阻碍运动、系绳缠绕在一起或断裂等，但与基于绳系的技术一样，加速计的效果取决于采样率、使用的算法、是否包含非垂直动作，以及加速计的质量。无论如何，加速度测量在力量房中可以是一个非常精确的测量工具。总体而言，许多商用设备似乎很适合教练员或运动员使用，但这些设备是否适合实验室使用必须由科学家验证（图 7.2 和图 7.3）。

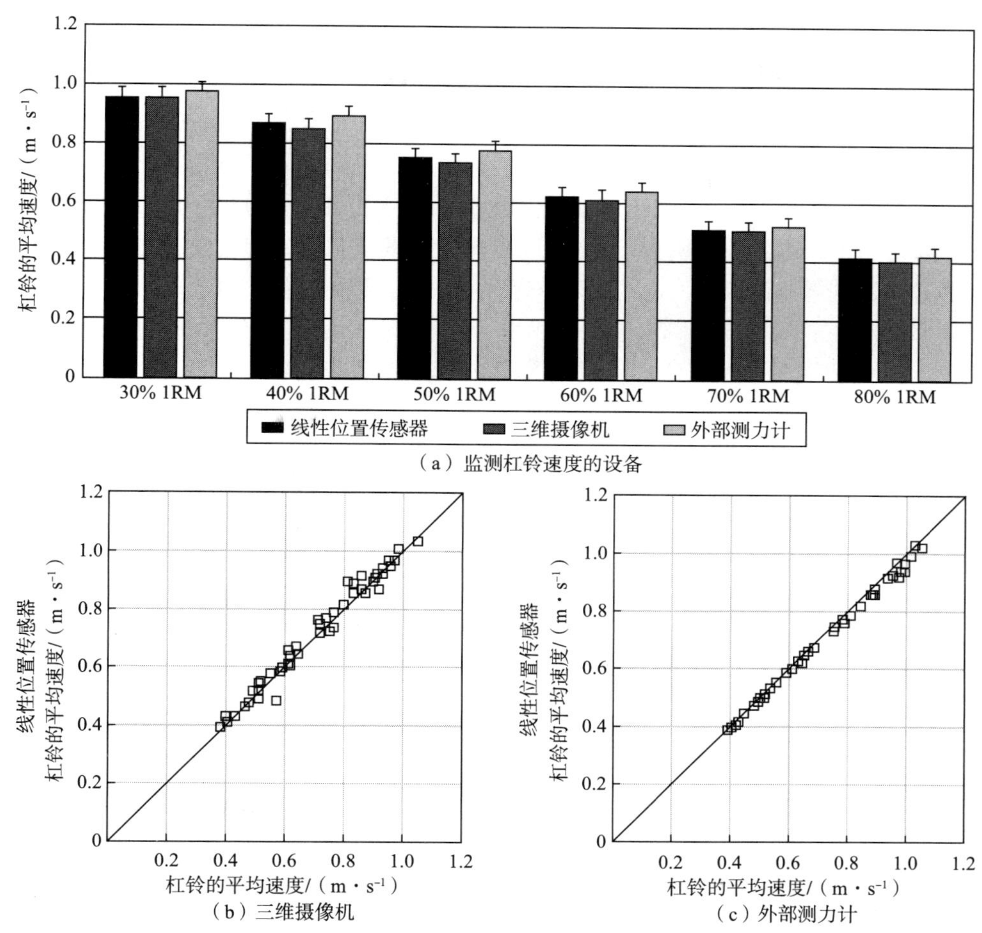

（a）监测杠铃速度的设备

（b）三维摄像机

（c）外部测力计

图 7.3　基于绳系的外部测力计和三维摄像机运动捕捉系统已经被证明是监测杠铃速度和爆发力的有效和可靠的设备

［资料来源：A.C. Fry, L. Bradford, T.J. Herda, et al., "Validation of a 3-Dimensional Motion Capture System for Determining Barbell Power and Velocity During the Bench Press." presented at Central States ACSM Conference, Warrensburg, MO(2013).］

四、三维摄像机

现在教练员已不用手动放置标记或系绳了，更新的技术已被用来检测和记录杠铃的动作。这包括三维摄像机跟踪杠铃动作的系统。三维摄像机使用类似于之前描述的用于推导杠铃速度和爆发力的计算方法，可以立即将收集到的数据上传到服务器，以便数据管理。每个举重台上都安装了小触控板，可以立即把数据反馈给运动员。与任何其他类型的技术一样，三维摄像机的有效性和可靠性必须得到验证，以确保收集的数据是准确的（图7.3）。

五、测力板

当运动员在测力板上进行抗阻练习时，教练员可以直接测量整个运动系统（身体加杠铃）的地面反作用力。高质量的测力板能够测量所有3个轴（即x、y和z）上的力，而工业秤可以调整为只记录垂直轴上的地面反作用力。一个一维的测力板可以实现力量房中训练的大多数目的，因为几乎所有相关的力在本质上都是垂直的。通过直接测量得到的力，可以按以下方式导出速度：力→加速度→速度→位置。利用这些数据可以计算出爆发力，并确定举起动作的向心阶段和离心阶段。需要注意的是，由于测力板测量的是整个运动系统的力，因此所得到的数据不仅是杠铃的力，还是整个系统的质心的力。由于这个重要的差别，测量结果可能会有很大的不同，对于某些练习差异可能很小（如杠铃下蹲），而对于其他练习，差异是巨大的（如卧推、下蹲翻）。

第二节　测试时的注意事项

当测试人员在力量房中测量速度时，需要考虑许多因素。

一、进行测试的运动/练习

练习会有不同的速度特征。正如我们将在后面看到的，不同的练习可以有独特的动力学和运动学性质。

二、操作指南

测试人员必须正确地告知运动员具体的期望，这非常重要。执行错误的测试会提供无用的数据，这包括为确保达到最大速度的持续鼓励。

三、熟悉度

与许多类型的测试一样，对举重运动员来说，为确保能够正确完成举起动作并达到最大速度，进行一些训练测试是有利的，但必须谨慎行事，以避免让运动员感到疲劳，这会导致出现错误的低速度值。

儿童的举起速度

在儿童时期，力量增长的能力与年龄关系很大。即使男孩和女孩举起相似的相对负荷（70%1RM）时，其力量增长的速度也会随着年龄的增长而增加。

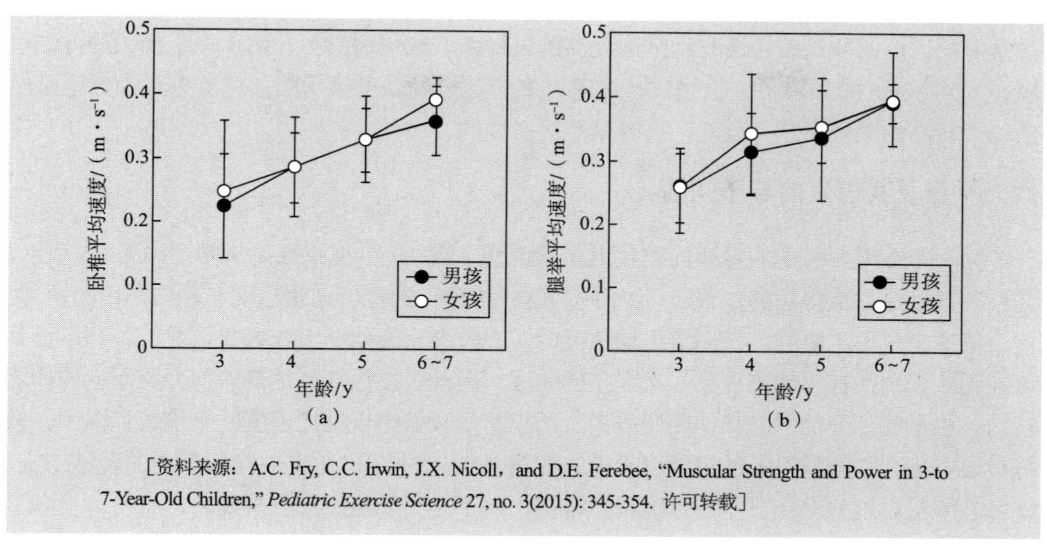

［资料来源：A.C. Fry, C.C. Irwin, J.X. Nicoll，and D.E. Ferebee, “Muscular Strength and Power in 3-to 7-Year-Old Children,” *Pediatric Exercise Science* 27, no. 3(2015): 345-354. 许可转载］

四、峰值还是平均值

许多设备可以同时报告峰值和平均值。对于大多数举起动作，这些值之间高度相关，相关系数 $r > 0.90$，但这些值通常差别很大。图 7.4 显示了两条力-时间曲线，它们均受杠铃速度的影响。图 7.4（a）所示的是中等负荷下特意慢速硬拉的力-时间曲线。注意在举起动作开始时力的峰值，这通常是当增加力以克服杠铃杆静止状态的惯性时出现的情况。动作的其余部分意味着持续较小的力。结果表明，峰值与整个举起过程的平均力值相差很大。图 7.4（b）显示了中等负荷下高速暂停下蹲的力-时间曲线。同样，在举起动作开始时力很大，以克服杠铃杆静止状态下的惯性和身体的惯性。当运动员通过“胶着点”时（此时力量能力处于生物力学劣势状态），力量就会减小。随着杠铃加速，且当运动员接近完全伸展时，力量在运动范围的末端增加。速度在运动范围的不同点上会有相当大的变化，因此测试人员必须决定哪段速度特性与测试目的最相关。

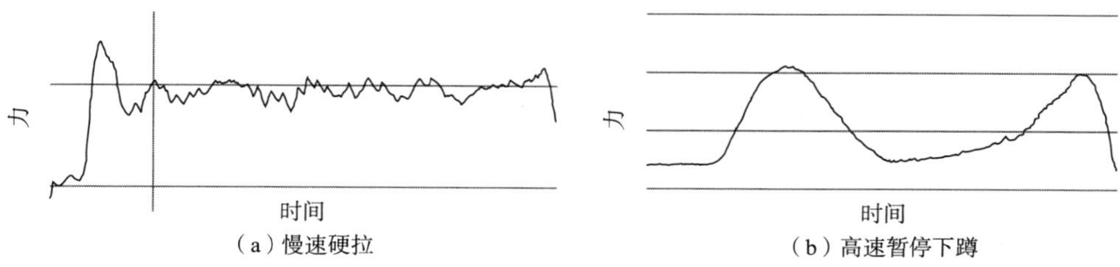

图 7.4　慢速硬拉和高速暂停下蹲的力-时间曲线图

五、采样率

我们把每秒采集的数据样本数称为采样率，采样率以赫兹（Hz）为单位。对于高速活动，如果采样率太低，很可能会遗漏有价值的信息。在实验室中，500~1 000Hz 的采样率是常见的，但商业设备还没有达到如此高的采样率。在频谱的另一端，基于视频的方法可以在大约 30Hz 的频率下进行采样，这对许多应用来说是可接受的。总的来说，对于某些活动，较高的采样率是可取的，有时是绝对必要的。

六、举重及其衍生的若干问题

另一个必须要考虑的重要问题发生在下蹲翻（翻站）、抓举或挺举时。如图 7.5 所示，当杠铃杆经过二次提拉的位置时，像下蹲翻这样的动作的峰值通常出现在趋向动作的顶部。这个值通常是可重复的。在测量平均速度时，有时会出现问题。在这些情况下，测量设备可能无法识别在杠铃轨迹顶部二次提拉的完成，运动员在接杠后站直的部分反而也被计算在内。由于这部分的举起动作要慢得多，所以测量设备错误地把速度的平均值算慢了。教练员可以将一些测量设备的灵敏度设置为忽略这部分的动作，这是一个很简单的补救措施。许多教练员对这些动作只是简单地根据峰值，而不是平均值进行分析判断。

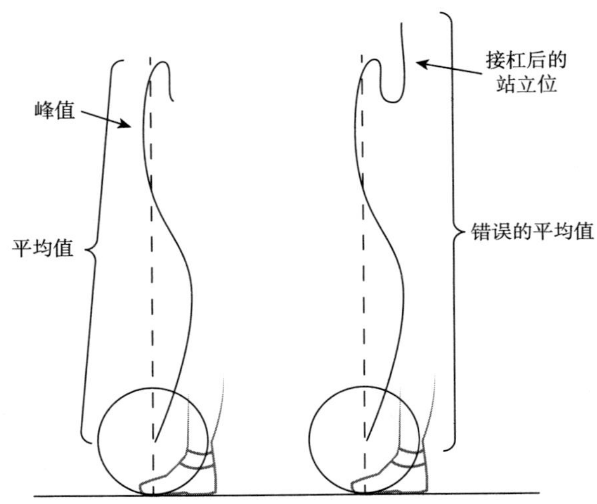

图 7.5　下蹲翻练习的杠铃轨迹，显示速度的平均值和峰值的位置

注：右图的轨迹显示了下蹲翻练习中运动员在肩膀上接杠，站直后的一小部分。当测量杠铃的速度时，这一部分的动作并不相关，但许多测量设备错误地把这部分的动作速度包括进来。

七、推进力

当运动员高速举起杠铃时，身体各关节大幅度运动以尽可能快的速度产生移动杠杆的力，但当负荷较小时，动作的最后一部分被用来使杠铃减速。力-时间曲线中使杠铃加速的部分有时被称为推进阶段。有些人认为，这一阶段的速度和力与举起成绩和训练效果关系最大。有些设备会识别这一阶段并显示推进阶段的数据。例如，小负荷（<40%1RM）卧推的推进阶段占运动范围的 70%～80%，而中等负荷（50%～70%1RM）卧推或杠铃下蹲

的推进阶段占运动范围的 85%～95%，对大负荷（≥80%1RM）来说，整个运动范围通常是推进阶段。仰卧推举的推进阶段如图 7.6 所示。当杠铃被释放（如卧推抛起）时，或当运动员跳离地面（如下蹲跳或负重跳）时，推进阶段也扩展到整个运动范围。

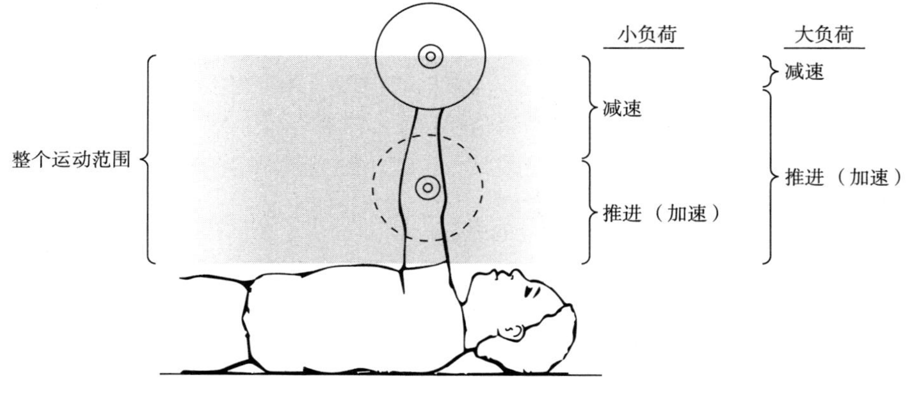

图 7.6　仰卧推举的推进阶段

在高速举起中，推举运动范围的开始部分致力于推进阶段，以产生所需的速度，而运动范围的结束部分被用于杠铃减速。推进阶段的距离随着负荷的增加而增大。

八、最后重复效应

通常情况下，接受测试的举重运动员认为，在力量房中进行速度测试时他们已经尽了最大努力，但在最后的举起时做一点“额外的努力”是很正常的，特别是在最大负荷下。如图 7.7 所示，在图的右边，该举重运动员在最后两次卧推中举起了他认为的最大重量。运动员得到正确指示并熟悉测试流程是另一个原因。

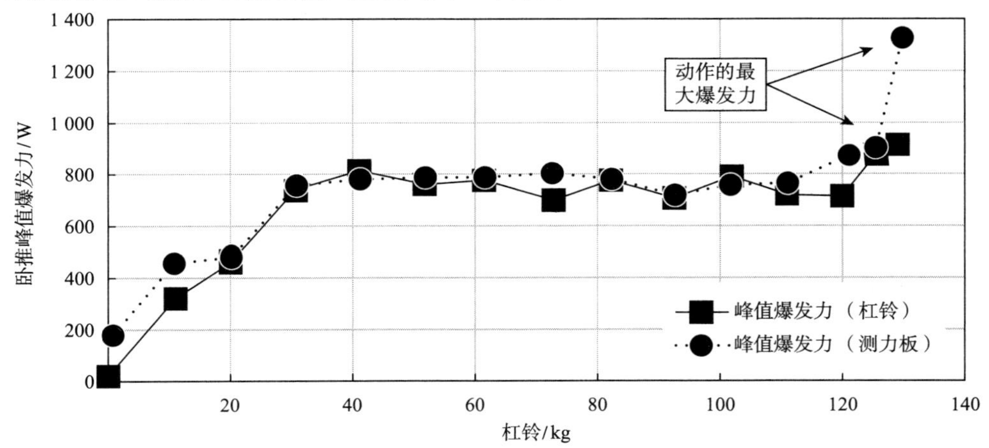

图 7.7　爆发力-负荷曲线

注：有时，当运动员在难度较大的举重中做一点“额外的努力”时，就会产生异常高的速度或大的爆发力，这就是最后重复效应。在这条爆发力-负荷曲线中，右边的最后一次抛起被认为是新的卧推 1RM 重量。这使推举速度测试难以诠释。

九、使用的设备或技术

如前所述，尽管可以使用各种设备正确测量举起速度，但结果可能并不相同。这是因为测量的是不同的速度。一方面，如果只监测杠铃（或配重片或其他器械），则记录的是杠铃质心的速度；另一方面，如果使用一个测力板，则测量的是整体运动系统质量（身体+杠铃）的质心速度。必须注意的是，在许多举重动作中，身体的移动程度与杠铃不同。例如，杠铃下蹲要求运动员的质心移动距离与杠铃质心非常相似。对于其他举起动作，如卧推（图 7.8），身体只有非常少的部分在移动，所以由测力板测量的速度会低得多。像下蹲翻（翻站）这样的举重动作介于两者之间。在比较举起速度时，一定要知道速度是如何测量的，以便正确解释测量结果。

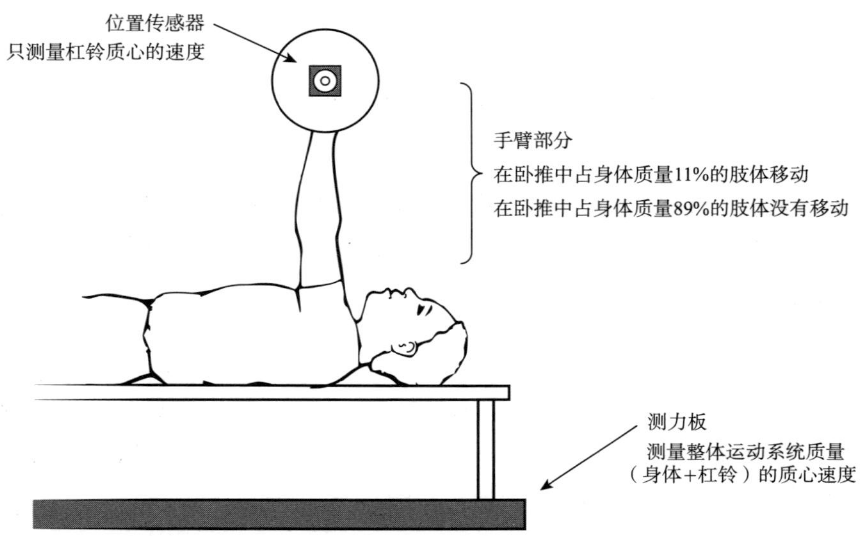

图 7.8　将身体包括在测量中（如当使用测力板时）将会产生不同的速度值

注：如图 7.8 所示的卧推情况，身体的大部分没有动。得出的结果：与只使用监测杠铃的设备相比，测力板导出的数据具有更低的速度值。

十、附加设备的位置

如果把绳系、加速计或传感器附加到杠铃的末端，当训练技术达不到标准时，很容易发生速度测量误差。例如，如果杠铃的一端举得比另一端高，或者杠铃移出冠状面（或称为螺旋式），对杠铃移动距离的测量就不准确了。为了保证结果准确，测试人员必须监控正确的练习技术，或可以在杠铃杆的两端或中心安装绳系装置，以应对杠铃杆的不规则移动。

力量与速度或爆发力间的平衡

美国橄榄球体能教练员通常会为他们的运动员测量杠铃下蹲力量和纵跳高度。运动员下蹲 1RM 的力量与纵跳高度的比值为我们了解运动员是否具有力量与速度或爆发力之间的平衡能力提供了有用信息。教练员对那些比值非常高或非常低的运动员的训练进行有效调整，可以使他们避开弱势。

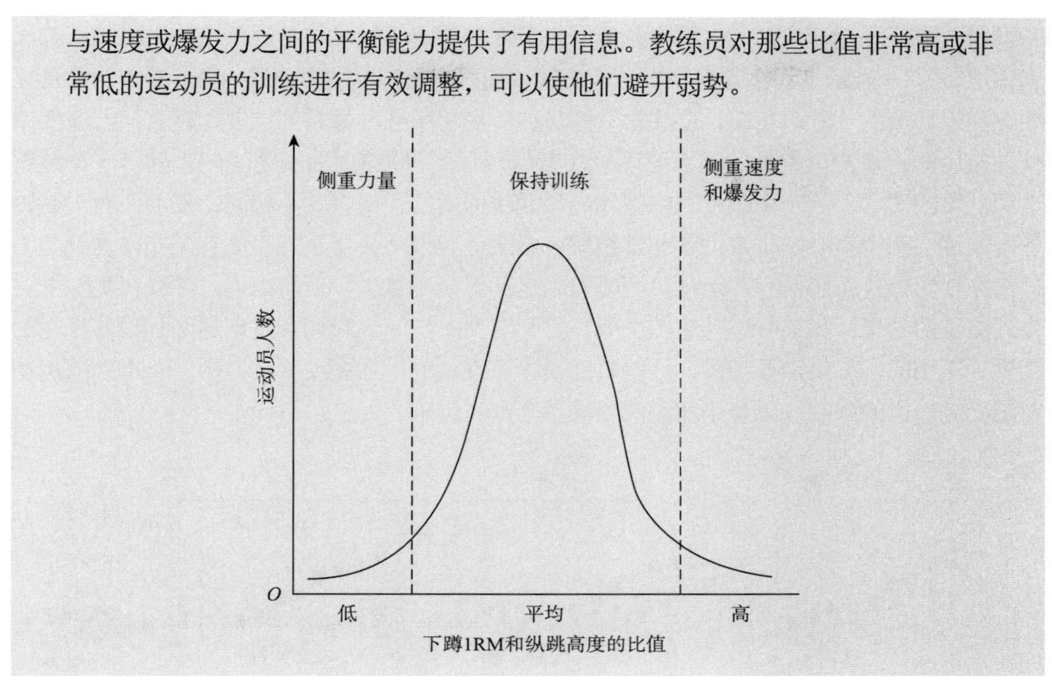

第三节　在力量房中测量高速举起

我们已经讨论了力量房中测量速度的重要性以及一些挑战和注意事项，现在让我们探讨一下常见的速度，作为对第二章和第六章所讨论的主题的更详细补充。接下来的讨论将主要集中在以下 5 个方面。

• 对只监测杠铃位置的传感器或可监测整个运动系统质量（身体+杠铃）的测力板收集的数据进行比较。

• 平均值与峰值的比较。

• 速度特性对力和爆发力的影响。

• 生成的曲线和直线的形状和斜率。

• 不同练习的速度和相关特性及其变化。

还请注意，本章的许多数据不是来自公开发表的数据，而是来自力量房中和运动表现实验室中训练有素的个体的数据，但数据代表了许多情况下的预期情况。

一、杠铃下蹲

我们将分析一种力量房中最常见的练习，即杠铃下蹲及其变式的速度特征，特别是快速下蹲的速度特征。该动作是在不离开地面的情况下以最大向心速度进行的，运动员蹲到大腿顶部与地面平行的深度（腹股沟褶皱低于膝盖顶端）。下蹲跳与快速下蹲类似，但运动员在下蹲跳举起动作结束时要离开地面。负重跳的下蹲深度与未加负重的纵跳测试的深度相似。图7.9 展示了在小负荷和大负荷之间的速度、力和爆发力曲线。每个图中的垂直虚线表示运动员的 1RM 负荷。要注意只测量杠铃（使用某种类型的位置传感器）的速度曲线与使用测力板测量整体运动系统质量（身体+杠铃）的速度曲线之间的差异。一个装置追踪杠铃的质心，另一个装置追踪整体运动系统的质心，两者并不相同。然而，对于杠铃下蹲训练，两个质心的垂直位移非常相似，结果差异很小，甚至几乎没有差异。这就是为什么在使用位置传感器时，运动员可以输入运动系统质量进行下蹲练习，并获得类似于测力板测量的结果。如果仔细观察图 7.9（a）和图 7.9（b），我们会发现这两种设备产生的结果并不相同。如果需要精确，这些数据是不可互换的。在图 7.9（c）中，负重跳的运动范围受到很大的限制，以至于质心的差异不会产生影响。

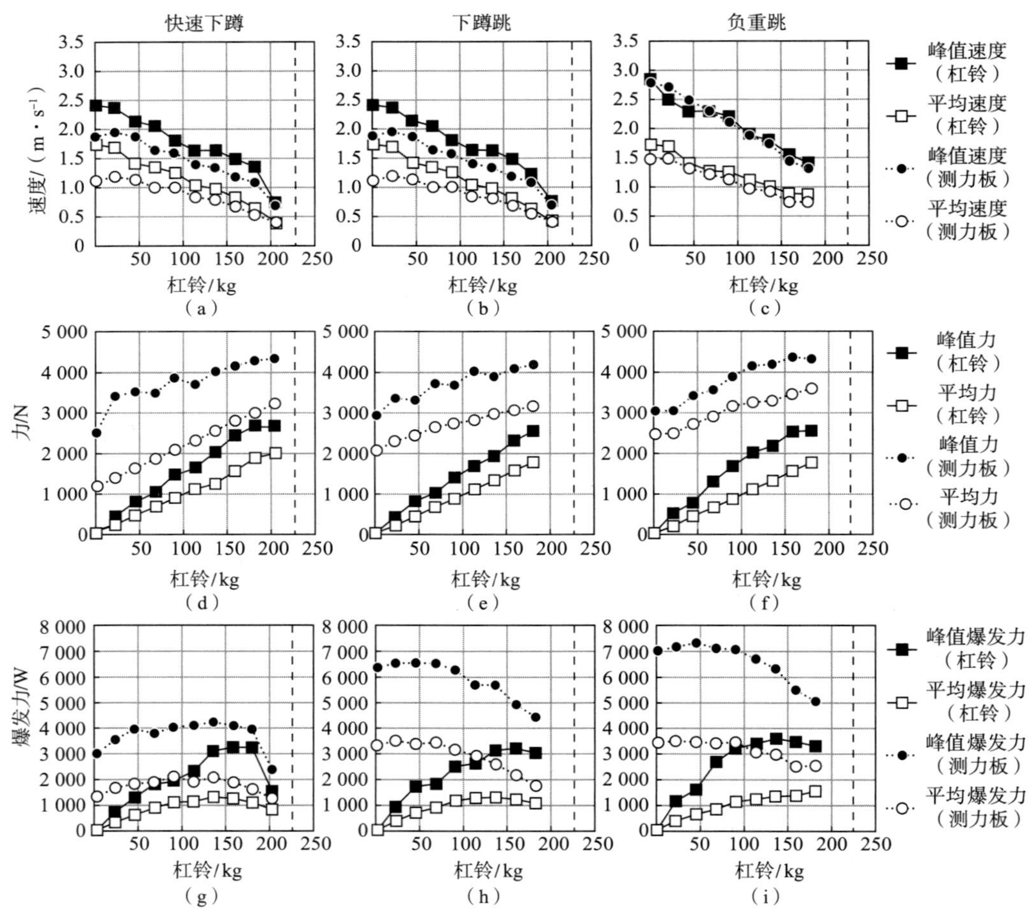

图 7.9　一名训练有素的运动员快速下蹲、下蹲跳和负重跳的速度、力及爆发力

注：垂直虚线表示 1RM 负荷。

在测量速度时，一个常见的问题是使用平均速度还是峰值速度。图 7.9 说明了对所有变量来说，这些值可能会有显著差异。尽管这些变量几乎总是高度相关（$r > 0.90$），但它们是不相同的，不应互换使用。此外，采样率将特别影响峰值的准确性。由于峰值来自单个采样点，样本太少意味着更容易错过实际的峰值情况。

因为速度是影响力和爆发力的一个变量，图 7.9 显示了每个变量是如何在不同的负荷和速度下产生了独特的曲线。虽然本章的重点是力量房中的速度，但是我们也必须考虑这些同样重要的变量，以充分理解为什么速度如此重要。通过速度曲线[图7.9（a）～图7.9（c）]和力曲线［图7.9（d）～图 7.9（f）］的比较，我们可以看出较低的速度与较大的力的关联性，即使在运动员试图以最大速度举起时也是如此，只有被举起的负荷影响所达到的速度。同样需要注意，爆发力曲线［图 7.9（g）～图 7.9（i）］的倒“U”形特征由于两个因素的影响而有很大的不同。第一，当只监测杠铃时，最大的爆发力总是出现在较大的负荷下，而当使用测力板时，最大的爆发力出现在较小的负荷下。在这些计算中，如果将身体质量包含在内，就会影响测试结果。第二，当运动员离开地面并完全避开举起的减速阶段［图7.9（h）和图 7.9（i）］时，最大的爆发力出现在较小的负荷下。这些差异可以部分解释为什么一些科学文献认为产生最大爆发力的相对负荷较小（即≤30%1RM），而其他文献认为产生最大爆发力的相对负荷较大（即 60%～80%1RM）。两种计算都是正确的，这取决于如何收集数据。此外，教练员和运动员必须决定哪种测量方案对他们的需求最重要。例如，一些运动员可能关注整体运动系统质量（如美式橄榄球线锋），而另一些则更关心外部设备的使用或负荷（如棒球投手、标枪投掷者或举重运动员）。

力量和爆发力对爆发性运动表现的贡献

通过长期监测高水平大学生篮球运动员在力量房中的成绩，我们发现力量的增加对爆发力的增加至关重要，而爆发力的增加对高速跳跃运动表现非常重要。这为以提高运动表现为目的而进行的力量、爆发力和速度训练提供了支持。

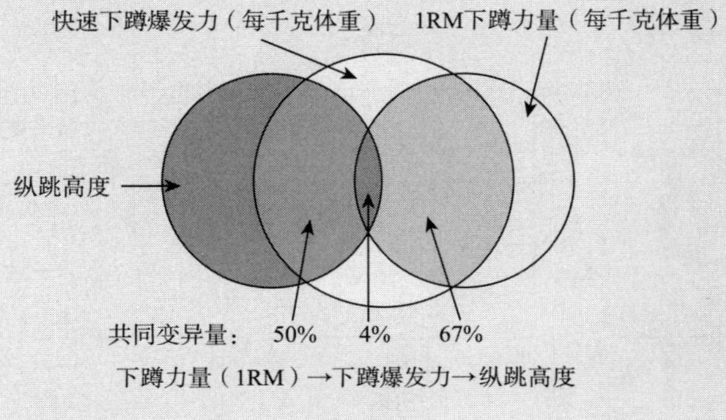

二、下蹲翻和高翻

现在让我们来研究一下力量房中速度较快的动作之一，即下蹲翻（或翻站）的速度和相关特征。在此我们将明确每种举重所涉及的动作。高翻简单地说就是运动员在拉杠铃的结束阶段当膝关节稍微弯曲还没完全下蹲时接杠。对很多运动员来说，这是接杠最常见的姿势，这也意味着杠铃被拉得距离更远。下蹲翻（或翻站）要求运动员在完全伸展后下蹲接杠。这是竞技举重运动员的首选技术，因为杠铃需要被拉到较低的高度，这样可以举起更大的负荷。箱上高翻是在杠铃离地状态时开始举起动作。这是下蹲翻动作的一部分，也是一个常见的下蹲翻辅助练习动作。该动作还避免了典型的悬垂翻（膝上膝下提铃）动作中出现的拉长–缩短周期。请注意，图 7.10 选用的负荷是根据运动员的高翻 1RM 进行的，以便进行比较。

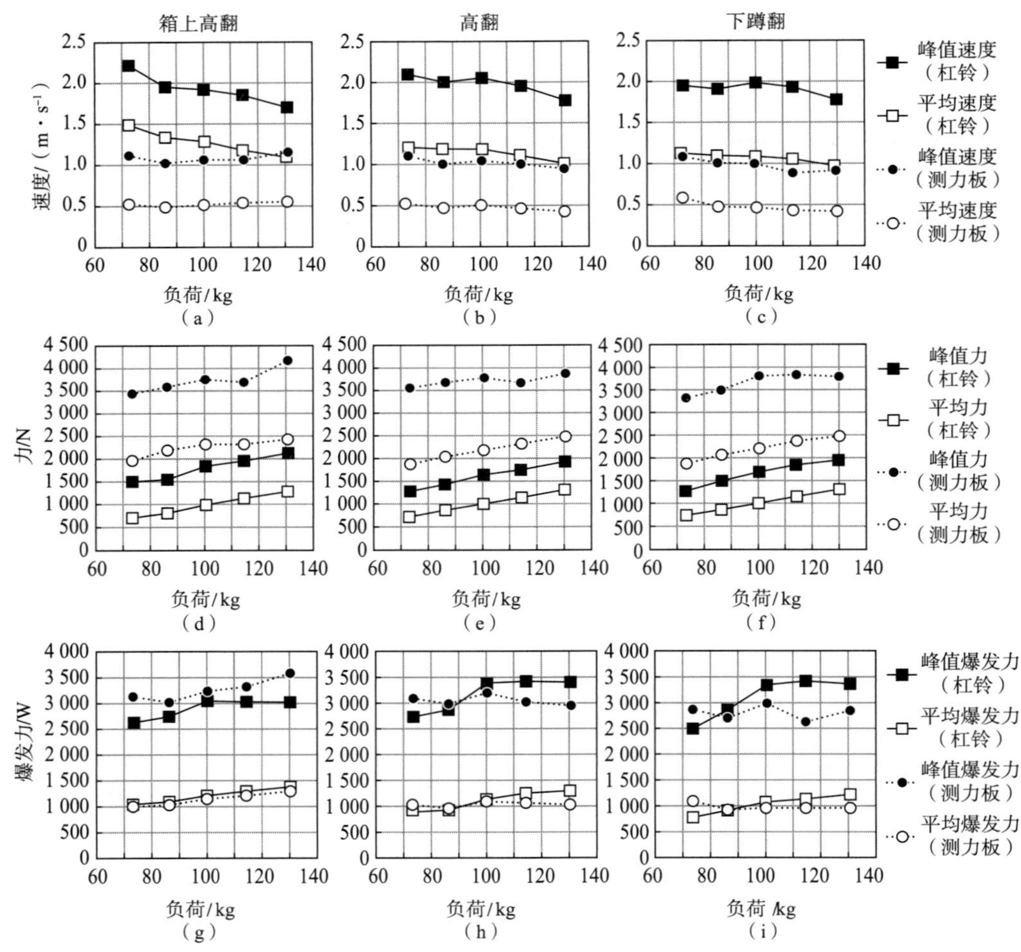

图 7.10　一名训练有素的运动员箱上高翻、高翻和下蹲翻的速度、力及爆发力

注：箱上高翻 1 RM=145kg。

现在我们来分析下蹲翻的速度特征的相同方面，看看下蹲翻和之前讨论的下蹲练习有什么不同。请注意在图 7.10 中，从测力板导出的速度数据与直接从杠铃［图7.10（a）～图7.10（c）］中测得的速度大不相同。主要的区别在于，由于身体的质心移动远小于下蹲翻中杠铃杆的质心移动，因此这种差异比下蹲翻练习要大得多。使用整体运动系统质量会导致记录的举起速度大大降低。然而，在用测力板记录时，随着身体质量的增加所测量到的力比只监测杠铃［图 7.10（d）～图 7.10（f）］时测到的力更大，这更类似于下蹲练习。

无论是使用测力板还是仅仅监测杠铃，在下蹲翻练习中，速度和力的组合会产生很相似的结果［图 7.10（g）～图 7.10（i）］。当比较每个练习变式的速度、力和爆发力曲线时，所有的曲线看起来都很相似。这很可能是由于每次举（包括下蹲翻练习的二次提拉）时会出现运动和动力的峰值，但不要把这理解为完全下蹲翻（包括下蹲接杠动作），因为这不能起到有价值的训练效果。根据运动员的需要，可以将这种举法与对个人有益的重要动作模式相结合。

不出所料，峰值和均值相差很大。在图 7.10 中，杠铃位置传感器的灵敏度被设置为忽略完成提拉动作的向心部分后的任何移动，从而避免了前面描述的一些问题。所有这些曲线的一个显著的特点是速度范围很窄。下蹲翻和它的衍生动作都是有时间限制的动作，即使在最大的负荷下，运动员也不可能缓慢地进行这种练习。所有类型的举起动作的结果显示，负荷从最大到最小都会产生非常快的速度。从所示曲线的相对较小的斜率可以明显看出这一点。

当比较下蹲翻曲线（图 7.10）和下蹲曲线（图 7.9）时，还有另外两个重要的因素。首先，与下蹲不同的是，下蹲翻之前没有离心动作，这将极大地影响所产生的速度、力和爆发力。其次，下蹲翻曲线中最小负荷的举起是在高翻大约 50% 1RM 下进行的，而下蹲是在只有 1kg 的负荷下进行的。如果将下蹲翻曲线扩展到<50% 1RM 负荷范围，则速度值可能会更大。

三、卧推

图 7.11 展示了杠铃卧推练习的速度、力和爆发力曲线。这些曲线所示的推举是在没有停在胸部的情况下进行的（有时被称为“一触即离开”），这意味着在所示推举动作的向心阶段之前有一个离心阶段。如前所述，在这个练习中，只有上肢运动，所以即使测力板测量包括整体运动系统质量（身体+杠铃），只有身体很少的一部分肢体在移动（大约占身体质量的 11%），并影响到整体运动系统质量的质心速度。因此，从测力板导出的速度比从杠铃测得的速度要小得多。

正如所有练习的测试结果所示，速度和力的峰值大于平均值。整体运动系统的力始终远大于相应的杠铃的力。即使在这个练习中身体的大部分是静止的，它仍然影响着整体运

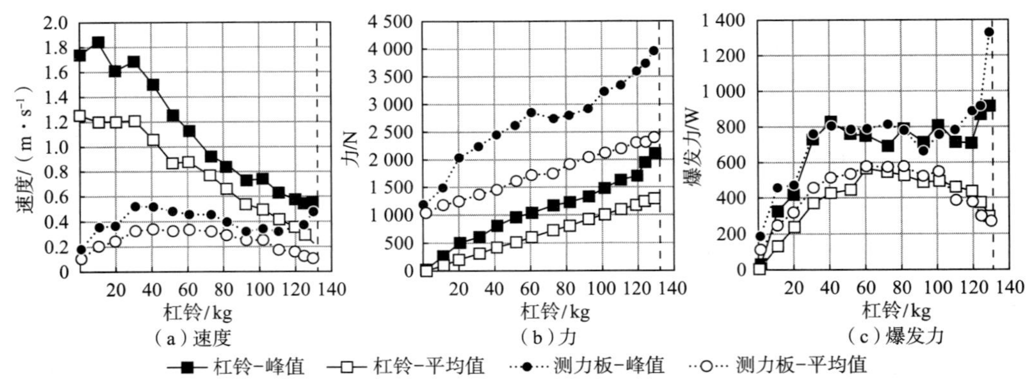

图 7.11　一名训练有素运动员的杠铃卧推练习的速度、力和爆发力

注：垂直虚线表示 1RM 负荷。有时在最大负荷下看到峰值爆发力的增加（图 7.7）对于峰值速度和峰值力而言也是很明显的。

动系统的地面反作用力，所以我们在图 7.11（b）中看到更高的值。如图 7.11（c）所示，速度和力的组合使两种测量方法得出的爆发力惊人相似。如果运动员在卧推动作的底部暂停，卧推可能会更平稳，从而最大限度地减少拉长–缩短周期的影响，以及“反弹”式推离胸部的影响。推进和减速阶段的变化也可能影响峰值爆发力的变化。当然，卧推抛掷可能会改变这些曲线的形状，但出于安全考虑，这种形式的训练可能会出现问题。

总之，力量房中的测量速度在很大程度上受测试方法和使用的设备、平均值或峰值及训练类型的影响。知识渊博的教练员在解释结果时需要考虑这些因素。

举重成绩和力量的相关性

举重动作（即抓举、挺举）要求杠铃速度要快，运动员技术要熟练，但高水平的肌力是举重运动员取得优异成绩的必要条件。下图数据显示了杠铃下蹲力量和举重之间的显著相关性，也反映了从业余爱好者到国际水平运动员各个级别举重者的成绩。

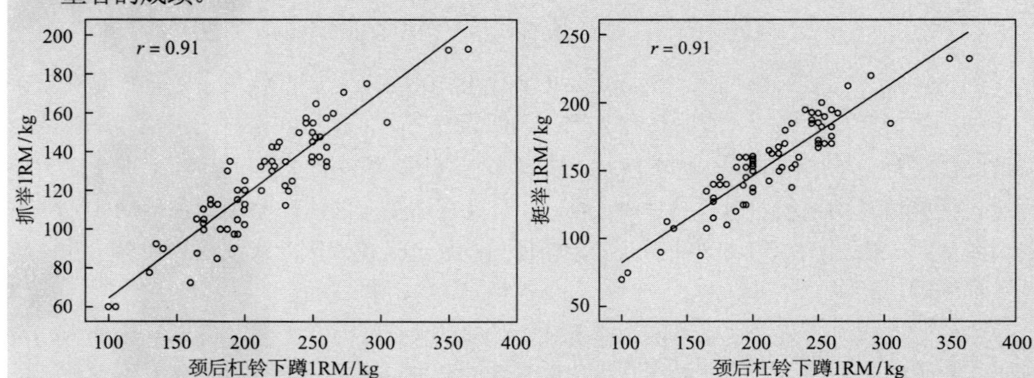

［资料来源：R.A.J. Lucero, A.C. Fry, C.D. LeRoux, and M.J. Hermes, “Relationships Between Barbell Squat Strength and Weightlifting Performance,” *International Journal of Sports Science & Coaching* 14, no. 4(2019): 562-568. 许可转载］

第四节 慢速向心抗阻练习

在过去的50多年中，一些抗阻训练爱好者一直提倡有意放慢举重的速度。这种抗阻训练有很多名称，包括高强度训练、超慢训练或节奏训练等。慢速抗阻训练的支持者对慢速抗阻训练方法的有效性做了不少陈述，如获得更大的力和爆发力，有利于肌肉肥大和运动单位募集等。虽然科学文献没有支持这些说法，但是这种类型的训练仍然很受欢迎。在许多情况下，等长力-速度曲线被用于支持慢速运动产生的较大肌力。正如我们将要看到的，这种对等长力-速度曲线的解释可能存在问题，因为测力计只允许一个速度，而自由重量运动速度受到许多因素的影响。毫无疑问，对一些人来说，慢速抗阻训练可以促进肌肉生长和力量增加。临床医生通常会开出慢速运动处方作为康复或治疗性训练计划的一部分。然而，我们必须提出一个问题：这是一种最佳的训练方法吗？本节将讨论有目的的慢速抗阻训练的动力学和运动学特征。

也许最简单的方法就是在测力板上做一个杠铃下蹲。图 7.12 展示了在 25kg 中等负荷下进行平行下蹲时的地面反作用力。正如预期的那样，当运动员在向心阶段最大限度地加速时，地面反作用力要大得多。当杠铃被举得很慢时，地面反作用力与只是站在测力板上握住杠铃所产生的力几乎完全相同，这是一种等长肌肉动作。本章开头给出的公式强调了所产生力的这些差异。正如我们将在许多其他例子中看到的，当使用恒定的外部阻力时，降低举起动作速度总是会有以上这种效应。

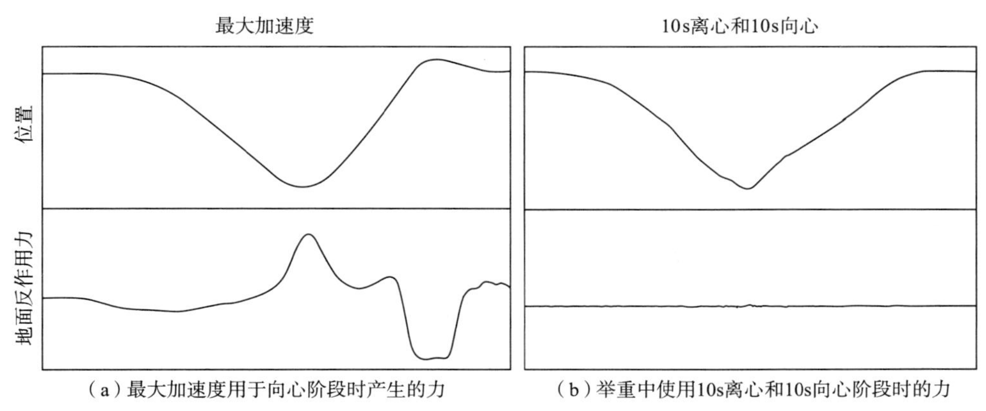

图 7.12 在 25kg 中等负荷下进行平行下蹲时的位置-时间曲线和力-时间曲线

现在让我们来讨论一下在不同速度下缓慢举起动作的效果。当举起动作的速度不是如图 7.12 所示那样的缓慢时，力或爆发力是否会发生大幅下降？图 7.13 展示了在卧推过程中，一个看似微小的动作速度变化是如何大大降低杠铃的爆发力的。图 7.14（a）和图 7.14（c）显示了当负荷保持不变，但通过将向心阶段的时间从 10s 缩短到小于 1s 而使杠铃垂直速度发生变化时，测力板测量的杠铃的平均力和爆发力情况。从前面关于高速举起动作的讨论中可以推测，当使用相对负荷（50%1RM）时，杠铃的平均力没有改变，但杠铃的平均爆发力随着速度的增加而呈线性增加，这完全由更快的速度引起。应该注意的是，图 7.14（a）中的力-速度曲线与等长运动测试产生的曲线有很大不同。显然，当刻意放慢速度时，等速力-速度曲线不能被用来推断自重（或配重片器械）举起动作的动力学特性。如果负荷发生变化，举重运动员在每个负荷的向心阶段最大限度地加速杠铃，情况会怎样呢？图 7.14（b）和图 7.14（d）显示了在这些条件下杠铃的平均力和爆发力。对于这些蹲起情况，杠铃速度随着负荷的增加而减小。这不是受到举重运动员刻意放慢举重速度的影响，而是受到不得不移动更大质量的影响。任何一个经常蹲起相对较大负荷的人都应该有过这种经历。与人们了解到的情况可能相反，举重运动员在较大的负荷下不会减慢杠铃的速度以产生更大的力，而是由于杠铃质量较大而减慢杠铃的速度。这类似于第二章中呈现的质量-距离曲线（图 2.10）。这也有点类似于常被引用的等速力-速度曲线，只是速度的变化是由于杠铃质量的不同，而不是由于等速装置操控了速度。

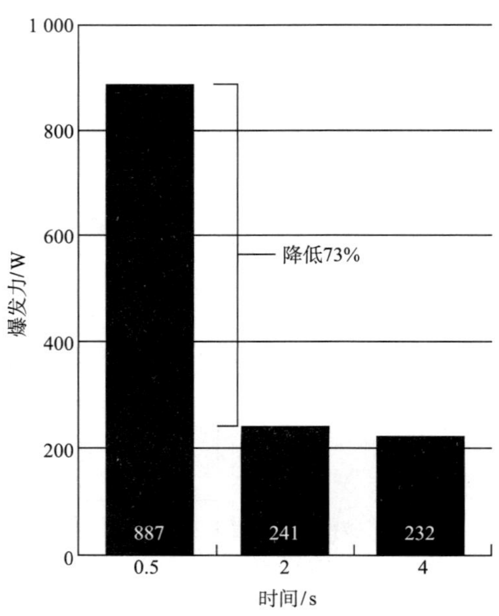

图 7.13　卧推中的爆发力表现

注：在 3 种常用推举速度下进行 100kg 的杠铃卧推练习时杠铃的爆发力，向心阶段持续时间为 0.5s、2s 和 4s。

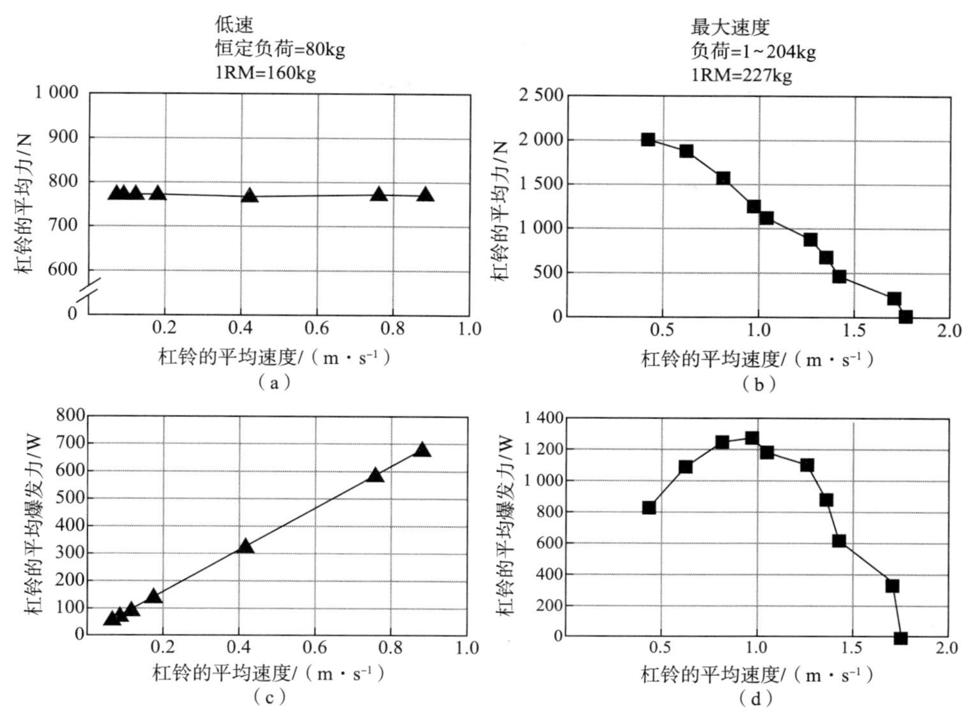

图 7.14　在举起动作速度范围内进行下蹲练习时杠铃的力和爆发力

注：在（a）和（c）中，在使用恒定负荷的情况下，杠铃速度自主控制，从 10s 向心阶段（最左端三角形）到最大加速度阶段（最右端三角形）；在（b）和（d）中，所有的动作都以最大加速度进行，但负荷不断增加（最右端正方形为 1kg，最左端正方形为 204kg）。

如果进行另一种练习，如硬拉（硬举），又会怎样呢？图 7.15 与图 7.14 相似，但由于动作不同，会有几个重要的区别。在下蹲的向心阶段之前会有一个离心阶段，这意味着主动肌已经收缩，这有助于所要举起负荷中的拉长–缩短周期。硬拉则不同，硬拉有一个初始的小峰值力以克服小负荷下静止杠铃的惯性。这种小峰值力在大负荷时不太明显。结果表明，在较轻的负荷下，当杠铃速度增加时，硬拉的平均力略增加。因此，所用的抗阻练习可以改变力–速度曲线的形状。然而，下蹲和硬拉练习都会产生前面部分讨论过的典型的倒“U”形爆发力–速度曲线。

由于许多运动员和教练员喜欢监测举起速度，因此当运动员刻意放慢举起速度时，了解准确的杠铃速度是很有帮助的。当所有的举起动作都使用相同的负荷（80kg），图 7.16（a）显示，根据向心阶段持续的时间，杠铃速度的范围可以从小于 0.1m/s 到接近 0.9m/s。图 7.16（b）显示了仅测量杠铃的平均力和峰值力以及当使用测力板测量包括运动员身体质量（即整体运动系统质量）时的平均力和峰值力。正如前一节所讨论的那样，不同的结果取决于是仅监测杠铃，还是用测力板监测整体运动系统质量。当用测力板测量整体运动系统质量时，图 7.16（b）中的灰色箭头表示只是站在测力板上不动所产生的地面反作用力。似乎刻

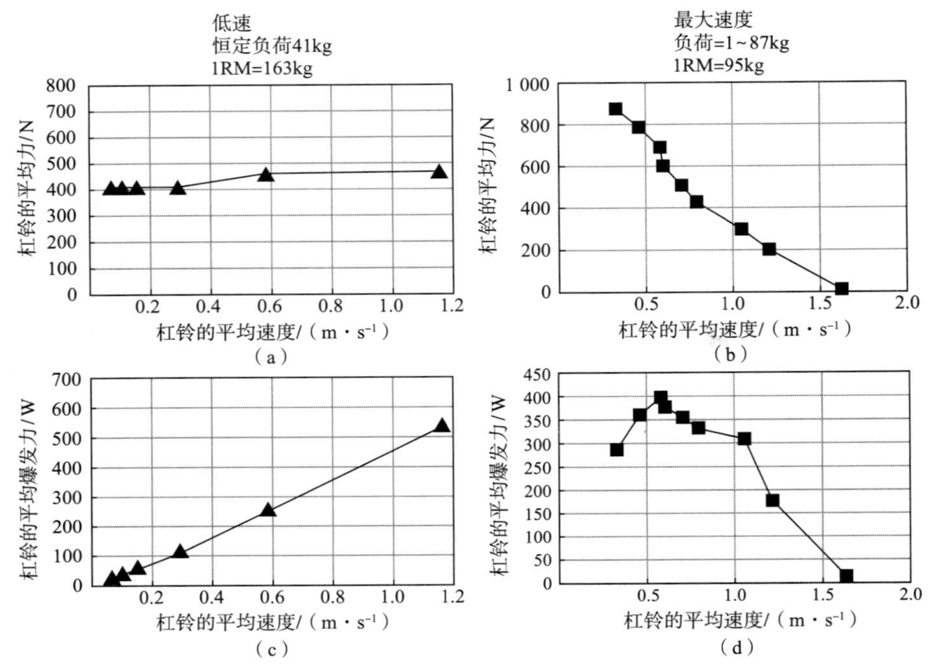

图 7.15　在举起动作速度范围内硬拉训练中杠铃的力和爆发力

注：在（a）和（c）中，在使用恒定负荷（25%1RM）的情况下，杠铃速度自主控制，从 10s 向心阶段（最左边三角形）到 1s 的拉起阶段（最右边三角形）。在（b）和（d）中，所有的举起动作都以最大的加速度进行，但负荷在不断增加（最右端正方形为 1kg，最左端正方形为 87kg）。

意降低举起速度对平均向心收缩力的影响，这种影响很小，甚至没有影响，还要注意举起动作速度的增加是如何导致力和爆发力的平均值和峰值之间的更大差异的。如前文所述，在这种使用恒定负荷的自由重量慢速抗阻训练中，力-速度曲线与经典的等速力-速度曲线有很大的不同。当自由重量的恒定负荷的爆发力-速度曲线如图 7.16（c）所示时，倒“U”形特征不再明显。根据爆发力公式（即力×速度），即使力不受影响（平均值）或略有增加，增加的举起动作速度将产生更大的爆发力。

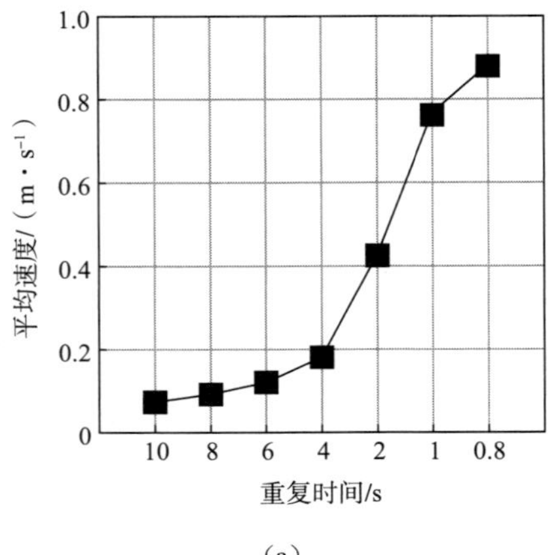

（a）

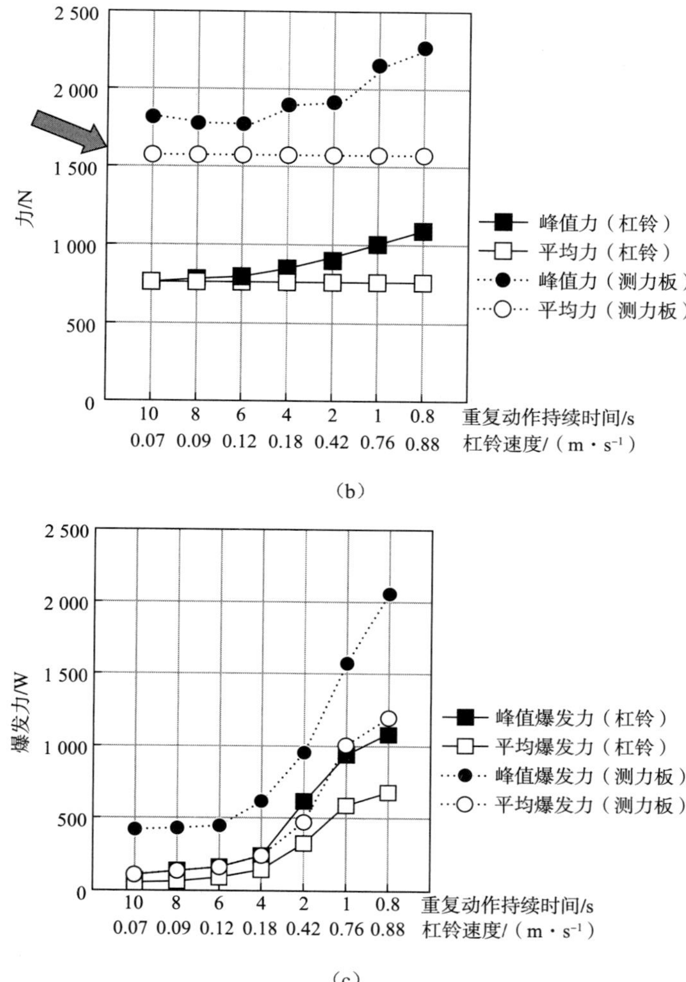

图 7.16　不同慢速条件下下蹲变式的比较

注：在不同杠铃速度下进行 50%1RM 杠铃下蹲时，杠铃平均速度及力和爆发力的平均值和峰值。力和爆发力曲线上显示了只测量杠铃及测量整体运动系统质量（杠铃十身体）的数据。此外，力和爆发力的平均值和峰值在图中也有显示。（b）中的箭头表示只是站在测力板上不动所产生的地面反作用力。

第五节　慢速离心抗阻练习

一种流行的训练方法是进行缓慢的、控制速度的离心动作练习，这通常被称为负向练习法。这种练习的一些倡导者认为，这种练习是有效的，因为与正常的下降速度相比，当缓慢减小负荷时，运动员能在更大程度上对抗重力，但这不一定是真的。图 7.17 是硬拉练习在离心和向心阶段的力-速度曲线。请注意，图 7.17 的右侧与我们讨论过的其他图非常相似（图 7.14、图 7.15、图 7.16），峰值力随着速度的增加而增加，平均力偶尔会在最高速度时受到影响，但离心速度并没有显著地影响杠铃的平均力。这些动作很难完成。为什么会出现这样的情况？

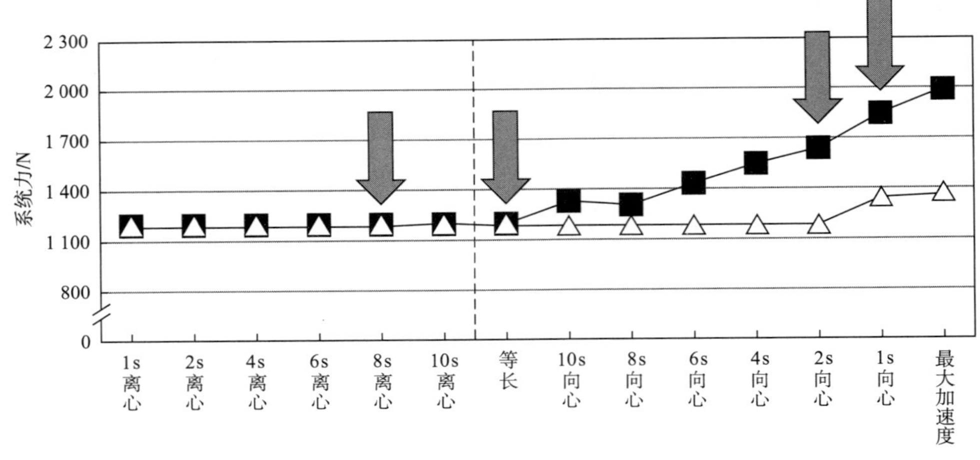

图 7.17　硬拉练习在离心和向心阶段的力-速度曲线

注：当从左边最快的离心动作到右边最快的向心动作时，在恒定负荷 41kg 的情况下，进行控制速度的硬拉练习的整体运动系统质量的情况；4 个箭头所示的硬拉数据被列在表 7.1 中。黑色方块表示峰值力，白色三角形表示平均力。

要回答这个问题，我们得牢记重力加速度总是存在的。让我们研究一下图 7.17 中箭头所指的硬拉练习中一个受控离心举起动作和两个向心动作的最终加速度（即 8s 离心、2s 向心和 1s 向心）。当在测力板上进行测量时，整体运动系统质量的加速度是由通过地面反作用力 N 除以整体运动系统质量 kg 得到的。如表 7.1 所示，当这些硬拉的整体运动系统质量的加速度因重力加速度而调整时，我们很容易看出，慢速、受控的离心阻力练习对力产生的影响很小。这就解释了图 7.17 和图 7.18 中离心力曲线的形状。因此，慢速的离心动作对力产生的影响可以忽略不计。在图 7.17 和图 7.18 中力-速度曲线的另一侧，动作速度从 2s 提升到 1s 的微小变化将显著增加力量（在这种情况下增加 12%）。最终的结果是，在持续的外部抗阻训练中，试图通过慢速动作来增加力量是徒劳的。实际上，增加力量的有效策略相当简单：要么增加举起的质量，要么提高动作的速度。

表 7.1　硬拉中离心动作和向心动作的加速度和力，包括重力加速度

类型	持续时间/s	整体运动系统质量/kg	平均速度/（m・s^{-1}）	峰值力/N	峰值加速度：质量/（m・s^{-1}・s^{-1}）	峰值重力加速度/（m・s^{-1}・s^{-1}）	与等长动作的差值
离心	8	121.1	−0.09	1 181	9.75	−0.06	0.6%

续表

类型	持续时间/s	整体运动系统质量/kg	平均速度/(m・s⁻¹)	峰值力/N	峰值加速度：质量/(m・s⁻¹・s⁻¹)	峰值重力加速度/(m・s⁻¹・s⁻¹)	与等长动作的差值
等长	0	121.1	0	1 188	9.81	0	—
向心	2	121.1	0.42	1 637	13.52	3.71	37.8%
向心	1	121.1	0.76	1 835	15.15	5.34	54.4%

注：这些值是图 7.17 里的箭头所指的 4 次硬拉。

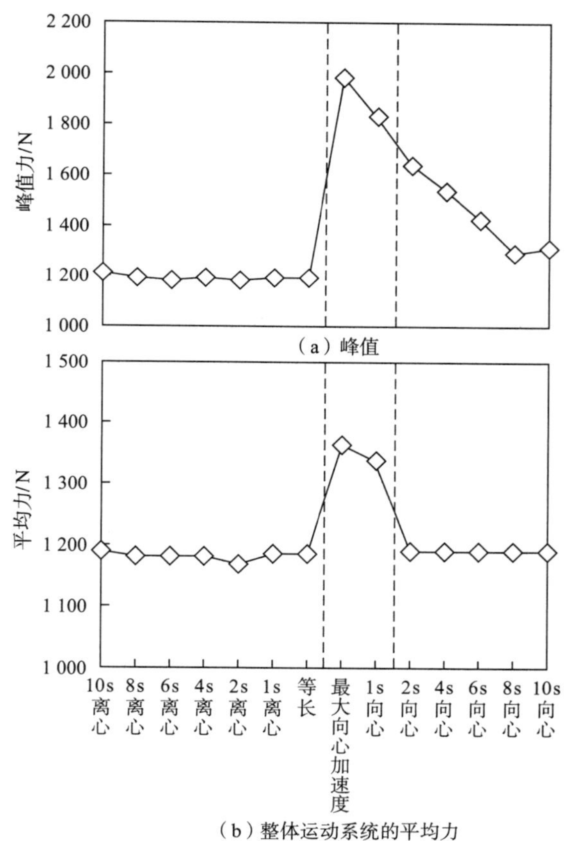

图 7.18　在不同速度下进行的硬拉峰值力和整体运动系统的平均力

注：在典型的抗阻训练计划中完成的动作速度位于虚线区域之间。

让我们从另一个角度来讨论一下有目的的慢速抗阻练习。这种练习的主要论点之一是肌肉承受负荷的时间，也被称为肌肉在张力下的时间（或肌肉激活时间），是肌肉生长和肌力发展的主要因素。有人认为，即使刻意地进行单次慢速抗阻练习所产生的力量和爆发力较小，但慢速举起动作的真正价值是在整个训练课中产生的。当多种练习的多次重复动作被放在一起时，在张力状态下的集合时间相当大，从而产生预期的结果。为了更仔细地研究这个问题，我们需要对通常用于极慢速度或最大加速度抗阻练习的训练课进行分析，以便和常用的训练原则做比较。表 7.2 描述了使用不同的动作速度进行杠铃下蹲和杠铃卧推两种不同训练的结果。尽管这两种训练都进行到运动员接近力竭，但当杠铃以最大向心速度移动时，力量、爆发力、功和冲量的差异非常大。虽然有人建议将肌肉在张力下的时间作为一个重要的训练变量，但是这些数据表明，训练中的总功（焦耳：N×*ds*），以及力和时间的组合（冲量：N・s）可能更重要。

表 7.2 最大加速度或极慢速度抗阻练习的向心运动表现比较

变量	3×10%～70% 1RM 最大加速度	1×10%～28% 1RM 极慢速度
向心持续时间	约 1s	10s
杠铃下蹲		
平均力/N	*增加 44%	—
平均爆发力/W	*增加 1 176%	—
杠铃卧推		
平均力/N	*增加 130%	—
平均爆发力/W	*增加 2 022%	—
全部训练		
肌肉在张力下的时间	—	*增加 156%
功/J	*增加 344%	—
冲量/N・s	*增加 41%	—

注：*表示数值较大的训练。

［资料来源：改编自 P.R. Dietz, A.C. Fry, T.J. Herda, et al., “Attenuated Kinetic and Kinematic Properties During Very Slow Tempo Versus Traditional Velocity Resistance Exercise,” *International Journal of Sport Science and Coaching*(in review).］

一个“质量–距离”曲线实例

在实验室中，力–速度曲线的测试通常需要昂贵的设备。然而，如图 2.10 所述，可以通过投掷不同重量的物体并测量投掷的距离来进行简单的实地测试。物体的质量代替了力的测量，抛出的距离取决于出手速度，所以它代替了速度的直接测量。通过使用不同重量的健身球和运动球获得类似图中所示的曲线，这可以提供有益的训练指导。

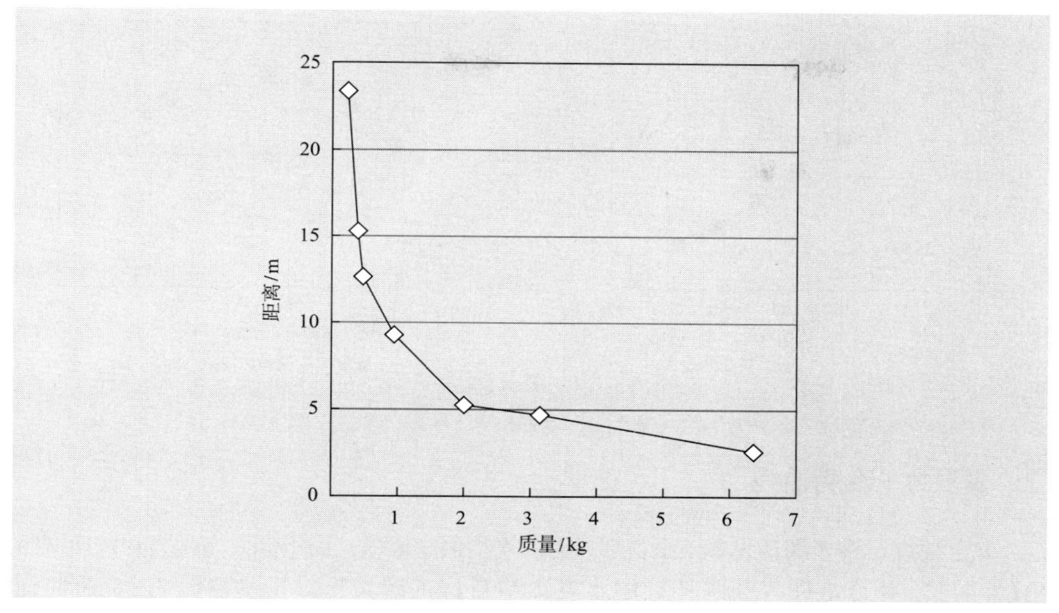

第六节　力量房中与速度相关的评估

在力量房测量举起动作的速度是很有益的。在许多训练中教练员可以参考这些信息。下面我们将讨论在力量训练中评估速度的好处，以及不同类型的测试。此外，还有一些必须考虑的重要因素会影响测试效度。虽然在力量房中评估速度和速度相关变量并不一定困难，但是必须充分理解测试的性质，才能正确解释结果。只有进行正确的评估才能确保结果的有效性。

一、速度 - 负荷曲线

速度-负荷曲线的创建通常是力量房中评估速度的最初应用之一。通过记录举起负荷范围的平均速度或峰值速度，可以计算出这种关系的最佳拟合线。最佳拟合线是图表上描述数值的统计衍生线（如直线或曲线）。通常，这会产生一个线性关系，如图 7.19（a）（来自一名运动员的真实数据）所示。请注意，图 7.19（a）与图 7.9（a）非常相似。相对强度（1RM 的百分比）与速度之间的关系是一个非常稳定的变量，该变量可以将动作速度作为运动处方建议，这一点我们将在后面讨论。此外，在负荷下快速移动的能力是许多运动项目所需要的理想特征。

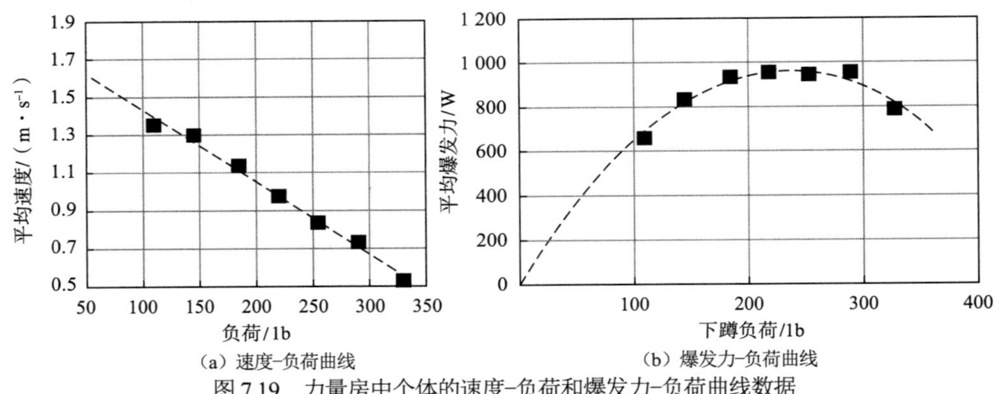

（a）速度-负荷曲线
（b）爆发力-负荷曲线

图 7.19　力量房中个体的速度-负荷和爆发力-负荷曲线数据

注：在杠铃颈后下蹲练习中，平均速度与杠铃负荷呈线性关系，而平均爆发力呈现倒"U"形特征。1 lb≈0.453 59kg。

二、爆发力 - 负荷曲线

除了速度，许多测量设备还报告爆发力的平均值和峰值。由于爆发力是力乘以速度得出的结果，并且是许多训练计划的主要训练目标，确定运动员的爆发力-负荷曲线［图7.19（b）］可以提供有用的训练信息。例如，一些教练员使用这些信息来确定下蹲练习中产生最大爆发力的训练负荷。该曲线还说明了与最大爆发力相关的相对负荷（1RM 的百分比）。需要注意的是，该曲线与图 7.9（g）中所示的曲线相似。

三、进展评估

有效训练计划的一个重要组成部分是进展评估。速度-负荷曲线和爆发力-负荷曲线都是监测训练进展的一种方法。图 7.20 显示了一名训练有素的运动员在一年的运动训练中，杠铃快速下蹲在速度和爆发力上的进步。由于速度-负荷关系很稳定［图 7.20（a）］，所显示的成绩提高表明年度训练非常成功。由于下蹲 1RM 的肌力的增加，两条曲线的右端都向右移动，而最大爆发力的相对负荷（1RM 的百分比）保持稳定［图 7.20（b）］。

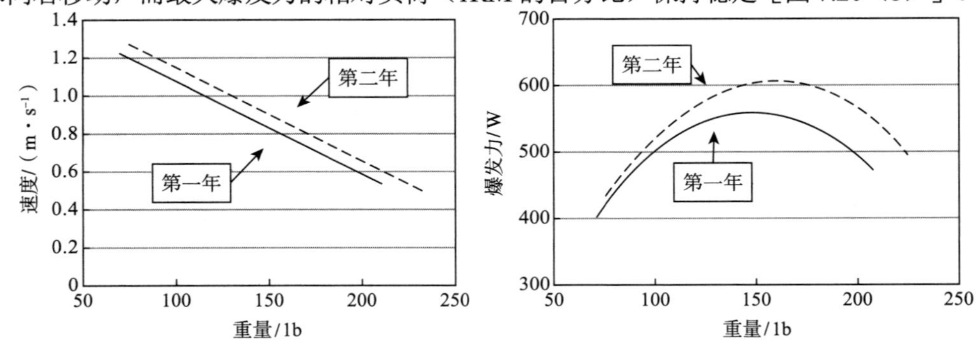

（a）平均速度—负荷曲线
（b）平均爆发力—负荷曲线

图 7.20　一名训练有素的运动员连续两年的测试数据

注：该图显示了这名运动员杠铃快速下蹲练习的平均速度-负荷曲线和平均爆发力-负荷曲线的进展情况。两条曲线都向上移动（表示速度和爆发力的增加）和向右移动（表示通过增加 1RM 肌力而增加的力量）。

四、肌纤维类型如何影响曲线

影响速度–负荷曲线和爆发力–负荷曲线形状和位置的因素有很多。一个经常被忽视的变量是不同类型的肌纤维在肌肉收缩过程中的作用。不同肌球蛋白重链（MHC）的蛋白质亚型（即Ⅰ、Ⅱa 和Ⅱx）的相对百分比与不同类型肌纤维的横截面积高度相关（$r > 0.90$）。研究数据表明，MHCⅡa 的百分比越高的个体在所有相对强度下的收缩速度越快（图 7.21），这意味着速度曲线的斜率负值越大，y 轴截距越大。

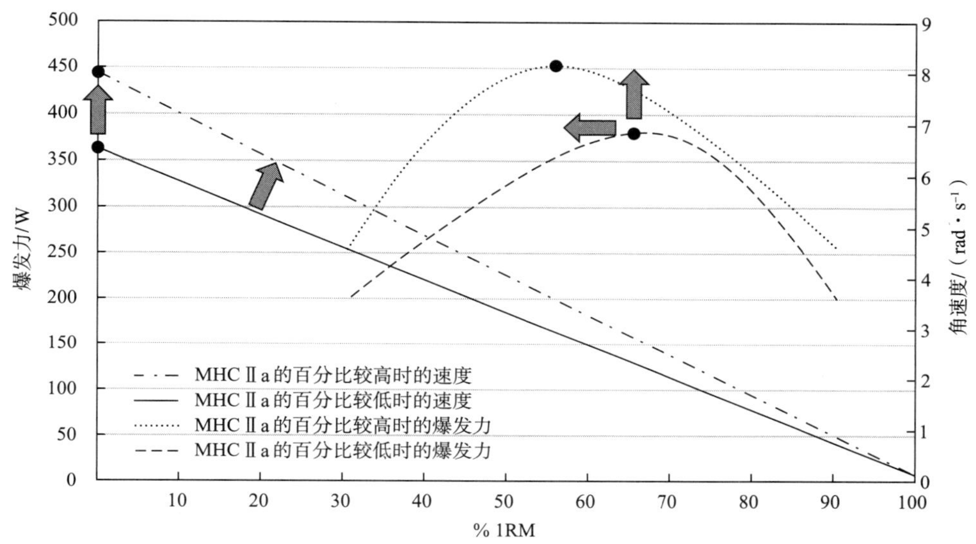

图 7.21 MHCⅡa 的百分比对 42 例膝关节伸展的速度–负荷曲线和爆发力–负荷曲线的影响

注：MHCⅡa 的百分比升高，两条曲线就会向箭头所示的方向移动。

［资料来源：M.T. Lane and A.C. Fry, "Myosin Heavy Chain Expression Relationships to Power-Load and Velocity-Load Curves," *Journal of Sports Medicine and Physical Fitness*(in review).］

随着 MHCⅡa 的百分比的增加，爆发力也增加，并在 1RM 的百分比较低时达到峰值，表明收缩速度增强。MHCⅡa 的百分比较高时的速度–负荷曲线和爆发力–负荷曲线表明，需要提高速度和爆发力的运动员应该优先对Ⅱa 型肌纤维进行肌肉肥大的训练。

五、基于速度训练的 1RM 肌力的预测

测试最大力量的过程是一个冗长而严格的过程，特别是当运动员需要举起很大负荷（如杠铃下蹲、硬拉、卧推和下蹲翻）时。计算 1RM 肌力的一种方法是使用基于速度的测试。这涉及计算一些次最大负荷下举起动作的速度，由此可以创建一条回归线，以确定 100%1RM 对应的负荷（图 7.22）。该负荷是练习 1RM 肌力的计算值，尽管这个值可能会受到个人训练状态的影响。虽然这种测试方法在某些实际环境中可能是有用的，但是关于这种测试方法的仔细研究表明，有时结果会有相当大的可变性。在次最大负荷下，速度的日变化率较大，可能导致这些线的斜率和估计的 1RM 肌力存在较大差异。在实际

使用中，这种反复测试的方法与在 1RM 负荷下实际测试结果相比会产生更大的可变性。但这并不意味着基于速度的 1RM 测试不起作用。由于实际的 1RM 肌力能够抵抗力量训练负荷的短期波动（见第九章），次最大负荷下速度的变化可以作为训练压力的一个更敏感的指标。

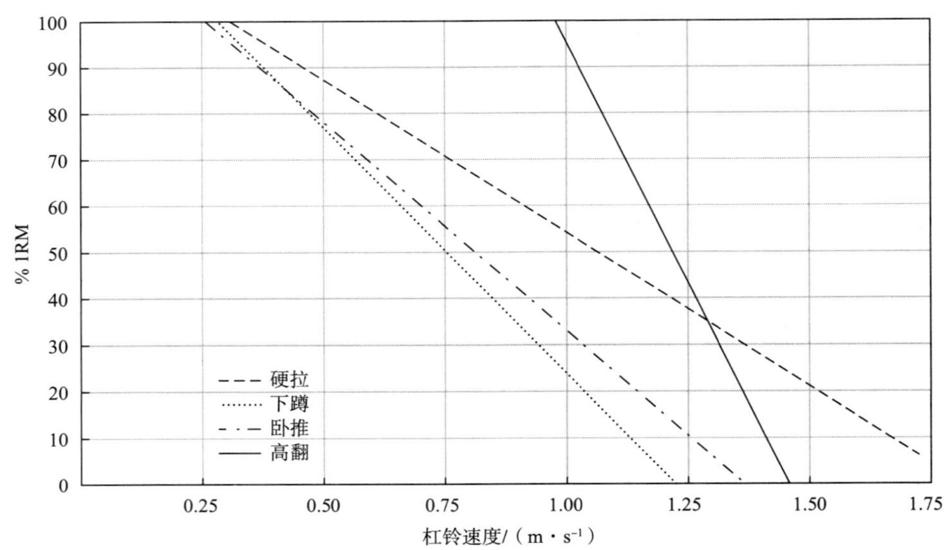

图 7.22　4 项练习的负荷-速度曲线示例

注：本图显示了将回归线扩展到 100% 1RM 可以提供 1RM 肌力的估计值。还应注意一些练习如何具有不同的负荷-速度关系（如高翻）。

［资料来源：B. Mann, *Developing Explosive Athletes: Use of Velocity Based Training in Training Athletes*, 3rd ed. (Muskegon, MI: Ultimate Athlete Concepts, 2016), 48. 经许可改编］

使用动作速度来确定训练负荷和练习建议也许是一个不错的方法，原因如下：第一，根据测量的举起动作速度确定负荷，确保运动员在期望的训练范围内进行训练。图 7.23 显示了与常见的力量特性分类相对应的速度范围和力量特征。第二，由于在规定的 1RM 百分比下，举起能力有很大的个体差异，因此基于速度的训练在确定适当的负荷时可能更精确。这并不是说基于速度的训练比按相对或绝对负荷（如 1RM 或 10RM 的百分比）进行训练更好，而是一些教练员认为这是一种有用的替代方法。当训练一大批有丰富训练经验和较强举重能力的运动员时，情况尤其如此。

六、身高如何影响基于速度的训练

基于速度的训练建议经常忽视运动员的身高。我们仔细观察图 7.23 就会发现，每种力量特征和相对强度都有相当大的适合的速度范围。一些抗阻训练计划理论家根据速度范围和力量特征对力量的性质进行了分类：绝对力量、加速力量、力量-速度（更强调力量）、速度-力量（更强调速度）和起始力量。由于在举重训练中规定一个特定的速度目标很常见，所以当运动员的身高被忽略时就会产生误差。图 7.24 展示了高个子运动员如何比矮个子运动员更快地移动杠铃。当身高是一个因素时，应调整规定的速度，以确保个体以所需的力量特征和恰当的重复范围进行力量训练。

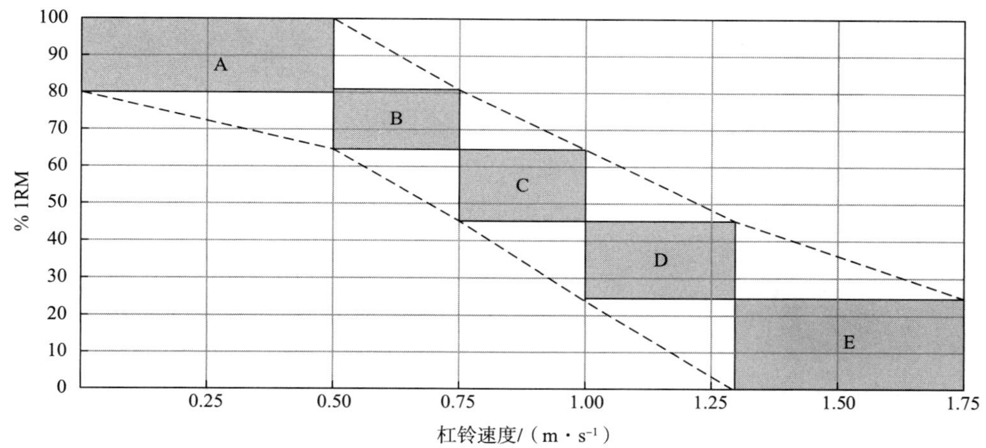

图 7.23　速度范围和力量特征

注：建议的力量房中练习动作的速度范围，以及高水平大学运动员与这些速度相关的力量特征。这些区域可能需要根据不同的人群被调整；A=绝对力量，B=加速力量，C=力量-速度，D=速度-力量，E=起始力量。注意，举重（抓举和挺举）练习主要体现在这个图的右侧，相对负荷（1RM 的百分比）会有所不同。

［资料来源：B.Mann, *Developing Explosive Athletes: Use of Velocity Based Training in Training Athletes*, 3rd ed. (Muskegon, MI: Ultimate Athlete Concepts, 2016), 20. 经许可改编］

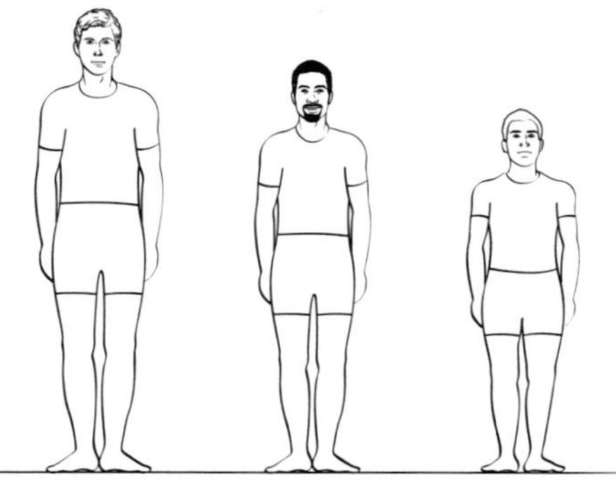

身高	1.90m	1.70m	1.50m
抓举	2.50m/s	2.10m/s	1.60m/s
下蹲翻	1.85m/s	1.70m/s	1.55m/s
挺举	1.80m/s	1.59m/s	1.38m/s

图 7.24　举重运动员的身高会影响举起动作的速度

注：这个表格列举了进行举重练习时不同身高的人的最大速度。

［资料来源：B. Mann, *Developing Explosive Athletes: Use of Velocity Based Training in Training Athletes*, 3rd ed. (Muskegon, MI: Ultimate Athlete Concepts, 2016), 60. 经许可改编］

七、测量发力速度

由于第二章介绍了发力速度的概念和类型，本小节我们将讨论其他相关的方面。虽然发力速度的评估不是直接测量举起速度，但是发力速度肯定是与之相关的，因为发力速度是在动态或静态状态下产生力的速度的量度。它被定义为dF / dt，其中，F表示力，t表示时间，d表示变量。

当身体（或身体的一部分）或外部负荷被移动（或举起）时，发力的动态速度可以确定。图 7.25 所示的原地反向纵跳测试是很好的示例。这种动态活动的发力速度高度依赖诸多因素，如肌肉动作的类型（向心或离心）、拉长–缩短周期的作用，以及起始点和结束点的精确测量识别。由于这些因素很复杂，有时我们很难解释清楚发力速度的动态测量结果。一方面，这些测量有时不是很稳定，往往表现出较低的重测信度。这是因为力或时间部分的微小变化可能对最终的斜率产生很大的影响。另一方面，这些测量似乎对训练压力很敏感，有时可被用于监测训练状态。

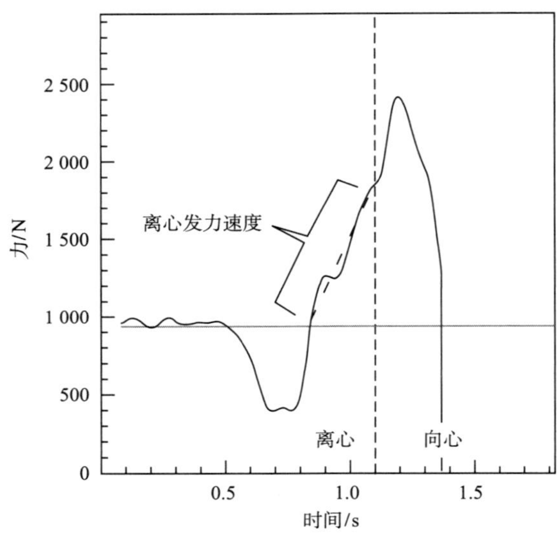

图 7.25 原地反向纵跳测试的力–时间曲线

注：很多种方法可以测量发力速度。该图显示了从力回到基线（即人体所受重力）开始到离心阶段结束时的发力速度。

静力性的或等长的发力速度往往更易于解释，因为与动态测量相比这种收缩条件更容易控制。多年来，人们一直在测量各关节和许多肌肉群的发力速度，但近年来大腿中部等长拉（isometric midthigh pull，IMTP）测试变得非常流行。这项测试是通过使用一个在下蹲翻二次提拉高度位置开始的固定杠铃杆进行的。运动员的正确位置对于有效和可重复的测试结果是至关重要的。运动员尽可能快速有力地拉动杠铃杆，持续大约 5s。图 7.26 为从 IMTP 测试中得到的力–时间曲线示例。因为整个身体都参与了这种测试，所以产生了很大的力。与这种类型的单关节测试相比，进行 IMTP 需要更长的时间才能达到最大力。该测

试已被用于监控训练和恢复状态。

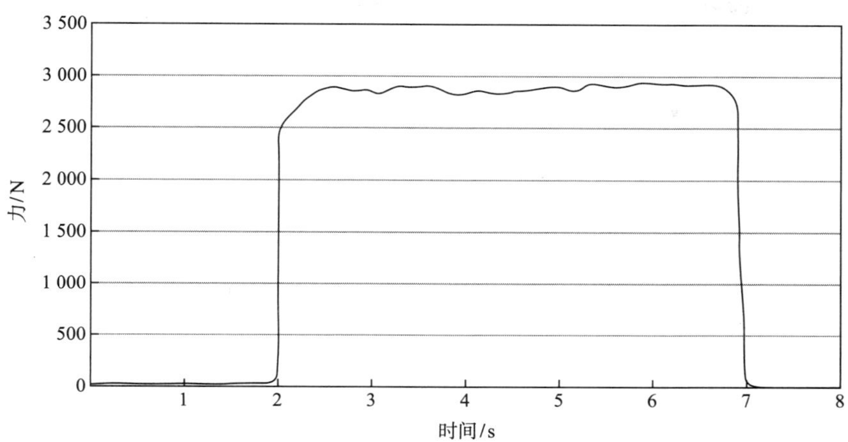

图 7.26　从 IMTP 测试中得到的力–时间曲线示例

［资料来源：G.G. Haff and C. Dumke, *Laboratory Manual for Exercise Physiology*, 2nd ed. (Champaign, IL: Human Kinetics, 2019), 262. 许可转载］

力量对棒球击球的重要性

人们认为棒球击球是一项速度快且技术性很高的运动，而力量在其中的作用很大。下图说明了在力量房获得的力量和力量的发展对优异的高速运动表现的重要性。

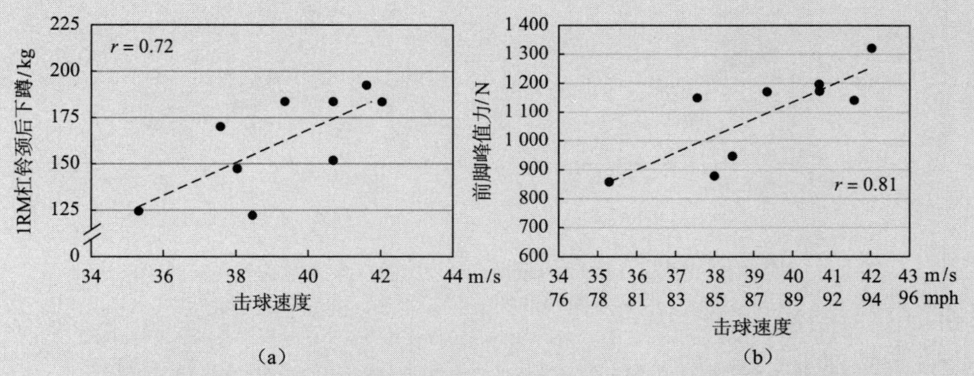

［资料来源：(a)A.C. Fry, D. Honnold, A. Hudy, et al., “Relationships Between Muscular Strength and Batting Performances in Collegiate Baseball Athletes,” presented at NSCA National Conference, Orlando, FL(2010). (b)C.M. Forsythe, A.C. Fry, M.C. Haggerty, and M.J. Andre,“Relationship of Ground Reaction Forces and Other Performance Measures with Batted-Ball Velocity in Collegiate Baseball Players,” presented at NSCA National Conference, Kansas City, MO(2011).］

八、坐姿推铅球（健身球）测试

目前为止，我们所讨论的速度测量都没有关注上半身，而且很多测量都需要昂贵或精密的设备。坐姿推铅球测试最初是为了测试美式橄榄球运动中运动员上半身的爆发力而开发的。该测试使用室内用的 16lb（约为 7.26 千克）铅球或健身球，运动员在坐姿时使用类似胸前传球式动作尽可能地把铅球推远。在推铅球动作中，躯干可以向前倾，但臀部必须保持不动。投出的距离是要测量的数据。这种相对简单和廉价的测试显示，男性（$r = 0.76$）和女性（$r = 0.82$）推铅球的成绩与卧推 1RM 力量有很大的相关性，而等长卧推 F_m 与男性（$r = 0.64$）和女性（$r = 0.52$）的测试成绩也有很大的相关性。这些相关性有助于说明速度、力和爆发力之间的关系。

九、快速下蹲疲劳测试

温盖特（Wingate）无氧试验是在计算机交互自行车测力计上对短期无氧爆发力和疲劳进行的高度验证性评估。在力量房中进行自由重量的快速下蹲测试也可以产生与温盖特无氧试验相关的结果。堪萨斯（Kansas）下蹲测试是在 1RM 整体运动系统质量（包括身体质量）的 70%的情况下，每 6s 重复一次，共进行 15 次重复来监测快速下蹲运动表现的测试。据观察，有训练经验的运动员，在整个 15 次重复中杠铃的平均速度接近 1.0m/s。堪萨斯下蹲测试中峰值爆发力和平均爆发力与温盖特无氧试验中峰值爆发力和平均爆发力高度相关（图7.27），但爆发力疲劳有显著差异。这一举起动作速度测试的例子为教练员和运动员提供了有价值的爆发力能力的信息。

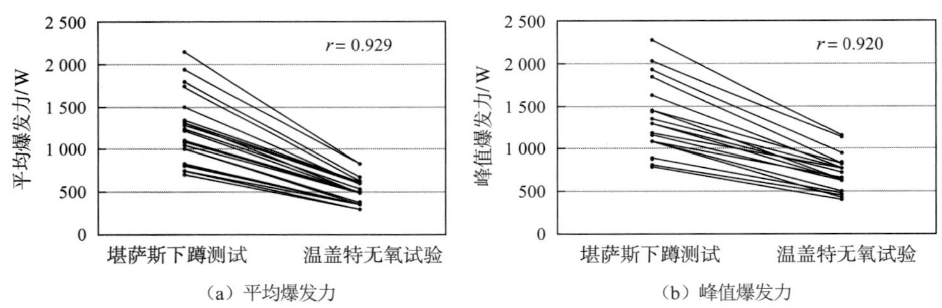

图 7.27 堪萨斯下蹲测试（用来测试杠铃速度和爆发力）和温盖特无氧试验之间平均爆发力和峰值爆发力的相关性

［资料来源：P.E. Luebbers and A.C. Fry, "The Kansas Squat Test: A Valid and Practical Measure of Anaerobic Power for Track and Field Power Athletes," *Journal of Strength and Conditioning Research* 29, no. 10(2015): 2716-2722. 许可转载］

第七节 训练方法的变化与力量房中的速度

抗阻练习的好处之一是练习和训练计划可能存在很多可变因素。让我们来讨论一下在力量房中影响速度的几种方法。

爆发力与运动表现有关

研究者为高水平大学篮球运动员测量了快速下蹲的极限爆发力。这个与速度相关的变量区分了不同级别的篮球运动员。

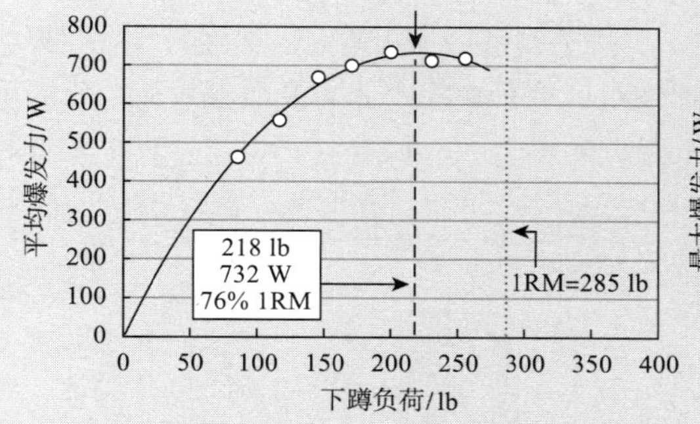

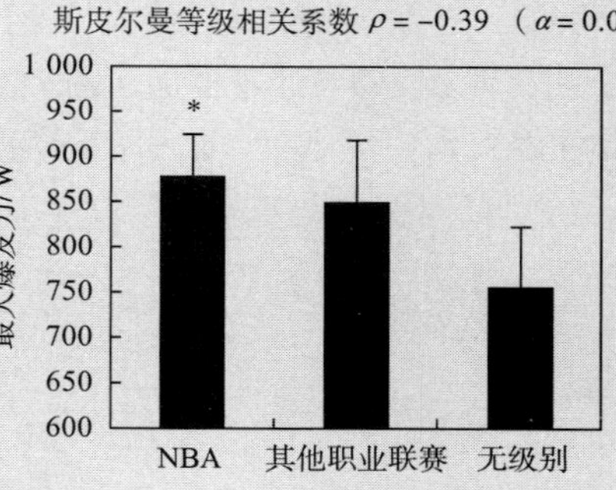

［资料来源：D. Cabarkapa, A.C. Fry, M.T. Lane, et al., "Importance of Lower Body Strength and Power for Future Success in Professional Men's Basketball," *Sports Science and Health* (*Sportske Nauke i Zdravlje*), in review.］

一、增加离心负荷

在增加或强化离心负荷（AEL）时，举起动作离心阶段的阻力要大于向心阶段的阻力。通常情况下，在离心动作阶段结束时，使用减重器可以从杠铃杆上去掉附加的离心负荷，且有证据表明，之后的向心动作表现得到了提高。然而，迄今为止的许多研究表明，这很难实现。图 7.28 说明了当使用附加的 30%、50%或 80%1RM 离心负荷时，30%1RM 下蹲跳并没有显著提高杠铃杆的速度，但小幅增加离心负荷提高了 1RM 的表现。练习的选择可能很重要，不同练习的离心阶段持续时间不同。

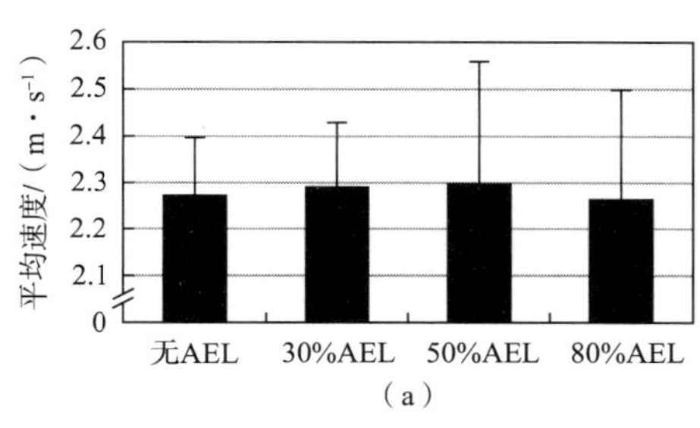

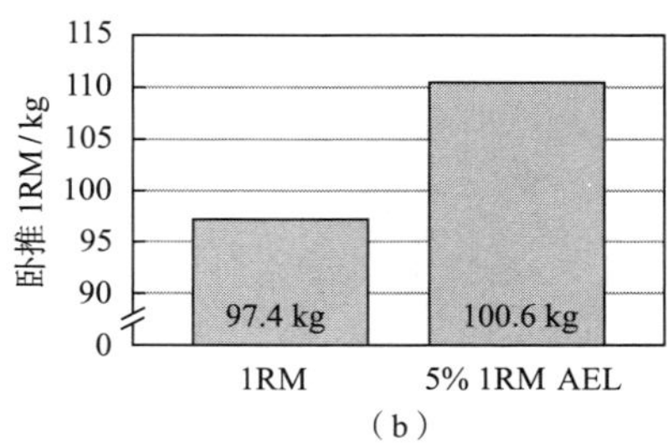

图 7.28　离心负荷与速度和肌肉的关系

注：（a）在 30%1RM 下蹲跳中，增加不同的 AEL 对跳跃速度的影响没有差异；

（b）小幅增加离心负荷（5%1RM）使 1RM 肌力显著增加。

［资料来源：(a) C.A. Moore, L.W. Weiss, B.K. Schilling, A.C. Fry, and Y. Li, "Acute Effects of Augmented Eccentric Loading on Jump Squat Performance," *Journal of Strength and Conditioning Research* 21, no. 2(2007): 372-377. 经许可改编. (b)改编自 B.K. Doan, R.U. Newten, J.L. Marsit, et al., "Effects of Increased Eccentric Loading on Bench Press 1RM," *Journal of Strength and Conditioning Research* 16, no.1(2002): 9-13.］

二、激活后增强

一些教练员和运动员会利用一种有趣的方法来提高训练中的速度，这种方法被称为激活后增强。运动员先举起一个相对重但不引起疲劳的负荷，然后短暂休息，举起成绩有所提高。例如，进行单次 10s 的膝关节等长伸展，5min 以后，一些运动员在 70%1RM 负荷下的膝关节动力性伸展速度增加（图 7.29）。在力量房中使用激活后增强后，短距离自行车运动的爆发力也提高了。似乎激活后增强对训练有素的个体来说最有效，在激活后的 5～10min 运动表现会提高。

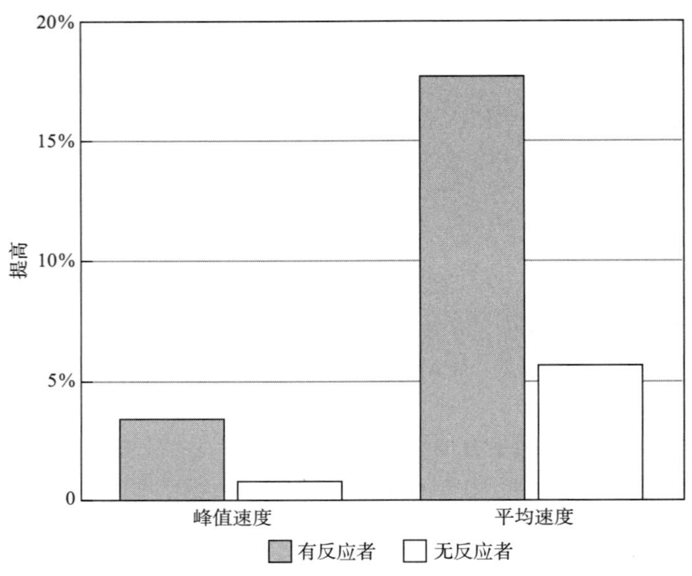

图 7.29　训练有素的个体在力量房中对激活后增强的反应最好

注：这张图显示了在 70% 1RM 负荷下膝关节动力性伸展速度提高的百分比。

［资料来源：改编自 J.C. Smith and A.C. Fry, "Effects of a Ten-Second Maximum Voluntary Contraction on Regulatory Myosin Light-Chain Phosphorylation and Dynamic Performance Measures," *Journal of Strength and Conditioning Research* 21, no. 1(2007): 73-76.］

三、静力性拉伸训练

图 7.30 显示了在高爆发力训练前的静力性拉伸的危害。运动员静力性拉伸肩带肌肉 3min，之后立即进行 80%1RM 自由重量卧推时杠铃举起速度降低。由于静力性拉伸，杠铃的爆发力也降低了。目前还不清楚这种影响会持续多久。无论如何，在举重或其他高速

或高爆发力训练前使用动力性拉伸方法，而不用静力性拉伸方法，会避免速度或爆发力的降低。

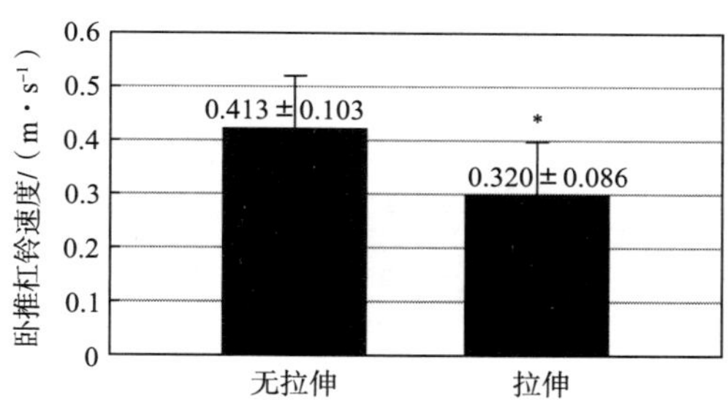

图 7.30　快速举起前的静力性拉伸会降低举起速度和爆发力

［资料来源：M.J. Andre, A.C. Fry, E. McLellan, L.W. Weiss, and C.M. Moore, "Acute Effects of Static Stretching on Bench Press Power and Velocity in Adolescent Male Athletes, "*International Journal of Sports Science & Coaching* 9, no. 5(2014): 1145-1152. 许可转载］

四、链条阻力和弹力带阻力

使用链条作为阻力时杠铃速度改变。这是一种可变阻力的形式，最大的负荷在运动范围的顶部。当杠铃杆降低，链条被放在地面上时，负荷就降低了。最终结果是杠铃杆速度大大提高，同时力和爆发力也会有所变化，如图 7.31 所示。需要注意的是，这些数字仅适用于链条阻力。在很多情况下，杠铃片和链条组合使用时，速度、力和爆发力的差异就会变小。当使用弹力带作为阻力时，也会观察到类似的结果。

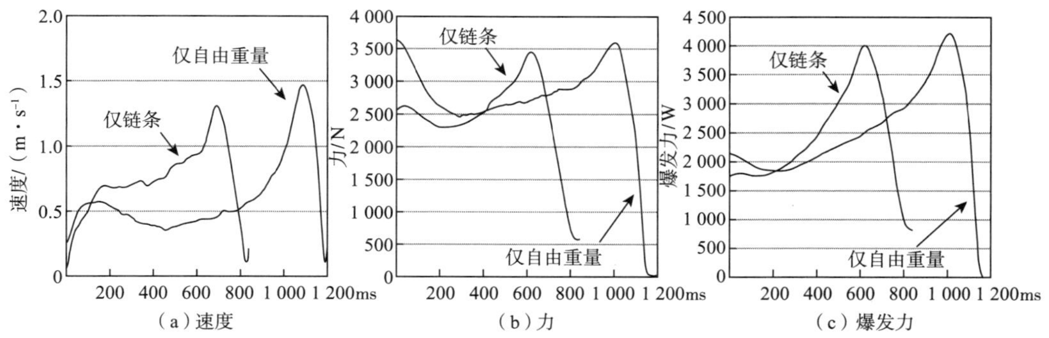

图 7.31　在杠铃上使用链条作为阻力是一种可变阻力的训练方法，该方法可以极大地影响杠铃的向心速度、力和爆发力

注：根据图中所示，链条负荷相当于 90%1RM，杠铃片在下蹲运动范围的顶部。

五、转动阻力

转动抗阻训练设备利用旋转惯性阻力来产生力量。通常情况下，将一根拴绳绕在离旋转轴有一定距离的滑轮上。通过拉动拴绳，力矩作用在滑轮上使其旋转。因为滑轮有质量，所以也有转动惯量，这是物体抵抗角运动变化的性质。滑轮的转动惯量与加速运动系统的难度呈正相关关系。虽然运动员可以使用最小的力来开启运动，但是在整个运动范围内施加最大的力将获得最大的加速度和速度。由于滑轮的转动惯量与发力相反，用的肌力越大，阻力越大。在练习的向心阶段，当拴绳从滑轮上开始解开时，动能就会增加。一旦运动员到达向心运动范围的末端，拴绳就完全解开了。由于动能的作用，滑轮将继续旋转，将拴绳重新绕到滑轮上，就变成了练习的离心部分，在这个阶段，运动员会对抗拴绳的拉力来减慢滑轮的速度。

一些设备可以使用不同的配重质量、绳系滑轮装置和可变半径轴来产生不同的练习速度。这些调整会影响产生的力，如图 7.32 所示，当使用可变半径轴时，爆发力可以保持相对恒定。

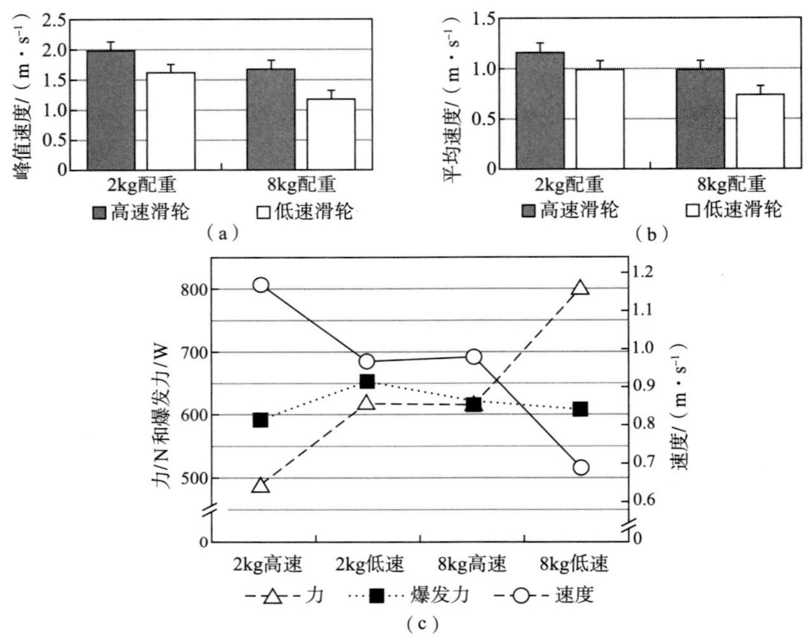

图 7.32　转动惯量抗阻训练设备的动力学情况

注：改变旋转质量（即配重），使用绳系滑轮装置以及可变半径轴可以改变所获得的速度。图的右侧还展示了在速度和力变化很大的情况下，这些独特的组合如何在各种条件下产生相对恒定的爆发力。

六、等速阻力

等速阻力由训练设备控制运动速度，同时测量产生的力。这种方法最初被许多人标榜为在整个阻力运动范围内让力量最大化的最佳方法，现在我们知道并非如此。图 7.33 是对等速卧推设备和自由重量（FW）卧推设备的比较，前者速度非常慢，有利于产生较大的力，后者是常用的中等负荷（80%1RM）。很明显，即使在中等负荷下，当运动员试图最大限度地加速杠铃时，也会获得比等速力更大的力量。更大的自由重量负荷或更快速度可能会在整个动作范围内的不同位置显示出更大的力。

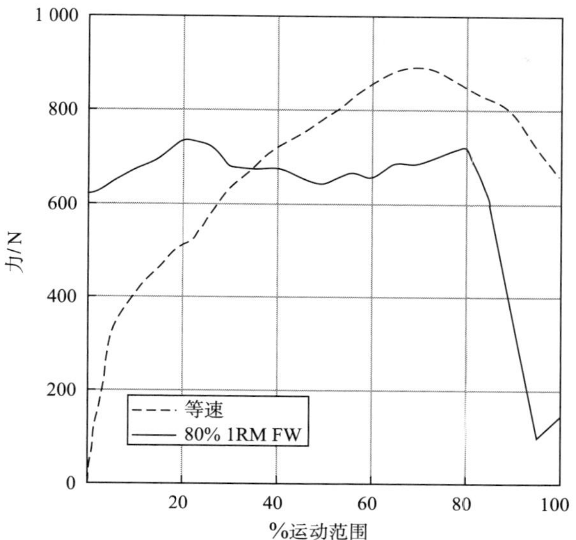

图 7.33　卧推运动范围内显示的等速力和自由重量的力的情况

注：使中等负荷（80%1RM）的自由重量产生的力与在非常慢的速度（0.061m/s）下产生的最大等速力相当。

七、局部运动范围训练

局部运动范围训练可以改变典型的举起动作速度。当运动员半蹲时可以举起更大的负荷，杠铃杆速度增加 10%～20%（图 7.34）。这些增加会引起更大的力和爆发力，但减小运动范围会降低机械功。尽管自由重量训练通常规定使用平行蹲或低杠蹲，但一些教练员偶尔会采用局部运动范围训练，以改变骨应力或肌肉–肌腱的刚性特征。

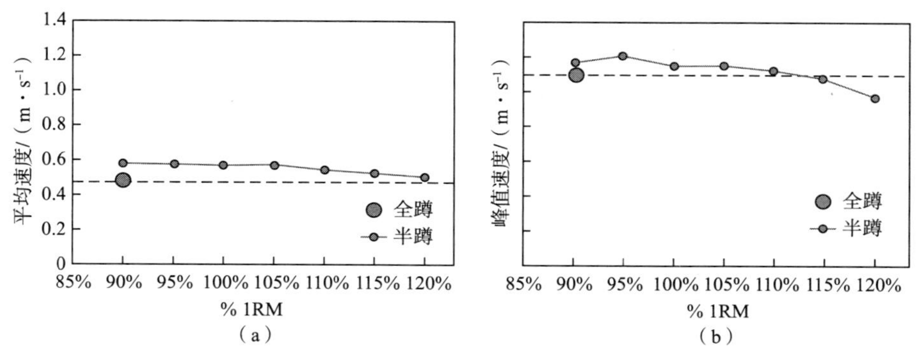

图 7.34　全蹲和半蹲时的杠铃速度

八、即时反馈

有人认为，当运动员收到即时（即在进行一组训练时）的举起速度反馈时，相应的运动表现会得到提高。对于力量房中是否会发生这种情况还缺少支撑数据。有一支运动队的数据显示，基于速度的训练结合即时反馈的使用，运动表现看上去要比没有使用这种反馈时有所提高。图 7.35 显示了一名运动员在第一年测试前没有使用即时反馈进行训练的爆发力–负荷曲线和速度–负荷曲线，以及在之后的两年中，每次训练课都可以获得即时反馈的情况。

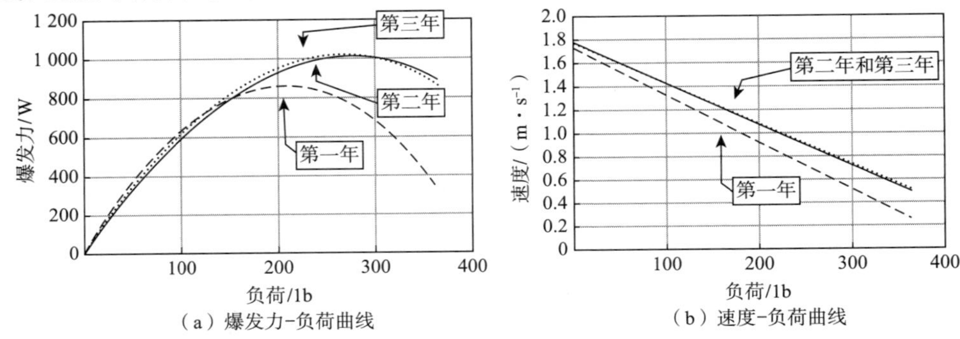

图 7.35　一名运动员在第一年测试前没有使用即时反馈进行训练的爆发力–负荷曲线和速度–负荷曲线，以及在之后的两年中，每次训练课都可以获得即时反馈的情况

九、监测急性训练疲劳

许多训练课的设计重点是高质量的重复训练，而不是大负荷量的训练。这意味着每次重复动作的速度和爆发力是最重要的。确保每次重复都具有最高质量的一个方法是监控每组重复的速度（或爆发力）。当速度下降超过临界点时，终止该组训练。通过这种方式，所有重复训练都会产生训练目的设定的杠铃速度。例如，教练员可以确定举起速度的下降必须保持在初始重复值的 10%或 20%以内，或者速度的降低值必须小于 0.3m/s。一旦降低值大于该值，则终止该组训练。以速度的这种使用方式形成的训练课，符合所需的运动单位募集方法策略和代谢条件。

第八节　利用动作速度确定训练负荷和训练量

我们可利用力量房中测量的动作速度来确定抗阻训练的负荷和量。如前所述，在训练过程中获得的速度可以帮助确定运动员是否使用了恰当的负荷（图 7.23）。人们有时会把它称为基于速度的训练。此外，如果规定的负荷是根据 1RM 肌力，则次最大负荷的举起动作的速度可被用于估计当前的 1RM 肌力（图 7.22）。

力量与垒球投球的运动表现有关

垒球快速投球的技术高度依赖发力。下面这张图说明了前脚的地面反作用力转化为投掷速度（mph，每小时英里数，1 英里≈1.609 344 千米）的关键性。因此，在这项运动中，力是速度表现的关键组成部分。

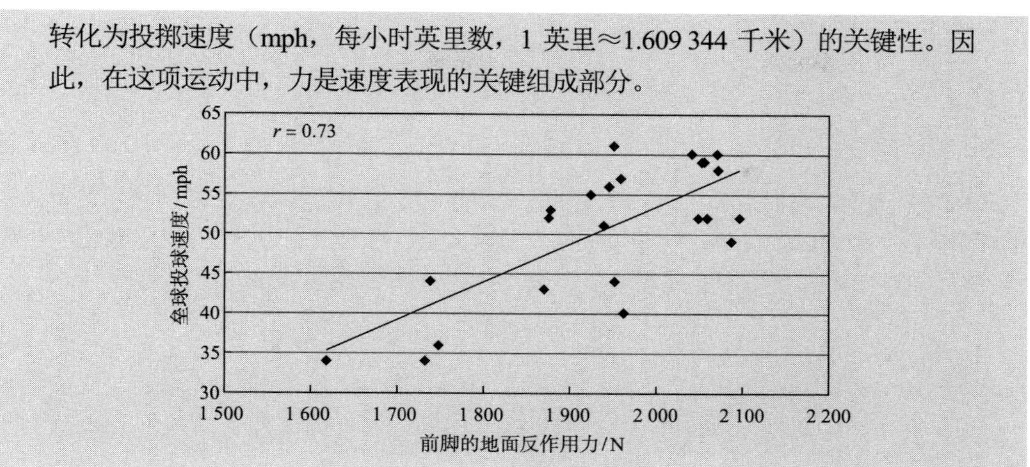

另一种方法涉及自动调节渐进性抗阻训练的概念。这是一个训练计划系统，可以根据个体运动员的生理和心理状态进行调整。该系统试图将训练应激与训练准备相匹配，从而适应个体的迫切需求和能力。虽然许多方法可以确定训练准备情况（如训练问卷调查、心率变化、唾液生物标记、发力速度），但是并非所有方法都适用于力量房中的训练。其中一种方法是监测次最大负荷下的举起动作的速度，这可以作为运动员热身的一部分。图 7.36 显示了在 3 周的中周期抗阻训练中速度测量值的变化特征。对抗阻训练中自动调节效果的研究表明，这种类型的训练是有效的。这种训练形式是否比由一位经验丰富的教练员精心设计的周期化训练计划更优秀还有待观察，因为在需要时，教练员可以随时对训练计划做出相应的调整。通过速度测试来确定适当的训练负荷是一种基于运动员的训练准备情况让其产生最佳应激的尝试。当运动员的训练中周期在训练和比赛日程的时间安排上受限时，它也可作为一种适合的方法来最大限度地提高运动员的运动表现。

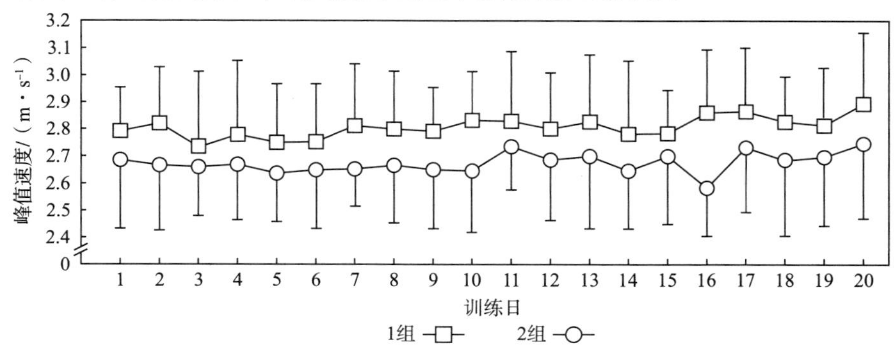

图 7.36 在 3 周的中周期抗阻训练中速度测量值的变化特征

注：在为期 3 周的中周期内，两个训练组每天用 20%1RM 的负荷进行杠铃下蹲跳速度训练。前 3 天±3%的变化表明需要调整负荷。

［资料来源：A.R. Bryce, M.J. Hermes, A.C. Fry, J.X. Nicoll, and A.J. Sterczala, "A Comparative Study of Strength Improvements with Two Types of Autoregulatory Training," *Journal of Strength and Conditioning Research* (in review). 经 A.R. Bryce 许可］

本 章 小 结

在力量房中，人们很容易低估速度对各类举起动作的重要作用。本章概述了测量速度的许多方法，以及速度如何影响举重成绩和肌肉力量。尽管最大力量是肌肉表现的主要组成部分，但它仍然受到其他因素的影响，其中速度是最重要的影响因素之一。

第八章　运动损伤预防

任何运动或训练活动都存在损伤的风险。许多不同的因素相互影响，增加了损伤风险。尽管抗阻训练中损伤的风险较低，但运动员在力量房中进行有控制的运动训练时经常发生损伤，这种损伤被误解为与抗阻训练有关。一直以来，在力量房中进行渐进性抗阻训练的损伤发生率比在其他运动训练或体育运动中的损伤发生率要低。此外，力量训练的独特之处在于，它通过加强组织来帮助预防损伤，由于身体适应了肌肉损伤和修复过程，因此可以更快地恢复。力量训练是任何运动或健身计划中的主要合成代谢活动。

从历史数据来看，即使是在一个卓有成效的力量训练计划指导之下，运动员在训练课和比赛中发生一般运动损伤的风险也会达到1/10 000。据估计，发生在抗阻训练中的损伤

率为每 1 000 小时 0.24～5.50 人次，其中损伤风险最低的代表性运动是健美运动，而损伤风险最高的代表性运动是大力士运动。其他运动的抗阻训练损伤发生率在这一相对较小的损伤发生率范围内。与其他运动项目（如橄榄球、高山滑雪、棒球、冰球和足球）的损伤发生率相比，力量训练损伤风险非常低，特别是当有合格的教练员执行和监督设计合理的计划时。

第一节　力量房中损伤风险增加的因素

据说，运动员在力量训练中受伤是因为意外事故及不正确的训练技术与缺乏保护。虽然这部分解释了与损伤有关的基本问题，但是还有许多其他因素也会增加损伤发生的可能性。从肌肉骨骼损伤到皮肤损伤再到病理性损伤，各种损伤都是由以下力量房中的一些问题造成的，教练员和运动员应仔细检查以减少造成损伤的潜在因素。

- 设备管理和维护不当。
- 训练教学不正确。
- 监督资质不够。
- 训练设备站点拥挤，运动模式不合理。
- 设备的存放和拿取不当。
- 先前的运动或其他体能活动造成的既有损伤。
- 保护人员没有经验或没有保护人员。
- 重量器械与运动员的体型不匹配。
- 计划安排节奏不合适（太多、太快）。
- 假期后进行大量和高强度训练时热身运动次数有限。
- 从之前的训练课或运动练习中恢复不充分。
- 训练计划与个体的生理发育和承受力不匹配。
- 力量房内清洁度不够，包括设备、卫生设施及环境控制不力。
- 地板光滑不适用或运动员穿不合适的鞋子。
- 训练时的环境分散运动员的注意力。
- 允许患病运动员进行训练。
- 允许运动员未经批准（或未按审批流程）参加训练活动。

重要的是，力量房和训练场所应配备应急方案、持有 CPR（cardiopulmonary resuscitation，心肺复苏）证书人员及现场使用 AED（automated external defibrillator，自动体外除颤器）进行急救的人员。

进行大负荷抗阻训练的运动员如果忽视某些训练规则，则很容易受伤。如果执行得当，大负荷抗阻训练是一种相对安全的练习，损伤发生率很低。

第二节　避免损伤的训练规则

常识和专业知识决定了如何避免与上述因素相关的损伤。运动员必须遵守一些非常简单的规则。

• 学习如何正确完成训练计划中的练习。

• 确保使用的训练器械或设备适合，并能进行全方位运动训练。

• 进行热身运动，确保在训练过程中不会感到明显疼痛。

• 不要过度运动，避免横纹肌溶解（见第四章）。

• 如果是初学者，渐进性增加负荷。

• 确保在增加负荷前进行技术训练。

• 增加运动强度时，检验动作技术是否符合标准。

• 做自由重量训练时，确保有经验的保护人员在场。

• 加强力量特征图的协调发展，避免肌肉力量发展不平衡。确保训练计划同时针对上半身和下半身，以及每个关节周围的肌肉群（如二头肌和三头肌、四头肌和腘绳肌）。

• 注意训练的周围环境，包括其他运动员和力量房中的运动模式。当在举重台上做某些举起动作时，要有足够空间“放下”负荷。

• 确保有适当的设备（如举重台、杠铃片、杠铃架或合适的壶铃）进行某些举起动作。

第三节　下背痛和下背损伤

在力量训练模式中有一个特别值得关注的问题，即下背部问题。下面我们将详细探讨这一问题。

根据流行病学资料，高达80%的成年人的下背部遭受过短暂或慢性疼痛（即下背痛综合征①）。在进行力量训练的运动员中，下背部损伤在所有损伤中占44%～50%。

除了代谢异常、感染、遗传等因素外，生物力学因素（尤其是脊柱超负荷）被认为是导致下背痛的主要原因。尽管在举重和划船等运动中，腰椎区域承受着巨大的机械负荷，但这些运动项目的许多优秀运动员一生都没有脊椎问题。正确的运动技术和安全的训练模式为预防下背痛提供了可靠保护。

虽然很多下背痛病例的确切原因尚不明确，但是大量数据表明椎间盘的变化通常是引起下背痛的最初原因。下背损伤也可能是由于运动控制能力不足，稳定躯干的肌肉没有在

① 下背痛综合征：low back pain sydrome，LBPS。

必要的时候被激活。

第四节　椎间盘的生物力学特性

椎间盘由一个纤维环（环状纤维）和一个胶状体髓核组成。在年轻人中，胶状体髓核的含水量高达85%，根据帕斯卡定律，压强能够大小不变地被液体向各个方向传递。将带有压力表的针插入胶状体髓核，可以确定椎间盘内压力。随着年龄的增长，椎间盘的含水量逐渐减少，胶状体髓核中不再体现帕斯卡定律。

椎间盘在不同方向承受负荷时，其机械力学性质是不同的。当两个椎骨在沿着连接它们的脊椎的轴（纵轴）的方向被压缩时，胶状体髓核内的压缩应力大约是作用在椎间盘表面的平均压力（标记为 F）的 1.5 倍。在这里，纤维环上的垂直压力是 $0.5F$。另外，当水平压力发生时，椎间盘从内部伸展，在纤维环表面上的力达到 $4 \sim 5F$（图 8.1）。

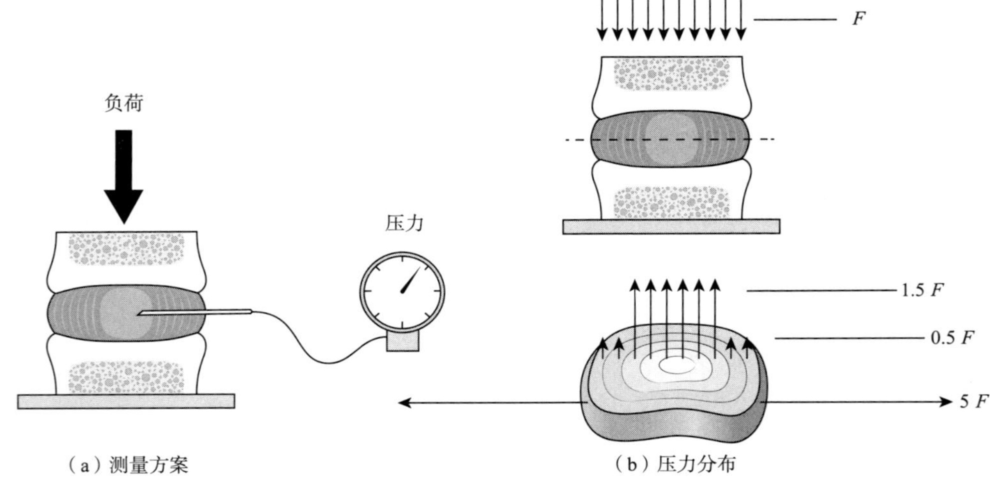

图 8.1　垂直施加的负荷下椎间盘的压力

注：胶状体髓核内的压缩应力是单位面积上外部施加的压力（F）的 1.5 倍。

［资料来源：A.Nachemson, "Towards a Better Understanding of Low-Back Pain: A Review of the Mechanics of the Lumbar Disc," *Rheumatology and Rehabilitation* 14, no. 3(1975): 129-143. 经许可改编］

纤维环由几个圆柱形的分层（纤维层）组成，相邻纤维层前侧与椎间盘平面约成 30° 夹角，但是纤维路径的方向在相邻的纤维层中会改变。在年轻人和老年人的椎间盘中，在同样的外部机械负荷下，作用在纤维环特定层上的压力大小及其方向是不同的（图8.2）。

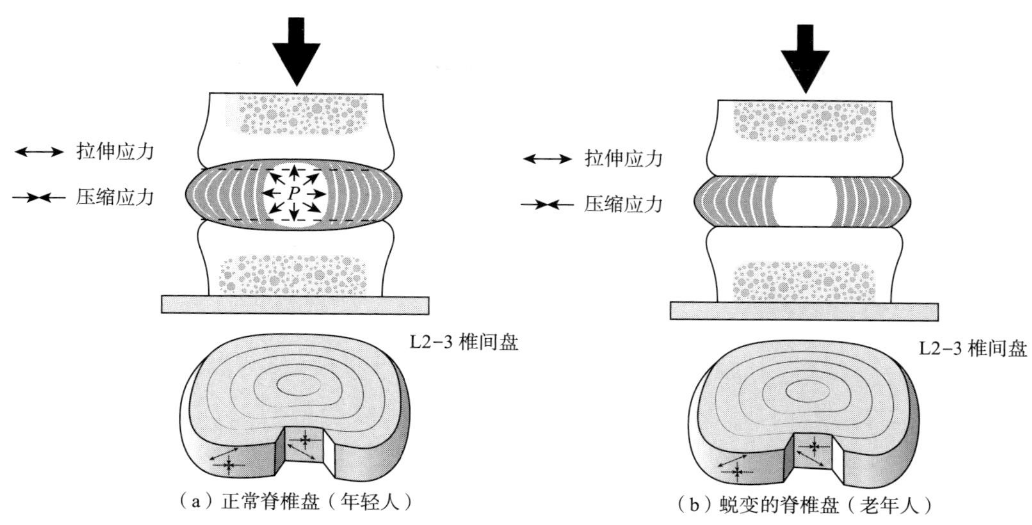

图 8.2　影响纤维环各层的压强（*P*）

注：注意压力的大小和方向的变化。

［资料来源：(a)©Human Kinetics. 改编自 W.Liemohn, *Exercise Prescription and the Back* (New York: McGraw-Hill, 2001).］

在垂直方向负荷的作用下，椎间盘的承受力是足够的，并不低于相邻椎骨的承受力。在日常的实际情况下，脊柱承受绝对垂直方向的负荷并不典型。即使在正常的站立姿势中，由于脊柱的弯曲，负荷也不会精确地沿着椎骨的轴线（纵轴）作用。生物力学分析表明，当躯干弯曲或旋转时，因为椎间盘受到相当大的机械负荷，人们最容易受伤。

在脊柱倾斜时，胶状体髓核向倾斜的反方向移动，纤维环有些突出（图 8.3），这可能会压迫脊髓根并引起疼痛。

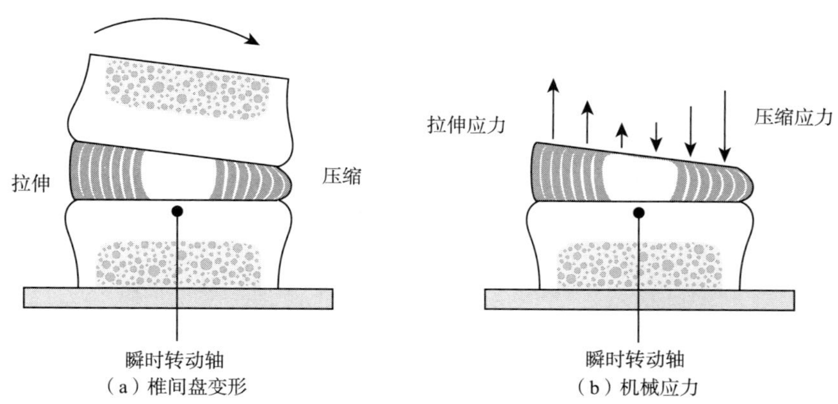

图 8.3　椎间盘变形和机械应力

［资料来源：(a) ©Human Kinetics. 改编自 W.Liemohn, *Exercise Prescription and the Back* (New York: McGraw-Hill, 2001).］

第五节　影响椎间盘的机械负荷

椎间盘受到冲击负荷和静力性负荷的影响，后者不仅包括保持给定姿势时的负荷，还包括在进行相对缓慢运动时的负荷，这时冲击波可以被忽略。

一、冲击负荷

体操运动员下马、跳跃和奔跑时的落地会使身体承受冲击负荷，并将冲击波传播到脊柱。我们可以通过记录在身体不同部位的加速度来计算冲击负荷。

在正常走路时，骨盆区域的加速度和头部的加速度之间的差值在 0.5～1.0*g*（*g* 是由重力引起的加速度）。每走一步，脊柱都要承受同等强度的冲击。对 50m 跳台滑雪的研究表明，落地时骨盆区域的加速度超过 10*g*，同时，腹内压力（将在本章后面讨论）达到 90mmHg。当跳跃者进行深蹲（约 40cm）时，作用在脊柱上的负荷减少。在直腿着地时，脊柱上的负荷增加。所增加的负荷与速度矢量方向和山体坡度之间夹角的正弦值成正比。这些例子证明了在不同的运动练习中，落地时脊柱承受了巨大的负荷。

在落地过程中，以下因素综合起来形成了冲击负荷的缓冲（减震）。

- 支撑表面的性质。
- 鞋的质量。
- 运动系统的阻尼特性，主要是踝关节和膝关节（在下背痛患者中，这些特性通常会降低）。
- 落地技术。

通过缓冲技术，踝关节跖屈和膝关节屈曲协调一致使冲击力急剧减少。经验丰富的运动员在缓冲落地过程中，只有 0.5%的身体动能消耗在身体组织（骨、软骨、脊柱）的形变上。在硬着地过程中，形变能量相当于身体机械能的 75%，是缓冲落地过程中的 150 倍（75/0.5=150）。

正确落地

为了防止落地时脊柱受伤，运动员应使用具有良好减震作用的垫子和鞋子，并采用正确的落地动作方式——接触地面时双腿伸展，脚底弯曲，接触地面后立即弯曲膝盖，避免硬落地。练习缓冲落地不造成冲击力。优秀的芭蕾舞演员落地时几乎没有一点声音，这是一个值得效仿的例子。

二、作用于椎间盘的静力性负荷

影响椎间盘的力量可以大大超过身体的重量和被举起的重量。它们主要是由肌肉张力引起的。让我们通过一个直立姿势的例子（图 8.4）来看看引起这些负荷的机制。

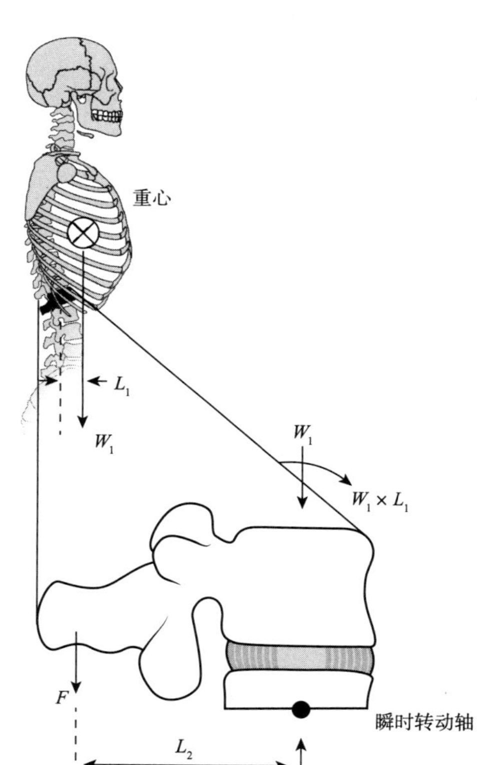

图 8.4　作用在椎间盘上的机械力学原理

注：W_1 表示身体上部的重量；L_1 表示力臂；$W_1 \times L_1$ 表示重力作用引起的弯曲力矩；F 表示脊柱伸肌力；L_2 表示脊柱伸肌的力臂。因为当系统处于平衡时，$W_1 \times L_1 = F \times L_2$，所以 $F = (W_1 \times L_1) / L_2$。作用在椎间盘上的力（$P$）等于身体上部的重量与脊柱的肌力之和，即 $P = W_1 + F$ 或 $P = W_1 \times (1 + L_1 / L_2)$。

［资料来源：©Human Kinetics. 改编自 W.Liemohn, *Exercise Prescription and the Back* (New York: McGraw-Hill, 2001).］

椎间盘的机械力学原理

在这种情况下，身体上部的重量作用于第四腰椎（L 4）。上半身的重心不在椎间盘的正上方，而是在椎间盘的前方。因此，重力的一个转动力矩使身体的上半部前倾（$W_1 \times L_1$，见图 8.4），必须由一个反向平衡力矩来抗衡。这个力矩是由竖脊肌的收缩作用提供的。这些肌肉位于转动轴附近（位于椎间盘胶状体髓核附近），因此脊柱伸肌的

力臂 L_2 很小。为了产生必要的力矩，这些肌肉反过来产生相当大的力 F（根据杠杆原理，距离越小，力越大）。由于脊柱伸肌力 F 的作用线几乎与脊柱平行，这种力加上重力，使椎间盘的压力急剧增加。

因此，在通常的直立姿势中作用在 L 4 上的力不是体重的一半，而是整个体重。在倾斜、举起和其他专项动作中，外力通过椎间盘的转动轴产生了相当大的力矩。肌肉，尤其是脊柱靠近转动轴的韧带，产生的力有时会超过被举起的负荷和身体上部的重量。这个力大大增加了落在椎间盘上的机械负荷（表 8.1）。

表 8.1　不同情况下作用在 L 4 上的力（体重）

姿势或动作	力
仰卧，30kg 拉力	0.14
直腿仰卧	0.43
站立	1.00
行走	1.21
躯干向一侧倾斜	1.35
无支撑坐姿	1.43
腹壁肌等长练习	1.57
大笑	1.71
身体前倾 20°	1.71
直腿，仰卧起坐	2.50
屈膝，直背，蹲起 20kg	3.00
直腿，俯身，蹲起 20kg	4.85

腹内压的作用

一些研究者一直质疑腹内压（intra-abdominal pressure，IAP）负荷的机制和作用。以下内容反映了研究者普遍接受的观点。

图 8.4 引用的计算公式表明，即使在负重 80kg 的状态下倾斜，腰椎承受的负荷也可能超过 1 000kg，这超过了腰椎承受力的极限。同时，我们知道运动员可以举起更大的重量而不出现明显的伤害。这在一定程度上是真的，因为受过训练者的脊柱结构可以承受相当大的强度。然而，这种情况出现的主要原因是运动员在进行力量训练的过程中由于腹内压升高而出现内部支撑作用（图 8.5）。

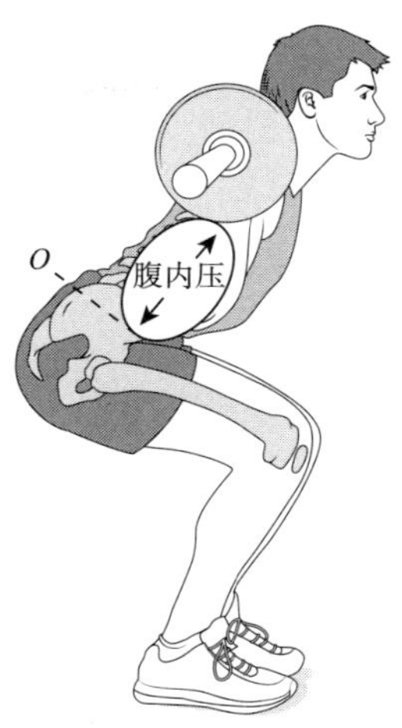

图 8.5　腹内压的作用

注：脊柱内部支撑可以被视为位于腹腔内"球"的机械作用。腹内压相对于转动轴 O 产生脊柱伸展力矩。

当肌肉用力时，特别是做瓦尔萨尔瓦动作时，腹内压增加。由于内部支撑，作用在椎间盘上的压力平均可减少 20%，在极端情况下可减少 40%。

测量腹内压最容易的方法是使用压力表测量胃内压。这里测量的胃内压与腹内压几乎相同。图 8.6 和图 8.7 显示了运动员（或非运动员）在进行各种身体练习时测得的腹内压数据。根据几项调查结果，我们可以得出几个结论。

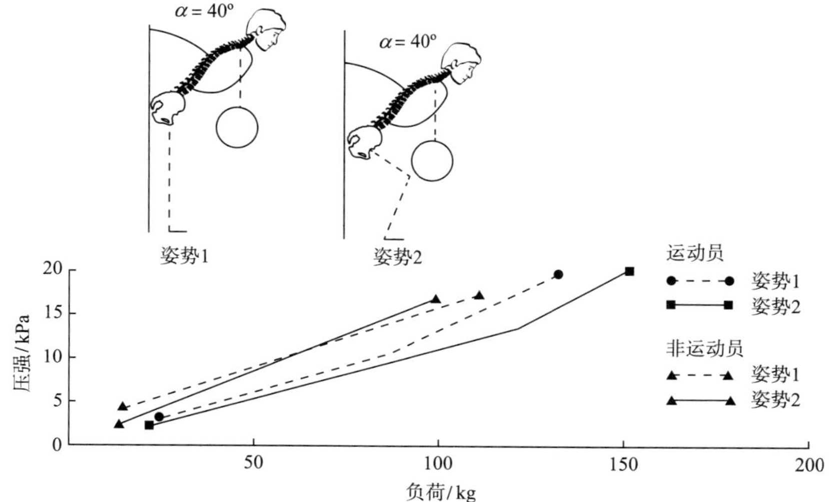

图 8.6　举重时的腹内压

［资料来源：V.M. Zatsiorsky and V.P. Sazonov, "Biomechanical Foundations in the Prevention of Injuries to the Spinal Lumbar Region During Physical Exercise Training," *Theory and Practice of Physical Culture* 7(1985): 33-40. 许可转载］

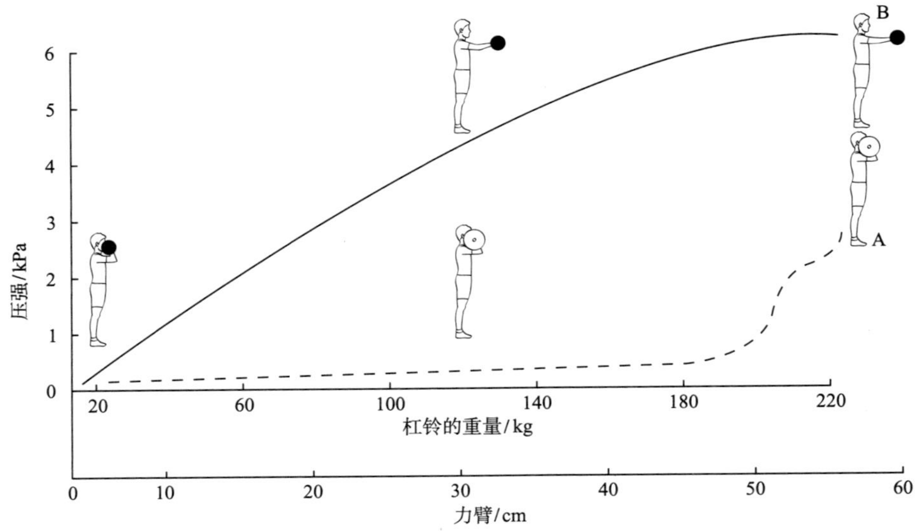

图 8.7　在缓慢伸展手臂，恒定重量为 20kg 时，A 肩部承受的重量增加，以及 B 力臂（负荷到肩部的距离）增加时的腹内压情况

［资料来源：V.P. Sazonov, *Biomechanical Studies in the Prevention of Injuries to the Spinal Lumbar Region During Physical Exercise Training* (Moscow: Russian State Academy of Physical Education and Sport, 1985). 经俄罗斯国家体育教育和体育学院许可］

我们发现腹内压与相对于通过椎间盘转动轴的力矩成正比（但不与产生的力或举起的重量成正比）。由于采用不同的技术来进行相同重量的同一练习，所以外部产生的力对应不同的力矩。根据力臂的不同，有些技术变化比其他技术变化更危险。我们还可以得出结论，随着举起最大重量能力的增加，腹内压增加，这就减少了影响脊柱的机械负荷。

腹壁肌、肋间肌和膈肌的肌肉收缩使腹内压增高。如果测量腹内压和其他变量（举起的重量、身体姿势），我们可以通过专门开发的生物力学模型以可接受的精度计算作用在椎间盘上的机械压力。

第六节　预防腰椎损伤的方法

为了防止腰椎损伤或减轻这些损伤的后果，运动员有必要最大限度地减少落在腰椎部分的负荷，增强腰椎区的肌肉力量，或形成肌肉束腰。人们腰部发育的程度和所能承受的最大负荷都有明显的不同。因此，在实践中，预防措施应严格个体化。

从实际的角度来看，加强某些肌肉群和运用适当的运动技术等有助于预防运动员的腰椎损伤。一些运动员可能会从以下方法中受益。

- 使用专门设计的器械来减少脊柱负荷。
- 纠正姿势，提高柔韧性。
- 制订康复计划。

一、增强肌力

肌肉发育不良或不均衡（如腹壁肌薄弱）的人更多患 LBPS。预防 LBPS 需要适当加强肌肉。除了加强竖脊肌外，运动员还要训练腹壁肌肉（不仅是腹直肌，还有腹斜肌）及背部深层短肌。正是因为为了形成肌肉束腰而进行的练习常与腰椎要承受的大负荷相关联，这个问题变得复杂起来。为了防止在加强竖脊肌过程中脊柱负荷过大，运动员必须非常谨慎，对女性运动员来说尤为如此。3 年规则在这里很有用，这意味着运动员需要进行 3 年的力量训练，然后才能进行最大负荷训练。

下蹲技术、教学和动作提示对所有运动员（尤其是高个子运动员）来说都是至关重要的，由于下背部问题一直是力量训练领域的一个争议点。通过正确的指导、练习，以及监测技术和负荷，运动员可以有效使用下蹲练习（Chiu and Burkhardt，2011；Myer et al.，2014）。此外，运动员还可以使用其他练习来强化下蹲练习（如前蹲、箱式下蹲和腰带下蹲）（Sands et al.，2012）。运动员练习杠铃下蹲，从高杠下蹲是一个很好的起点，双手打开，与肩同宽，上背部收紧，稳定住杠铃架，脚尖外展呈 45°。双脚打开，略比肩宽，处于用力位置。高个子运动员两脚距离更宽。值得关注的是，它与高翻中接杠阶段双脚的位置相同。在这个阶段，运动员在双脚与肩同宽相对狭小的位置运用爆发力起跳，然后再将脚向外移动，在用力位置接杠。运动员背部挺直，臀部向后移动，大腿与地面平行，就像坐到椅子上一样。罗杰・马兰迪诺（Roger Marandino）曾是一名力量教练员，他认为向后坐和蹲至大腿的动作必须流畅且自信，这是正确的姿势、练习和对所使用负荷的运动模式有信心的结果。优秀运动员的离心速度较慢，但动作流畅。

押川等（Oshikawa et al.，2018）的一项研究得出如下结论。

在平行后蹲时，髋关节外旋位的腰椎前凸角度明显大于髋关节中立位的腰椎前凸角度。在完全后蹲时，髋关节外旋位腰椎竖脊肌和多裂肌活动显著低于髋关节中立位，但髋关节外旋位臀大肌活动显著高于髋关节中立位。髋关节外旋位后蹲可改善腰椎后凸角度，增加臀大肌的活动，减少竖脊肌和多裂肌的活动。

腹壁肌练习

我们先来分析一下仰卧时施加在椎间盘上的压力。当两腿伸直仰卧时，落在椎间盘上的压力是相当大的，等于体重的 35%～40%。这主要与髂腰肌（髂肌和腰大肌的复合肌肉，见图 8.8）的活动有关，其明显的外在表现是保持腰椎前凸。

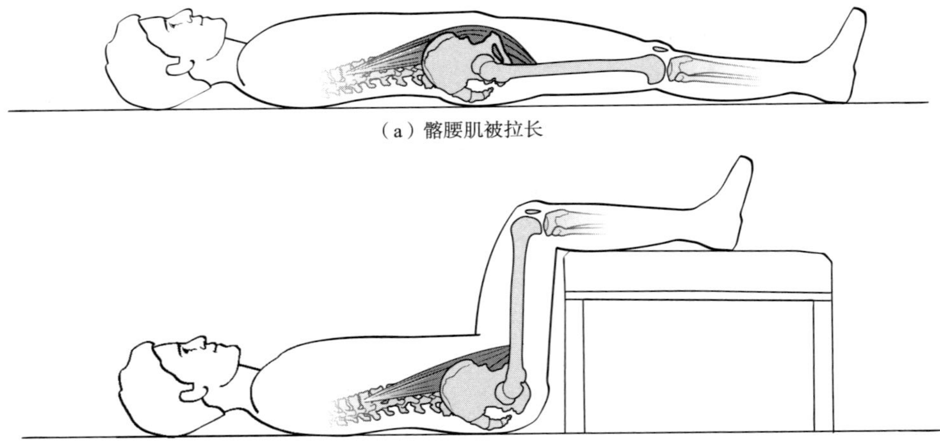

（a）髂腰肌被拉长

（b）髂腰肌被缩短

图 8.8 髂腰肌对椎间盘压力的影响

注：髂腰肌被拉长，其拉力作用在脊柱上。椎间盘有一定的压力，腰椎前凸不变，因此椎间盘向后微凸（图 8.3）。当 LBPS 患者病情加重时，这种姿势可能会加剧疼痛。髂腰肌被缩短，没有拉力。因此，椎间盘的压力较小，腰椎变直，椎间盘不向脊椎边缘外凸，疼痛通常就消失了。

［资料来源：V.M. Zatsiorsky and V.P. Sazonov, "Biomechanical Foundations in the Prevention of Injuries to the Spinal Lumbar Region During Physical Exercise Training," *Theory and Practice of Physical Culture* 7(1985): 33-40. 许可转载］

当双腿在膝关节处弯曲时，髋屈肌缩短，其拉力下降到 0。因此，椎间盘上的压力减小。通常在这个姿势下，病人的疼痛感消失。教练员可以通过腰椎前凸的消失（即背部变平）来判断腰椎肌肉活动的停止。

腹直肌练习

运动员，特别是青少年运动员，应特别关注大负荷抗阻训练中的腹壁肌，原因主要有 3 个。首先，这些肌肉稳定躯干，参与很多运动及动作；其次，腹壁发达的肌肉有助于维持腹部内脏器官的正常功能；最后，腹壁肌肉群的充足力量是预防腹疝（内脏器官或内脏器官的某部分向腹壁外突出）的最好方法。提起重物增加腹内压可能引起腹疝。也就是说，如果运动员的脊柱伸肌较强，而腹肌相对较弱，较高的腹内压可能导致腹疝。年轻运动员的腹疝应是教练员忽视对腹肌进行训练造成的。

腹壁肌练习分为两类：①固定躯干举腿练习；②仰卧起坐，即双腿固定抬高躯干。仰卧位举腿通过髋关节屈肌（髂腰肌、股直肌等）的活动完成。腹直肌（下端附着到耻骨联合）相对不活跃，用来固定骨盆和增加腹内压，只有当腿抬得足够高时，它才开始变短。但在这个位置，把腿往下拉的重力力矩相对不大。由于椎间盘的初始压力相当大，腹壁肌的活动并不显著（尽管运动员正是为了发展它们才进行的这项练习），所以这项练习并不是特别有价值。当然，它不是用来练习腹壁肌的唯一方法。

悬垂举腿更有效（这里，当腿的重力力矩达到最大时，腹直肌收缩），但这只适用于训练有素的运动员，"悬挂"动作就是这类练习的一个例子。运动员悬挂在单杠上，两腿伸直，将膝盖向上拉到胸部，直到骨盆向上和向后倾斜，然后伸直两腿，恢复至起始位置。

仰卧起坐被认为是练习腹直肌的主要方式。LBPS 高风险人群应弯曲双腿做仰卧起坐，因为这种姿势对脊柱的负荷较小，而对腹壁肌的影响较大。髂腰肌处于缩短状态，不参与产生旋转力矩。当运动员进行直腿仰卧起坐时，扭矩的主要部分是由髂腰肌产生的（不适合训练目标），对椎间盘的压力非常大（大约相当于在直立姿势时，手持 20kg 向前倾的压力）。这种类型的练习几乎从不被推荐给那些刚从下背痛中恢复过来的人群。

做仰卧起坐时，躯干应呈弯曲姿势。第一步是移动头和肩（胸部和腹部向前推，减少腹肌活动）。注意，仰卧起坐确实有缺点。在动作的前 30°～45°位置时，腹肌群是主要运动肌肉，而 45°后髋屈肌是主要运动肌肉。因为髋屈肌是通过一个短弧得到训练，这可能会导致其适应性缩短，从而导致腰椎过度前凸。下背痛患者可以只做这种练习的第一部分，做到肩带略微抬离地面（也称作部分卷曲或屈膝仰卧起坐），此时，膝关节弯曲，形成一个更倾斜的角度（140°～150°），躯干抬离地面约 30°。

对下背痛高风险人群最常推荐的练习之一是仰卧位抬高骨盆和双腿。这个练习类似于肘部（肩部）倒立的第一部分（图 8.9 中第五个练习）。这个姿势下，椎间盘的压力很小，对腹壁肌的练习很明显。

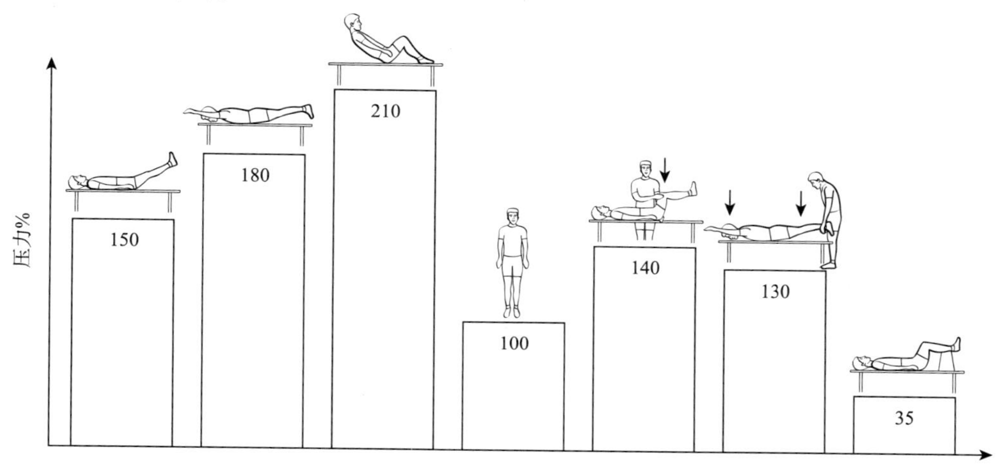

图 8.9 加强肌肉束腰的不同练习的椎间盘压力（用相对于站立姿势的压力百分比表示）
［资料来源：A.L. Nachemson, "The Lumbar Spine: An Orthopaedic Challenge," *Spine* 1, no. 1(1976): 59-71. 许可转载］

对于患有下背痛和肌力水平较低的人，建议他们进行等长练习，并在下背痛加重后开始训练肌肉束腰。这些练习的价值在于，它们对腹壁的肌肉施加了一定的负荷，而对椎间盘的压力几乎没有增加。这些人在练习时，正常吸气后，收缩腹壁和背部的肌肉组织，关闭声门，收缩直肠括约肌，用力呼气。这种压力是通过躯干和横膈膜的肌肉组织的作用产生的，多次重复可以产生训练效果。每天练习 3～4 组，每组练习 10～15 次，肌肉收缩持续 3～5s。在双盲控制下进行的实验中，等长练习已被证明明显优于其他类型的练习。

腹斜肌和腹内斜肌练习

在许多运动中，如对称的举重动作，高腹内压主要是由于腹斜肌和腹内斜肌而不是腹直肌的活动产生的，原因是腹直肌虽然活跃，在活动时产生躯干弯曲力矩，但是该力矩应通过对抗肌肉（脊柱伸肌）产生的额外力矩来抵消。腹直肌的活动度越高，腹内压越大（这是好的）。与此同时，腹直肌的活动度越高，脊柱伸肌克服的弯曲力矩就越大，以产生所需的脊柱伸肌力矩。因此，躯干屈肌在举重时被适度激活。此外，强壮的腹斜肌加强竖脊肌筋膜。筋膜支撑脊柱，减少脊柱伸肌的张力。因此，训练计划应该包括腹斜肌和腹内斜肌练习，如对抗阻力的躯干旋转和侧向仰卧起坐（抬起躯干）。

背部深层短肌练习

腰椎区的肌肉（具体地说是背部轴上肌，如连接相邻棘突的棘间肌或连接相邻脊椎横突的横间肌）在普通的训练中很难被激活。

我们推荐以下练习来训练这些肌肉。运动员背靠墙站立，脚后跟、臀部、肩膀和后脑勺接触墙壁，接下来完全伸直脊柱来调整腰椎前凸，背部靠墙，对墙施加压力（图 8.10）。但这种练习即使对技术高超的运动员来说也很困难。在这种情况下，运动员可以采用仰卧位进行练习，掌握之后，不借助墙也能练习。通常的做法是练习 5～6 次，每次 4～5s。

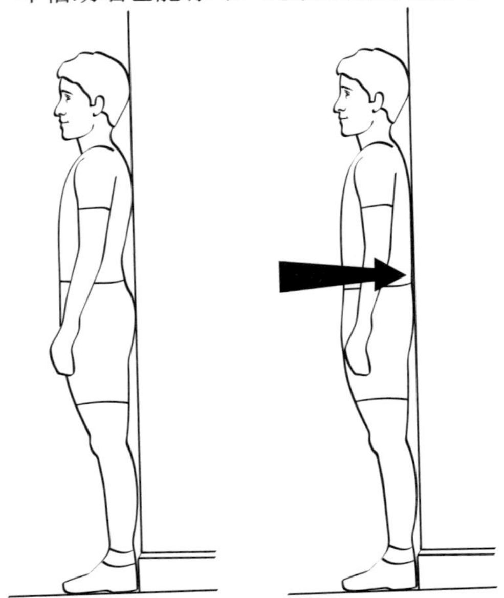

图 8.10　训练背部深层短肌（又称骨盆倾斜训练）

二、正确的运动技术要求

当身体前倾时，脊柱伸肌的活动一开始是增加的。然后，随着倾斜幅度的进一步加大，这种肌肉活动几乎完全消失（图 8.11）。背部韧带和筋膜承受了活动负荷。由于靠近转动轴，它们应该产生相当大的力来抵消重力力矩，此时椎间盘的压力很大。

在举重时，圆背是非常危险的，由于腰椎屈曲，压缩使负荷作用在椎间盘前侧，拉长使负荷作用于椎间盘后侧。具体来说，发生了压力集中现象。这种压力，即落在椎间盘表面单位上的力，是非常大的（图 8.12）。

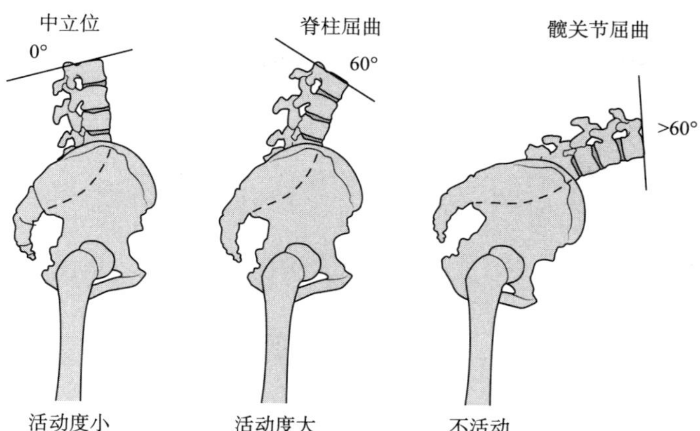

图 8.11　身体前倾时支撑脊柱的肌肉的活动

注：腰椎屈曲 45°～60°，直到背部韧带变得绷紧。在运动的第二部分，骨盆转动，直到臀肌和腘绳肌限制骨盆活动。此阶段未见肌肉活动。躯干的重量由竖脊肌筋膜、背部韧带和肌肉的被动力抵消。

［资料来源：V.M. Zatsiorsky and V.P. Sazonov, "Biomechanical Foundations in the Prevention of Injuries to the Spinal Lumbar Region During Physical Exercise Training," *Theory and Practice of Physical Culture* 7(1985): 33-40. 许可转载］

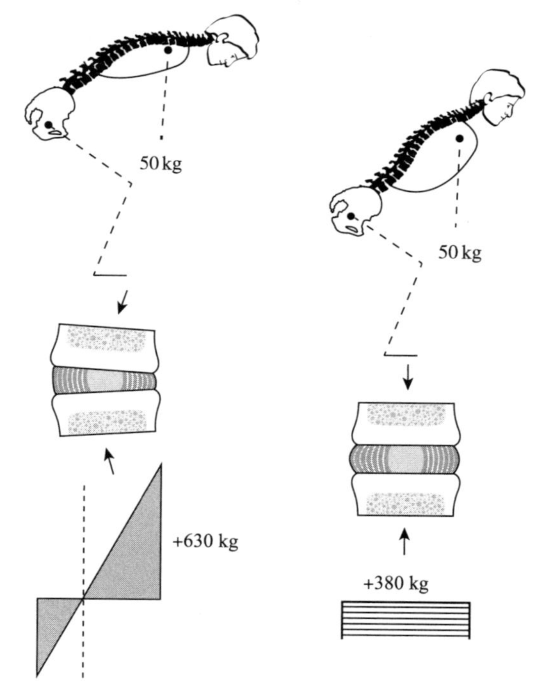

（a）不正确的（圆背）技术　　（b）正确的技术

图 8.12　用不同方法举起 50kg 时，椎间盘承受的负荷

注：使用不正确的（圆背）技术、正确的技术时椎间盘承受的压力负荷分别为 630kg 和 380kg。

［资料来源：V.M. Zatsiorsky, *Motor Abilities of Athletes* (Moscow: Fizkultura i Sport, 1966), 60. 许可转载］

有效的办法是在举重时避免圆背（图 8.13）。另外，如果可能的话，当运动员举重时，应蹲下去再举而不是直接弯腰去举。运动员应使这种正确的举重方法成为习惯。体育教学应该重视发展两腿的伸肌，以便主观上让人感到下蹲举比弯腰举更容易些。

图 8.13　举重时避免圆背，要保持腰背挺直

青少年运动员（网球、篮球和排球运动员）在多年准备的最初阶段往往会忽视体能训练，包括力量训练。在 20 岁的时候，他们发现自己的运动表现受到了体能的限制。然后，他们试图通过模仿田径等其他项目中运动员的训练模式，特别是举重运动员的训练模式，尽可能快地发展力量，但是 20 岁的田径运动员已经有了几年的体能训练经验，新手是不可能复制他们的训练计划的，这简直太危险了。

下面是一个和一位体能教练员有关的例子。在 20 世纪 80 年代初，这位教练员被邀请到苏联女子网球队工作。他以前从未训练过类似项目的运动员，也不知道他们在力量训练方面缺乏经验。他推荐的训练计划重复了其他运动项目运动员的大负荷抗阻训练。结果如何呢？在 6 个月内，10 名运动员中有 9 名出现了下背部问题，其中 8 人从未完全康复，并因此退出了国际体育比赛。

三、护具

有几种护具可用于增加腹内压和固定腰椎，其中之一是一种特殊的垫枕，被用于脊柱伸肌的练习（图 8.14），我们也建议使用举重腰带增加腹内压并减少脊柱承受的负荷。传统上，举重腰带的构造是为了支撑脊柱，防止脊柱变形。举重腰带在像站姿杠铃推举这样的练习中很重要。有研究表明，举重腰带不是支撑脊柱，而是支撑腹部，这就增加了腹内压，从而在更大程度上减少了脊柱承受的负荷（图 8.15）。

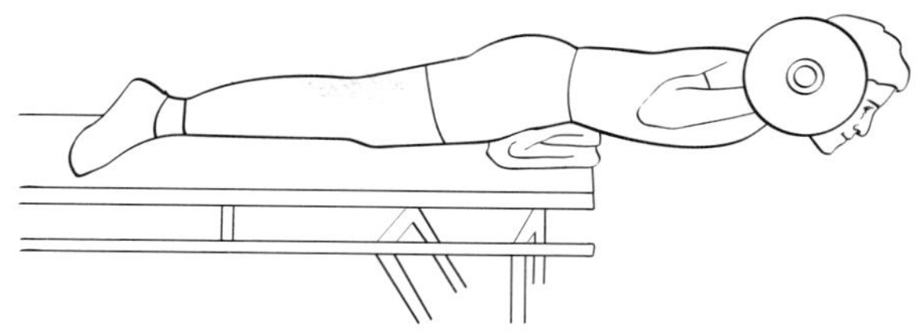

图 8.14　脊柱伸肌的练习

注：腹部下方的垫枕增加了腹内压，并减轻了椎间盘上的负荷。

［资料来源：V.M. Zatsiorsky and V.P. Sazonov, "Biomechanical Foundations in the Prevention of Injuries to the Spinal Lumbar Region During Physical Exercise Training," *Theory and Practice of Physical Culture* 7(1985): 33-40. 许可转载］

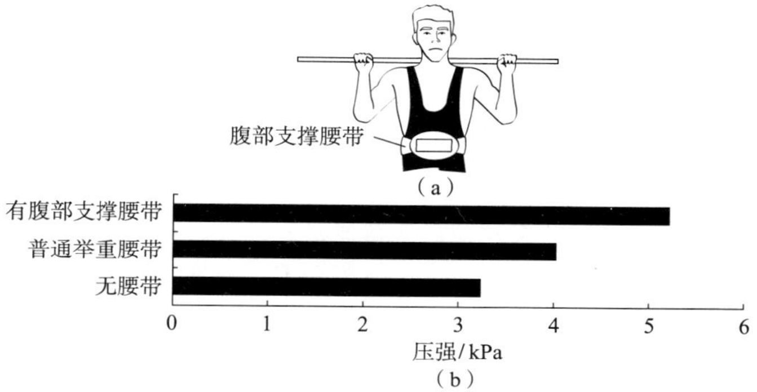

图 8.15　抗阻训练时有无举重腰带情况下的腹内压

注：腹部支撑腰带（俄罗斯专利号 1378834，授予 V.M.Zatsiorsky 和 V.P.Sazonov。授予时间：1987 年 11 月 8 日）。举起两个 10kg 重的哑铃［直臂屈肩，不是图 8.15（a）中的训练］时，有腹部支撑腰带、普通举重腰带、无腰带情况下的腹内压。

［资料来源：V.M. Zatsiorsky and V.P. Sazonov, "Belt-Corsets Reducing Risk of the Spine Lumbar Trauma at Weight Lifting and Strength Exercises," *Theory and Practice of Physical Culture* 3(1987): 15-18. 许可转载］

注意清单

当举重运动员是女性（因为椎间盘更柔软）、高个子男性和青少年时，需要格外注意以下几点。

- 这些运动员是否迫切需要进行举重训练？为什么要进行自由重量训练？有很多力量训练不是自由重量训练，要有创造性。
- 运动员是否有一定的力量训练经验（不用杠铃）？回想一下 3 年规则。这是否符合该规则？
- 加强躯干肌肉（竖脊肌和腹肌）。
- 先用训练器械，再进行自由重量练习。
- 教练员教授正确的举重技术，监控举起动作方式。
- 从小负荷开始。不是杠铃本身，而是不合适的重量才是造成危险的根源。

对大多数缺乏经验的运动员来说，没有附加杠铃片的杠铃杆提供了足够的阻力。

- 使用举重腰带和垫枕。
- 教练员教授正确的呼吸模式。

对女性运动员、青少年运动员和老年运动员的力量训练感兴趣的读者，请阅读第十二章、第十三章和第十四章。

四、姿势矫正与柔韧性发展

腰椎前凸增加会导致 LBPS 风险增高。腰椎前凸平衡了骶骨（及骨盆）相对于垂直方向的倾斜。骶骨的位置是由第一骶椎上表面和水平形成的骶椎角作为特征的。通常情况下，这个角越小越好。骨盆的位置越接近水平，腰骶关节越稳定。

骨盆的前倾可以通过发展相应肌肉的适当力量来矫正。注意，体重较大的人骨盆通常更容易前倾，因为身体的重量压在骨盆上。在这种情况下，第一个建议就是减肥。以下是相应的肌肉。

- 躯干屈肌（腹直肌）和髋关节伸肌（腘绳肌）。当这些肌肉被激活时，往往会减小骶骨的角，将骶骨旋转到一个更垂直的位置（相应地，骨盆旋转到一个更水平的位置）。腹肌可以控制骨盆过度前倾。
- 躯干伸肌和髋关节屈肌（股直肌）。这些肌肉会使骨盆旋转到一个更斜的位置。

有些运动员进行了大量杠铃下蹲和坐姿体前屈练习，但忽视了加强腹肌及拉伸髋关节屈肌。这些运动员往往腘绳肌有柔韧性，而腹肌薄弱，髋关节屈肌紧张。在这种情况下，骨盆前倾加剧。腰椎过度前凸，导致椎间盘向后凸出，并在脊椎面形成压力，压迫神经根，从而导致疼痛。为了纠正骨盆前倾和腰椎过度前凸，建议加强腹肌力量并进行拉伸练习，以减少髋关节屈肌的紧张。

下背部有问题吗?

首先，咨询医生，要求诊断。通常需要做 X 射线检查或磁共振成像（MRI），或两者都需要。保存结果以备将来参考。如果没有发现严重问题，能够进行训练，那么采取以下步骤。

第一步：剧烈疼痛时期。

进行至少 1～2 周的放松练习，并进行等长练习（在“腹直肌练习”一小节中描述过）。放松练习的目的是减轻肌肉痉挛，直至完全消除。下面是几个放松练习的例子。

- 平躺。放松面部肌肉和眼睑。在整个过程中，眼睛半闭。
- 放松颈部肌肉。头部自由右转，不用发力，只有重力在起作用；停顿 3s，头部转向上方；再次放松，头部向左转。每侧重复 3～4 次。
- 弯曲右膝，脚放在地板上；放松；伸展腿，脚在地板上滑行。同样，只有重力在发挥作用。每条腿重复 3～5 次。

• 弯曲一只手臂；放松；使手臂自然下垂。另一只手臂重复同样动作；放松；重复几次。

• 进行腹肌等长练习。

• 以相反的顺序重复放松过程。

第二步：当疼痛消失时。

暂时减轻腰椎的负荷（如用腿举代替下蹲），然后分析以下因素：

• 训练日程：腰椎区超负荷了吗？上次是不是下蹲得太多了？是不是做了太多的硬拉？

• 体能水平：①竖脊肌、腹直肌、腹斜肌和轴上肌足够强壮吗？是不是忽略了加强训练它们？②柔韧性如何？用手能摸到地板吗？髋关节屈肌紧张吗？③骨盆在习惯的姿势中倾斜得多吗？腰椎前凸严重吗？

• 举重技术：举起时圆背了吗？请人检查一下。

• 腹部支撑：举重时系举重腰带了吗？腰带支撑腹部吗？用垫枕吗？

• 恢复措施：训练之间使用哪种恢复措施？不建议没有恢复措施。

根据以上分析结果，制订纠正和预防措施。在制订并采取这些措施后，平均 90%的运动员完全恢复了能力，没有遇到较大困难，有些只有轻微的脊椎问题。

五、康复过程

为了恢复因承受系统训练的大负荷而被压缩的椎间盘的维度和特性，通常建议采取恢复措施。这些措施包括按摩及大负荷举重训练课后在温水（约 30°C）中游泳 5～15min。游泳可以用漩涡浴代替。椎间盘承受的负荷减少时，椎间盘补水程度增加（图 8.16）。

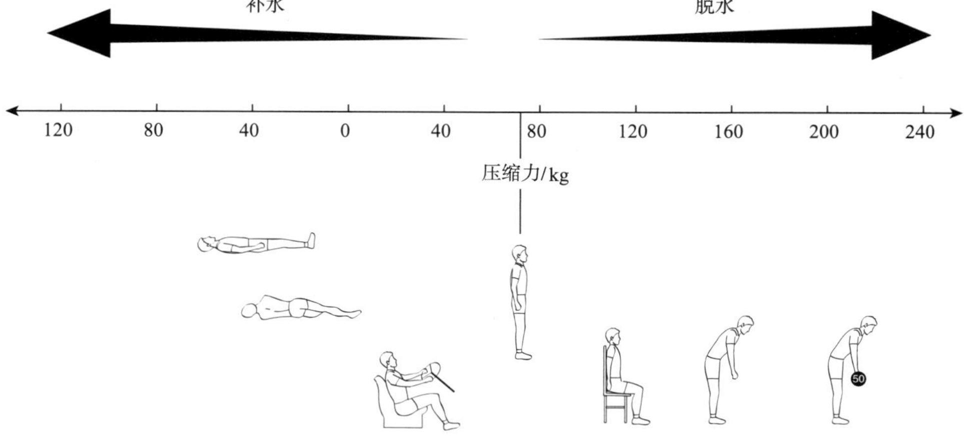

图 8.16　椎间盘内压力和胶状体髓核的含水饱和度（L3 椎间盘）

［资料来源：A.Nachemson, "Towards a Better Understanding of Low-Back Pain: A Review of the Mechanics of the Lumbar Disc," *Rheumatology and Rehabilitation* 14, no. 3(1975): 129-143. 许可转载］

许多教练员建议在训练过程中交替进行举重和悬挂。然而，大多数运动员的脊柱长度在这种悬挂过程中会缩短。通常，躯干肌肉的反射性激活会发生，这些收缩的肌肉会阻止脊柱拉长。因此，椎间盘的维度无法恢复。并不是所有的运动员都能在悬挂姿势下放松。此外，只有在长时间移除压缩椎间盘的负荷时，椎间盘才会完全补水，仅悬挂不会发生这种情况。

脊柱牵引已被证明是一种更有效的方法。图 8.17 显示了这种牵引的推荐姿势和牵引设备（分体式牵引台）。脊柱牵引是一种非常有用的恢复措施，牵引力可自行调整（超重量级优秀举重运动员可达到 100kg），每周牵引两次。

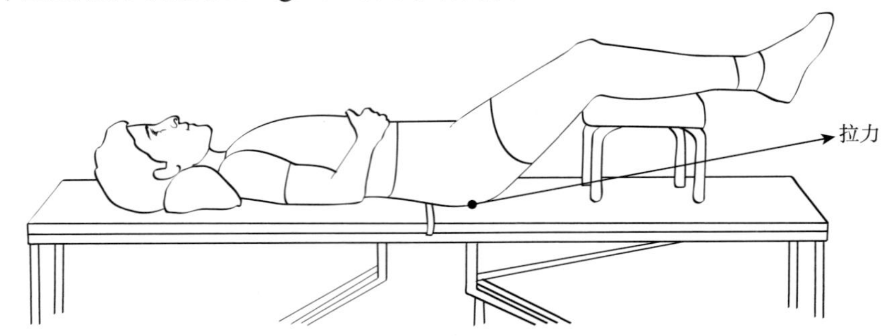

图 8.17　用于脊柱牵引的设备：分体式牵引台

注：运动员双腿弯曲，（牵）拉力与水平面成一个角度（以保持背部平整）。

［资料来源：V.M. Zatsiorsky and S.S. Arutiunjan, *Spinal Traction as a Rehabilitation Tool* (Moscow: Central Institute of Physical Culture, 1987).］

脊柱牵引只推荐给没有下背痛病史的运动员。运动员牵引前需要进行初步的医学检查并经医生许可。当运动员患有下背痛时，牵引可能有副作用。图 8.18 显示了其中的原因。在牵引过程中，腰椎前凸改善，脊柱变得更直，神经根向尾部相对位移。因此，如果椎间盘突出在神经根下方，牵引会加剧疼痛［图 8.18（a）］；但如果椎间盘突出在神经根上方，疼痛就会缓解［图 8.18（b）］。医生需要确定脊柱牵引是否适合特定的运动员。

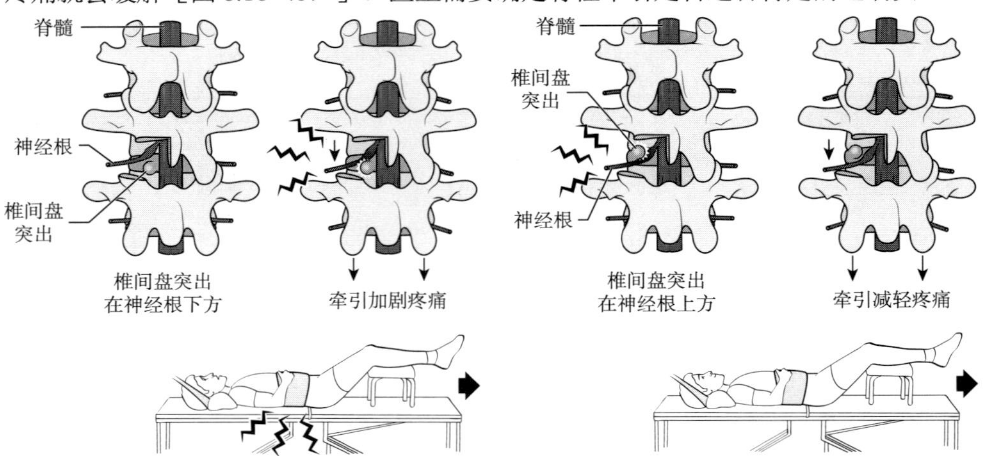

（a）当椎间盘突出位于神经根下方时，牵引会加剧疼痛　（b）当椎间盘突出位于神经根上方时，牵引会减轻疼痛

图 8.18　脊柱牵引对疼痛的影响

因椎间盘突出而疼痛的患者通常试图通过将神经根移到远离椎间盘突出的部位来减轻疼痛：当他们站立或行走时，他们将躯干向一侧倾斜。如果患者向远离疼痛的一侧倾斜，神经根位于椎间盘突出的上方，则不建议这个患者使用脊柱牵引，这会加剧疼痛。如果患者向疼痛的一侧倾斜，神经根在椎间盘突出的下方，那么对这个患者来说，脊柱牵引是有用的。在任何情况下，是否使用脊柱牵引都应由医生来做决定。

本 章 小 结

在大负荷抗阻训练中，教练员和运动员应特别注意防范腰椎区的损伤。个子较高的运动员（如篮球运动员、排球运动员、橄榄球线锋）对此尤其要注意。

在生物力学上，椎间盘的主要特征是含水饱和度和椎间盘内压力。当负荷在垂直方向时，椎间盘的承受力是足够的，且并不低于相邻椎骨的承受力，但在脊柱倾斜时，胶状体髓核移到与倾斜相反的一侧，纤维环有些突出，这会导致神经根受到压迫，并引起疼痛。

影响椎间盘的机械负荷包括冲击负荷和静力性负荷。冲击负荷通常发生在落地时。在落地过程中的冲击负荷受支撑面、鞋、运动系统的阻尼特性和落地技术的综合影响而被削弱。缓冲着地技术使踝关节屈曲和膝关节屈曲协调作用，减少了冲击力。

作用在椎间盘上的静力性负荷主要是由肌肉张力产生的，而不是由外部负荷本身产生的。在举重过程中，腰椎承受的极大负荷可以通过增加腹内压来减小，因为腹内压起到了内部支撑的作用。这样一来，椎间盘的压力平均减少近20%，极端情况下可达40%。当举起最大重量的能力增加时，腹内压增加，有利于减小影响脊柱的机械负荷。

为了防止腰椎损伤，必须最大限度地减小腰椎区的负荷，并增强该部分肌肉（形成肌肉束腰）。预防措施包括加强肌肉力量和采用正确的运动技术。

需要加强的肌肉群，除了竖脊肌外，还有腹壁肌和背部的深层短肌。正确的运动技术也可以防止损伤。运动员举重时应保持腰椎前凸，如果可能的话，在举重时应采取下蹲举起，而不是弯腰举起重量。

护具可以增加腹内压，稳定腰椎，推荐的两种是举重腰带（特别是有腹部支撑的腰带）和垫枕。同样推荐姿势矫正和柔韧性发展（特别是对于腰椎前凸增加的人群）。为了纠正骨盆前倾和腰椎过度前凸，必须加强腹肌力量，减轻髋关节屈肌的紧张。

为了恢复因承受系统训练的大负荷而被压缩的椎间盘的维度和特性，采取一些康复措施（包括按摩、在温水中游泳，尤其是脊柱牵引）是有用的。

第九章　超量训练、过度训练和恢复

过度训练是一个常用的术语，但在很多情况下使用不当。在过去，据说许多人在训练过程中经历过过度训练，在一份报告中 70%以上的调查对象都有这种经历。但到底什么是过度训练呢？它是如何被定义的？区分以下概念非常重要：过度训练是一个过程，而过度训练综合征（over-training syndrome，OTS）是结果。过度训练的过程包含正在进行的训练的量和强度，这会导致身体无法充分恢复。最终的结果就是过度训练综合征，各种各样的症状共同导致了运动表现下降。本章后面将更加详细地讨论这些症状。

多年来，许多术语被用作过度训练的同义词，包括表 9.1 中列出的术语。很明显，这些术语可能会令人困惑。为了帮助解决这个问题，几个著名的国际体育和运动科学组织成

立了一个联合工作组，帮助定义过度训练，并帮助我们更好地理解过度训练。最初的文献发表于2006年，该文献对过度训练进行了界定。2013 年发表的文献介绍了过度训练的特定生理系统和心理研究的知识基础。这些文献明确指出，运动表现伴随过度训练而下降，恢复需要数周、数月或更长时间。

表 9.1 通常与过度训练相关的术语

超量训练 • 功能性超量训练 • 非功能性超量训练	恢复不足 不适应 高度紧张的训练综合征
劳累过度	无法解释的表现不佳
压力过大	运动表现不佳
精疲力竭	心理疲劳
疲劳过度	运动表现停滞不前
过度疲劳	适应不良
训练与恢复不平衡	慢性疲劳

如果运动员在过度训练后能在 1～2 周恢复，这种训练就叫作超量训练。当运动表现在超量训练后得到提高时，这种训练就被称为功能性超量训练，这通常是一种理想的训练策略，以优化后期运动表现。如果运动员从超量训练中恢复过来需要更长的时间，并且没有产生超量补偿（恢复）或运动表现没有提高，则这种训练被称为非功能性超量训练。本章的目的是介绍这些概念，因为它们特别适用于解释力量训练，并基于目前的科学认知介绍一些实际应用情况。

什么是过度训练和超量训练?

过度训练和超量训练是过程，过度训练综合征是结果。一个国际研究团队负责确定这些术语的现有知识，澄清了这些术语的差异。下表总结了它们的定义。

过程	训练（超负荷）	不断加强的训练 →		
结果	急性疲劳	功能性超量训练（短期超量训练）	非功能性超量训练（极度超量训练）	过度训练综合征
恢复	（几）天	几天～几周	几周～几月	数月
运动表现	提高	暂时下降（如训练营）	停滞或下降	下降

［资料来源：R.Meeusen, M.Duclos, C.Foster, et al., "Prevention, Diagnosis, and Treatment of the Overtraining Syndrome: Joint Consensus Statement of the European College of Sport Science and the American College of Sports Medicine," *European Journal of Sport Science* 13, no. 1(2012): 1-24. Copyright © European College of Sport Science, reprinted by permission of Informa UK Limited, trading as Taylor & Francis Group, www.tandfonline.com on behalf of European College of Sport Science.］

近几十年来，运动中的过度训练问题受到了广泛的关注，过度训练的概念可以追溯到150多年前，虽然当时研究者关注的不是运动表现，而是体力。有人在1866年提出，“运动中用力不应超过所能募集的力量。应通过适当饮食和休息促进力量的募集”（Nilsson，1987）。近年来，研究者对过度训练的定义达成了共识，将其定义为超负荷训练的同时恢复不足。训练压力和恢复有许多不同的组合，这可能会使运动表现下降。研究过度训练可能非常具有挑战性，有以下3个原因。

首先，我们很难在正确的时间确定个体或团队是否过度训练，以便对过度训练发生的原因进行有意义的调查。如果我们发现了训练过度的运动员，那么这个过程已经发生了，而且这种情况是如何发生的我们也不能进行严密的调查。

其次，在实验室环境中很难复制过度训练的场景。从导致过度训练综合征的生理、心理和训练场景方面进行的大量研究都失败了。对过度训练的许多研究都依赖于各种训练场景的数据。这些训练场景可以包括制订有效的训练计划，压力大的训练计划或训练阶段（如小周期或中周期），以及具有过度训练（运动表现下降，可能需要数月才能恢复）所有特征的场景。

最后，大部分关于过度训练的研究并没有重点关注抗阻训练。图9.1说明了在进行抗阻训练的力量房中可以发现的一系列训练压力。虽然这个图可能仍然是一个复杂问题的过度简化，但是它澄清了长期的抗阻训练刺激可以从非常容易到有些困难，再到具有非常大的挑战性。为全面理解整个过程，理解在这一连续过程中不同场景的训练情况非常关键。还应该注意到，虽然图9.1似乎表明有3种不同类型的抗阻训练导致了过度训练，但是要区分起来也并不那么简单。我们认为，力量房中的过度训练场景大多涉及运动量过大。在这种情况下，力量房中的大运动量过度训练是基于极大的训练量［即总重复次数、机械功（J）、负荷量（重复次数×举起的重量）］，而高强度过度训练是基于1RM负荷的百分比过高，许多过度训练场景中运动员都使用了两种方法。事实上，还有许多其他因素（将在本章中讨论）也起到了作用。训练的整个连续过程也说明，在力量房中进行高度紧张的训练并不一定是过度训练或超量训练，而是许多训练计划的必要组成部分。此外，许多训练场景并不局限于力量房。我们必须认识到，压力源是逐渐累积的，整个训练计划的其他组成部分和外部生活也会对压力的总体状况产生影响。

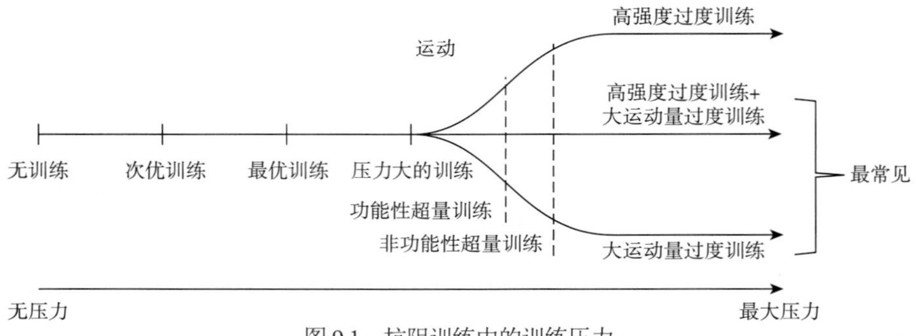

图9.1　抗阻训练中的训练压力

注：抗阻训练中一系列的训练压力导致了过度训练综合征。要了解力量房中过度训练的原因和发展，就需要理解整个训练过程的反应和适应。

1936 年，为了解释生物系统如何应对压力，汉斯·塞利（Hans Selye）首次提出了后来被称为一般适应综合征（general adaptation syndrome，GAS）的模式。虽然汉斯·塞利不是运动训练领域的科学家，但是当他说 GAS 是“机体对诸如……肌肉训练等刺激的反应”时，体现了他对 GAS 在力量房中潜在应用的深刻理解。近年来，评论家认为将 GAS 模式应用于运动和训练中并不能真正代表对压力的反应和适应。然而，必须记住，该模式表示了对压力源的一般反应，反应模式的实际特征可能会因压力源而有很大差异。在图 9.2 中，我们看到 GAS 模式被修改以描述不同水平的训练压力和反应。除了解释超负荷和恢复不足会导致过度训练综合征外，它还展示了精心制订的训练计划会促成最佳的运动表现。此外，图 9.2 表明了次最佳运动表现并不一定是由过度训练造成的，训练计划与比赛日程的不协调可能是主要原因，如图 9.2 的次最佳运动表现所示，B_1、B_2 和 C_2 分别表示训练计划的时间安排有误，C_1、C_4、D 分别表示训练压力不当。

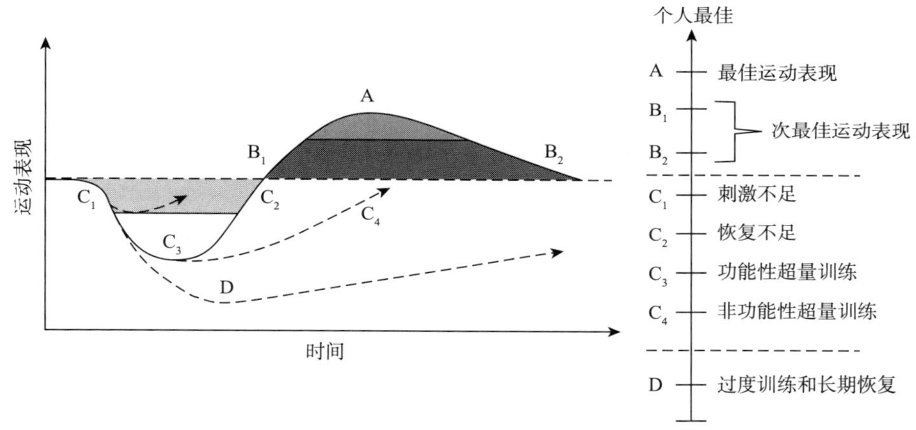

图 9.2　对应不同水平训练压力的 GAS

注：连续过程的右侧是过度抗阻训练模式，表示压力训练时出现的各种情况。

睾酮/皮质醇比值

阿德勒克鲁兹等（Adlercreutz et al.，1986）建议把激素浓度降低 30%，并把睾酮和皮质醇的摩尔比值 0.35 作为“过度压力”的指标。当美式橄榄球运动员经历“超量训练”阶段时，9 名球员中有 6 名符合这些标准，但运动表现并没有长期下降。由于高强度的过度抗阻训练，这一比值在经过训练后没有受到影响。这一比值有助于监测训练压力，但仅凭这个变量不能完全诊断过度训练。

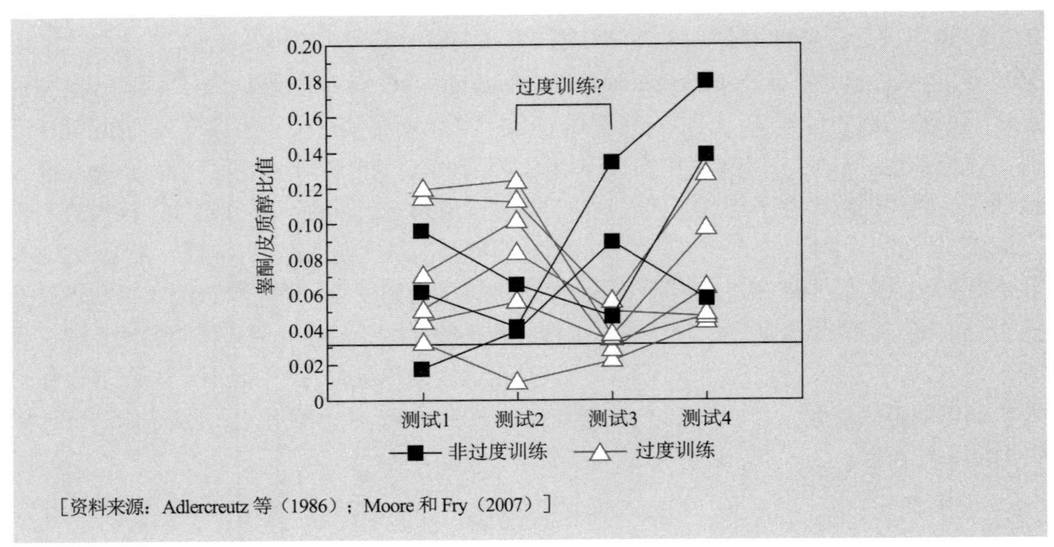

［资料来源：Adlercreutz 等（1986）；Moore 和 Fry（2007）］

第一节　训练的单调性与多变性

许多训练计划安排单调乏味，这可能是由于缺乏训练计划或缺乏恰当的计划。训练计划重复，或训练刺激不够多样时，就会出现这种情况。为了避免这个问题，一些教练员常犯的一个错误就是为了改变训练计划而改变训练计划。换句话说，除了随意调换训练的组成部分外，没有采取有效策略或对其认真思考过。训练单调性这一术语虽然易于使用，但是问题在于如何测量它。在耐力训练领域，建议监测平均心率和跑步距离。记录每次训练课的心率（强度）和距离（量）的乘积。确定训练周期（即大周期或中周期）的负荷量变化系数百分比［%CV；（标准差/平均值）×100%］，以提供训练刺激的变化标示值。在力量房中，相同的量和强度的概念可以通过每次训练课使用的负荷量（即总重复次数×举起的重量）得到应用。图 9.3 显示了在实际的运动训练场景中缺乏足够训练多样性的例子。以美式橄榄球为例，这个休赛期计划和接下来 7 周的运动练习导致了非功能性超量训练。在 4 个月的中周期结束时，运动员的运动表现仅回到了最初的水平。最初的抗阻训练计划似乎包含了多样性（如实心箭头所示）。虽然我们很难确定负荷量变化系数百分比的具体目标值，但是负荷量变化系数百分比相当低（两个训练阶段都小于 13%）。可以确定的是，在训练中很容易发生训练的变化（如灰色虚线所示）。仔细观察负荷量的值，我们可以发现这个变量的最高点和最低点之间实际上差别很小。这是恢复和训练变化的指标值。

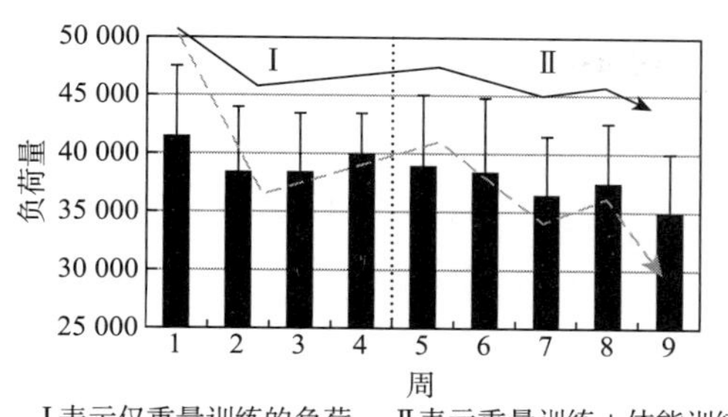

Ⅰ表示仅重量训练的负荷量变化系数百分比：11.4%　Ⅱ表示重量训练+体能训练的负荷量变化系数百分比：12.9%

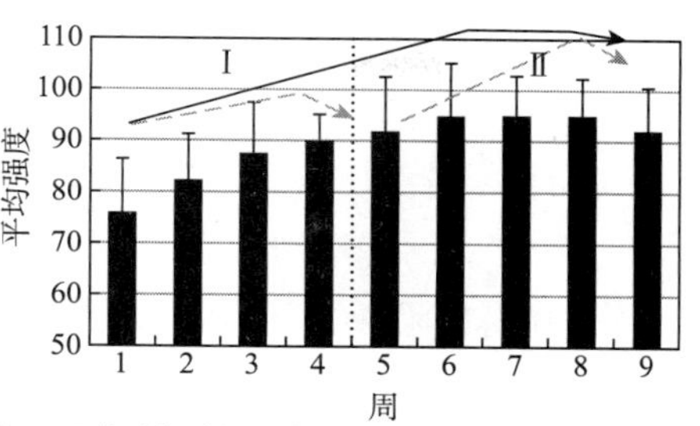

Ⅰ表示仅重量训练　Ⅱ表示重量训练+体能训练

训练过的动作	未经训练的动作	迁移指数	
		第一阶段	第二阶段
杠铃下蹲	纵跳	1.57	0.16
	敏捷性	1.32	0.65
高翻	纵跳	1.15	0.10
	敏捷性	0.96	0.38

图 9.3　休赛期美式橄榄球体能训练计划的训练单调性和训练迁移效果导致了非功能性超量训练

注：第一阶段（第 1～4 周）：只进行重量训练。第二阶段（第 5～10 周）：重量训练和体能训练（即短跑、敏捷性训练、增强式训练、柔韧性训练、代谢式训练）。实心箭头表示负荷量和相对强度（训练前%1RM）模式。灰色虚线箭头表示训练变化。迁移指数值显示，在第一阶段中，迁移到室外训练场的指数值很高，但当在训练计划中增加额外训练时，迁移指数值降低。

［资料来源：C.A. Moore and A.C. Fry, "Nonfunctional Overreaching During Off-Season Training for Skill Position Players in Collegiate American Football," *Journal of Strength and Conditioning Research* 21, no. 3(2007): 793-800. 许可转载］

图 9.3 中另一个值得关注的变量是迁移指数。迁移指数是一个有用的指标，用来判断在力量房中的训练是否会延续到赛场表现上，可通过纵跳和美式橄榄球 5-10-5 敏捷性测试来测量。与训练单调性评估的负荷量变化系数百分比一样，没有特定的值表示成功。迁移指数可以用于检测训练的不同任务和阶段，以确定是否发生了迁移及迁移程度。图 9.3 中的数值并不奇怪，因为力量房中刚开始训练的运动员相对来说是新手。大力量（杠铃下蹲）和大爆发力（高翻）训练对这项运动的重要测试（如 5-10-5 敏捷性测试和纵跳高度）都显示了很大的迁移效果。事实上，力量训练在第一阶段表现出较大的迁移效果并不意外，因为增强的力量可能对刚进入力量房训练的运动员最有利。预计再过几年这种测试就可能证明爆发力训练正变得越来越重要，但请注意，这两种训练在第二阶段的迁移效果都显著降低。经确认，力量房外进行的训练干扰了先前看到的训练成果。这是一个很好的例子，说明了训练压力是如何增加的。

第二节　抗阻训练的类型

并不是所有的阻力练习都是一样的，记住这一点很重要，对本书的读者来说这可能很容易理解。例如，运动员可以进行标准的 3 组×10 次重复腿伸展练习，并假定效果适用于所有形式的力量训练。然而，情况远非如此。我们必须透彻理解抗阻训练计划和与训练相关的变量的复杂性，才能充分理解训练效果。表 9.2 中列出了需要考虑的变量。

表 9.2　评估过度训练的预期反应和适应时要考虑的抗阻训练相关变量

<table>
<tr>
<td>肌肉动作
• 向心
• 离心
• 等长
• 等速
• 拉长–缩短周期
• 时间分配
自由重量或器械
• 大肌肉或小肌肉
• 多关节或单关节
• 复杂运动模式或简单运动模式
• 快速或慢速
• 进行练习的顺序
• 自重或外部负荷
• 相对强度（如%1RM）
• 绝对强度（如以 lb 或 kg 为单位的阻力）
• 重复次数
• 总功（J；力×距离）
• 向心收缩功
• 离心收缩功
• 总冲量（N；力×时间）
• 组间休息时间</td>
<td>计划目的
• 专项运动
• 举重运动
• 职业性
• 康复/治疗
• 休闲性
训练经历
• 无训练经验还是有训练经验
• 过度训练前的训练类型
• 损伤（当前或过去）
• 疾病
• 年龄
• 性别
长期抗阻训练计划
• 周期化或非周期化
• 周期化的类型
其他训练
• 运动训练
• 体能项目
其他因素
• 睡眠
• 饮食
• 工作
• 家庭/个人</td>
</tr>
</table>

第三节　过度抗阻训练的心理学研究

虽然研究者对过度耐力训练已经进行了大量的心理学研究，但是对过度抗阻训练的心理学研究还知之甚少。研究者曾尝试通过心境状态量表（profile of mood states，POMS）测试国家级举重运动员来对此进行研究，但调查的时间长度和完成调查所需的时间都存在问题。POMS 也有简化版本，但未显示出应有的有效性。如对耐力训练的调查所示，使用完整的 POMS 可能会导致“冰山”剖面图（即除疲劳外的所有状态的值都较低），但对于过度抗阻训练，这一点尚未得到充分证明。

运动员恢复–应激问卷（recovery-stress questionnaire for athletes，RESTQ）在监测过度训练应激方面有很大的潜力，但迄今为止，在重量训练里使用该问卷的唯一尝试没有定论，因为运动员没有出现过度训练综合征。一项专门为过度抗阻训练设计的简短调查（15 项，李克特量表）显示是可靠的，很容易被纳入日常训练日志。调查题目包括训练愿望、恢复、力量、肌肉酸痛、膝关节和下背疼。在使用这种测量表的每个例子中，运动员对应激性抗阻训练的最显著反应是训练欲望的急剧下降和恢复不足。这些反应先于任何被记录的生理变化或运动表现下降。对了解自己的运动员及其训练愿望的教练员来说，这可能更加明显。此外，在力量房的过度训练期间，经过 8 天不适当的强化训练后，举重运动员在进行最大负荷的举起（100%1RM）时的自信心明显下降（图 9.4）。这种自信心下降，即自我效能感降低，对试图表现出高水平的运动员来说是极其有害的。运动员心理状况的这种变化很可能受到教练员创造的激励和关怀氛围的影响。运动心理学领域基于成就目标理论和关怀氛围的研究表明，当教练员采用任务导向的动机策略，并为他们的运动员创造一个共情的环境时，运动员坚持训练和付出最大努力的愿望会增强。值得注意的是，这些方法与抗阻训练计划的设计几乎没有关系，而且仍然允许教练员提供适当的挑战性训练计划。截至目前，运动科学家还没有对过度抗阻训练的心理进行充分的研究。

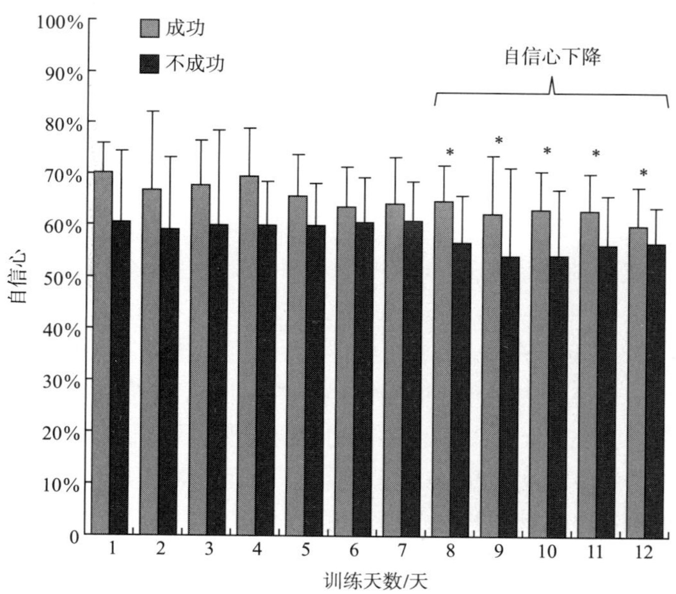

图 9.4 自信心的变化

注：尽管教练员根据运动员目前的力量水平调整了负荷，但在训练 7 天后，运动员对两周每天试图举起 100%1RM 负荷表现出了自信心下降。

［资料来源：M.D. Fry, A.C. Fry, and W.J. Kraemer, “Self-Efficacy Responses to Short-Term High-Intensity Resistance Exercise Overtraining,” International Conference on Overtraining and Overreaching in Sport: Physiological, Psychological and Biomedical Considerations (Memphis, TN, 1996).］

运动心理学如何发挥作用?

关于耐力运动员过度训练对心理状态的影响已有大量的研究，但关于力量房中过度训练的数据很少。过度训练的心理学研究中一个没有被重视的领域是教练员创设的激励氛围。成就目标理论的研究表明，当运动员感知到任务导向和关怀氛围时，他们会有以下几种反应。

- 更加努力。
- 更加致力于团队和运动训练。
- 与教练员和队友有更好的关系。
- 更好地应对感知到的压力。
- 拥有更强的心理技能。
- 对生理压力的反应减弱。
- 提高运动表现。
- 拥有更多快乐。

［资料来源：改编自 M.D. Fry and E.W. Moore,"Motivation in Sport：Theory and Application," in *APA Handbook of Sport and Exercise Psychology: Vol. 1, Sport Psychology,* edited by M.H. Anshel, T.A. Petrie, and J.A. Steinfeldt (Washington, DC: American Psychological Association, 2019), 273-299.］

第四节　速度的灵敏性

速度是运动表现的关键因素，它可以用好几种方式表现。当对过度抗阻训练或超量训练状态下的运动员进行冲刺跑测试时，在一周内冲刺跑速度都会大幅下降。尽管肌肉酸痛不是原因，但运动员在 9.1m（10 码）的冲刺跑时间慢了 0.11s，36.6m（40 码）的冲刺跑时间慢了 0.20s。正如预测的那样，没有过度训练的对照组的受试者能够保持他们原有的冲刺跑成绩。虽然乍一看这些冲刺跑时间减慢得可能并不多，但是图 9.5 显示了这对一名参赛运动员来说会有多大的不同。与其他的运动表现测量指标相比，冲刺跑速度可能是第一个受到不利影响的运动表现测量指标。运动员在冲刺跑测试时要小心，因为在这种高速运动中，缝匠肌或股直肌的肌肉拉伤会伴随着过度训练而发生。

图 9.5　过度抗阻训练或超量训练导致冲刺跑变慢

注：两个距离的减速时间表明，最大的减速发生在冲刺跑开始时，导致运动员无法跟上竞争对手。

［资料来源：Fry 等（1994b）］

第五节　爆发力下降

教练员和运动员都清楚肌肉爆发力在许多运动中对最佳运动表现的重要性。过度使用杠铃快速下蹲的大爆发力训练导致杠铃速度下降超过 20%，杠铃爆发力下降约 14%。当在后来的研究中使用类似的训练时，受试运动员爆发力停滞不前，而对照组则继续进步。在这两项运动表现中，杠铃的爆发力和速度都受到了不利影响，但 1RM 下蹲测量的最大力不受影响。此外，力量的一个非特定测量方法，即膝关节伸展练习，也没有受到影响。值得关注的是，当运动员大量使用最大负荷量（即 100%1RM）进行过度抗阻训练时，在最接近训练的速度下举起，爆发力下降了 30%以上。当运动员因使用了大运动量引起超量训练超过一周时（>1 000 次/周），上肢爆发力下降超过 30%，而下肢爆发力保持不变。当运动员进行这种类型的训练时，上肢可能对举起过程中下降的爆发力表现更敏感。总的来说，过度使用最大负荷、大爆发力或大负荷量的抗阻训练都会降低爆发力表现。考虑到一半的爆发力（力×速度）受杠铃的移动速度影响，所以当预先设计的举重计划错误时，就像之前描述的冲刺跑成绩因过度训练变差一样，爆发力出现下降或停滞不前也就不奇怪了。要注意过度使用最大爆发力的举起动作（即抓举、下蹲翻、挺举）会如何影响爆发力及运动表现的其他方面。目前还没有确定爆发力的下降是否晚于冲刺跑速度的下降。然而，由于速度对训练压力非常敏感，而力量则不那么敏感，因此力量和速度（爆发力）组合的下降需要更长的时间才出现，这是有道理的。

第六节　纵　　跳

在实验室外测量下肢爆发力最简单的方法很可能是纵跳测试。该测试最初由杜德利·A. 萨金特（Dudley A.Sargent）博士开发，作为一种“公平的体能测试”。该测试可以评估训练效果和运动能力。目前，纵跳测试既被用来评估跳跃高度，也被用来测试在爆发性运动中产生的地面反作用力。当运动员过度使用最大或接近最大负荷时，纵跳高度没有受到影响。当大负荷训练量造成超量训练时，30%1RM 负荷的杠铃下蹲跳的峰值爆发力也没有受到影响。然而，一周增加 3 倍的重量训练量可使纵跳爆发力下降超过 5%。随着测力板技术和配套软件的开发应用，现在纵跳测试可以更容易地测量和评估地面反作用力。虽然没有在科学的环境中得到评估，但是来自教练员使用测力板技术的经验报告表明，在反向动作纵跳中，离心发力速度会在训练压力较大的阶段降低（图 9.6）。发力速度通常是敏感指标，因此当运动员在经历可能导致过度训练或超量训练的高压训练时，应该仔细监测这个变量。

纵跳测试的一个值得关注的变化是 Bosco 重复纵跳测试。这一测试使监测优秀体操运动员的比赛准备状态成为可能。Bosco 重复纵跳测试成绩的提高是国际比赛选拔的重要指标。这种测试的结果变化也引起了运动员单次跳跃训练课出现急性疲劳后跳跃高度和动力学指标的显著变化。不仅纵跳高度下降，而且空中停留时间也减少，冲量也下降。过度抗阻训

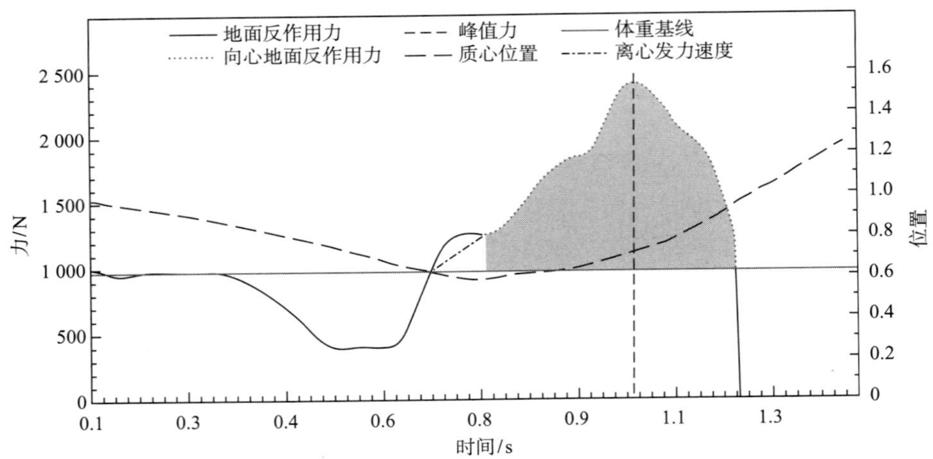

图 9.6　受试者在进行反向动作纵跳时的地面反作用力、质心位置和起跳前的峰值力图形

注：即体重基线、离心发力速度、向心地面反作用力和地面反作用力下方、体重基线以上向心地面反作用力区域的向心正冲量（阴影区）。

（资料来源：E.M. Mosier, "*The Effects of Vertical Jump Fatigue and Sprint Fatigue on Total-Body Biomechanics*," doctoral dissertation at University of Kansas, 2018. 许可转载）

练的未来研究可能不仅要包括单次的纵跳动力学测试，还要包括 Bosco 重复纵跳测试，以监测运动员重复纵跳的运动表现。

第七节　发 力 速 度

因为速度和爆发力似乎对过度抗阻训练非常敏感，所以发力速度的降低也是过度抗阻训练综合征的一部分是非常有道理的。然而，如何测量发力速度至关重要。研究者最初尝试使用膝关节等长伸展测试来测量发力速度，但没有观察到任何变化（即使下蹲力量下降大于 10%），这不仅包括总发力速度，还包括力–时间曲线的各个分量（即 S-梯度、A-梯度）。到目前为止，研究者还没有尝试评估过度训练刺激下的动态膝关节伸展的发力速度。

近年来出现了 IMTP 测试。这种评估是在测力板上进行的，有许多例子表明这种测试对监测运动员的训练进展有效。例如，举重运动员进行为期 11 周的训练时，通常使用 IMTP 测试，该测试对训练量的变化很敏感。同样显而易见的是，有许多方法可以测量产生的力–时间曲线，而且不同的训练计划可能会对曲线的不同部分产生不同的影响。尽管 IMTP 测试没有被用于研究过度训练，但图 9.7 显示的 IMTP 测试理论上的力–时间曲线可能是在力量房中过度训练的早期阶段产生的。在某些方面，这可能与纵跳测试期间离心阶段的发力速度出现的变化相似。为什么 IMTP 和纵跳发力速度都反映了过度训练，而膝关节伸展的发力速度却不能呢？有两个可能的因素。运动员动力性运动可能更好，多关节活动可能比单关节活动更敏感。无论如何，对于过度训练和超量训练，测量发力速度的表现可能较容易实施。

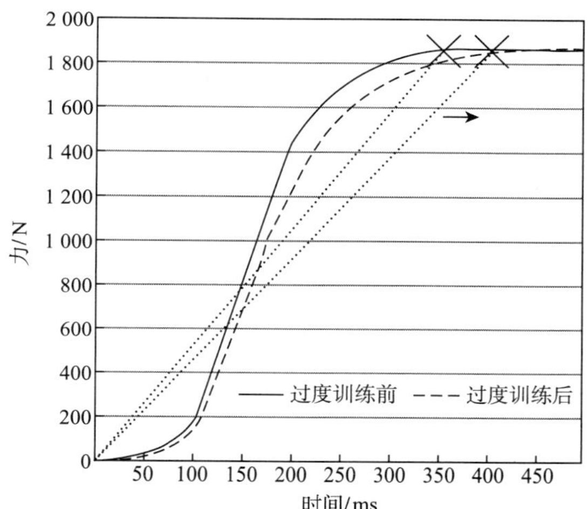

图 9.7　在过度训练刺激前后的 IMTP 测试理论上的力–时间曲线

注：在这个例子中，最大力不受影响，但是达到最大力的时间导致发力速度较低。曲线的不同部分也可能有不同的反应。

［资料来源：G.G. Haff, "Strength-Isometric and Dynamic Testing," in *Performance Assessment in Strength and Conditioning*, edited by P. Comfort, P.A. Jones, and J.J. McMahon (London: Routledge, 2019), 166-192. 经许可改编］

第八节　力 量 下 降

当使用抗阻训练来增加力量时，过度训练会干扰力量的增加是合乎逻辑的。只有当使用大负荷量抗阻训练引起过度训练或超量训练时，运动员训练的最大力（即 1RM）才会下降。在某些情况下，这些下降伴随着血液循环中肌酸激酶（CK）的升高。CK 是一种延迟性肌肉酸痛或肌肉损伤的间接指标。尽管这些研究中的受试者一开始就接受了良好的训练，但他们难以承受举起重量的大幅增加（高达 3 倍）。然而，需要注意的是，在这些研究中观察到的 CK 的升高比在肌肉损伤研究中观察到的要低得多。因此，重要的是要认识到，肌肉损伤研究不一定等同于过度训练研究，尽管它们可能有一些共同特征。意想不到的是，当使用最大负荷（即 100%1RM）引起高强度过度抗阻训练时，很难造成最大力量的下降。实际上，1RM 力量可能是这种情况下最后一个降低的运动表现变量。人体似乎保持着最大的力量能力，这也许是一种生存机制。因此，即使在两周的过度训练阶段中反复使用最大负荷，运动员也能保持更长时间的慢速力量。这种高强度过度训练值得关注的一个方面是，用于训练的相对强度的小幅下降（如 5%～10%1RM）可以完全避免力量下降。这说明了对训练负荷进行周期性调整以提高运动员对这些大负荷训练的耐受性的重要性。此外，当运动员使用自由重量而不是器械力量进行下蹲训练时，进行大负荷训练的能力更低。因此，抗阻训练方式对运动员在重量训练中训练压力较大时期的承受力有深远的影响。负荷量大的抗阻训练也改变了举重技术。在经历训练压力较大的阶段后，在抓举二次提拉过程中，杠铃的轨迹会远离运动员的身体（图 9.8）。尽管抓举 1RM

的力量当时没有改变，但很有可能举起动作技术的运动学变化导致将来出现问题。

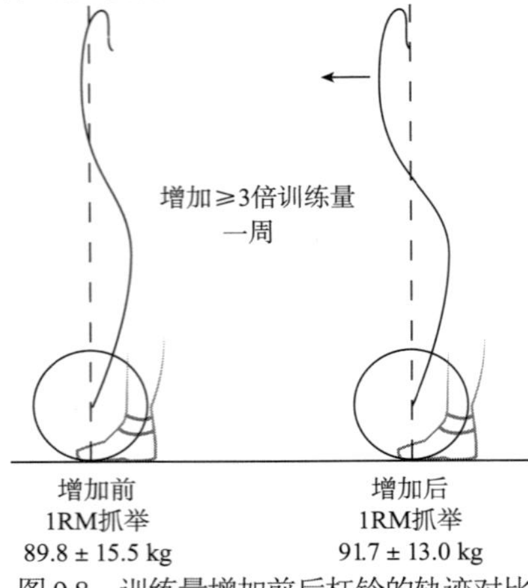

图 9.8　训练量增加前后杠铃的轨迹对比

注：一周的超量训练没有导致 1RM 抓举成绩下降，但杠铃轨迹开始变差。通过录像分析我们清楚地看到，在二次提拉过程中杠铃杆偏离了身体。

［资料来源：改编自 M.H. Stone and A.C Fry, "Increased Training Volume in Strength/Power Athletes," in *Overtraining in Sport*, edited by R.B. Kreider, A.C. Fry, and M.L. O'Toole (Champaign, IL: Human Kinetics, 1998), 87-106.］

意想不到的是，当过度使用大爆发力抗阻训练引起过度训练综合征（即大负荷量快速下蹲）时，最大力不受影响。尽管运动员爆发力和速度的专项运动表现下降，但最大力仍保持不变，这表明用于训练的举起动作可能受到了最大力的影响。因此，专项训练的运动表现似乎对过度训练刺激最为敏感。

骨科损伤可能是一个因素

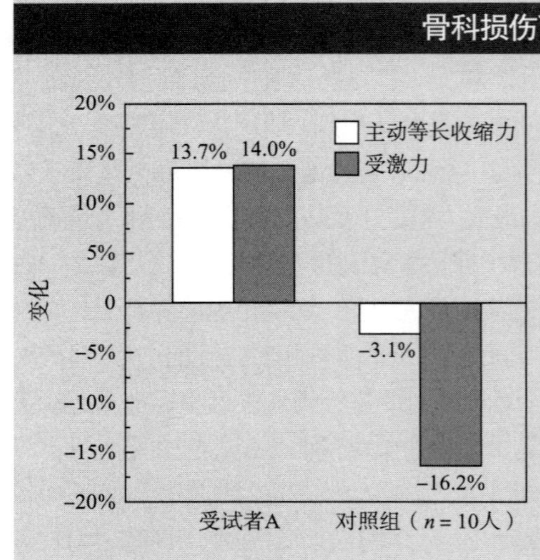

当运动表现下降时，必须排除骨科损伤。受试者 A 经医学诊断为膝关节过度使用损伤，1RM 下蹲的力量下降了 36%。所有其他过度训练的举重运动员（对照组）保持了股四头肌主动等长收缩力，并减少了受激力，而受试者 A 在这两方面都有所增加。人们认为，骨科损伤的抑制作用可能影响动力性运动，但不影响静力性测试。

［资料来源：A.C. Fry，W.J. Kraemer，J.M. Lynch，and J.M. Barnes，"Overload Injury of the Knees with Resistance-Exercise Overtraining：A Case Study，" *Journal of Sport Rehabilitation* 10, no. 1（2001）：57-66. 许可转载］

第九节　运动表现的测试内容

本章前面部分的内容很好地将我们引到以下问题：哪些运动表现测试最适合监控过度训练？虽然教练员和研究人员都可以使用许多运动表现测试，但是似乎只有某些测试对过度训练中不易觉察的运动表现的下降足够敏感。尽管运动表现测试对其他目的（如监测正常的训练进度、康复和治疗）是有效的，但当涉及力量房中的过度训练时，它可能不太适合。综合考虑现有的对过度训练后的肌肉表现的各种测试，我们建议考虑几个关键因素，即它们是单关节的还是多关节的；它们是静力性的（等长的）还是动力性的。图 9.9 总结了这些因素在 4 类测试中的有效性：发力速度、最大主动收缩、爆发力和速度。

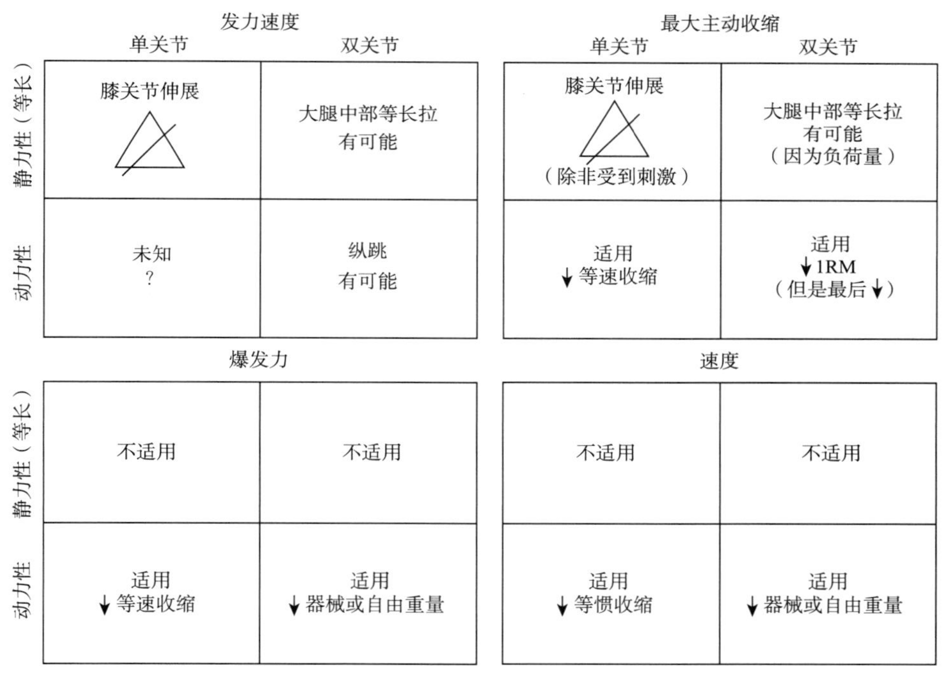

图 9.9　肌肉表现测试类型对监测抗阻训练中过度训练反应的适用性

注：△表示无变化。

发力速度的单关节评估对过度抗阻训练并不敏感，尽管这仅限于最大负荷的过度训练。虽然多关节的 IMTP 测试之前没有被用于过度训练研究，但是这种测试可以检测到抗阻训练计划中的重要变化，也能够检测过度训练导致的运动表现下降。基于测力板已有的可用数据，纵跳地面反作用力的实验报告表明，在力量房训练压力大的阶段，离心发力速度可能会降低。因此，当试图监测即将发生的过度训练时，这种类型的纵跳测试可能是一种有效的评估工具。

外周适应不良是问题的一部分吗？

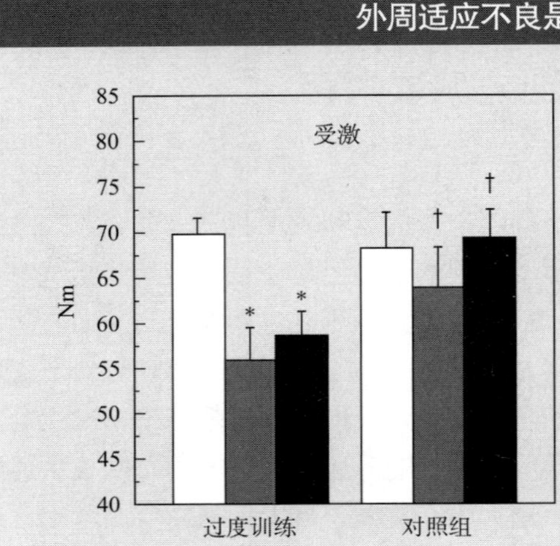

当过度训练的举重运动员 1RM 力量下降 11%时，在 1～2 周后刺激股四头肌的力量也随之大幅下降。这表明在腹股沟皱褶处股神经刺激部位的外周适应不良。

［资料来源：A.C. Fry, W.J. Kraemer, F. Van Borselen, et al., "Performance Decrements with High-Intensity Resistance Exercise Overtraining," *Medicine & Science in Sports & Exercise* 26, no. 9(1994): 1165-1173. 许可转载］

肌肉力量可以通过最大主动收缩来得到评估。与发力速度一样，这些测试的实施方式使结果存在差异。在使用最大负荷时，单关节静力性（等长）膝关节伸展测试没有显示出受到力量房中过度训练的影响，而动力性膝关节伸展测试的结果出现下降。静态最大力有可能随着大负荷量过度训练而下降，但这一点还有待证明。尽管股四头肌的静态主动力并没有降低，但受激的股四头肌的力量却迅速下降，提示周围神经适应性不良。多关节等长力测试，如 IMTP 测试，可以检测正常周期性训练中训练计划的变化，但迄今为止，该测试尚未被用于监测过度抗阻训练。据推测，这项测试很可能受到力量房中过度训练的影响，无论是高强度还是大负荷量的过度训练。当使用最大负荷导致过度训练时，运动员 1RM 杠铃下蹲（多关节动力性）力量下降。这项测试似乎是最后一项肌肉表现下降的测试，表明它对过度训练的压力不是很敏感。与此相反，当规定了过量的抗阻训练时，身体上半身和下半身的 1RM 力量都会下降。

肌肉爆发力和速度的测量显然不是静力性的。然而，单关节和多关节举起爆发力的测量值因压力较大的重量训练而降低，说明了爆发力测量值（均值爆发力和峰值爆发力）对监测力量房中过度训练的影响是可取的。同样，杠铃或器械配重片速度的测量值也是由于这类压力较大的训练而降低。现在力量房中可以使用的外部测力计和加速计是记录或避免举重时过度训练的有效测试工具。

无论执行哪些测试，都需要考虑以上提到的几个因素。在过度耐力训练的情况下，重复分级运动测试已经成功地识别了运动表现和生理机能的受损程度。这种重复测试方法还没有被用于过度抗阻训练。也有报道称，有过度训练或超量训练经历的运动员似乎对这些有压力的训练阶段有了更强的耐受力。对这些运动员来说，谨慎地采用这种压力训练可能是一种有效的长期训练策略。同样明显的是，大负荷量过度抗阻训练的许多特征与耐力运动员的过度训练有些相似，这些运动员通常进行极大负荷量的训练，但高强度过度抗阻训练表现出许多独有的特点。

第十节　过度抗阻训练的生理学研究

那么到底是什么原因导致了肌肉表现的下降呢？过度训练的生理学机制非常复杂，受到多种因素的影响，但有几个生理系统似乎在某种程度上起了作用，其他的生理系统有可能也起作用。虽然我们旨在研究肌肉表现，但是这几个生理系统是如何发挥作用的同样值得注意。图 9.10 是一些可变因素的总结。

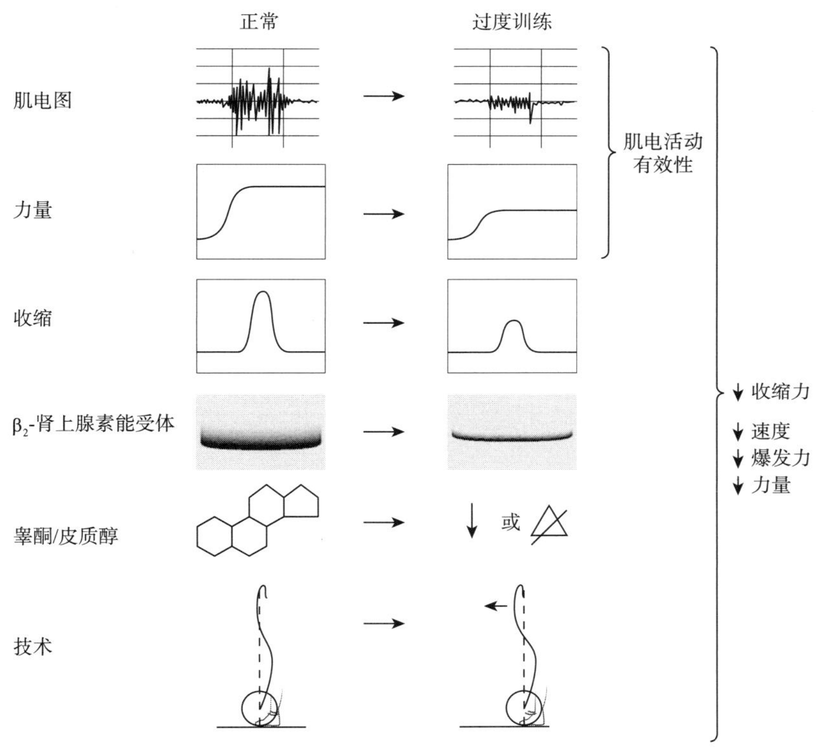

图 9.10　导致过度抗阻训练的关键因素

一、肌力下降

肌力下降表明肌肉本身正常运作的能力受到损害，由于刺激力的减少而引起了外周适应不良。产生力的能力下降可能是发力速度下降的一个影响因素。肌纤维类型或肌球蛋白重链表达的变化不是影响因素，但很明显，应激信号蛋白［即丝裂原活化蛋白激酶（MAPK）］在过度抗阻训练中通过磷酸化被激活。

二、肌电活动

由于过度抗阻训练，肌电（通过肌电图记录）活动发生改变。尽管可用的数据很少，但已知最大负荷的过度训练导致肌电图峰值振幅下降和肌电活动发展速度下降，这表明个体募集高阈值运动单位的能力下降及快速激活肌肉的能力受损。肌电活动减少和产生力的能力下降结合在一起可能导致肌电/力的比值降低。这最初被德弗里斯（deVries）称为肌电活动效率，并已被证明对重量训练压力的变化很敏感。

运动表现下降的主要原因

虽然中枢因素如神经募集减少等可能导致过度训练，但是这方面的相关数据很少。高强度过度抗阻训练后，肌电图振幅的变化与肌力变化呈正相关关系（$r = 0.80$）。这些数据表明，高阈值的运动单位不能被募集。新兴技术将很快使这一问题的相关研究变得更有效、更实际。

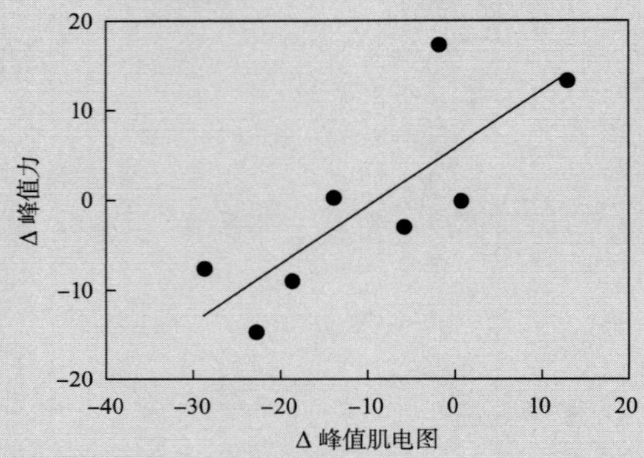

［资料来源：A.J. Sterczala, J.X. Nicoll, and A.C. Fry, “The Relationship Between Performance Decrements and Peak EMG Amplitude Following Resistance Exercise Overreaching,” Central States ACSM Conference, Warrensburg, MO(2015).］

三、激素水平

虽然许多激素都与过度训练综合征有关，但是大多数都集中在睾酮/皮质醇的比值（T/C）上。T/C 比值一般在血液中测量，近年来开始用唾液测量，这对教练员和运动员来说更加实用和有效。阿德勒克鲁兹最初建议把它作为过度训练的一个可能的生物标志，但这个比值的变化并不总是伴随着过度训练。大负荷量的过度训练几乎总是降低静息 T/C 比值，而最大负荷过度训练对 T/C 影响很小。此外，在重量训练计划的不同阶段，这一比值经常会变化。因此它本身不能作为过度训练的决定性指标。那么这些激素在这种类型的压力训练中起什么作用呢？据推测，T/C 比值表明了身体的合成代谢/分解代谢的状况，但这些激素会影响许多其他系统，可能是身体对抗过度训练影响的部分尝试。关于肌肉类固醇受体对压力训练反应的最新研究可能有助于阐明这些激素在抗阻训练中的作用。

四、自主神经系统

自主神经系统与过度训练综合征有关。在抵抗过度抗阻训练时，交感神经系统（SNS）在保持体内平衡中似乎占了主导地位，而在由于大训练量而过度训练的耐力运动员中，副交感神经系统占了主导地位。在高强度的过度抗阻训练中，基础肾上腺素和运动诱导肾上腺素的大量增加与肌肉表现的变化有关。同时，骨骼肌中肾上腺素的主要受体（β_2-肾上腺素能受体）迅速下调。最终结果是，肌肉细胞的许多功能和活动受到影响，如新陈代谢和收缩性等。

五、心率变异性

心率变异性（HRV）已成为监测即将发生的过度训练的流行工具。HRV 在临床上被用于评估自主神经系统活动，但在运动训练领域其价值并不总是明确的。在实验室进行的压力性抗阻训练的尝试发现 HRV 没有任何改变，但我们不清楚是否真的发生了过度训练。已有大量的证据表明 HRV 监测对耐力运动员的价值，因此我们需要进一步确定 HRV 在重量训练中的价值。与此相关的是静息心率（HR）评估。同样，耐力运动员已经普遍使用 HR 评估，但对抗阻训练的观察证据显示，当静息心率增加时，过度训练可能已经发生了。

细胞对超量训练的反应

下图显示的蛋白质印迹显示，在过度训练阶段后，骨骼肌雄激素（睾酮）受体含量下降，两个位点的磷酸化增加。虽然在对压力性抗阻训练的反应中监测循环激素浓度通常是有帮助的，但是生理反应也受受体活动的影响。

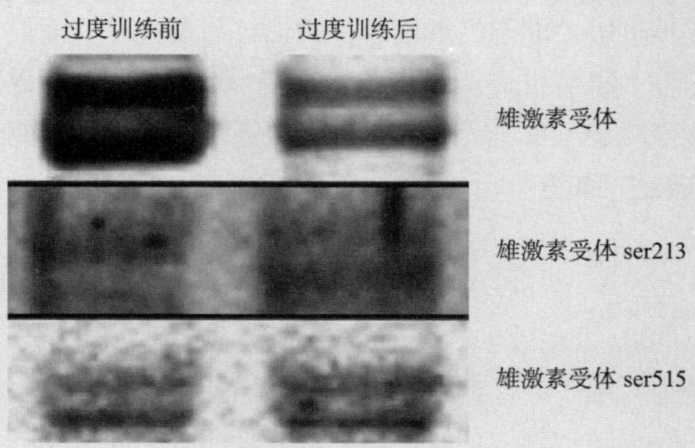

［资料来源：J.X. Nicoll, A.C. Fry, E.M. Mosier, L.A. Olsen, and S.A. Sontag, "MAPK, Androgen, and Glucocorticoid Receptor Phosphorylation Following High-Frequency Resistance Exercise Non-Functional Overreaching," *European Journal of Applied Physiology* 119, no. 10(2019): 2237-2253. 经许可改编］

过度训练与肌肉交感神经敏感性降低

某些类型的过度抗阻训练会导致休息时和训练后肾上腺素浓度的升高。这可能导致 β_2-肾上腺素能受体（骨骼肌中肾上腺素的靶点）的下调。图中所示的大幅下降会影响肌肉功能的许多方面，如收缩力。

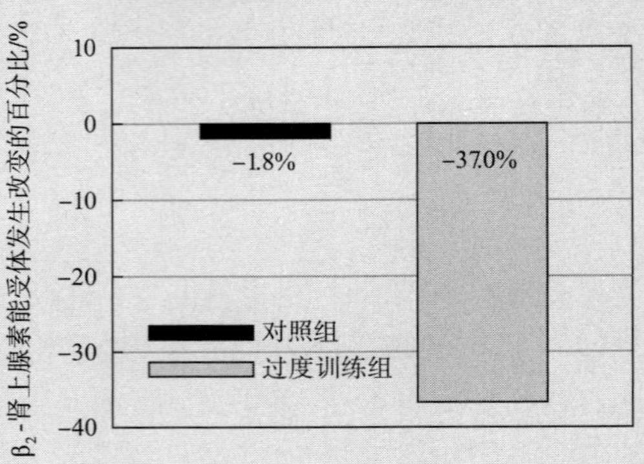

［资料来源：A.C. Fry, B.K. Schilling, L.W. Weiss, and L.Z. Chiu, " β_2 -Adrenergic Receptor Downregulation and Performance Decrements During High-Intensity Resistance Exercise Overtraining," *Journal of Applied Physiology* 101, no. 6(2006): 1664-1672. 许可转载］

六、肌肉损伤

任何类型的过度训练都可能导致肌肉损伤，但对大多数能够以大运动量和高强度进行过度训练的人来说，他们很可能已经形成了一种训练耐受性，从而最大限度地减少了肌肉损伤。事实上血液循环中肌酸激酶（CK）水平（提示肌肉损伤），通常远低于经典研究报告中的延迟性肌肉酸痛时的 CK 水平。CK 水平过高，如发生横纹肌溶解时，通常是由一次不适当的训练或高热引起的。

七、糖原储备

在剧烈运动后，肌糖原储备会减少，但通过适当的饮食很容易恢复。大负荷量过度抗阻训练可能部分由糖原耗竭引起，但这可以很容易地通过饮食监测来避免。我们尚未观察到高强度过度抗阻训练导致的糖原耗竭，但有可能是肌细胞代谢受损造成了这种情况。

八、乳酸反应

过度抗阻训练后乳酸反应会减弱。同样，这可能是由于肌细胞代谢受损。运动员使用自感劳累分级量表（RPE），通过记录乳酸/RPE 比率可以监测乳酸反应。

第十一节　运动表现下降的顺序

当面临过度训练综合征及其伴随的运动表现下降的可能性时，运动员和教练员必须要识别症状和特征。一个主要的问题是，在力量房中过度训练的许多特征与在耐力运动中过度训练的特征不同。另一个问题是，被监测的一些症状可能不会像其他症状那样迅速出现。图 9.11 显示了过度抗阻训练后出现的一系列症状和特征（标志）。知识渊博且高效的教练员的明智做法是寻找即将发生问题的早期迹象，而不是等待后期迹象的出现。

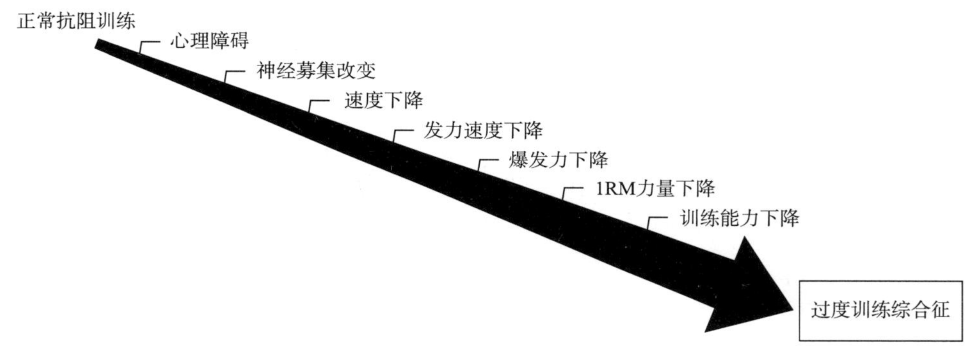

图 9.11　在力量房中过度训练标志出现的顺序

本 章 小 结

力量房中的过度训练是一个非常复杂的问题，一个成功的教练员或运动员必须意识到这一点。本章介绍了目前已知的大量关于身体如何应对这种压力性训练的信息。如果应用得当，超量训练可能是一种非常有用的训练方法，能够产生强大的超量补偿效应，并帮助运动员在赛场上取得优异成绩。如果应用不当，运动员和教练员就会失去获得成功的机会。还应该记住，许多抗阻训练计划都伴随着专项运动训练，这使训练环境、生理和运动表现反应变得复杂化。根据提供的数据和对信息的逻辑解释，我们可以做出推断以帮助识别并避免在力量房中过度训练。表 9.3 列出了关于过度抗阻训练的总结，表 9.4 列出了不同类型的过度抗阻训练/超量训练对一般运动表现测量的实际和理论影响。尽管我们提供了一些已知的实用信息，但为了更全面地理解过度训练的问题，还需要做更多的工作。

表 9.3　关于过度抗阻训练的总结

避免过度训练
停训至少一天以促进恢复；休息日至关重要
限制训练课过长并避免一天内训练课太多
避免训练量过大和训练量大幅度增加（>30%）
事先进行过压力较大的训练能增强对训练压力的耐受性
训练刺激的变化是关键；使用周期化训练很重要
避免过度训练到力竭
协调抗阻训练与其他压力源（如运动训练或其他体能训练）
融合康复策略（如睡眠、饮食、心理技能）
训练能力有时大于预期
对运动表现的影响
速度（如冲刺跑）是最先下降的一个运动表现变量
爆发力（如纵跳、快速举起）是第二个下降的变量
力量（如 1RM）是最后一个下降的变量
自由重量训练比机械重量训练更容易受到过度训练的影响
设计适合的训练计划是避免过度训练的关键
技术故障可能出现在更复杂的举起动作（如高翻、抓举、挺举）中
在测试运动表现下降方面，单关节评估不如多关节测试有效
许多静力性（等长）评估（特别是单关节）在测试运动表现下降方面不如动力性测试有效
地面反作用力比纵跳高度对过度训练更敏感；负重跳可能比自重跳更敏感
专项训练可能是最敏感的测试
等速测试比等长测试灵敏，但灵敏度低于恒定的动力性外部阻力（也称为等惯）的灵敏度
过度抗阻训练的生理学和心理学研究
内分泌反应呈现了大负荷量过度训练的训练压力
心理变量（如训练欲望、自我效能感）可能是最敏感的指标
过度训练引起的骨科损伤可表现出不同的过度训练症状
对训练有素的个体来说，延迟性肌肉酸痛可能不是一个主要因素
糖原耗竭可能是大负荷量过度训练的一个因素
骨骼肌的外周适应不良可能导致运动表现下降
过度训练可能改变运动单位的神经募集
自主神经系统可通过增加交感神经活动导致过度训练综合征
乳酸对训练的反应可能会降低
大负荷量过度训练可能导致血糖降低和游离脂肪酸增加

表 9.4　不同类型的过度抗阻训练/超量训练对一般运动表现测量的实际和理论影响

特性	高强度	大爆发力	大运动量	抗阻训练与体能
速度	↓第一	未知	未知	↓
爆发力	↓第二	↓	↓	↓
力量（力）	↓最后或不变	不变	↓或不变	↓
发力速度	单关节中不变	单关节中不变; IMTP？	↓IMTP	↓
灵敏性	↓	未知	未知	↓
训练技术	未知	未知	↓	未知

注：↓= 降低。

第十章　力量房中的运动员监测

运动员监测和运动表现评估是体育运动领域广泛使用的术语，我们将调查分析其中的含义，以及如何有效地进行监测和评估。虽然评估方案可以包括许多不同的场景，但是我们还是把重点放在力量房中的运动员监测和评估上。事实上，评估方案可以延伸到其他领域，如运动训练、职业运动表现、特定职业人员（即军队、执法、消防、急救人员）的运动表现、康复、健康和一般健身。然而，对本章而言，将所有这些领域的评估方案都包括在内太广泛了。可以肯定的是，一个适当的力量房中的监测计划和相关的训练将有助于其他所有领域的进步。截至目前，读者已经对训练方法和可用于监测运动表现及训练进度的方法有了相当深入的了解。现在让我们重点讨论需要测试的内容及如何有效地进行测试。

第一节　测 试 目 的

在正确制订任何评估方案之前，都需要全面地了解训练计划的目的。运动员在力量房中训练有很多原因，每个原因都应该有特定的预期结果或目标。事实上，这是需求分析的一部分，应在制订训练计划之前确定。预期成果将决定必须包括哪些评估，而评估是为了确定训练是否有效。

一个需要重点考虑的内容是确定测试的最终目的。测试目的是帮助监测运动表现及训练进度的影响因素，还是更好地了解人体的基本生理机能和机制？虽然两者都是有益且优秀的研究方向，但两者的测试方法有明显不同。一方面，运动科学家研究运动员是为了给教练员和运动员提供有用的信息，以提高运动成绩；另一方面，实验室研究人员可以研究训练有素、天赋异禀的运动员，以便更好地了解人体在进行极端的训练和运动时的反应与适应的生理机制。虽然这两个研究方向都值得深入研究，但是本章将重点讨论为运动员和相关专业人员的高水平运动表现而设计的评估方案。

首先，我们要考虑阿莫内特等（Amonette et al.，2016）描述的循证实践的 6 个步骤。在设计和实施任何评估方案之前，他们建议循环以下流程。

（1）确定需要回答的问题。

（2）收集数据并进行测试。

（3）评估结果。

（4）应用结果，或将证据付诸实践。

（5）确认结果是否符合预期。

（6）重新评估整个循证过程。

通过在力量房中执行一个精心计划的评估方案，可为教练员和运动员提供有价值的数据。

通过图 10.1，我们可以看出有很多重要的变量需要监测，其中一个明显被关注的领域是运动表现，要么是监测实际的比赛数据，要么是监测与运动相关的变量（如力量、爆发力和速度）。另一个相关的领域涉及运动员的健康，健康欠佳的运动员不能发挥最佳运动表现，并且会增加受伤的风险。健康对那些为了其他目的而进行的训练也很重要，如以健身或职业运动为目的而进行训练。训练中一个经常被忽视的方面是训练时的享受，这是运动训练心理学的一个组成部分。尽管可能还存在其他更重要的效果，但它已经清楚地表明，当训练参与者享受训练和身体准备的过程时，他们会更努力，会更好地服从训练，并会付出更大、更持久的努力。

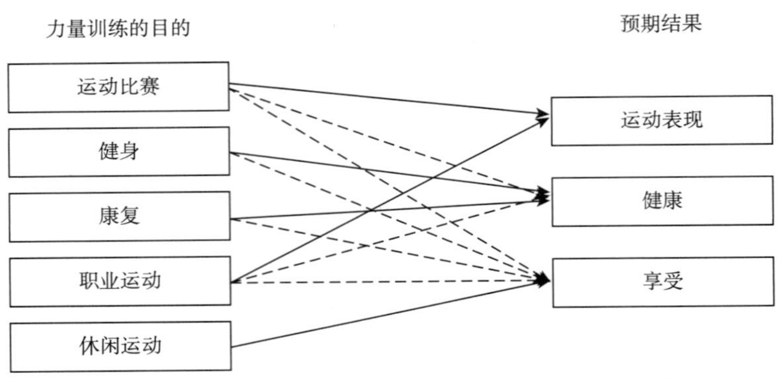

图 10.1　力量训练的各种目的和预期结果的总结

注：实线表示预期的主要结果，虚线表示预期的次要结果。两者都很重要，因为不同的训练计划可能会重视不同的结果。

为什么要进行测试?

在制订测试方案之前，人们需要考虑这样一个问题：为什么要进行测试？是为了了解力量房中的训练如何影响个体潜在的生理机能、生物力学特征或心理，还是为了确定一个人的生理机能、生物力学特征或心理如何影响举起动作或运动表现？虽然这两种情况肯定是相关的，但是它们并不完全相同，而且会对评估方案产生很大的影响。两者都很重要，但前者侧重于训练科学，后者侧重于运动表现 / 运动科学。

第二节　测　试　者

人们曾经认为只有实验室的运动科学家才能对本章所讨论的内容进行评估。随着检测技术和统计方法的进步，以及运动学领域基本知识的增加，实际上现在很多人可以使用先进的方法进行测试。以下是涉及训练和运动评估的部分职业列表。

- 运动科学家或训练科学家。
- 体能训练专家。
- 教练员/私人教练员。
- 医疗人员（理疗师、医生）。
- 运动数据分析师。
- 运动测试技师。

并非所有业内人士都承担同样的职责。实施测试和收集数据，仔细检查和分析现有数据，进行测试（作为体能计划的一部分），或监测个人的健康和体能状态等方面都由不同人员进行分工协作。此外，测试结果需要训练有素的专业人员进行正确解释，并被传递给教练员、体能训练专家和运动员，他们需了解测试结果会怎样影响训练计划。

谁是团队成员?

这个问题的简单答案是教练员和运动员必须携手合作。当教练员（也可能是运动员）参与制订测试方案的设计过程时，教练员和运动员更可能要同舟共济。如果教练员或运动员都不相信测试的重要性，那么测试结果就不太可能有效。

第三节　测 试 内 容

要记住，任何测试的结果都必须与训练目的相关。必须避免“霰弹枪”（广泛、无目标）做法，为了测试而进行大量的测试，会浪费大量的时间和精力。测试方案应该是有效的，并且与训练目的和目标完全相关。测试方案要包括所有的测试以免漏掉可能有用的测试结果，但测试的质量比数量更重要。测试方案还应包括一些方法，以获得有用的结果。以调查为目的的评估方案对实验室评估来说是完美的，但是必须注意避免“收集资料”（收集大量的数据以防止出现问题）。图 10.2 展示了本章将要讨论的几个常见的评估领域。

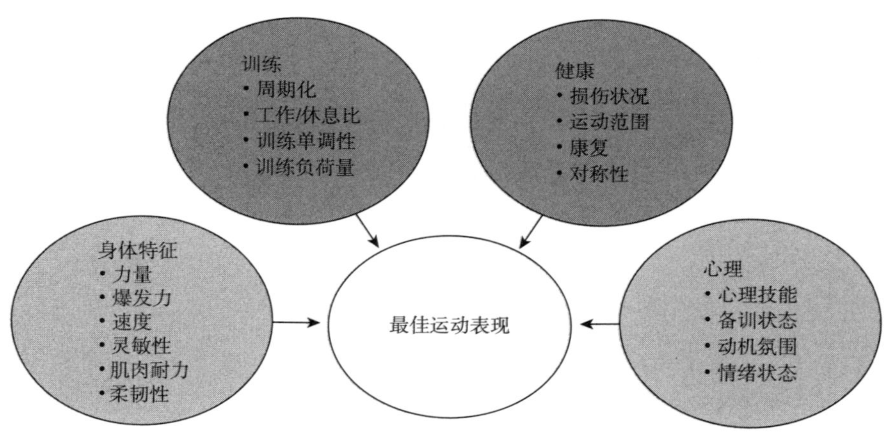

图 10.2　常见的评估领域

本章将着重评估身体特征和相应的训练计划，这些对在力量房中良好的运动表现至关重要。此外，健康和心理变量的测试也可以极大地促进良好的运动表现。

第四节　影响评估效果的相关因素

力量房中的评估方案能否成功实施涉及许多因素，以下是几个需要考虑的因素。

组织工作

计划周密的测试方案对测试结果的有效性是必不可少的，如可用的时间、环境条件、要执行的测试数量、设备需求和可用性及时间段等。

技术

近年来，新的测试技术正在不断出现。在许多情况下，新技术提高了测试速度和准确性及处理大量数据的能力。有些技术可能成本太高，因此可能需要更简单的测试方案。同时还有一个重要的问题，即运动员的需求决定测试，还是可用的技术决定测试？确保测试内容包括对训练目的来说最重要的变量。

测试熟悉度

所有被测人员（运动员）都应具备实际运用测试技术的能力，以确保测试结果的有效性。换句话说，运动员不应该因为不熟悉测试技术而出现运动表现不佳的情况。这也适用于所有管理测试的人，他们必须知道正确的测试技术以确保测试结果的有效性。

短期和长期监测

测试的目的有助于确定要包括的测试类型。例如，短期监测可能包括有助于确定当天的训练计划的测试，如自动调节渐进性抗阻练习。这些测试必须对每天可能发生的小波动保持敏锐。其他测试可能包括监测较长时间内出现的训练反应，如周期化训练中的中周期或大周期，如图 10.3 所示。这些测试应能够监测更长时间内出现的适应性变化。

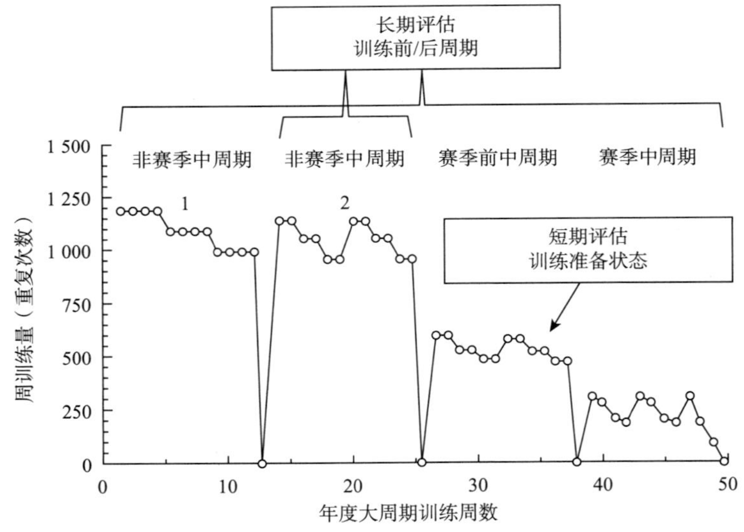

图 10.3　一个精心设计的评估方案

注：评估方案通常只关注大周期训练的特定领域。该图说明了一个精心设计的评估方案可以涉及长期或短期的训练目标。

［资料来源：H.Hasegawa, J.Dziados, R.U. Newton, et al., "Periodized Training Programmes for Athletes," in *Handbook of Sports Medicine and Science: Strength Training for Sport*, edited by W.J. Kraemer and K. Häkkinen (London: Blackwell Scientific, 2001), 111. ©2002 by Blackwell Science Ltd. 经许可改编］

测试顺序

当在同一训练课上进行多项测试时，必须小心确保前一项测试中产生的疲劳不会影响后续的测试。可能会产生疲劳的测试必须在训练课快要结束时进行；不可能产生疲劳的测试，如体重、身高、身体成分测试，以及心理或训练调查，应该排在测试的开始部分。接下来可能是速度和短时爆发力测试，如冲刺跑和纵跳测试。紧接着是最大力测试，如1RM测试，因为之前的测试不会干扰这种类型的力量测试。在1RM测试中，对产生大爆发力举起动作（如举重）的测量必须在慢速举起动作（如下蹲或卧推）之前进行。会产生非常疲劳的测试必须在最后进行，这可能包括肌肉耐力测试，或类似的无氧耐力测试。无论进行哪些特定的测试，都不应让运动员疲劳到在随后的测试中产生次最大结果。如果测试顺序没有遵循这些指导方针，那么出现不良的运动表现就可能不是因为运动员的能力不足，而是因为教练员的测试方案设计不当，所以必须仔细计划测试过程。为了避免测试疲劳，可以将测试内容分布在数天或多个训练课中，并且可以减少测试的数量，最终使测试过程可行且有效。

研究现役运动员的问题

很多时候，运动员之所以被研究是因为他们的运动成绩好以及拥有高水平训练状态。在对这类运动员进行测试之前，必须仔细考虑几个因素。

- 这些运动员可能有非常严格的时间限制，不能进行大量的测试。
- 测试本身可能会干扰训练进程和比赛日程。
- 某些测试可能需要不希望有的恢复需求。
- 谁可能会使用到收集的数据。

沟通

当运动科学家与教练员和运动员合作时，沟通不畅可能是最大的问题之一。得到的测试结果必须提供给那些需要数据的人，并且必须及时完成。收集了数据却没有有效地传递给那些需要测试结果的人，这种情况经常出现。

测试结果的重要性

教练员和体能训练专家必须认识到，测试结果不但对所研究的人群很重要，而且对进行的测试也很重要。1RM测试中力量增加了1kg重要吗？对一些人来说，这是个令人失望的训练结果，但对其他人来说，这可能意味着打破了世界纪录。掌握有意义的数据与有效的训练目标设定有关，而有效的训练目标设定应该是每个训练计划的一部分。

协作

那些在力量训练领域工作的人都知道，最有效的训练计划的制订通常需要一个团队力量的投入奉献。当然，体能训练专家和运动员都要参与，同时专项运动教练员、运动训练师或理疗师、心理学家、营养师和医生也要参与。当所有这些团队成员进行协作并相互尊重时，运动员取得优异成绩的机会就会增加。同样重要的是，这些参与者也要根据自己的专业领域确定自己在团队中的作用。

非专业运动员作为研究对象时的问题

参赛运动员作为研究对象参与科学研究的机会有限，这很正常，有时研究人员会对非专业运动员进行相关研究。虽然这些研究结果可能值得关注，以便研究人员了解训练方法和运动表现能力，但是这些研究结果不一定适用于高水平运动员。研究人员必须仔细调查所研究人群的特征，如训练状态和运动表现能力，以确定测试结果的相关性。

研究对象

研究者必须使用与研究对象的年龄、性别和训练经历相适应的测试。尽管可以使用的新技术和测试不断出现，但这并不意味着它们对某些人群是最合适的或者是必要的。例如，评估力量房中初学者的训练进展，可能只需使用 1～2 次 1RM 力量测试及体重测试。另一个极端的例子是，参加奥运会训练的运动员当然希望进行最精确、最适当的测试，以展现出世界上最佳的运动表现。虽然个人的训练经历和当前的训练状态肯定会影响所进行的测试，但是它们也会极大地影响预期结果。众所周知，一个未经训练的人可以在系统化力量训练的最初阶段取得很大的进步，而一名世界级的运动员即使对于非常小的进步也感到很高兴，这是因为适应的潜力随着运动员几乎获得他的全部潜能而下降。图 10.4 说明了预期增益如何因之前的训练经验而有所不同。

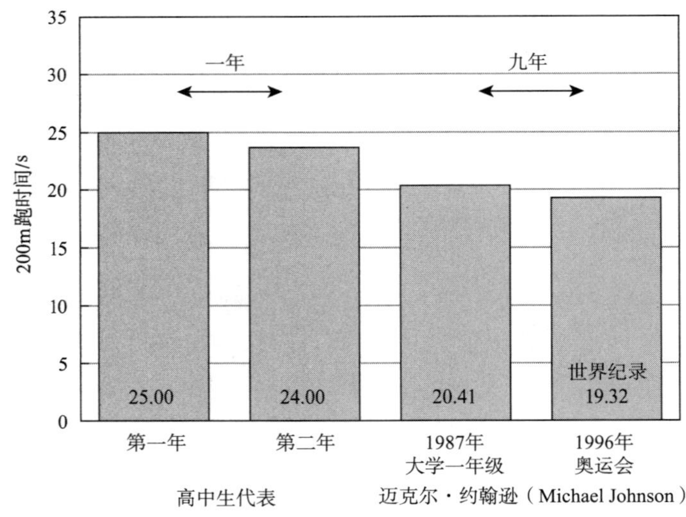

图 10.4 运动员的训练状态和运动表现水平可以在很大程度上影响预期结果

注：世界短跑冠军迈克尔·约翰逊经过 9 年的强化训练把他的 200m 跑成绩提高了 1s 多。一名短跑新手可能会在仅仅一年的时间里取得很大的进步。

第五节　监 控 测 试

在监控力量房中进行训练时，会面临很多的挑战，其中包括决定实施哪些类型的测试，以及哪些特定测试提供的信息最有用。下面我们将介绍一些可能使用的测试，这些测试已经被证明是有用的，或者已被建议用于监测方案，但所列内容并不是包罗万象的，而是为读者提供一个有助于制订本人评估计划的起点。请注意，由于测试的性质和所进行分析的特点，这些测试类型之间有相当多的重叠。

一、肌力数据

这类测试包括许多已经用了很久的测试，还有一些比较新的测试。

一次重复最大重量（1RM）测试

最大力量通常是通过测量运动员在专项训练练习中可以举起的最大重量来确定的。正确的举起技术是非常重要的，因为当运动改变技术时，结果也可能会有所不同。这方面的一个例子是杠铃下蹲，杠铃下蹲可以在不同的深度完成，但这个简单的差异会产生不同的结果。

等长测试

当阻力运动不能进行时，即主要运动肌肉既不缩短又不拉长时，可以测量产生的力量。这种方式可以用于测量单关节或多关节练习。需要使用压力传感器或测力板来确定实际产生的肌力。规范且一致的身体姿势对于获得可靠数据至关重要。

IMTP 测试

也许目前在力量房中最流行的等长测试是 IMTP 测试。虽然举重运动员规范的姿势是绝对关键的，但是这个测试还是非常有用的。该测试可以评估最大力量及几种类型的发力速度。

等速测试

能够控制运动速度的等速测力计被用来评估特定速度的肌力。虽然大多数等速测试被用于单关节运动，但是等速测试设备也可被用于多关节运动（如下蹲）。尽管有人认为由于测试的人为因素等速测试的外部效度很低，但其仍然可以提供有关肌力的有价值的信息。应该认识到，这些设备无法评估高速运动状态下的肌力（如运动员在许多体育活动中展现的肌力）。

测试设备

力量可以通过自由重量器械或固定器械得到评估，但不同的评估方式会产生不同的结果。

多关节测试与单关节测试

训练的选择取决于测试的目的。多关节测试提供有关全身肌肉和关节协同运动的有价值的信息；单关节测试则可以提供单个肌肉或肌肉群的有用信息。

肌肉收缩方式

当肌肉处于静态（等长）、动态（运动）或弹震式动作（非常高的运动速度）时，可以测量力量。此外，肌肉在产生力量的同时可以拉长（离心收缩）或缩短（向心收缩）。每种情况下都会产生不同水平的力。

平均力还是峰值力？

新技术可以测量整个训练或动作过程的平均力或峰值力。根据测试内容，这两种测量值都很有价值。在许多情况下，这些值彼此高度相关，但峰值力通常相当高，不能直接与平均力进行比较。

相对负荷下的力量测试

我们可以测量不同相对强度（1RM 的百分比或体重的百分比）下的力量表现。这类测试可以测量不同负荷范围（即负荷范围为 1RM 的 0%～100%）的平均力和峰值力。

爆发力不足测试

第二章详细描述过该测试方法。这种类型的测试确定了时间不足区，并且将在这个时间限制区获得的力量与绝对最大力进行了比较。

反应力量指数测试

虽然这个测试已经出现许多不同的变式，但是最初是为了测试跳深中地面接触时间与纵跳高度的比率。运动员逐渐增加下落高度，直到测得最大跳跃高度，从而确定反应力量指数。运动员要获得该测试的高数值需要高水平的离心力能力。

冲量

这个生物力学变量是力和时间的乘积。有些人主张用张力下的时间作为监测抗阻训练的关键变量，但只关注时间而忽略了负荷这一关键因素。在这个评估中，冲量包括力量。

机械功

还有一种量化力量房中的训练的方法是确定完成的总功。功被定义为在运动过程中的平均力与物体移动距离的乘积（即力×距离），以焦耳为单位。这有点类似于负荷量，只是更精确。机械功的影响因素包括运动范围、运动加速度和阻力大小。由于距离是测试机械功的一个因素，因此等长运动不会产生机械功。虽然力量训练所需的热量常常被忽略，但是应该注意的是，力量训练期间所做的机械功与训练课期间和随后恢复期间的热量消耗有关（图 10.5）。

二、举起速度的数据

评估举起速度有助于分析不同类型抗阻训练的特点，并有助于运动员进行基于速度的抗阻训练。

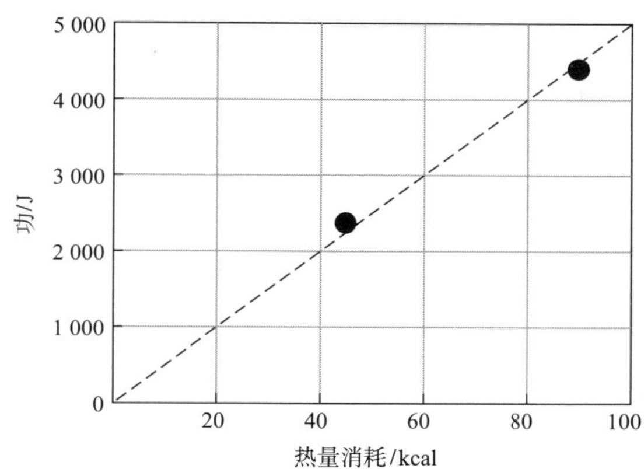

图 10.5 抗阻训练的热量消耗与所做的机械功有关
［资料来源：A.C. Fry, E. Landes, and C.A. Moore, "The Metabolic Cost of Resistance Exercise: A Case Study of a Competitive Powerlifter," *KAHPERD Journal* 91, no. 1(2019).］

"现场测试"的实际情况

从许多方面来说，在实验室进行的测试因其能够控制很多不同的变量而有用，但当测试远离实际训练地点时，就可能会失去很多外部效度。因此，如果测试是在力量房或比赛场地进行的，对于无法控制周围环境的所有方面或测试条件，运动员必须自愿接受。测试结果的解释必须包括"现场"测试的背景情况。

峰值速度或平均速度

与力量测试一样，速度可以通过整个训练或动作过程的平均值，或通过最大速度来确定。这两个值通常高度相关，每个值都可以提供有用的信息。测试设备的采样率（Hz）必须足够高，以确保有效的峰值速度。

速度-负荷范围

训练的平均速度或峰值速度可以在整个负荷范围内被确定。速度-负荷关系为负相关，即负荷的增加会导致速度降低。虽然这对定期进行抗阻训练的人来说是众所周知的，但是人们并不总是理解速度-负荷曲线的斜率，以及速度轴和负荷轴的截距会随着抗阻训练而改变。此外，不同的个体和不同的训练可以有独特的速度-负荷关系。在第七章我们已详细讨论了速度-负荷曲线。

基于速度的训练

设定抗阻训练负荷的另一种方法是基于举起速度与相对负荷（%1RM）的关系，这一关系在第七章中已被讨论过。举起速度的常规测试提供了一个有效的测试方法，以确定绝对负荷是否适合训练的目的，以及确定设定的组数与重复次数。

三、举起爆发力的数据

一旦测出力和速度，就很容易得知爆发力。因为训练的目标之一是提高肌肉爆发力，所以有效地测试和监测训练爆发力的能力在力量房中很重要。

爆发力-负荷范围

爆发力的平均值或峰值可以通过举起的整个负荷范围来确定。如第七章所述，所得到的爆发力-负荷曲线是一个呈倒“U”形的曲线。许多因素会影响该曲线的形状和大小（如运动范围、杠铃或运动系统、质心、动态或弹震式动作）。所得曲线可用于确定与所测练习最大爆发力相关的抗阻训练负荷。

爆发力训练疲劳

温盖特无氧试验是测量无氧耐力和无氧爆发力的一种高度有效的方法。无氧爆发力和爆发力耐力的抗阻训练的有效测试方法是堪萨斯下蹲测试，包括重复 15 次杠铃后蹲，根据体重和下蹲的力量水平确定负荷。这项测试信度高（图 10.6），通过使用一种常用的杠铃加速计或随时可用的位置传感器，可以轻松地在力量房内被实施。爆发力的峰值、平均值和训练疲劳百分比可以根据力量房中的专项训练来确定。

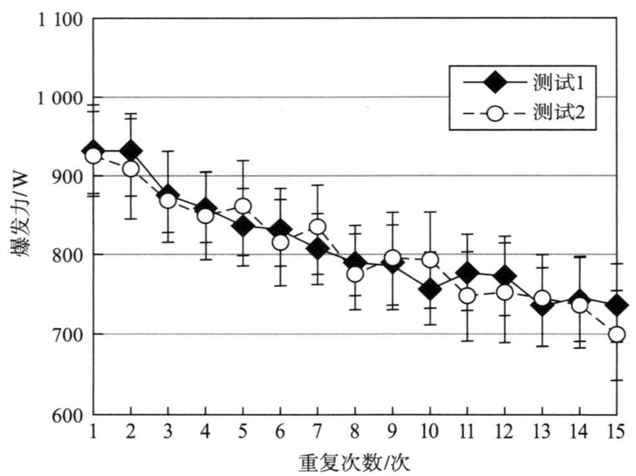

图 10.6　堪萨斯下蹲测试中举起爆发力的可重复性

注：爆发力的峰值、平均值和训练疲劳百分比可以从该测试中确定。

［资料来源：P.E. Luebbers and A.C. Fry, “The Kansas Squat Test: A Valid and Practical Measure of Anaerobic Power for Track and Field Power Athletes, ”*Journal of Strength and Conditioning Research* 29, no. 10(2015): 2716-2722.］

时间限制

当设计评估方案时，最需要考虑的因素之一是可用时间。在许多情况下，可用时间有限，因此只能进行最重要和最有意义的评估。很多时候花在测试上的时间过多，这意味着训练的时间更少了。

力和速度对爆发力的影响

力和速度哪个对爆发力来说更重要？有些人可能觉得速度不太容易训练，所以力量应该是力量房中训练的重点。其他人认为力量只占短跑速度的25%，从而推断增强力量对短跑等高速运动项目不太重要。我们所知道的是，当在大负荷范围内确定了爆发力时，力和速度都显著影响所有负荷下产生的爆发力（图7.1）。因此，肌肉力量总是很重要的。

爆发力密度

随着在力量房中监测举起动作的爆发力技术的出现，现在教练员对训练课上的爆发力训练质量比较感兴趣。单次训练课中所有练习的重复次数的平均爆发力可以被用来确定爆发力密度（包括训练课的持续时间）。在某些方面，这类似于常用的负荷量（即重复次数×负荷）测试，但它也是产生爆发力的影响因素。

四、发力速度的数据

增加肌力当然是许多重量训练计划的目标，但正如第二章和第七章中所讨论的那样，力产生的速度可能同样重要，甚至更重要。静力性练习和动力性练习都可以确定发力速度。准确的评估需要高采样率（如500～1 000Hz）以确保有效性。即使有足够高的采样率，这些测试的可重复性也会有问题。在时间（如10～20ms）和所产生的力（如50～100N）方面的微小差异可能导致发力速度的巨大差异。无论如何，如果正确执行，发力速度测试可以非常可靠和有效地测量出力量产生的速度。发力速度常用于测试单关节运动，但近年来，一种相对简单的全身多关节发力速度测试方法（即IMTP测试）越来越流行。

IMTP测试

IMTP测试是为了模拟杠铃下蹲翻的二次提拉过程中产生最大力的点。举重者站在测力板上，在大腿上方中部位置通过吊带被固定在静态杠铃上。在这个位置上，躯干接近垂直，而臀部和膝盖轻微弯曲。为了获得可靠的结果，在所有后续的测试中位置必须保持不变。稍微偏离这个位置可以产生可靠的结果，但不太可能产生最大力量。一收到信号，举重者就以最快速度和最大力量提拉杠铃杆 3～5s，然后通过分析地面反作用力得到最大的作用力及不同的发力速度。

发力速度的测试范围

发力速度的测试范围可以是从开始速度到最大速度的整个力-时间曲线，也可以是两个连续采样点之间发力速度的瞬时峰值，或者各种时间段（如0～20ms，0～50ms，50～100ms，100～200ms）的发力速度。有人认为，曲线开始部分的增加代表了募集高阈值运动单位的能力的提高，而曲线后期部分的变化代表了募集更多运动单位的能力。事实上，未经训练的人似乎更难在提拉结束时获得高发力速度。第二章中描述的S-梯度、A-梯度及爆发力不足也可用于该测试。

向心和离心动作的发力速度

向心和离心动作都可以测定发力速度。向心发力速度与快速移动和加速能力有关，离心发力速度与制动力或改变方向的能力有关。较高的离心发力速度有助于缩短缓冲阶段。例如，先前描述的反应力量指数的最佳表现取决于离心发力速度的高比率。

五、测试与运动表现的关系

人们普遍认为，在力量房中取得的进步有助于提高运动表现。毫无疑问，这种关联并不是完全正确的，但有大量数据证明了运动员在提高运动表现方面可从中受益。第一章我们提到训练结果从力量房迁移到运动场的能力，训练迁移系数也可以量化。教练员和体能训练专家应该定期采用这个方法来评估他们训练计划的有效性。值得关注的是，有些人认为力量训练计划的作用仅仅是降低运动员的损伤风险，或者认为在力量房中提高的运动表现与在运动场上取得的成绩没有多大关系。然而，在第九章中我们已经驳斥了这种观点，在该章中有许多训练效果迁移的例子，如美式橄榄球（图 10.7）、举重、棒球、篮球和垒球项目的运动员。

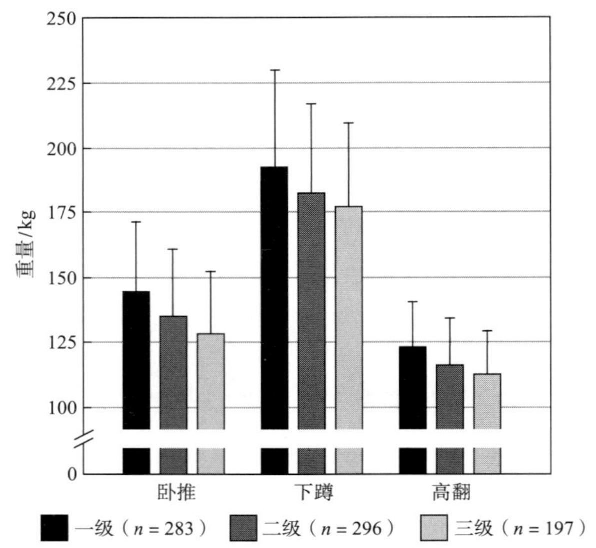

图 10.7　美国大学橄榄球运动员训练效果的迁移

注：力量房中的出色表现与运动技能和比赛水平相关。虽然美国大学体育协会一、二、三级美式橄榄球运动员有相当多的重叠，但这些基本的力量评估有显著差异。

［资料来源：A.C. Fry and W.J. Kraemer, "Physical Performance Characteristics of American Collegiate Football Players," *Journal of Applied Sport Science Research* 5, no. 3(1991): 126-138. 经许可改编］

六、训练数据

除了在力量房中的体能表现外，实际的训练计划还需要被定期评估。以下是需要评估的几个方面。

周期化

不管规定的训练模式如何，都应定期评估各个阶段训练的有效性，以确定随后的训练计划。为了做到这一点，有必要分阶段推进训练计划，典型的是中周期，尽管也可以评估更长或更短的训练周期。并非所有周期化阶段都必然会为训练的相关变量带来收益，所以测试结果必须被放在正在监测的训练阶段的背景中解读。例如，中周期运动员正在进行大运动量训练，那么在该阶段就不要期望优化最大力量。尽管最大力量不是中周期的主要关注点，但仍然可以对其进行测试，以确定这个运动表现变量的反应情况。只要不影响训练和运动表现，在大周期的特定时段（如比赛阶段）进行更频繁的测试也可能会有帮助。为了更好地理解训练计划的有效性，需要连续、有计划地进行测试。

实际应用是否显而易见？

研究领域使用的一种分类方法是将科学研究分为基础研究和应用研究。虽然基础研究是绝对必要的，但是本章侧重于应用研究，教练员、体能训练专家或运动员可以很容易地理解并使用这些研究。当设计评估方案时，是否允许收集对实际训练有直接影响的数据？

ACWR①

ACWR 采用的是训练负荷（如力量房中训练的负荷量）的测量值，是最近的训练负荷量（如过去一周的训练负荷量）与之前训练周期的负荷量的比值。为了确定运动员在力量训练计划的某些阶段是否存在过度训练，人们对这个比值给予了很大的关注。考虑到有很多训练内容是在力量房之外进行的，所以也可以尝试量化总的训练负荷。也许这个比值存在某种程度的问题，但还没有精确的测量值来说明这个现象，但当这个比值显示大幅增长时，就要引起注意。在这种情况下，训练的量或强度（或两者）已增加到了一个不适应的水平。训练中有训练压力较大的阶段是许多有效训练计划的一个显著特点，但有时这种累积的压力可能超出个人或团体的承受能力。ACWR 可能是一个有潜在价值的评估工具，教练员可以用它来定期监控整个训练计划。应该注意的是，并没有大量的数据支持该比值的有效性。如果该比值是在训练情境中被测量的，且历时较长，那么监测工具才可能是最有效的。

恢复

运动员是否已从之前的训练或比赛，或过去的损伤或疾病中充分恢复过来，这个问题有时会被忽视。如果是训练恢复的问题，力量房中的运动表现测试可能是最合适的。如果是受伤或疾病的问题，健康相关的变量可能是最值得关注的。如果运动员身体还没有完全恢复，就采用正常的训练负荷是不明智的。如果恢复时间是大负荷或高强度周期训练计划

---

① ACWR 是 Acute：Chronic Workload Ratio 的简称，指近期训练负荷与长期训练负荷的比值。

决定的，那么恢复时间的快慢将决定下一阶段训练的实施进度，或者教练员可以调整训练计划，将恢复阶段作为既有训练计划的一部分。

训练计划的单调性

当教练员重复使用相同的训练计划而不考虑对计划进行适当修改时，运动员在训练中往往会出现单调无聊的感觉。训练计划的单调性被认为是过度训练的一个诱因，也可能是训练遵从性和持久性低的一个诱因。这个问题可以通过专门为受训人群设计的周期性力量训练计划轻松得到解决，但是训练计划的单调性能量化吗？耐力运动员采用的一种特定训练方法是将训练课的平均心率乘以训练课的持续时间，以量化其训练课。对于力量房中的训练，训练量和训练强度可以通过每天的负荷量，或可能做的功（力×距离）来估算。记录每天的测量值，并计算该训练阶段这些值的平均值和标准差（SD），然后用标准差除以平均值，用变化系数的百分比表示。这个值越大，训练的变化性就越大。与 ACWR 一样，对于这种训练计划的单调性的测量，没有特定的值能够表明结果是好还是不好。教练员应该保持跟进训练模式，看看训练计划是否有所改变或是否应该得到改进。这种测量方法也强调了恢复天数和周期的重要性。

自动调节

自动调节渐进性抗阻训练是在力量房中训练的一个常用方法。当不在力量房中及不在力量房教练员的指导下进行的训练活动可能影响力量训练计划时，有时这种训练会被使用。在每次力量训练课开始阶段，运动员先完成一项简单而不引起疲劳，但可以提高敏感性和可靠性的测试，以确定个人对训练的准备情况。该测试不应干扰后续训练，并可作为训练热身部分。测试可以很简单，如手指敲击键盘测试、纵跳测试（最好是在测力板上或使用加速计）或次最大负荷下的杠铃速度或爆发力测试。当本次训练前测试的成绩高于或低于近期前几次训练课测试的成绩时，相应地调整训练负荷和强度。渐进性抗阻训练的目标是规定力量房中的训练尽可能接近个人在任何一天的训练能力和耐受力。确定合适的测试方法是个挑战。如果实施得当，渐进性抗阻训练有助于运动员适应力量房以外的训练压力。

训练负荷的主观性评估

测量运动员的主观感知是替代渐进性抗阻训练运动表现测试的一种方法，通常包括在训练课之前完成一份简短的问卷或调查。运动员的诚实回答对这些测试的有效性至关重要。当问卷的结构合理、实施和解释得当时，这些主观的自我评估会非常有帮助。

七、生理参数

虽然本节中的测量方法并不是详尽的，也不是专门针对力量房中的训练的，但是所包含的变量可以为运动训练提供有价值的信息，包括有利于运动员实现最佳表现或挖掘无法解释的、表现不佳的潜在影响因素。尽管下面列出的这些变量并不是全部都明确验证过用于监测运动员，但它们仍然值得考虑。

内分泌标志物

关于一次训练课或长期力量训练阶段后激素反应的研究已经进行了几十年。许多激素会对训练课产生强烈反应，基础浓度也会受到训练的影响（图 10.8）。虽然研究人员已经研究了各种激素对力量训练的反应，但是通常用于监测力量房中的训练和运动表现的激素包括睾酮（以及游离或未结合的睾酮）、皮质醇和 22-kD 生长激素异构体。表 10.1 描述了建议用于监测训练状态的激素、神经激素、免疫和炎症标志物、代谢标志物，以及其他生物标志物。值得一提的是，这些变量中有些还没有被证明是对训练压力或恢复有效的指标。

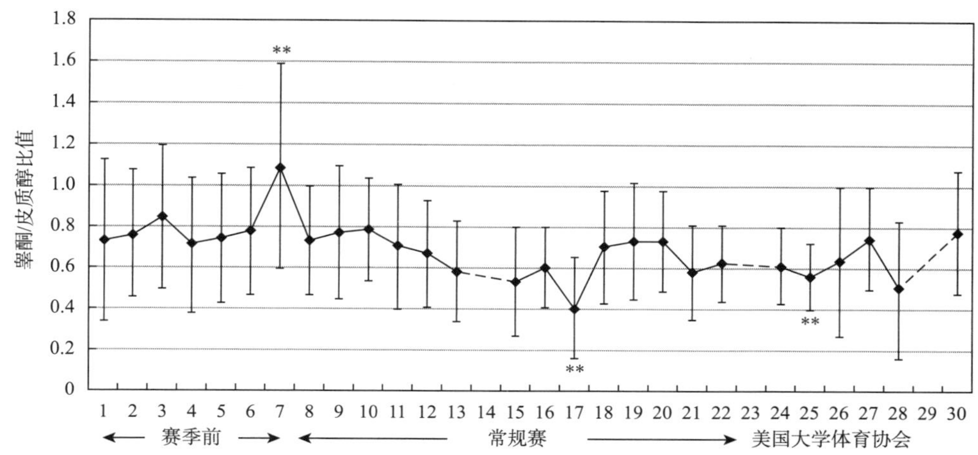

图 10.8　高水平大学篮球队队员唾液生物标志物（睾酮/皮质醇比值）的每周评估

注：与训练和比赛时间表相比，有明显的对应模式。

［资料来源：M.J. Andre, A.C. Fry, P.E. Luebbers, et al., "Weekly Salivary Biomarkers Across a Season for Elite Men Collegiate Basketball Players," *International Journal of Exercise Science* 11, no. 6(2018): 439-451, https://digitalcommons.wku.edu/ijes/vol11/iss6/8. 经作者许可］

表 10.1　建议用于监测力量训练和运动表现的激素及相关生物标志物

激素或生物标志物	说明
激素	
睾酮	训练压力增加时减少
皮质醇	训练压力增加时增加
睾酮/皮质醇比值	与训练量成反比
生长激素	训练压力增加时可能减少
脱氢表雄酮（DHEA）	训练压力增加时可能减少
胰岛素样生长因子-1（IGF-1）	训练压力增加时可能减少
性激素结合球蛋白（SHBG）	与游离（未结合）睾酮的百分比有关
促黄体素（LH）	脉动性激素；单个时间点与训练无关
神经激素	
肾上腺素	训练压力增加时，休息和训练后增加
去甲肾上腺素	训练压力增加时，训练后增加

续表

激素或生物标志物	说明
免疫和炎症标志物	
白细胞介素（IL）-1βb，IL-1rα，IL-6，IL-8，IL-10，IL-15	增加，与训练压力有关
肿瘤坏死因子 α（TNF-α）	促发炎症反应
可溶性肿瘤坏死因子 α 受体 II（sTNF-αRII）	肿瘤坏死因子 α 的可溶性受体抵消可溶性受体的作用
代谢标志物	
乳酸/功	表明训练引起的新陈代谢变化
大量营养素标志物	众多变量
微量营养素标志物	众多变量
其他生物标志物	
肌酸激酶	过度上升，提示肌肉损伤
尿尿素氮	训练压力增加时可能增加
色氨酸	训练压力增加时可能增加
谷氨酰胺	训练压力增加时可能减少
谷氨酰胺/谷氨酸	训练压力增加时可能减少
肌红蛋白	训练压力增加时可能增加
血尿素氮（BUN）	训练压力增加时可能增加

这些变量中有许多未经验证，无法用于监控目的。

（1）血液、唾液或尿液。通常在血液中测量激素，但也可以使用唾液或尿液测量，不过这些生物相容性存在时间延迟现象，而且用唾液和尿液测试的灵敏度较低。

（2）一天中的时间。收集样本的时间安排非常关键，因为有些激素的浓度是根据一天中的时间，按照昼夜规律变化。例如，睾酮和皮质醇的静息水平在早上会升高，这可能会干扰对结果的正确解释。

（3）性别。男性和女性有些激素的浓度不同。此外，女性的月经周期会影响某些激素，这使得研究结果难以解释。

免疫和炎症标志物

研究者已经检测了许多炎症反应的指标。在某些情况下，这些变量表明健康状况。在其他情况下，它们表明对训练和组织重塑的生理反应。

其他生物标志物

肌肉撕裂或损伤程度可以通过上述标志物来显示，而与训练压力相关的氨基酸失衡或代谢可以通过其他生物标志物来显示。

神经肌肉标志物

力量训练可以改变神经系统以一种有序和最佳的方式募集运动单位的能力。例如，肌电图幅度可以根据募集高阈值运动单位的能力增加或减少。有些人测量了在肌肉动作开始时肌电图记录的肌电活动速度的变化，以观察神经系统启动募集运动单位的能力。多年来，肌电活动与力量产生的比值（肌电/力比值）一直被用作肌电活动效率的指标，并显示了随着力量训练计划的变化而波动。近年来，肌电图分解技术已经发展到无创测量多个独立运动单位的募集，这有助于进一步了解神经肌肉对力量训练的反应。

心率变异分析

表 10.1 中列出的儿茶酚胺（肾上腺素和去甲肾上腺素）提供了关于休息和力量训练时交感神经活动的信息。其他几个与交感神经系统有关的指标也被用来了解和监测力量训练。骨骼肌中的肾上腺素受体（β_2-肾上腺素能受体）在压力性（大运动量）力量训练中下调，但不适用于实验室外的评估。心率变异性（HRV）分析是一种确定交感神经系统和副交感神经系统相对作用的无创方法。几十年来，心脏病学家一直使用 HRV 来确定自主神经系统的活动，它是监测训练反应和恢复的有效工具。简单地说，HRV 可以由心律的 R-R 间隔期两次心跳之间的间隔期的变化来确定。一个更简单的测量是静息心率测量，但这个测量似乎对大训练量的反应灵敏度高于对训练强度的反应灵敏度。

代谢标志物

许多不同的代谢标志物已被推荐给监测运动员的测试人员。一般来说，这些标志物可以帮助全面了解运动员的健康情况和运动机能，从而帮助教练员或体能训练专家做出明智的决策。特别值得关注的是乳酸对运动刺激的急性反应，这一比率的变化表明力量训练过程中代谢率的变化。

反馈周转时间

通常，当运动员在力量房中接受测试时，教练员可能几周或几个月内都拿不到测量结果。测试人员及时将测试结果告知教练员是至关重要的，以便其适当地调整与数据相关的训练计划。一方面，理想情况下，教练员可以立即获得数据，或在几天内获得，以使测试结果产生最大的效益；另一方面，长期回顾性分析（如对过去一年的训练结果的分析）可能不那么依靠快速的周转时间。

八、健康和损伤参数

如果运动员身体不健康，那么他们就不能进行适当的训练或达到最佳运动表现。运动员必须尽力降低损伤和疾病风险，并监测损伤和恢复状况。

• 损伤和恢复状况。如果进行了基线测试，则可以对恢复中的运动员进行测试，以确定他们是否准备好恢复正常训练。

• 关节活动范围。柔韧性经常被忽视，但它会导致不正确的运动模式或低效的练习动作技术。

• 对称性。主动肌–拮抗肌和肌肉群之间的肌肉力量不平衡，或双侧不对称，可能是由以前的损伤、长期过度使用、不适当的训练或使用，以及异常的姿势造成的。

• 运动控制。健康的运动模式和通过基本动作控制身体的能力是身体健康的重要组成部分。许多运动表现测试可被用来监测这些模式或能力。

• 平衡和稳定。与运动控制相似，控制平衡的能力也是影响身体健康的一个因素。

• 损伤风险。之前列出的所有测试类型都提供了受伤风险的支持证据。尽管我们很难在这些测试和所发生的损伤之间建立直接联系，但将这些评估与本章中描述的许多其他测试相结合，可以建立一个供教练员或体能训练专家使用的档案以适时地调整力量训练计划。

九、心理参数

一个综合性评估方案需要考虑心理因素。以下是对相关心理参数的简要介绍，感兴趣的读者可阅读参考文献来获得更详细的信息。

心理技能

任何教练员或运动员都知道体能训练对最佳运动表现的重要性。同样重要的是，心理技能的发展也有助于提高运动表现。就像体能训练一样，心理技能也需要持续和有组织的训练。与对身体特征的评估一样，对心理技能发展的常规评估也很有帮助。

训练准备状态

许多力量训练计划是自主调节的，这意味着每天的训练都基于个人当天的身体和情绪准备状态。除了体能测试外，对训练准备状态自我感知的主观测量（如果是基于有效的数据收集的），可以为力量训练计划提供简单而有价值的信息。

动机氛围的感知

当教练员或体能训练专家创设一个专注于努力和提高（即涉及任务本身）的氛围，而不是纯粹地关注谁最优秀或表现最好（即涉及自我价值感）时，运动员就会更享受训练，更努力、更配合训练。这些发现是基于成就目标理论和创造关怀氛围的理念。运动感知动机氛围问卷（PMCSQ）和关怀氛围量表（CCS）可用于确定教练员在力量房中创设的氛围类型，以及运动员如何感知氛围。

心境状态量表（POMS）

关注心境状态与训练计划的关系的研究有很多。虽然 POMS 开始并不是为了监控运动员和训练而被设计的，但是它已经成功地记录了训练计划变动引起的情绪状态的变化。不过这项调查的时间相当长，难以定期进行。

运动员恢复–应激问卷（RESTQ）

RESTQ 是一种有效的调查工具，专门用来跟踪运动员从压力大的训练中恢复的能力。像 POMS 一样，这个测试历时也相当长，很难每天或经常进行。

第六节　测试结果的分析与报告

在力量房中收集相关和重要的数据只是测试的一部分。接下来要做的是理解和分析这些数据。这通常意味着要将一些基本的统计概念应用到已收集的数据中。有许多优秀的文献详细地介绍了统计方法。下面，我们只简要地介绍其中的一部分方法。

一、小组或个人数据

当在力量房中收集与运动表现相关的数据时，需要考虑的是最该关注小组（或团队）的数据还是最该关注个人的数据。也许两者都很重要。例如，很多时候需要分析整个群体（如一个团队）对一种训练方法的反应。这可以为教练员或体能训练专家提供关于训练方法的有效性及团队整体状况的重要信息，但并不是所有人都会有相似的反应。因此，还必须仔细评估个人的数据（图 10.9）。

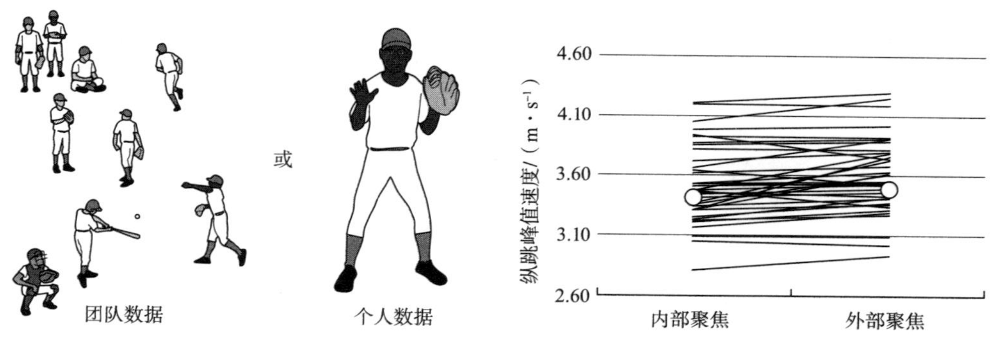

图 10.9　团队和个人数据的不同

注：整个小组或团队的数据可以为一般模式提供有用的信息，但个人数据让训练计划更具体。右边的数据显示，当使用外部聚焦的训练提示时，团队的纵跳平均速度提高（空心圆）。然而，个人的反应（线）表明并非所有运动员都以这种方式做出反应。

［资料来源：A.L. Kershner, A.C. Fry, and D. Cabarkapa, "The Effect of Internal vs. External Focus of Attention Instructions on Countermovement Jump Variables in NCAA Division I Student-Athletes," *Journal of Strength and Conditioning Research* 33, no. 6(2019): 1467-1473. 许可转载］

测试是否应该"预先设定"？

在研究设计和统计分析方面，为了尽量减少问题的出现，一些人主张要"预先设定"一项研究。这意味着一旦确定研究设计和统计分析，那么该设计和统计方法可供所有人研读，不应再偏离研究计划，只有原有的研究问题和测试变量应受到调查。遗憾的是，许多潜在的相关发现可能并不明显，因为有些是偶然被发现的。因此，许多运动科学家可能会错过有价值的信息，但这并不是草率测试和研究的借口，应始终考虑测试的目的。

二、参数统计

这类统计分析方法包括一般课堂上讲授的方法和用于正态分布的数据集。这意味着数据以类似钟形曲线的方式分布，通过偏度（分布的对称性）和峰度（分布的形状）分数来识别。这些方法包括 *t*-检验、方差分析、某些类型的相关性和回归分析等。对这些方法的基本了解对于分析与力量房中的活动相关的数据，以及力量房外的活动（如专项运动训练、职业活动、康复和其他类型的一般健身活动）相关的数据至关重要。关于参数统计，需要强调的是，测试结果提供了关于结果的可能性信息［用显著性水平（α 水平）表示］，而不一定是关于效果的信息。也就是说，结果重复的可能性有多大，显著性水平表明了这种可能性。例如，$\alpha = 0.05$ 表示结果有 95%的可能性是可重复的，或者有 5%的可能性是不可重复的。尽管通常默认 α 为 0.05，但认真检查这个临界值对测试目的而言是否过于严格很重要。教练员或运动员可能对 90%或更低的置信度就感到满意。另一个考虑因素是，统计意义的显著性水平在很大程度上取决于数据集的大小。

三、非参数统计

在力量房中收集的数据不总是呈正态分布，这并不罕见。这时如用参数统计分析和解释数据可能会出现错误。在这种情况下，非参数统计经常被使用。非正态分布的数据示例如下。

- 使用顺序量表（如分数按数量级顺序列出）。
- 使用区间类别（如分数被分组）。
- 违反参数统计的一个或多个假设（如数据的非正态性）。
- 样本量小。
- 除平均值以外其他需要关注的值（如中位数）。

非参数统计的一个问题是，统计结果不如参数统计强大。即便在力量房和相关场所收集的数据可能不呈正态分布，非参数统计也是一种合适的统计分析方法。这些类型的检验包括卡方检验（用于检验数据分布或类别）、威尔科克森（Wilcoxon）符号秩检验（用于与参考值或目标值进行比较）、曼-惠特尼（Mann-Whitney）秩和检验（用于比较两个独立的组）、克鲁斯卡尔-沃利斯（Kruskal-Wallis）或弗里德曼（Friedman）检验（用于比较多个组）、斯皮尔曼（Spearman）等级相关系数（用于检验范畴关系）等。

四、贝叶斯统计

基于贝叶斯定理出现了一种统计方法，称为贝叶斯统计，它部分基于先前知识，提供了一种不同的统计解释，即概率，或对结果的信任程度。贝叶斯统计提供了一个结果或发生事件的信任水平或分类，而不是纯粹使用“频率论”方法（该方法是参数统计的一部分，并且仅仅基于数字数据）。例如，结果或事件发生的可能性包括非常可能、比较可能、未确定、不大可能或非常不可能。一些人认为，对可能性的这些分类为运动员提供了更有用的信息，以便有效地对结果进行解释。

五、基于数量级的推断法

这种有趣而有争议的统计方法是专门为运动和训练分析而开发的，尽管肯定可以被应用于其他场景。在分析与运动相关的数据时，人们经常会担心标准的统计工具过于保守。结果和测量方法可能在运动领域相当重要，但从统计角度来看并不重要。当这种情况发生时，潜在重要的训练方法或工具也许被错误地忽略了。例如，众所周知，在举重比赛中增加 2.5kg 可能成为冠亚军的区别；在赛道上，100m 冲刺跑仅 0.1s 之差可能就是能否获得奖牌的区别。当采用比较常规的统计方法时，这些运动表现上的差异可能在统计学上并不显著。为了解决这个难题，一些人建议使用一种基于预先确定的、有意义的运动表现变化的数量级统计工具。从实际角度来看，这是完全有道理的，但其中一个重要的挑战是如何确定什么是有意义的差异。关于如何确定这种有意义的差异，并不总是很明确，所以一些科学家对这种统计方法持怀疑态度。运动员可能会发现这种类型的分析非常有帮助。我们有必要对这种方法乃至所有统计方法进行认真考察，以确保所收集的数据得到合理的解释。

这些数据是否需要公布？

研究人员一般会关注他们是否能公布他们所做的任何测试的结果，但有时教练员或运动员可能不希望以这种方式传播数据，或者有时测试的条件和限制不允许公布结果。虽然测试结果的公布对运动科学领域非常有帮助，但情况并不总是这样。这些类型的分析可能只是供教练员、体能训练专家及运动员内部使用。

六、效应量

如前所述，截至目前所讨论的大多数统计工具都与结果的概率或可能性有关。有时，测试结果的大小更重要。效应量计算是对效应进行量化的一个简单方法。这个统计工具最初是由科恩（Cohen）开发的，它只基于效应的大小，被恰当地称为效应量。效应量最简单的形式是，运动成绩的平均变化除以原始分数的标准差，但具体的计算方式有很多。必须记住，一个大的效应量可以在没有统计学意义的情况下出现，反之亦然。因此，这些结果必须得到仔细解释。

七、个案研究

很多时候，我们必须对单个人的成绩进行评估。只对一个研究对象（即 $n=1$）的分析被称为个案研究。对于教练员或体能训练专家来说，它是非常有用的工具。事实上，个案研究是医学研究的一个重要组成部分。为了分析这些类型的数据，通常我们使用非参数检验。尽管这些分析的统计能力有限，但这通常是解释特定个体结果的唯一方法。当跨时间绘制数据变化时，我们使用非参数曼-肯德尔（Mann-Kendall）趋势检验法或其变式来确定数据的趋势或模式。

八、非统计检验

非统计检验实际上不是一种统计方法，但在训练领域有时会被采用。数据的模式和变化只需通过视频来查看。非统计检验有时被戏称为“TLAR”方法，意思是“看起来差不多”，但经验丰富的教练员或体能训练专家可以识别出可能很重要的模式。这种方法的有效性不能被低估，但也应被谨慎对待。教练员和体能训练专家像其他人一样，会把他们自己的偏见和观点带到这种方法中，这可能会影响和干扰对结果的正确解释。

九、向需要的人报告结果

这一过程往往会被忽视。当测试人员直接与教练员、体能训练专家及运动员合作时，必须尽快提供测试结果。如果测试人员很长时间以后才能把测试报告送到需要的人手上，可能为时已晚。例如，在下一个训练阶段开始之前，必须对特定中周期的有效性进行评估，否则，数据可能就不再有用了。此外，信息应以易于理解的形式被提供。在许多情况中，图表可以简要说明报告主体内容所用的方法和结果分析。内部报告一般不需要广泛的文献综述和深入讨论。最终结果是尽快将测试结果提供给需要的人。

报告太长；保持简单、直接（KISS）

测试人员为所有参与测试的相关人员提供测试报告，对于完成测试过程至关重要。如果测试人员不提供测试报告，那么相关结果信息就不能被充分利用。测试人员需要以简单、直接的方式向教练员和运动员提供数据。该报告可被视为“测试总结”。报告中的原始数据和分析数据、要点和解释应以准确的方式被呈现，并“保持简单、直接”（KISS）。

本章小结

一个实际而有效的力量房中的训练评估系统是极其有价值的，可以确保教练员制订最合适的训练计划。仔细考虑本章所讨论的因素有助于教练员和运动员优化训练。

第十一章　力量训练的目标

以多种形式进行的力量训练是用来训练人体的方式，以实现从增加力量到改善老龄化带来的认知能力衰退等各种训练目标。每年的研究都表明了力量训练的重要性，对于运动训练计划的各个方面或健康状况的全面改善，它都是基本和必要的部分。在过去的半个世纪里，这种训练方式得到了几乎所有项目运动员的认可。

然而，很多时候，这种热情导致了一种训练得“越多越好”的思维定式，一些体能教练员在制订训练计划和指导训练时由于没有训练科学和医学方面的知识，而滥用这种思维定式。目前存在的危机是教练员想要“强化训练”或在力量房中通过训练活动来“体罚”运动员，而从没考虑到使用不科学的训练计划会给运动员带来危险。这些做法导致运动员出现不必要的肌肉损伤（Casa et al.，2012，2013），导致运动员出现较普遍的非功能性超

量训练或过度训练综合征，还导致高中和大学的运动员因中暑、镰状细胞贫血症和横纹肌溶解而受伤和死亡的人数达到了前所未有的数量。重要的是教练员要密切注意训练课期间与训练课之后的休息和恢复，因为这是最佳训练的一个重要组成部分。为训练计划的不同周期或阶段设定切合实际的训练目标，对于提供身体逐步发展所需的关注点很重要。我们将在本章探讨目标设定的概念，以及在训练计划制订过程中如何通过不同的力量训练理念来实现这些目标。

第一节　特定目标方案的制订

为每名运动员制订一套特定目标方案是特定训练阶段的起点。特定目标方案的制订可用于改善或保持各种因素。特定目标方案的制订可以是多方面的，具体取决于个体在该训练阶段的目标。大多数运动员都有多个目标，为了最终的成功必须实现这些目标。当制订特定目标方案时，试图同时实现所有的目标是不现实的。因此，每个训练阶段都必须有优先次序，每个特定的阶段都必须有一个专项训练目标。因此，教练员必须从一开始就了解每个训练阶段特定的目标是什么。

有些特定目标比其他目标需要更长的时间才能实现，运动员一旦实现这些目标，就只需要保持下去，并将注意力集中到训练计划下一阶段的其他特定训练目标上。每个特定训练目标的重要程度取决于运动员的运动表现或其在健身计划中获得的成绩。因此，个人必须确定特定目标，以取得预期的成功。一种方法是开发一套有针对性的目标分析方法来完成训练计划里的特定目标。通过采取为某一训练阶段的特定目标制订方案的形式，运动员将最终的特定目标坚持到最后完成。在一些运动项目中，运动员总是试图增加终点目标，但基本上会受到他们基因上限的限制。

特定目标的重点

力量训练计划通常是更大的体能训练计划的一部分。体能训练包括许多不同方面的发展要素（如耐力、敏捷性、平衡性、柔韧性）。虽然这些要素可以在力量训练计划中得到提高，但是有些要素有自己特定的训练计划方案（如敏捷性）。因此，力量训练计划的特定目标需要具体到能够实现目标的训练模式。教练员和运动员了解训练计划的每个要素对于训练计划的成功制订和发展应用至关重要，同时要注意计划的兼容性（如耐力训练需要与力量和爆发力协调一致）。

我们先回到一个基本的训练计划设计方法上，并对运动或健康病理学进行需求分析，以预防性医学为目标。虽然力量和爆发力几乎始终是每个力量训练计划的一部分，但是运动员需要了解所需的全部内容和达到的绝对水平，才能在运动成绩或促进健康方面取得进步。表11.1 是一项运动的特定目标示例。

表 11.1　一名优秀摔跤运动员在男子大学生和世界比赛中的体能特征示例

变量	要求水平	可训练变量
下蹲	1.9～2.0×体重	是
单手握力		
力量范围	35～45kg	是
两手差异	<5%	是
卧推	1.5～1.6×体重	是
IMTP（峰值力）	6 000～7 500N	是
跑步机测试最大摄氧量	50～60mL · kg^{-1} · min^{-1}	是
骑自行车测试摄氧量峰值	42～50mL · kg^{-1} · min^{-1}	是
温盖特划腿练习测试		
峰值爆发力（30s）	900～1 000W	是
爆发力/千克体重	14～16W/kg	是
腿的平均爆发力	475～615W	是
平均爆发力/千克体重	6～8W/kg	是
温盖特划臂练习测试		
爆发力/千克体重	小重量：7.75～8.60W/kg	是
	中等重量：8.00～9.50W/kg	是
	大重量：8.00～9.50W/kg	是
峰值爆发力（30s）	小重量：630～730W	是
	中等重量：780～935W	是
	大重量：900～1 015W	是
摔跤站立训练中对可见光信号的反应		
反应时间	<0.10s	是
移动时间	<0.40s	是
摔跤站立训练中对哨声信号的反应		
反应时间	<0.08s	是
移动时间	<0.40s	是
体型		
臂展与身高差值	臂展比身高至少长 12 英寸（约 30.5cm）	否
体育型体质评分	高度体育型	部分

如表 11.1 所示，我们可以看到一名优秀的男子摔跤运动员的许多不同目标。体能训练计划中也必须包含对这些信息的监测，以优化该摔跤运动员在运动中的技术组合。有些体能特征变量是可以训练的，而有些则不能训练（如臂展与身高差值）。如果一名摔跤运动员无法达到特定的体能目标，就可能会影响其与对手在对决中是否会获胜。如果一名摔跤运动员只依靠摔跤技术，那么与更多的摔跤运动员相比，其不足越多，获胜的机会就越少。如果一名摔跤运动员击败对手，则说明其和对手的技术风格可能存在冲突。另一个例子可能是体能（如力量、爆发力）的不匹配，这使一名摔跤运动员比另一名更具优势。因此，摔跤风格和体能都是让摔跤运动员获胜的一些基础保障。然而，随着比赛水平越来越高，冠军必须在比赛中运用一系列取胜的策略，这样就只有少数优秀的摔跤运动员有这些可用的策略来击败其他的竞争者。由此，人们想当然地认为并不是所有运动员都能成为某一特定运动项目的冠军，除非他们能拿出一套“策略”来应对比赛的各种需求。因此，人们会看到在体育比赛中有匹配指标。这适用于任何运动或预防医学中的任何一组健康结果。表11.1 的右侧是体能特征的变量，其中一些变量是不可训练的，因此每项运动的某些特征都是固有存在的，而许多其他变量（如血液缓冲能力、认知加工能力）也可以被添加进去，因为有许多因素有助于摔跤运动员的成功。因此，随着我们对每一项运动或病理学的了解越来越多，任何运动的生物标志物都可能变得广泛。下一步是确定训练起点，即力量训练计划中要提高的内容，以及运动员的训练阶段（如初学者、高水平运动员）。

因此，目标方案要明确该运动项目的最终目标或运动员体能特征的信息，这在很大程度上与为力量训练计划设定的特定目标有关。在这里，我们需要再次认真确定目标方案中要解决的目标问题，以及运动员从初级到高水平的训练阶段。这一过程本身需要运动员参与测试，以反映制订目标方案时的原始资料。我们需要使用循证实践的方法来寻找并确定运动员和运动的不同生物标志物，确定目标并解决目标问题，以提高健康水平及降低风险。

第二节　循证实践方法介绍

为了解决力量训练计划制订过程中可能出现的任何问题，采用六步循证过程会有帮助。它可以起到指南针的作用，通过使用最好的方法来查找和评估关于某一训练主题的现有知识。六步循证过程最好由一组专业团队来实践完成，以获得不同层次的观点。阿莫内特等（2016）详细地解释了这个过程。下面是六步循证的简要总结，以便教练员在一个持续、动态的过程中更好地进行决策。

1. 提出问题

有一类问题可能是一般性的，如“我们对睡眠和运动表现了解多少”，这类问题为更具体的问题奠定了基础，更具体的问题可能会在运动员对睡眠生物学有了大体了解以后出现。对于这类问题有大量的信息资料可供参考，从政府建议到关于这个主题的书籍。然后更具体的问题可能会被提出，如“如果我们早上 6 点和田径队一起进行体能训练，我们的睡眠时间将如何影响训练质量”。在继续讨论一个具体的问题之前，运动员需要对基本知识有一个大致的了解。相反，运动员只需要对一个主题有大致的了解，就可以意识到潜在的问题或可能存在的问题。

2. 寻找证据

基于读者在本章中已经阅读的内容，在多个层面上进一步理解和研究可能是一项艰巨的任务。读者可以从该领域的同事和专家那里了解到更多，也可以查阅相关的教材获得一般信息，并查阅教材中引用的一些已发表的参考文献，还可以使用搜索引擎（如 PubMed、Sport Discus、Google Scholar）查找已发表的同行评议研究。把“睡眠”这个词作为关键词来查找太宽泛，围绕这个主题可能会出现数以千计的论文，这就需要使用更具体的关键词查找才行。

3. 评价证据

一旦完成了查找，并从教材和专家那里获得了知识和启发之后，就可以开始对其进行评价。因为不同的专业人员可能会对背景和局限性有不同的看法，所以由专业人员组成团队一起完成这个过程是最理想的。可以根据证据与试图解决的问题的相关性对证据进行排序。然后用这些证据创建一个最佳行动选择来回答问题，并在此时采取行动。

4. 合并证据

正如康涅狄格大学著名的力量教练员杰里·马丁所说：“我们现在知道了科学，但我们如何贯彻实施呢？”在这一过程的下一步，如何将证据与客户、患者或拥有不同能力的运动员结合起来应用到实践中？例如，如何在训练计划中利用大负荷量训练来加强力量的发展，或者如何减少摔跤运动员赛前的焦虑和恐惧呢？

5. 确认证据

将证据应用到工作中之前，必须评估其真实性。某些医学领域通过排序来明确证据与问题或主题的密切程度（如Ⅰ、Ⅱ、Ⅲ或 A、B、C）。证据是否有正确的年龄、性别和训练水平的背景信息？测试有效吗？例如，专家教练员的见解与运动员的水平是否相关？必须依据信息评估要做出的决定。

6. 重新评价证据

随着时间的推移，事情发生了变化或出现了新的证据，10 年前甚至 6 个月前对某一特定主题的研究结果现在可能会因相关人员对该主题的新发现或新见解而受到质疑。因此，必须对基于最佳实践和科技进步的过程及方法保持高度关注，您是不是想到了“终身学习”？

第三节　测试和监控进展

如前所述，测试会确定力量训练计划的实施是否在设定的特定目标方向上取得进展。在过去的 10 年里，对运动员的测试和评估已经成为训练过程、运动员发展和职业选材的一部分。虽然测试对训练过程至关重要，但是其必须是可管理的、有效的和可靠的，否则就没有什么价值。在我们的例子中，测试必须反映出用以描述优秀摔跤运动员的数据是如何生成的（如用 Vertec 纵跳测试器来确定反向动作中潜在的爆发力水平，而不是用测力板测试）。在对摔跤运动员爆发力的循证研究中，如果在文献中发现了制订的特定目标方案，而且使用的是 Vertec 纵跳测试器，那么现在就不能使用测力板或跳跃垫进行测试，因为这不是源方法（是不同的方法）。“我不想让我的运动员为测试而训练”是一种过时的说法，掩盖了我们所处的运动分析时代。此外，测试应该与运动或健康状况直接相关，并成为衡量成功与否的一部分。关键是为训练周期（部分指标）和整体运动分析（全部指标）仔细选择合适的测试组合，并且能够管理它，然后通过力量训练计划将其作为目标进行管理（如果它是可训练的）。在某种程度上，随着设置在爆发力训练架上的可以记录许多不同变量（如速度、重复次数、阻力、组数、爆发力、形式）的计算机化设备的普及和应用，所能获得的信息比以往任何时候都多，但至少需要准确的训练日志来记录进度并做出决策。

为了评估进展，我们可以使用一种蜘蛛图（或雷达图）来显示运动员在短周期和长期训练中特定目标进展情况的运动分析。图 11.1 演示了这个概念，人们可以快速看到训练前和训练后阶段的进展。主要特定目标应该与训练阶段所期望的适应相关联，尽管事实上有些目标（如 1RM 力量）可能存在于许多训练阶段，直到保持每个阶段所取得的目标成为主要目标。请记住，每个个体都有遗传上限，其中训练反应的变化将很小或者根本不会改变，对一个不断努力提高水平的优秀运动员（如奥运会举重运动员试图提高运动成绩）或对预期目标几乎没有训练潜力的人（如试图在肌纤维数量较少的肢体中获得肌肉肥大的瘦型体质的人）来说尤其如此。“专业能力与技巧”是决策所必需的，如在一个方案中投入多少时间和精力来实现一个特定目标，以及确定这个目标是否能够实现。

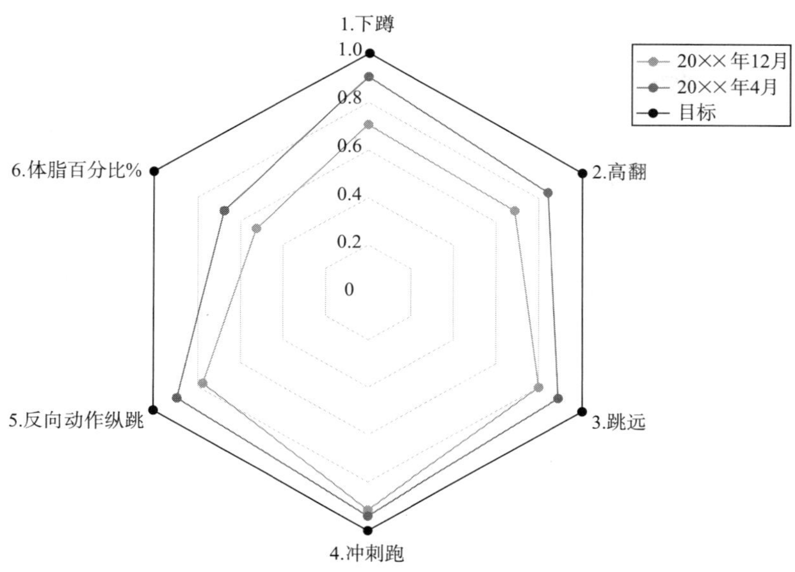

图 11.1　蜘蛛图（雷达图）示例

注：图 11.1 显示了运动员在不同指标上的状态与不同时间训练周期的目标有关。其他图表可以显示运动员与不同级别比赛所需指标的接近程度。不同指标的长期目标如下：下蹲 2×体重，反向动作纵跳 82cm，高翻 1.9×体重，跳远 3.05m，36.57m 冲刺跑 4.8s，体脂百分比 15%。在我们的示例中，在 12 月的测试（浅灰色线）中，起始点表明体脂百分比是运动员没有得到优化的主要部分，这可能影响了他目前良好的冲刺跑时间。经过 4 个月的训练，除速度外，所有指标都有所提高，这再次表明体脂百分比仍然可能会抑制运动员的最佳速度。因此，运动员需要解决营养方面的问题及核心下蹲力量持续训练的问题。

第四节　力 量 表 现

从健身爱好者到优秀运动员，力量训练往往不仅与举重中力量的增加有关，还与力量增加带来的生理功能改善（包括结缔组织密度的提高和内分泌腺功能的增强）有关，使其能够承受压力，更好地帮助恢复。对在力量和爆发力方面有丰富经验的运动员来说，即使他们的主要目标是提高最大力，但也会训练潜在的肌肉和神经因素，以改善神经肌肉的协调性（运动单位募集、频率编码、运动单位同步、整体协调模式）。负荷量是训练计划制订中的一个重要变量，与任何训练计划的变量一样，连续变化的阻力负荷训练对于运动员获得特定的能力、充足的休息时间和从训练中恢复都是至关重要的。通过改变训练的类型（即强度和训练负荷量），运动员可以在期望的方向上出现积极的适应。相反，标准的训练和恒定负荷只会导致过早适应，并可能导致训练结果以次优结束，或许多人所说的过度训练性心理疲劳。

大负荷抗阻训练的所有 3 个方面，即练习类型、训练方法（最大与次最大用力）和训练量，应该以一种系统的方式得到改变，以在特定的训练阶段取得预期的进展。由于大负荷抗阻训练的不同方法之间的训练叠加效果不产生负面影响，因此原则上这些方法可以在一个小周期甚至一个训练日和一次训练课中组合使用。例如，运动员在同一次训练课上举起 1RM 杠铃，然后再使用次最大用力的方法是合适的。随着时间的推移，适合的训练时间、训练方法和负荷会带来更好的结果。在典型的时间安排模式中，每两个中周期教练员就会更换一个练习组合。例如，在两个连续的中周期中，9 个练习动作中只包括 2 ~ 3 个与抓举相关的练习。与抓举相关的练习按动作类型和杠铃起始位置被分类。动作类型如下：①比赛的抓举（举起杠铃并固定在深蹲位置）；②高抓（杠铃举过头顶，腿略微弯曲）；③宽拉（杠铃只拉到一定高度，不固定）。杠铃的起始位置有 3 个：①从地板上开始；②从地板上的垫高块上开始；③从悬垂位置开始。因此，共有 9 种练习组合。

在这种典型的时间安排模式中，主导的练习方法在每一个中周期都有变化。在第一个中周期中，常规方法主要是引起肥大（主要通过次最大和重复用力的练习方法）。训练负荷是变化的，通常根据 60%经验法则改变。

训练目标：最大力

将高强度训练（以改善神经肌肉的协调性）和重复用力法或次最大用力法相结合，或三者结合起来，以刺激肌肉肥大。在不同的训练周期利用足够大的负荷来刺激最大力的发展适应性。定期改变练习组合，改变训练负荷。

第五节　爆发力表现

在许多运动项目中，力量训练的主要目的是提高爆发力，或对抗一定阻力（如体重、器械质量）的运动速度，而不是最大力本身。在这种情况下，最大力是高速运动的前提条件，但将获得的力量增值转化为速度增值并不容易。在运动员的训练中，下蹲的最大力是最佳爆发力训练的重要前提（如男子 2 倍体重，女子 1.75 倍体重）。对优秀运动员来说，这似乎提高了爆发力增长的速度和幅度。另外两个重要的问题是力量练习的正确选择和训练时间安排。

教练员和运动员应充分满足专项练习的要求。练习应该是带有附加阻力的主要运动练习，或是速度抗阻训练（注意我们讨论的是有一定等级的运动员的训练，而不是新手，见第六章）。这种阻力应该被施加在正确的方向上（在水平方向上运动），并且不要超过导致运动模式（运动技术）发生实质性改变的水平。

在一个训练周期开始前，建议在有附加阻力的主要运动练习（如果可能的话，也可以用减小阻力的练习）中对运动员进行测试，以确定每名运动员的训练至少是阻力（力量）-速度曲线（图 11.2）上的一部分。例如，铅球运动员既可以用标准铅球（7.257kg），又可以用 8kg 和 9kg 的铅球进行测试。把优秀运动员的数据作为标准，将这些数据与个体运动员的测试结果进行比较，教练员可以为给定时间段推荐合适的训练计划（运动员应该高度重视是使用重器械还是轻器械来进行训练）。

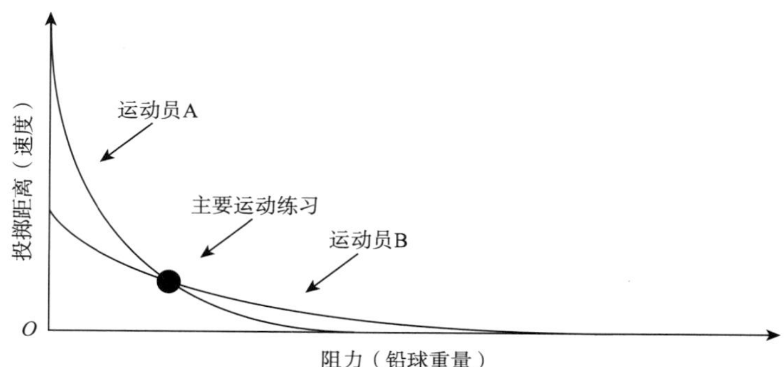

图 11.2　两名运动成绩相同的运动员投掷标准铅球的测试结果

注：在投掷重器械时运动员的成绩不同。由于运动员 A 在使用重器械时投出的成绩低于运动员 B，因此可以得出结论：使用重器械训练可以在很大程度上提高运动员 A 的力量潜力。运动员 B 必须更加注意其他的训练目标（如改善运动技术或投掷轻器械）。

在为爆发力训练选择力量练习时，教练员和运动员应注意专项性练习的各个方面（如运动肌肉、阻力类型、发力的时间和速度、运动速度、运动方向和力量–姿势关系）。运动肌肉应与主要运动训练涉及的肌肉相同，阻力类型应尽可能模仿主要运动训练的阻力类型，在训练的峰值周期中应尤其如此。在之前的基础训练周期中，教练员和运动员在解决了基础阶段力量发展的问题以后，该项运动的技术练习成为重点。然而，运动员不应该因举起动作与运动动作相关就专门练习举起动作，而放弃任何训练计划核心部分中有助于全身结构完整性和运动链稳定性的基本动作（如下蹲、高翻、硬拉、卧推、坐姿划船）。

如果一项运动练习中可用于发力的时间很短（小于 0.3s），那么决定性因素是发力速度，而不是最大力本身。在快速运动中，将产生的最大力与可获得的最大力进行比较已被证明是用来制订训练计划的一个有用参与。如果爆发力不足的值（即最大力和在如起跳、投掷出手阶段等运动动作中产生的力量值之差）太大（超过 F_{mm} 的 50%），那么以提高最大力为目的的大负荷抗阻训练在试图影响爆发力方面是无效的。因为发力时间太长，不能影响力–时间曲线的那一部分，所以最大力增值对提高动作速度（爆发力）的作用很小。由于用力的持续时间很短，因此必须创建一个训练周期，重点提高发力速度，而不是将最大力作为主要的训练目标。

如果运动员在之前的训练中没有进行基础力量的训练，那么最大的向心用力（如举起最大负荷）可以提高一些运动员的发力速度。但是，由于这类运动动作需要的是最大力而不是最大发力速度，所以对训练有素的运动员来说，这种训练方法在爆发力方面可能不会产生积极的效果。

为了提高发力速度，要使用大负荷进行最快速爆发式肌肉动作练习。由于负荷很大，运动速度可能相对较慢，但发力速度必须达到极限：用最大主动用力尽可能地快速完成爆发式肌肉动作。这些练习通常在热身后立即进行。典型的练习组合包括 3 组，每组动作重复 3 次，负荷约为最大值的 90%。组间的休息时间应较长（约 5min）。在组间休息时，运动员可以训练其他不会导致疲劳的肌肉群以及在举起动作中限制最大用力的肌肉群。当训练目标是提高发力速度时，这些练习通常每周进行 4 次。当训练目标是保持发力速度时，这些练习每周进行两次。由于适应，这样的训练持续 6～8 周后，应该换成其他练习。

发力速度也可以在肌肉可逆动作的训练过程中得到提高（见本章后面关于拉长–缩短周期的讨论）。

动作速度是提高爆发力的力量练习的第二个重要特征。在这种情况下，典型的目标是提高给定阻力下的动作速度。在力–速度曲线图中，这表现为相应的力–速度值从点 $F\text{-}V_1$ 到点 $F\text{-}V_2$ 的移动［图 11.3（a）］。然而，要改变力–速度曲线上任何一点的位置（即在给定阻力下的动作速度）而不改变整个曲线的位置（即在不同阻力下的动作速度）是不可能的。改变力–速度值可能有 4 种变化。

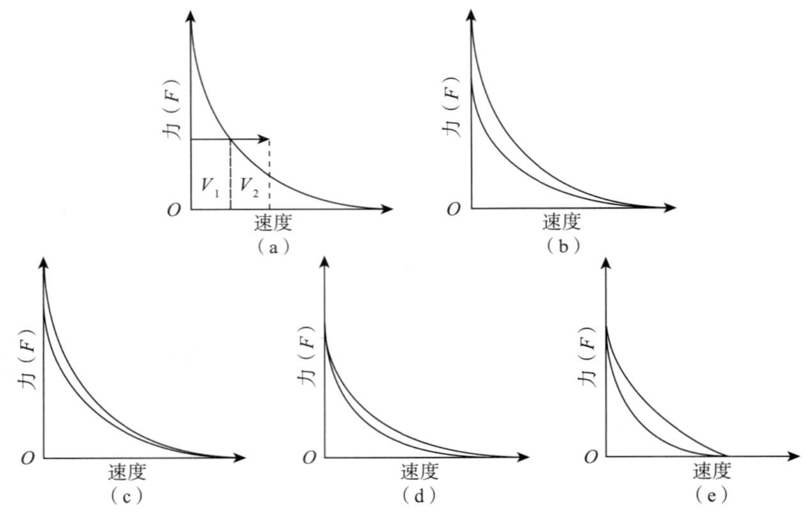

图 11.3　训练产生的力–速度曲线变化

第一种变化［图 11.3（b）］，在整个力–速度曲线的范围内出现了速度正增值。如果这是一个投掷运动的力–速度曲线（改变了器械的质量，测量了投掷的距离），那么力–速度曲线的变化表明，在训练后，运动员不论使用轻器械还是使用重器械都可以投掷得更远。这种变化在青少年运动员中很常见，而在经验丰富的运动员中则很少见。第二种变化，在大阻力、低速度范围内进行的训练有助于提高大阻力下的运动速度［图11.3（c）］，主要提高了使用重器械投掷的成绩，这是提高运动成绩最典型的方法。第三种变化，小阻力、高速度要求的训练，可以提高小阻力区域的成绩［图 11.3（d）］。这是一个有用但辅助性的训练方法，可以与大负荷抗阻训练交替进行（在赛前减量训练期间或接近赛前减量训练期使用）。

第四种变化，在中等阻力范围内进行的训练（如只使用主要器械）会使力–速度曲线呈现变直趋势［图11.3（e）］。这里，运动成绩在曲线的中间区域内提高了，这是持续使用器械进行专项训练的结果。在这种力–速度增值模式下，成绩只会短暂地提高（通常不超过一个赛季），而且增值的幅度相对较小。力–速度曲线可以变直，但不能变凸。为了在给定阻力的情况下大幅度提高成绩，运动员也必须提高大阻力区域或小阻力区域的运动成绩，但这种情况颇有争议。一方面，训练结果取决于练习的速度，为了提高标准阻力下的速度，运动员必须在与主要运动练习动作相同的力–速度范围内进行训练。这种专项性训练引起了如图 11.3（e）所示的力–速度曲线的变化，但这种变化只是短期的效果。另一方面，在大阻力、低速度范围，以及小阻力、高速度范围，运动员要想大幅度提高成绩，就需要减少专项性训练。这些考虑因素在优秀运动员的训练实践中得到了证实（图 11.4）。

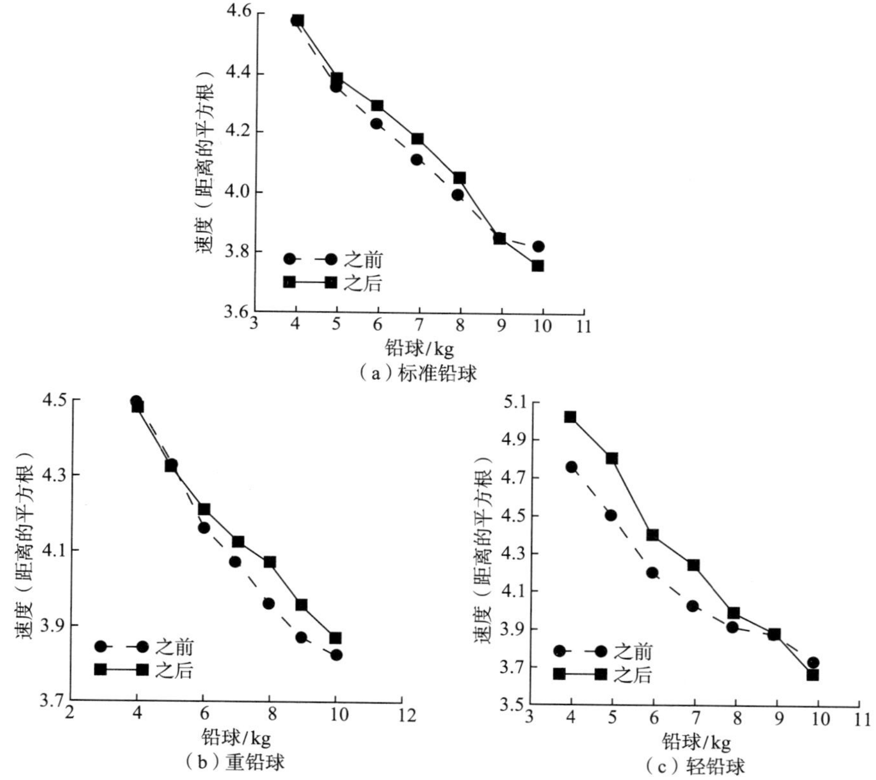

图 11.4　使用不同重量的铅球训练 7 周前和之后的原地推铅球成绩

注：测试用了 4～10kg 的铅球。（a）标准铅球，只使用 7.257kg 铅球（$n=4$）；（b）重铅球（8～10kg），投掷计划包括重铅球（占 70%）和标准铅球（占 30%）（$n=4$）；（c）轻铅球（4.5～6kg），投掷轻铅球占所有用力的 70%（$n=3$）。

［资料来源：(b)和(c) V.M. Zatsiorsky and N.A. Karasiov, *The Use of Shots of Various Weights in the Training of Elite Shot Putters*(Moscow: Russian State Academy of Physical Education and Sport, 1978). 经俄罗斯国家体育教育和体育学院许可］

投掷铅球时，投掷距离是出手速度（v）、出手角度（α）和出手高度（h）的函数。

$$距离=\frac{v^2}{g}\cos\alpha\left(\sin^2\alpha+\sqrt{\sin^2\alpha+\frac{2gh}{v^2}}\right)$$

其中，g 是重力加速度。由于距离是出手速度的二次函数，距离的平方根沿纵轴标出，代表了（近似）出手时的速度。

施力的运动方向是练习效果的关键因素。在许多运动中，肌肉在收缩前会拉长（拉长–缩短周期，肌肉的可逆动作）。如第二章所述，肌肉的可逆动作的潜在机制是复杂的。因此，肌肉的可逆动作具有专项性（特别是在训练有素的运动员中），应作为一种单独的运动能力得到训练（类似于无氧耐力和发力速度）。在第六章中我们描述了用于此目的的练习。

综上所述，产生爆发力的力量训练由附加阻力的主要运动练习和辅助性练习构成。后者旨在发展：①最大力；②发力速度；③动态力量（高速运动时产生的肌肉力量）；④在肌肉可逆（拉长–缩短）动作中产生的力量。这些练习的比例应该根据每名运动员的具体情况分别被确定，并且应该随着运动员状态的变化而改变。

训练目标：肌肉爆发力

进行增加阻力的主要运动练习通常是提高运动成绩的最快方法，但仅仅这样做不够。开始时运动员的运动成绩会有所提高，但很快由于适应性而停止提高。运动员应先确保具备基础力量能力以帮助促进爆发力的发展。另外，其他的训练方法也是必要的。

提高最大力。如果运动员在慢速动作中不能产生相似的甚至更大的力值，那么他们在快速动作中就不可能产生很大的力，但不要过分强调最大力在产生爆发力中的作用。成为一名力量大的运动员并不意味着能成为一名爆发力好的运动员。诚然，所有爆发力好的运动员都是力量非常大的运动员，但并不是所有力量大的运动员都能在兼有大力量和高速度的情况下实施爆发性动作。因此，运动员在整个力–速度曲线范围内训练对于取得最佳运动成绩是很重要的。

训练发力速度。如果可用于发力的时间很短，那么发力速度比最大力更重要。不仅要提高最大极限力 F_{mm}，还要提高动态力量（高速运动时发展的力）。使用需要最大肌肉力量对抗中等阻力的训练方法（动态用力法）；使用专门的练习和方法来改善肌肉的可逆动作，这是一种专项的运动能力。

第六节　肌 肉 质 量

虽然肌肉肥大是健美运动员的主要目标，但是运动员通常不会以增加肌肉质量为目标。

然而，肌肉肥大是增加肌肉力量的重要途径。此外，一些运动员（足球的前锋、投掷运动员）充分利用体重以期增加肌肉质量。其他的竞技运动员也使用健美运动员使用的方法。

这种例行训练的主要目的是最大限度地激活大部分肌肉组织，从而刺激分解和修复过程，进而增加肌纤维中收缩蛋白的大小和密度。休息和恢复是优化这个分解和修复过程所必需的，并且这也是发展了几十年的周期化训练理论的基础。训练的负荷量和强度相互作用，充分激活肌肉中的运动单位，从而刺激分解，同时刺激来自激素和生长因子的合成代谢信号，以增强肥大过程。已经确定的是，运动单位中没有受到刺激的肌纤维不会经历肌细胞肥大。因此，教练员会使用 5 ~ 7RM 和 10 ~ 12RM 的负荷量，并配有足够的组数，以产生募集需求，从而激活大量肌肉组织，同时刺激最佳的合成代谢环境以优化肥大。训练计划的目标与此相同，即激活肌肉组织，促进所训练肌肉群的蛋白质分解，然后在训练后的休息和恢复过程中对其进行修复与重塑。

• 在举重训练中，两组之间的休息间隔为 1 ~ 2min 的目的是刺激代谢和激素信号，而休息间隔为 3 ~ 5min 的目的是强化神经元输出。

• 在一次训练课或一个训练日中，参与训练的肌肉群或身体部位不超过 3 个。然后，在下一个训练日中，进行其他肌肉群的训练。这被称为训练拆分。例如，第一天训练手臂、肩部和腹部肌肉群；第二天训练腿部肌肉群；第三天训练胸部和背部肌肉群；第四天是休息日。在训练拆分中，如果一个肌肉群在一次训练课中非常疲劳，就给予其时间来恢复（在该例中，大约 72h）。该肌肉群每周训练两次。训练拆分从未被用于完善提高力量的神经机制。

• 在一个训练单元中，对同一肌肉群要使用几个练习（通常为 2 ~ 5 个）。练习的顺序可能有所不同。例如，哑铃弯举时，运动员手持哑铃交替进行旋后和旋前动作，但这并不是为了交替使用肌肉群，也就是说，运动员一开始就应该完成一个肌肉群的所有练习。例如，运动员率先完成背部的所有练习，然后完成胸部的所有练习，以尽可能地激活肌肉群和使肌肉群疲惫不堪。同一肌肉群的练习角度（彼此之间略有变化）是连续进行的。这种方法叫局部集中训练，最初是基于增加血液循环，刺激肌肉生长的假设。在一次训练课中，每组肌肉群可以进行 20 ~ 25 组训练。表 11.2 汇总了强调肌肉肥大的训练与强调力量的训练的比较。

表 11.2　产生肌肉肥大或力量（神经因素）的训练计划

训练变量	肌肉肥大	力量（神经因素）
目的	激活运动肌肉并使其疲惫	以最佳放电频率募集最大数量的运动单位
强度	从 5 ~ 7RM 到 10 ~ 12RM	1 ~ 5RM
组间休息间隔	短（1 ~ 2min）	长（3 ~ 5min）
着重训练相同肌肉群的训练课间的休息时间	长（48 ~ 72h）	短（24 ~ 48h）

续表

训练变量	肌肉肥大	力量（神经因素）
一次训练课的练习	不超过 3 个肌肉群（训练拆分）	多个肌肉群
一次训练课中交替使用的练习	局部集中训练：同一肌肉群的练习可以交替使用；不同肌肉群的练习不可以交替使用	推荐
训练量（负荷、重复次数、组数）	较大（4~5 次）	较小（4~5 次）

训练目标：肌肉质量

在训练过程中，运动员激活肌肉组织以刺激所选肌肉群中的蛋白质分解，并在休息和恢复期实现蛋白质的超量补偿；使用 5 ~ 7RM 和 10 ~ 12RM 的负荷量（重复用力法和次最大用力法）来激活足够的组织，创造修复和重塑组织所需的合成代谢环境。

按照表 11.2 给出的建议执行。

第七节　耐 力 表 现

耐力被定义为承受疲劳的能力。换句话说，耐力是指通过重复的肌肉动作抵抗力量和爆发力下降的能力。人类活动是多种多样的，疲劳的特征和机制在每种情况下都是不同的。例如，使用手指测力器重复移动手指所引起的疲劳，与马拉松运动员或拳击运动员的疲劳几乎没有共同之处。因此，相应的耐力类型会有所不同。

一、肌肉耐力

肌肉耐力可以表现在大负荷抗阻训练中，如运动员反复地进行卧推练习，这不需要刺激大量的心血管活动和呼吸系统。疲劳是由神经肌肉系统中直接参与运动表现的各元素的功能引起的。

肌肉耐力的典型特征是重复练习直至力竭的次数（如引体向上和单腿下蹲的最大次数），或者是可以保持规定的举起速度或动作姿势的时间。在任何一种情况下，可根据绝对值如千克或牛顿（如 50kg 的杠铃）或最大力（如举起一个 50% F_{mm} 的杠铃）的相对值来设置负荷。据此确定耐力的绝对指数和相对指数。在计算绝对耐力时，应忽略肌肉力量的个体差异。例如，要求每个人都推举同样的重量。当计算相对耐力时，要求所有人都推举与他们最大力百分比相同的重量。

耐力的绝对指数与肌肉力量有显著的相关性；力量大的人比力量小的人重复剧烈运动动作的次数更多（图 11.5）。然而，只有当阻力至少是最大力的 25%时，我们才会观察到这种相关性。当负荷较小时，可能的重复次数迅速增加，实际上这不依赖于最大力（图11.6），与最大力不呈正相关关系，通常呈负相关关系。

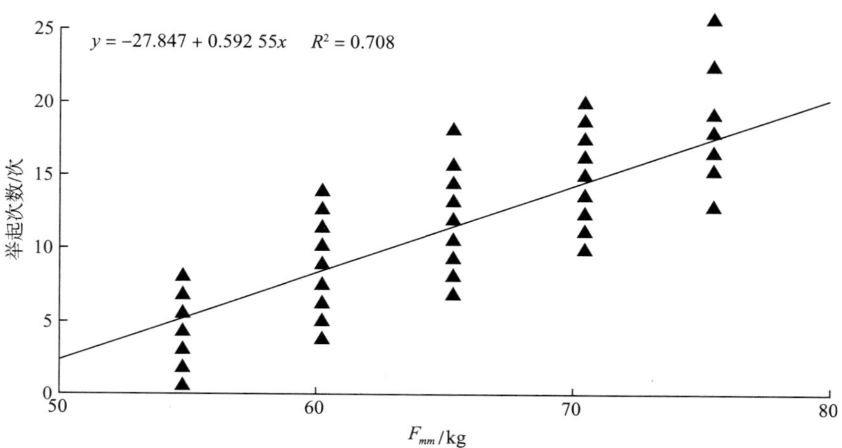

图 11.5　卧推中推举最大极限重量（F_{mm}，kg）与同一动作中推举 50kg 杠铃的次数

注：推举的速度是每 2s 推举 1 次。研究对象为 16～18 岁的摔跤运动员（$n = 60$）。F_{mm} 的平均值为 67.5kg。因此，推举的重量（50kg）约等于样本平均 F_{mm} 的 74%。图中实验数据点的数目（41）小于摔跤运动员的人数（60），因为部分运动员的成绩相同。当 F_{mm} 与推举的次数相同时，两个或几个点重合了。

［资料来源：V.M. Zatsiorsky, N. Volkov, N. Kulik, "Two Types of Endurance Indices," *Theory and Practice of Physical Culture* 27, no. 2(1965): 35-41. 许可转载］

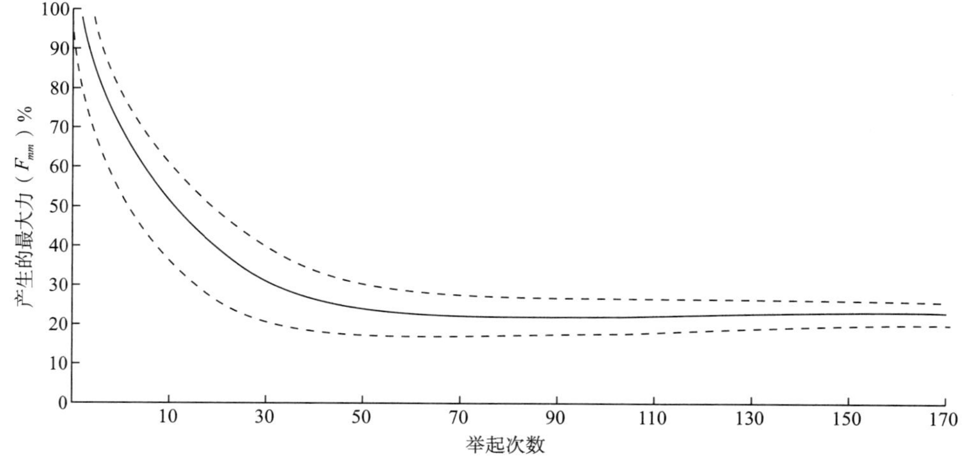

图 11.6　卧推举起次数与杠铃相对重量的关系

注：16 名举重运动员的平均数据。实线表示平均值的整数，虚线表示标准差。

［资料来源：V.M. Zatsiorsky, N. Volkov, and N. Kulik, "Two Types of Endurance Indices, "*Theory and Practice of Physical Culture* 27, no. 2(1965): 35-41. 许可转载］

卧推 225 lb 测试

美国国家橄榄球联盟卧推 225 lb 测试的最大重复次数是美国橄榄球队用来计算 1RM 力量的一种常见的测试方法。尽管它与球员的 1RM 相关，但它对跟踪 1RM 的短期变化和训练中力量的小幅度增加的敏感度较低。

让我们举个例子来说明力量和耐力之间的关系。假设两名运动员分别卧推 100kg 和 60kg 的重量。很明显，第一名运动员卧推 50kg 重量的次数比第二名运动员的次数多，而且第一名运动员的耐力绝对指数也会更好。如果要求两名运动员都推举一个 10kg 的重量（不到每个人最大力的 25%），那么我们就不可能预测谁会表现出更强的耐力。在这种情况下，耐力（以重复次数来衡量）并不取决于力量水平。如果两名运动员都推举一个等于他们最大力的 50%的重量（分别为 50kg 和 30kg），那么同样我们也无法预测谁的耐力更强。在这里，耐力也与力量不相关。

由于运动员在比赛中不是根据力量来分等级的，所以练习应该侧重绝对耐力。正如我们已经注意到的，这些指数基本上取决于力量水平。当运动员必须克服的阻力增加时，相关性也随之增加。因此，当运动员需要反复克服相当大的阻力（超过最大肌力的 75%～80%）时，就不需要进行专门的耐力训练了。当阻力较小时，运动员就必须集中精力发展力量和耐力。例如，在体操中，如果一名运动员在吊环练习中不能保持 3s 的“十字支撑”（按规则要求是 3s），那么他必须训练的仍然是力量而不是耐力，但如果一名体操运动员在一套动作组合中完成了 4 个“十字支撑”动作，当不能完成第 5 个动作时，那么他必须训练耐力（同时还要训练力量）。在这种情况下，建议使用最大力的 40%～80%的负荷反复进行力量训练，且尽可能多次重复。如果阻力小于运动员力量的 25%，力量训练（即以提高最大力为目标的训练日程）不能立即提高运动成绩。马拉松等运动项目的运动员以前很少进行大负荷抗阻训练，但在过去的 20 年里，大负荷抗阻训练已经成为耐力跑运动员训练计划的一部分，以帮助运动员加强结缔组织并防止损伤的产生。

为了评估某项运动中力量训练的潜在价值，我们应将运动员在主要运动练习中产生的力量与个人在同类运动中的最大力进行比较。例如，在单人双桨赛艇比赛中，优秀运动员在桨柄上施加高达 1 000N 的瞬时力。在陆地条件下，他们以同样的姿势产生 2 200～2 500N 的瞬时力。这意味着在划艇过程中，运动员必须克服相当于他们 40%～45% F_{mm} 的阻力。由于在主要运动动作中产生的力量比例很高，以提高最大力为目标的力量训练对划艇运动员毫无疑问是有用的，但它应与肌肉耐力训练相结合。

循环训练法是提高肌肉耐力的一种简便、有效的方法。根据可用运动站点的数量，将运动员分为几个（7～12 个）小组。每个小组的运动员在每个运动站点进行一个练习，按顺序完成一个循环（图 11.7）。运动员在不同的运动站点可以进行自重练习、自由重量练习、器械重量练习及伸展练习。连续的运动站点不应包括涉及同一肌肉群的练习。运动员从一个运动站点快速移动到另一个运动站点，在每个运动站点之间有短暂的休息时间。运动员一旦完成所有运动站点的练习，整个循环就结束了。一轮循环练习的时间是规定好的。

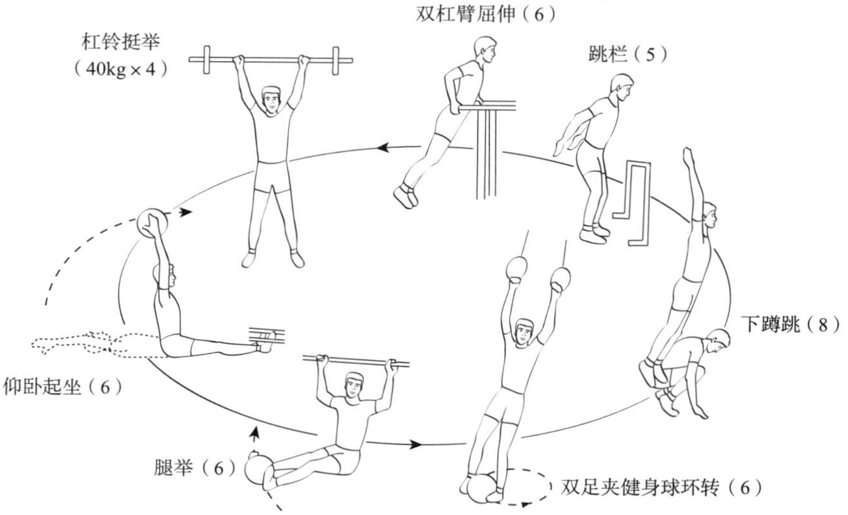

图 11.7　循环训练示例

［资料来源：V.M. Zatsiorsky, *Motor Abilities of Athletes* (Moscow: Fizkultura i Sport, 1966) , 156. 许可转载］

在循环训练的总体框架内，训练计划的所有特征（专项性、方向性、复杂性和训练负荷）都可以容易地被规定和调整，但实际上，循环训练的种类有限。通常，循环训练使用的阻力负荷为 1RM 的 50%～70%，每个运动站点重复 5～15 次；运动站点间的休息间隔为 15～30s；整套循环 1～3 次；总持续时间为 15～30min。

训练目标：肌肉耐力

将相关运动中（如在划船运动的每一次划水中）产生的力（F）与同一运动中处于最有利的身体姿势下单次最大用力时获得的最大极限力（F_{mm}）进行比较：

如果 $F > 80\% F_{mm}$，就不要训练耐力，而要训练最大力量。如果 $F < 20\% F_{mm}$，就不要训练最大力量，而要训练耐力。如果 $20\% F_{mm} < F < 80\% F_{mm}$，那么最大力量和耐力都要训练，使用次最大用力法。调整阻力的大小。一组练习中运动员必须练到力竭，采用循环训练。

二、耐力运动

在耐力运动中，运动员通过增加氧气消耗量和增强无氧代谢来满足高能量需求，心血管活动和呼吸系统变得高度活跃。运动表现受中枢循环系统、呼吸和散热等的限制，而不仅仅受周围肌肉功能的限制。局部耐力和一般耐力之间的相关性已经被证明是很小的。将耐力运动员（如速滑运动员和滑雪运动员）的非赛季训练限制在局部肌肉耐力训练（单腿下蹲）的尝试是不成功的。受训运动员单腿下蹲的次数从 30～50 次提高到几百次（甚至超过 1 000 次），但在主要运动项目表现上没有任何实质性的提高。由于这些发现，力量训练在耐力运动员中一度并不流行，这被认为是浪费时间和精力。

然而，在当代体育运动中，情况并非如此。由于在许多运动项目中，运动员获得最佳运动表现都需要提高耐力和力量，因此耐力运动员现在广泛使用力量训练，其目的并不是提高最大力本身，而是提高由Ⅰ型肌纤维产生的力（这是概念中最重要的部分）。回想一下，人类的肌肉是由不同类型的肌纤维组成的，大致分为Ⅰ型肌纤维和Ⅱ型肌纤维。Ⅰ型肌纤维高度适应长时间的有氧肌肉运动。Ⅱ型肌纤维适应短时间的爆发性肌肉活动，其特点是力量和爆发力输出大，发力速度快。在主要运动项目中，力量训练旨在增加最大肌力，因此主要实现快收缩运动单位的最大参与及其力量增益。

在耐力运动中，目标恰恰相反，运动员希望在指定强度下尽可能长时间地使用Ⅰ型肌纤维训练。只有在这种情况下，运动的新陈代谢反应是有氧的，运动员的训练是持续的。在长时间的训练中，运动员显然不希望募集Ⅱ型肌纤维，并且在耐力项目中，优秀运动员一直处于乳酸阈值以下，限制了快收缩运动单位的募集。因此，在耐力项目中，激活的不耐疲劳的Ⅱ型肌纤维的比例越低越好。也正因如此，运动员在耐力训练中反复施加的力量不应与最大力相比较，而应与Ⅰ型肌纤维（抗疲劳、氧化）产生的最大持久力相比。在抗阻训练中，这意味着运动员在一组中可以完成更多的重复次数。

阻力相对小及运动回合时间长被用来提高耐力运动员的力量潜力。受到训练刺激的运动单位通路应该包括慢收缩运动单位。教练员普遍认为，肌肉必须在有氧能力的最高水平上运动。例如，包含 5min 重复举重的练习很常见。在 20 世纪 80 年代的训练中，世界纪录保持者、多次获得 1 500m 游泳奥运会冠军的弗拉基米尔·萨尔尼科夫（Vladimir Salnikov）在陆上训练期间，曾在一个特殊的练习器上进行了多达 10 次的练习，每次 10min。这种训练被游泳专家归类为力量训练，与举重运动员的训练计划只是略有相似。

负荷效应

在过去的 20 年中，俄亥俄大学罗伯特·斯塔龙（Robert Staron）小组对未经训练的男性和女性进行研究表明，20～28RM 的高重复次数不会影响短期训练期间的肌纤维肥大，而较大负荷的 3～5RM 和 9～11RM 增加了所有肌纤维类型的肌纤维大小。在较大的负荷（3～5RM > 9～11RM > 20～28RM）中，力量的增加程度显著。相反，大阻力组（20～28RM > 9～11RM > 3～5RM）的相对肌肉耐力（负荷为 60%1RM 的重复次数）则有更大的提高，显示了负荷对神经肌肉特征的特异性。

一项对美国现役军人高强度跑步训练和力量训练兼容性的研究，深入发掘了不同训练方式对肌纤维肥大和身体表现的作用（图 11.8）。简言之，使用每周 4 天的高强度力量训练和耐力训练计划会影响该联合组中的肌纤维大小，其中Ⅰ型（慢收缩）肌纤维的肥大受到抑制，而Ⅱ型（快收缩）肌纤维的肥大没有受到抑制。值得关注的是，在没有任何力量训练的情况下，耐力组的Ⅰ型肌纤维尺寸减小，理论上讲是为了在毛细血管向线粒体输送氧气的距离上获得优势。仅上半身训练对任何类型的肌纤维都没有造成明显的影响。在Ⅰ型肌纤维中，肌纤维的尺寸没有减小也没有增大，这导致了其作为运动单位的一部分从下半身肌肉组织中被募集，为上半身训练提供等长稳定。这为下半身肌肉提供了足够的力量，以限制Ⅰ型肌纤维尺寸的减小，但该刺激不足以引起任何肌纤维尺寸的增大。Ⅰ型肌纤维蛋白的丢失也会导致非收缩性蛋白质数量的减少，这些蛋白质起到了预防结缔组织损伤的作用。力量和爆发力的运动表现只会在经过训练的举起练习中有所提高。力量训练不会影响最大氧耗量或跑步成绩。

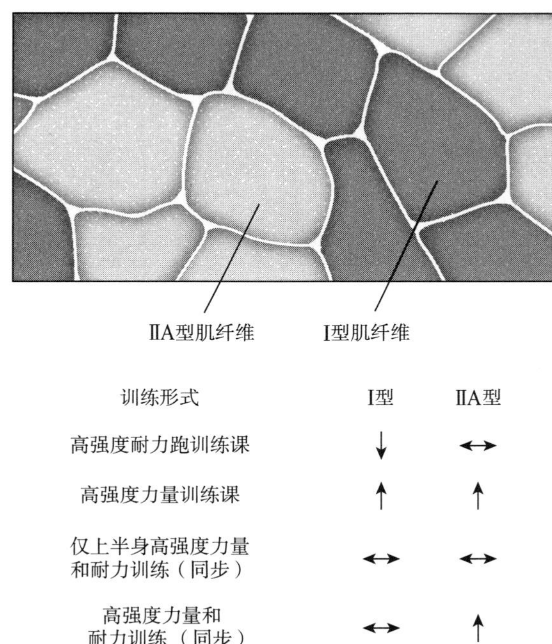

训练形式	Ⅰ型	ⅡA型
高强度耐力跑训练课	↓	↔
高强度力量训练课	↑	↑
仅上半身高强度力量和耐力训练（同步）	↔	↔
高强度力量和耐力训练（同步）	↔	↑

图 11.8　同时进行高强度力量和耐力训练对大腿（股外侧肌）肌纤维肥大的影响

注：本图显示了Ⅰ型肌纤维和ⅡA 型肌纤维横截面积的变化。↑表示增加，↓表示减少，↔表示没有变化。

［资料来源：W.J. Kraemer, J.F. Patton, S.E. Gordon, et al., "Compatibility of High-Intensity Strength and Endurance Training on Hormonal and Skeletal Muscle Adaptations," *Journal of Applied Physiology* 78, no. 3(1995): 976-989.］

这种训练中的力量训练与耐力类型的训练更难组合。训练相容性是个值得探讨的问题，因为力量发展比耐力发展更重要，在 20 世纪 90 年代的很多研究中，兼容性问题占据了中心地位。两类训练活动的需求是不同的。有研究表明，当大负荷力量训练与高强度耐力训练相结合时，力量的增长会减少。因此，将耐力训练和力量训练结合起来时必须要十分注意。当力量训练和耐力训练同时进行时，机体很难同时适应两方面相互冲突的需求。因此，与单一的力量训练相比，耐力训练和力量训练的结合会消减力量的增加。对于单一的耐力训练也是如此。当两种训练间隔时间减少时，障碍会变得更大。例如，同一天训练比隔日训练会更大程度地阻碍两者能力的发展。影响干扰的另一个因素是训练负荷的大小，负荷越大，力量训练和耐力训练就越不相容。

解决方案是按顺序依次进行力量和耐力的训练计划，首先集中进行力量训练，其次集中进行耐力训练（图 11.9）。如果按其他顺序进行训练则效率较低。

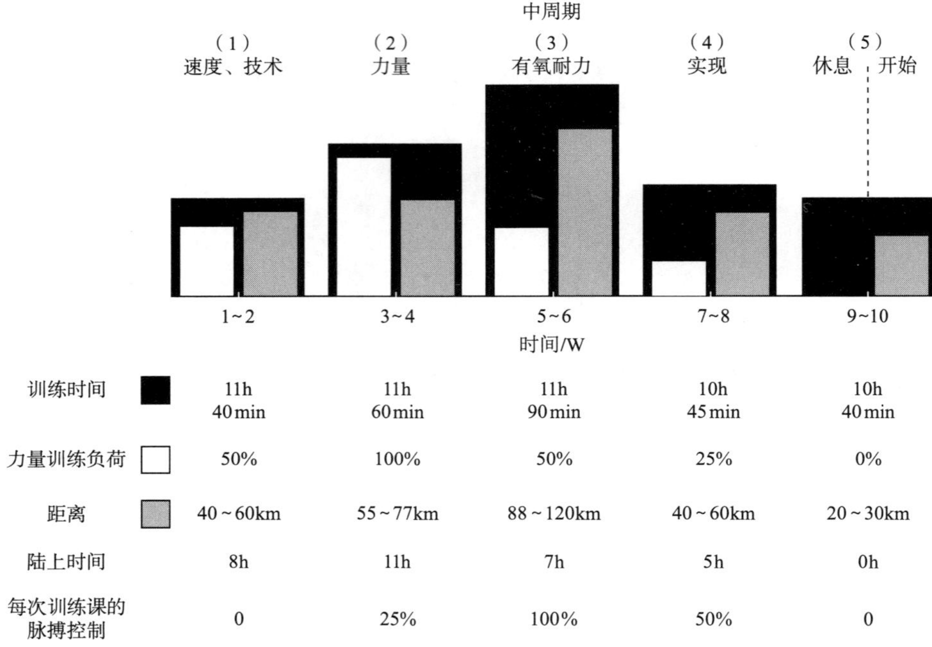

	1～2	3～4	5～6	7～8	9～10
训练时间 ■	11h 40 min	11h 60 min	11h 90 min	10h 45 min	10h 40 min
力量训练负荷 □	50%	100%	50%	25%	0%
距离 ▨	40～60km	55～77km	88～120km	40～60km	20～30km
陆上时间	8h	11h	7h	5h	0h
每次训练课的脉搏控制	0	25%	100%	50%	0

图 11.9　教练员伊戈尔·科什金（Igor Koshkin）为弗拉基米尔·萨尔尼科夫（Vladimir Salnikov）（1980 年和 1988 年奥运会 1 500m 游泳冠军）制订的训练计划

注：注意，中周期力量训练在有氧耐力训练之前，还要注意运动员通过保持训练负荷来维持非目标运动能力，刺激负荷是保持负荷的 2～3 倍。例如，在侧重力量训练的中周期，每周陆地训练时间为 11h，而实现中周期每周陆上训练时间仅为 5h，每周的游泳距离最大为 60km，最小为 40km。此外，请注意这里使用的是非传统的两周中周期，而一般情况下使用的是 4 周中周期。

［资料来源：*Preparation of the National Swimming Teams to the 1980 Moscow Olympic Games* (Moscow: All-Union Research Institute of Physical Culture, 1981), 242. Technical report#81-5.］

在给定的中周期内，当运动能力不是训练的主要目标时，运动员应通过保持训练负荷来维持非目标运动能力（除了在赛前减量期保持适当的训练负荷外）。

训练目标：一般耐力（心肺功能，特别是有氧能力）

尝试增强具有抗氧化和抗疲劳特点的慢收缩运动单位（Ⅰ型肌纤维）的力量。不要使用最大负荷，采用次最大负荷与多次重复动作相结合的练习方法。按顺序依次执行力量和耐力的训练计划。

第八节　预 防 损 伤

大负荷抗阻训练既能增加肌肉力量，又能增强关节周围结缔组织结构的机械强度（肌腱、韧带、韧带-骨连接强度）。力量训练可以增加骨骼中的矿物质含量。在达到肌肉损伤的程度之前，肌力大的肌肉比肌力小的肌肉吸收更多的能量。这对预防损伤很重要。

为了制订降低损伤风险的日常训练计划，教练员有必要考虑：①肌肉群和关节运动；②肌肉平衡；③协调模式。

需要加强的肌肉群可以分为非专项性训练肌肉群和专项性训练肌肉群（积极参与特定运动项目）。最重要的非专项性训练肌肉群是腹部肌肉和躯干伸肌，它们可以稳定骨盆和躯干。这种稳定性对所有的四肢运动都是必要的。青少年运动员无论从事哪种运动项目都应该有意识地进行这种训练。这种稳定性也取决于髋关节外展肌和髋关节外旋的力量，这对预防损伤很重要。提高这些肌肉群的力量是为了给高强度训练奠定基础。每项运动都使用特定的肌肉群，从颈部肌肉群（橄榄球、摔跤）到足部小肌肉群（跳跃、短跑）。

肌肉和关节结构不仅需要在主要运动练习中进行的关节运动得到加强，还需要在其他角度的关节运动中得到加强。在侧向运动（外展-内收）和相对于身体部分纵轴旋转（如足外翻-内翻）中，加强关节结构尤其重要。例如，足球运动员通常会通过许多训练来增强膝关节伸肌的力量。然而，膝关节损伤通常是由侧向运动或碰撞时产生的侧向力引起的。如果抵抗膝关节侧向运动的肌肉和关节结构没有得到加强，损伤的风险就非常高。脚踝关节运动也是如此。如果只训练踝关节跖屈，运动员就不能抵抗作用在脚上的高侧向力，无法防止过度内翻（或过度外翻），从而发生损伤。不幸的是，现在非常流行的力量训练器械只能提供一个方向的阻力（它们只有一个自由度）。因此，使用者不必像在使用自由重量训练时那样稳定器械的工作部件。习惯了训练器械的运动员失去了动作协调的一个非常重要的方面，即关节稳定性。即使力量训练的目的是增加关节的稳定性（如在损伤后膝关节松弛的情况下），许多运动训练师和理疗专家建议使用仅允许膝关节屈曲和伸展的等速器械进行练习。然而，当正是这些肌肉和结构应该成为训练目标时，侧向运动并没有得到训练。

肌肉平衡对预防损伤也很重要。首先，运动员应该纠正两条腿之间力量的巨大不平衡差异。如果一条腿比另一条腿更强壮，跑步运动员会用强壮的腿进行更有力的蹬离动作，然后力量较弱的腿着地，从而逐渐超负荷运动，损伤的风险更大。如果运动员两条腿的力量相差10%或更多，或者大腿围相差3cm以上，就要把训练注意力集中在力量较弱的腿上。

其次，应该避免肌肉和它们的拮抗肌（如股四头肌和腘绳肌）之间的不平衡。膝关节伸展力是由股四头肌产生的，而小腿胫骨的减速是腘绳肌的功能，腘绳肌吸收股四头肌提供的能量。当肌肉不平衡时，股四头肌相对较强，就会导致腘绳肌超负荷运动。一些运动医学研究人员建议，为了最大限度地降低损伤风险，腘绳肌的力量必须不低于股四头肌力量的60%。该建议对在关节角速度为30°/s时测到的力量值是有效的。

再次，注意力量训练的协调模式。大多数运动包括拉长–缩短周期，损伤通常发生在这些周期的拉长阶段或从拉长到缩短的过渡阶段，此时的肌肉力量最大（见第二章）。因此，旨在降低损伤易感性的练习应包括肌肉的可逆动作练习。适当安排肌肉的可逆动作练习有助于预防损伤。在这些练习中，肌肉是在自然条件下进行训练的。适当的协调模式使肌肉力量和柔韧性同时得到提高。例如，运动员在特殊设计的曲面（三角形）上重复跳跃（图11.10），如果定期且正确地进行，可以加强踝关节的结构稳定性，降低踝关节扭伤和脱位的风险。

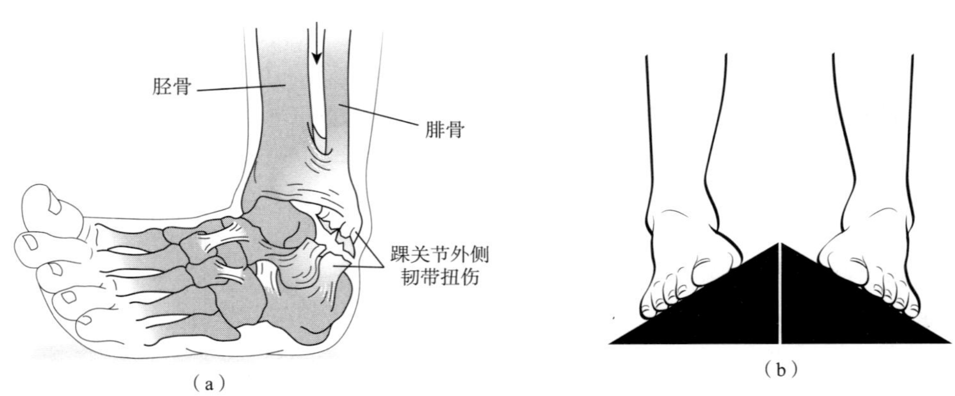

图 11.10　在特殊设计的曲面（三角形）上重复跳跃

注：（a）不正确的落地造成脚过度内翻。这样的落地会导致脚踝关节扭伤，因为踝关节肌肉没有阻止脚内翻而出现落地错误。为了增加这些肌肉的力量，并在落地时激活这些肌肉，运动员可以使用三角形板重复进行低高度跳跃。这些跳跃动作应该非常轻柔。（b）通过反复跳跃着地期间脚的位置来提高运动员抵抗足内翻的能力。装置的支撑面在三角形的顶部相接。为了提高抵抗足外翻的能力，应采用支撑面在底部相接的装置。

最后，损伤预防必须建立在适当的训练应激的基础上，教练员应以渐进的方式指导每名运动员。这对过渡时期，如从假期、损伤和疾病中返回，或者从一个赛季转到下一个赛季尤其重要。这是耐受力以及从一次训练课中恢复和适应的能力会受损的时期。在这个时期，运动员要谨慎地进行渐进性训练，这对预防损伤甚至死亡至关重要。教练员对训练课是否适度必须进行仔细、个性化的评估，将特定目标放到训练计划中考虑并谨慎制订新方案目标，防止冒进。

训练目标：预防损伤

加强腹肌、躯干伸肌和髋关节肌肉的力量训练。加强运动肌肉群的专项训练。必须加强主要运动练习中进行关节运动的肌肉群和其他角度下进行关节运动的肌肉群。训练抵抗膝关节和踝关节侧向位移的肌肉群。纠正拮抗肌的不平衡及四肢之间肌力的差异。使用包含肌肉可逆动作的练习方法。

本 章 小 结

为了提高力量表现而进行的力量训练，其理念是不把力量本身作为一个统一的整体来训练，而是训练潜在的肌肉和神经因素。一方面，为了提高神经肌肉的协调性（运动单位募集、频率编码、运动单位同步、整体协调模式），最好的方法是最大用力法；另一方面，对于刺激肌肉肥大，重复用力法和次最大用力法更合适。

虽然最大力量是快速运动的先决条件，但是要将它转化为速度或爆发力不仅需要训练最大力量，还需要训练发力速度、动态力量和肌肉的可逆（拉长–缩短）动作。在一些运动练习中，当可用于产生力量的时间太短而无法达到最大力值时，训练的主要目标必须是发力速度，而不是最大力量。

旨在增加肌肉质量的训练目标是分解特定肌肉群中的蛋白质，这也刺激了休息期间收缩蛋白的合成。这类训练的最有效负荷范围在 5 ~ 7RM 和 10 ~ 12RM。

耐力被定义为承受和抵抗疲劳的能力（即降低力量和爆发力输出）。人体活动是多种多样的，在各种情况下疲劳的特征和机制都是不同的，因此耐力也是不同的。肌肉耐力的典型特征是可能重复练习直至力竭的次数，或者是能保持规定的举起速度或动作姿势的时间。无论哪种情况，负荷都可以用绝对值（如举起一个 50kg 的杠铃），或最大力的相对值（如举起一个 50% F_{mm} 的杠铃）来设定。当阻力大于最大力的 25%时，耐力的绝对指数与肌肉力量呈正相关关系。肌肉耐力的相对指数往往与最大力呈负相关关系。

由于在比赛中运动员不是根据力量来分等级的，练习应该着重绝对耐力。当运动员克服的阻力小于最大肌力的 75% ~ 80%时，应该集中精力发展力量和耐力。为了计算力量训练在给定运动中的潜在价值，将运动员在主要运动中产生的力量与个人在同类运动中的最大力进行比较。请注意，循环训练法是提高肌肉耐力的一种有效和实用的方法。

虽然力量训练的大部分目标是快收缩运动单位最大限度地参与和实现力量发展，但是耐力训练的目标恰恰相反，即运动员在给定的强度下尽可能长时间地训练，同时让慢收缩运动纤维也参与进来。阻力较小及运动回合时间长被用来增加耐力运动员的力量潜力，但更大的负荷可以用来帮助加强结缔组织和预防损伤。

力量训练很难与耐力类运动（如跑步、骑行、滑雪）相结合。当力量训练和耐力训练同时进行时，机体很难同时适应两方面相互冲突的需求。解决办法是按顺序依次实施力量训练计划和耐力训练计划，并仔细监测这两种训练方式的频率和强度，首先专注于力量训练，其次专注于耐力训练。

旨在降低损伤风险的训练计划将关注关节运动及参与肌群、肌肉平衡和协调模式。运动员应加强非专项训练的肌肉群和专项训练的肌肉群(这些活动包含在指定的运动项目中)的训练。最重要的非专项训练的肌肉群是腹部肌肉、躯干伸肌和髋关节肌肉群，无论从事哪种运动项目，青少年运动员都应该有意识地训练这些肌肉群。主要运动练习的关节运动和其他角度下的关节运动都需要加强肌肉和关节结构。尤其重要的是，侧向运动和相对于身体部分纵轴旋转的关节结构应得到加强。损伤预防的另一个方面是要避免或纠正肌肉和其拮抗肌的失衡，以及四肢之间力量的不均衡。此外，旨在降低损伤易感性的练习应该包括肌肉的可逆动作练习。

第三部分

特定人群的力量训练

为了深入了解特定人群训练的细微差异，第三部分讨论了女性运动员、青少年运动员和老年运动员的力量训练。以新的视角了解不同人群的相关信息，对了解和正确使用力量训练方法是至关重要的。

第十二章探讨了女性运动员训练的特有问题。人们已经确定，女性运动员的训练计划与男性运动员的训练计划没有什么不同。然而，我们应进一步了解女性运动员面临的一些挑战。性别差异真的存在吗？这些差异如何影响训练计划的制订？这只是第十二章要讨论的两个问题。与身体形象相关的社会心理问题也会影响力量训练计划的成功实施，因为害怕身体形态变得“粗大”而没有使用适当的负荷和最佳的训练方法。本章试图通过解释女性力量与男性力量的差异、女性肌纤维与男性肌纤维的差异、月经周期的影响及女性适应力量训练的潜在机制，以进一步了解最优训练计划。

在第十三章，我们考查了青少年运动员的力量训练。医学专业人士不鼓励青少年运动员进行举重练习，担心举重练习会阻碍生长，而且对身体发展也不起作用。然而，为了满足日益增长的比赛和练习需求，尽可能降低运动损伤风险，了解青少年运动员的身体发育比以往任何时候都更为重要。力量训练计划对青少年运动员是安全的吗？如果安全的话，其与成年人训练计划相比有什么不同？许多专业研究组织在这些问题上取得了共识，我们总结了教练员为不同年龄的青少年运动员在制订力量训练计划时使用的指导方针。在这一章中，我们将讨论青少年运动员安全训练的基本需求和有经验的成年人监督的重要性。安全在任何力量训练计划中都很重要，对青少年运动员来说，除了运动表现之外，为了消除对生长板的损伤和优化生长发育，安全是最重要的。人们对青少年运动员的力量训练有很多错误认识，准确理解最为重要，以便为青少年运动员提出安全和有效的力量训练建议。

在第十四章，我们将深入地了解机体衰老的过程，以及如何解决老年运动员的力量训练问题。随着 65 岁以上老年人数量的急剧增加，抗阻训练已成为对抗衰老及提高大师赛成绩最重要的方式之一。美国国家体能协会对抗阻训练和衰老提出了全新的观点，强调了这种训练形式的正确运动处方对健康、体能和运动表现的重要性。了解衰老过程有助于深入了解影响训练反应的适应机制。衰老会影响训练可获得的绝对收益。哪种训练计划适用于老年运动员？他们期望有多大的提高？运动能延缓衰老过程吗？这些问题会影响老年运动员的力量训练计划的制订和期望。此外，这些问题对制订特定训练目标也很重要。大多数力量训练计划的目标应该是弥补与年龄相关的损失。提高运动表现对健康老龄化是至关重要的，对老年运动员来说尤为如此。

第十二章　女性运动员的力量训练

我们是否已进入这样的历史阶段，即女性运动员能够或应该通过举重来提高运动表现和防止损伤已不再是个有争议的问题？在许多高中、俱乐部和大学里，无论是男性还是女性，都使用这种方式来促进体能的发展，这对所有运动项目运动员的运动表现都很重要。各个年龄阶段的很多顶级运动员都已率先认识到力量训练的重要性，以此应对与体育比赛相关的挑战。

掌握抗阻训练计划制订的基础知识和监测训练进展很重要。了解如何讲授和实施抗阻训练计划中的基本练习至关重要。很多时候，在团队训练理念中实施个性化训练发展很重要。其核心是运用（从生物力学到生理学再到营养学）基本原理，这对运动过程和运动科学都很重要。

对不是运动员的女性来说，情况可能会有所不同。在一项对 421 名女大学生的研究中，只有 66%的样本人群达到了力量训练建议标准，这表明在普通女性群体中，力量训练需要进一步普及推广（Patterson et al.，2015）。这可能是由于力量训练单调乏味，所有参加抗阻训练的运动员都知道这一点。然而，随着人们对抗阻训练和力量训练研究兴趣的增加，对健康、体能和运动表现等领域的科学研究也呈指数级增长（图 12.1），从而出现了大量的证据，支持使用力量训练作为促进女性健康和提高体能的重要工具。因此，在理想情况下，所有年龄段的女性都可以像男性一样，通过执行设计合理的、与年龄相关的力量训练计划，在运动发展过程中取得进步。

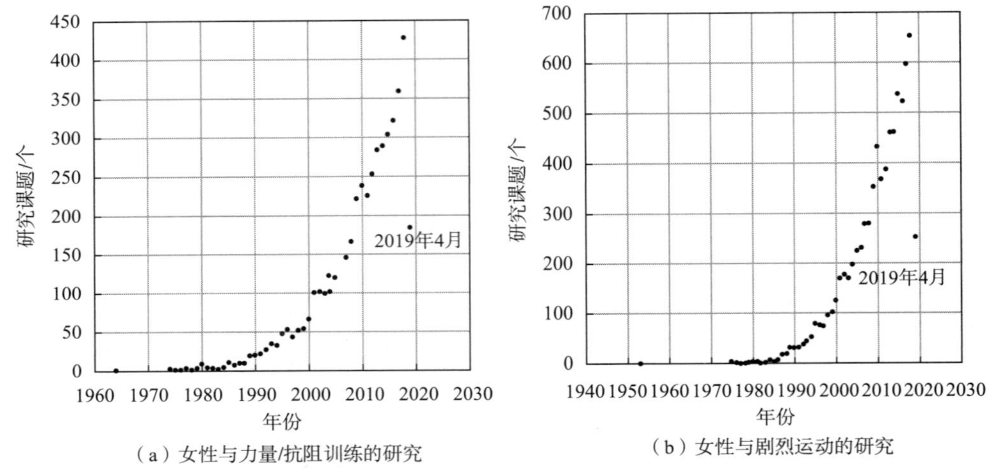

（a）女性与力量/抗阻训练的研究

（b）女性与剧烈运动的研究

图 12.1　关于女性与力量/抗阻训练及女性与剧烈运动的研究数量随着时间的推移呈指数级增长

因为每个人的身体结构和生理特征不同，所以训练计划的个性化是很重要的。对每位女性进行个人评估并最终制订运动处方，对优化在某项运动中取得成功所需的特定类型的身体发育至关重要。无论是男性运动员还是女性运动员，个性化训练源于对以下因素的关注。

（1）测试结果趋向周期训练目标的进展情况。

（2）睡眠、疼痛、疲劳、焦虑、压力或其他问题的恢复指标。

（3）注意训练日志记录的对训练量和训练负荷的承受能力。

（4）将训练日志与训练结果进行比较，以确定是否达到了规定的阻力、组数和重复次数。

（5）确保周期化训练方法中使用的变化是有效的；如果顺序总是一样，重复使用相同的周期模型表明已经引起慢性疲劳。

（6）评估中必须谨慎使用体重和身体成分，运动医学的医生及其团队必须制订一种方法，因为不恰当地使用该指标易引起饮食失调。教练员关于体重的错误认识可能会潜在地导致运动员使用危险的体重控制方法，这些做法也会对运动员造成严重的精神伤害。教练员必须了解潜在饮食失调的迹象和症状，并了解神经性厌食症等问题属于医学病理学，必须由医生处理。

在力量房和户外运动中，许多因素影响训练质量和运动表现。影响运动表现的因素见图 12.2。了解运动训练的要求对于了解运动员在力量房中开始训练时的训练潜力至关重要。力量训练计划必须考虑到可能影响运动表现的因素，否则训练计划可能变得无效。例如，睡眠和营养等因素会影响力量训练的恢复和质量。一项运动的需求及其所需的身体发展可以包括像铅球等项目中产生的瞬间爆发力，也可以包括像马拉松等超耐力项目中对下肢撞击时起到保护作用的结缔组织。虽然专项训练计划关注每项运动的不同方面，但是在所有运动［如下蹲和大负荷（3～5RM 或 1RM 的 85%～95%）中训练日］里，一些基本的举起动作和负荷要求是相似的。现代女性运动员的训练计划与男性运动员的训练计划相同。

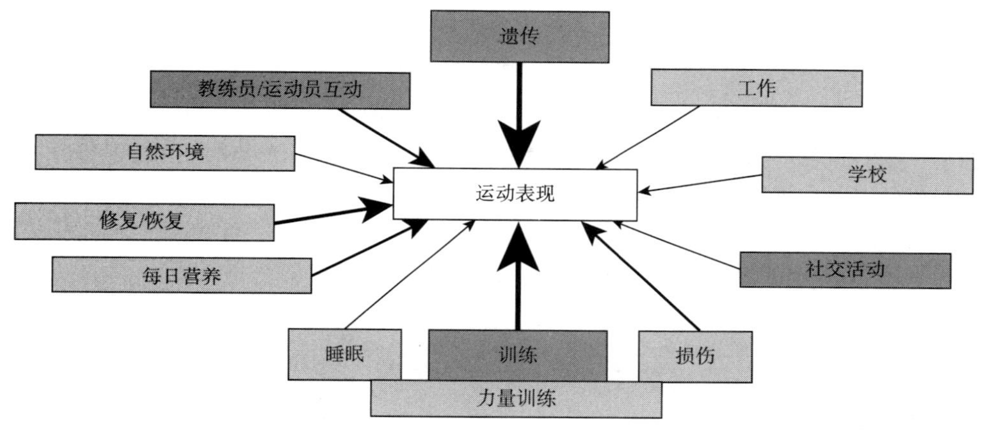

图 12.2　影响运动表现的因素

注：许多因素有助于提高运动表现，但也会影响体能计划中的训练质量、恢复和运动表现。

对任何年龄段参加体育运动的人来说，最基本的观点就是为了安全地完成比赛，必须进行训练。这需要在一周中合理分配时间，在适当监督下进行体能训练。每项运动都有损伤风险，身体的组织力量和结构完整性对承受压力源很重要。此外，经过力量训练的组织能更好地从持续的损伤和修复过程中恢复过来，这与力量房外的日常训练需求有关。

由于传统意义上的性别角色早已发生改变，目前存在的问题包括如下几个方面：女性参与力量训练的机会、为男性和女性提供实施恰当的训练计划的设备，以及对力量训练计划基本原则的坚守（社交媒体宣扬的时尚方案之外）。女性的训练目标变得与男性的相同，每个人都希望优化自己的身体发展，以提高运动表现，防止损伤，并应对运动中的恢复要求。

第一节 训练指导方式的重要性

在力量房中训练不要遵循错误的训导方式，如通过大喊大叫来强化训练。在生理上，这会产生相反的效果，会增加交感神经冲动，包括肾上腺衰竭，以及因恐惧、焦虑和疾病而延长恢复时间。因此，力量房中教练员的指导行为对男性和女性都很重要，需要积极正面的指导，如积极训练指导联盟（Gilbert，2016）。

此外，人体运动学指导教育中心的韦德・吉尔伯特（Wade Gibert）博士在《训练男性/训练女性》一文中提出了一些值得关注的观点。从生物学上讲，男性和女性的大脑结构，以及与神经、内分泌和行为反应相关的功能存在根本差异。韦德・吉尔伯特博士的一些观点如下：

不可否认，教练员需要考虑一些真实而且重要的性别差异。例如，男性和女性的大脑结构与功能有很大差异。女性大脑的某些部分比男性大脑大。反之亦然。此外，男性大脑处理血清素（调节心境和情绪的关键因素）比女性大脑快50%以上。性别通常是许多心理健康状况的最佳预测因素。男性更容易染上毒瘾和酒瘾，而女性则更容易感到抑郁和焦虑。

另外，一些与记忆、沟通和人际关系相关的性别差异可能对训练有直接的启示。

（1）记忆。女性回忆经历时细节和情感更丰富，男性通常记住某次经历的要点（大画面）；女性的大脑通过带有高分辨率的情绪来观察事件。

（2）沟通。当因冲突而感到压力时，女性专注于帮助支持（“照顾和友善对待”），而男性倾向退缩；女性大脑具有更强大、更复杂的语言沟通能力（女性大脑中连接左右半球的神经束更粗）。

（3）人际关系。体育活动和竞争是男性建立关系的首选方法。女性更喜欢通过交谈和分享故事来建立关系。

第二节 女性运动员力量训练的必要性

过去40年来体育运动中身体素质发生的变化值得关注。很明显，体型、力量和爆发力都是女性在各项运动（从网球到篮球）中取得优异表现的关键因素。这在很大程度上与在每项运动中正确使用力量训练有关。在世界各地的高中、大学或者体育俱乐部中，女性应该或者能够拥有一个重量训练计划来帮助她们为运动训练做好准备。随着每项运动竞技水平的提高，从高中比赛到国际比赛，女性和男性一样，对优化身体素质发展的要求也在提高。随着各级女性运动对爆发力、速度和强度的更高要求，她们不仅需要增加全身力量，还需要增加上半身力量。

男女之间的主要不同是在上半身和力量方面存在较大差别，正是上半身的身体能力限制了女性在许多运动项目上运动表现（如排球的扣球速度、篮球的投篮距离）的提高。此外，要想获得优秀的运动表现，女性还需要将爆发力融入全身运动（如冲刺跑速度、跳跃、改变方向等）。

一、上半身和力量要求

大多数女性面临的主要挑战是需要发展上半身肌肉组织。这基于每个女性的遗传基因，是高度个性化的。虽然男性和女性拥有相同数量的基因，但是其表达方式有所不同，导致了我们所知的男女性之间的二态遗传表达，或性别二态性。这种影响可能发生在女性胚胎发育的关键阶段，即当骨骼肌纤维数量产生的 G 周期发生时，男性会产生更多的肌纤维。我们可以观察到男性和女性之间的基本差异，包括上半身和下半身肌肉组织之间的解剖学位置。在女性中组成运动单位的肌纤维的数量和位置也存在差异。对女性来说，这意味着如果不可能显著增加骨骼肌纤维（细胞增生）数量，就只能优化每个运动单位的肌纤维的大小（肥大）。为了做到这一点，就必须“达到”一定的负荷量和准确的训练角度，或募集上半身的运动单位，以增加肌纤维的大小（与大小原则相关）。

从优秀长跑运动员的姿势性局部肌肉耐力的发展到推铅球所需的上半身力量和爆发力，上半身在每项运动中的重要性和作用存在于一个连续动作中。教练员在为女性制订训练计划时必须清楚上半身肌肉发展的必要性，及其在每项运动中对所有女性的重要性。力量训练计划永远不应该排除上半身训练，即便是对耐力跑者而言，因为它是身体结构运动完整性的一部分。随着年龄的增长，上半身训练成为重要的生存需要，因此上半身力量训练计划的范围必须体现个体化，并与每个运动项目及其要求相关联。

对参加依靠上半身肌肉组织运动的女性来说，她们可能需要增加更多的训练，以优化运动单位中所有可用肌纤维的充分发展。为了在这些条件下发展上半身肌肉组织，需要激活所有可用的肌纤维，这就需要更大的负荷和更多的练习角度来刺激全身可用肌肉组织的发展。这可能需要使用健美训练技术来发展某些上半身肌肉群所需的肥大。这些技术可以被整合到全身力量和爆发力训练的计划中。

二、爆发力要求

全身爆发力的发展和训练（如高翻和奥林匹克式举重练习）对提高运动表现至关重要。对几乎所有的女性运动员来说，全身爆发力正成为越来越重要的训练组成部分，在力量训练计划中必须被认真考虑。对基础力量的需要也会影响速度的提高，这意味着一个女性最佳的基础力量发展目标是可以下蹲 1.75 倍体重。力量发展与爆发力发展是相互联系的。另外，下蹲及下蹲的各种变体，包括前蹲、箭步蹲到弓步蹲，将分别在垂直和水平方向满足爆发力不同方面的需要。

从网球的大力发球到女篮对拼抢篮板球更高的身体能力要求，从许多运动项目发生的变化我们可以看出提高体能的必要性。体育运动中不断增加的爆发力要求是现实情况，必须通过更好的力量训练计划和更优秀的运动员来满足这一要求（图 12.3）。爆发力发展是任何女性力量训练计划的重要组成部分。

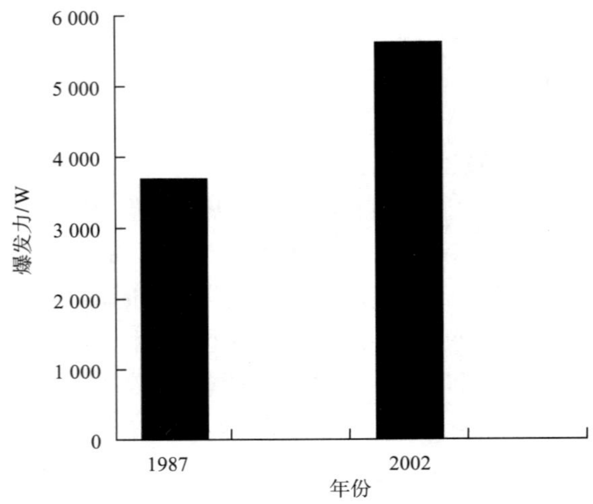

图 12.3 康涅狄格大学排球运动员反向动作纵跳时的峰值爆发力
（资料来源：克雷默博士实验室未发表的数据）

女性在上半身力量和肌肉发展方面比男性有更大的潜力，这主要是因为缺乏针对上半身的积极训练计划。一般来说，这意味着以下几点。

（1）上半身的每一块肌肉都必须以不同的角度得到训练。

（2）练习要与闭链运动爆发力训练相结合。

（3）必须使用较大的阻力，并将其整合到周期化力量训练的计划中。

（4）应采用多组训练。

（5）应制订周期化训练安排。

第三节　女性运动员力量训练的益处和误区

现在也许没必要宣扬力量训练对女性的益处，特别是对女性运动员来说，因为这种方式现在已被越来越多的人接受。然而，年轻的女性运动员仍然担心大负荷训练。25 年来，人们已经注意到并认可了力量训练对各个年龄段参与体育运动的女性的益处（Fleck and Kraemer，2014；Ebben and Jensen，1998）。让我们看一下一个正确的力量训练计划带来的一些益处。

- 加强骨骼塑型以增加骨骼强度，降低骨质疏松风险。
- 增强结缔组织以增加关节稳定性，帮助防止损伤。
- 增加运动和日常活动的功能性力量。
- 增加瘦体重，减少非功能性体脂。
- 因为肌肉增加和脂肪减少而提高代谢率。
- 提高自尊心和自信心。
- 提高专项运动技能的体能表现。

许多因素可能会抵消这些好处，包括只使用重量训练器械，使用很轻的负荷训练，以及阻力或强度没有持续增加。由于力量训练几乎可以影响身体的每一个系统，因此它在女性运动员的训练计划中的适当使用对成功是至关重要的。

过去，因为某些误解阻碍了教练员或女性自身进行最佳训练，所以某些年龄段的女性并没有从力量训练计划中获益。虽然这些现象正在慢慢减少，但是仍然存在，尤其是在年轻人中。力量训练计划因此可能会受到影响。女性和男性使用相同的训练方法，但正如在健美运动员中所注意到的那样，一些女性会通过更多的训练来充分增加上半身的肌肉尺寸。20 多年前，艾本（Ebben）和詹森（Jensen）（1998）发表了一篇题为"揭穿阻挡机会的误区"的经典评论文章，阐述了这些误区。每名运动员和教练员都应该做全面检查，以确保训练培养计划或训练设施中不存在这些误区。这些误区主要与一些问题有关。

揭穿阻挡机会的误区

• 误区一：力量训练使女性变得"更大、更重"。事实是，力量训练有助于减少体脂、增加瘦体重。这些变化可能会略微增加整体体重，因为瘦体重比脂肪重一些。然而，力量训练的结果是力量显著增加，下半身围度没有变化或减小，上肢围度增加很少。只有具有肥大遗传倾向的女性参加大量、高强度的训练才会看到四肢围度的大幅增加。

• 误区二：女性应该使用和男性不同的训练方法。人们常鼓励女性使用器械和做缓慢、有控制的动作训练，因为担心使用自由重量、手动阻力、爆发力（高速、小力）或使用自重作为阻力的练习会造成伤害。

事实上，没有证据表明女性在力量训练中比男性更容易损伤。正确的练习指导和技术对于降低男女损伤的风险是必要的。所有的力量训练参与者都应该遵循一个逐渐增加强度和负荷的训练计划。

此外，专项运动练习应该模拟运动员正在训练的运动项目的生物力学和速度。做到这一点的最佳方法是使用包含多个关节、肌肉群及特定运动范围的闭链运动练习。例如，为提高田径场上掷铅球的能力，借力推球（而不是肱三头肌屈伸），提供了一个更好的手臂伸展训练刺激。

• 误区三：女性应避免高强度或大负荷的训练。在力量训练中，教练员一般会鼓励女性使用有限的阻力，如轻哑铃。通常，这样的训练负荷大大低于生理适应所需的负荷，当然也低于男性通常使用的负荷。

大多数女性能够以比之前认为的更高的强度进行训练。事实上，女性需要以足够高的强度进行训练，以使骨骼、肌肉、软骨、韧带和肌腱更好地适应训练。当运动强度提供的刺激不足时，生理收益可能微乎其微。为了从力量训练中获得最大的益处，女性应不时以每次练习的最大重复次数或接近最大重复次数来完成练习。

［资料来源：W.P. Ebben and D.R. Jensen, "Strength Training for Women: Debunking Myths that Block Opportunity," *The Physician and Sportsmedicine* 26, no. 5(1998): 86-97. 许可转载］

第四节　肌肉的可塑性特征

重要的是要记住，每项运动对神经肌肉系统的各种可训练特征强调程度不一样。一般来说，肌肉的可塑性特征可用如下方面界定。

- 瘦体重的增加。
- 最大力的提高。
- 最大爆发力的提高。
- 局部肌肉耐力的增强。

这些训练组成部分的平衡将取决于专项运动和个体运动员的需求。

第五节　瘦体重的增加

尽管害怕肌肉“变大”或长出过多肌肉的担忧正在减少，但它仍然存在，甚至在运动员中也是如此。肌肉“变大”或长出过多肌肉可能和许多因素有关，包括社交媒体和自我形象。那些有很强的表现和获胜动机的运动员可能不会像二三十年前那样认为这是一个问题，但对年轻女性来说，这种担忧可能仍然存在。这被认为与力量房中的培养及管理高度相关。在过去，这一点在未被视为经典力量或爆发力的运动项目中更为突出。对肌肉变得太大或看起来像男性的恐惧感是完全没有根据的。增加女性的瘦体重（尤其是上半身）极其重要。为了增强肌肉组织，必须通过训练来刺激，即必须激活肌肉组织。然而，关于肌肉“变大”对女性意味着什么，也存在着高度不同的看法，必须得到重视和尊重，因为它可能包含的意义与计划的实际训练效果无关。这些想法可能包括诸如“我不想看起来像一个女健美运动员”，或“我不想要大块的肌肉”，或“我能看到我的肌肉凸出来”等。根据我们在运动、训练和研究中与数千名女性一起工作的经验，我们发现很少有人（如果有的话）对力量训练计划后的完全训练状态感到不满意。事实上，情况似乎总是相反的。

通过力量训练，肌肉尺寸增加，皮下脂肪储存量减少（图 12.4 和图 12.5）。身体成分的变化还受到摄入营养的影响。摄入的营养必须适合热量需求，通过全身训练减少脂肪沉积（Volek et al.，2006；Fleck and Kraemer，2014）。通过训练和适当的饮食，肌肉尺寸增加，皮下脂肪减少，肌肉线条更加清晰，这是健身者的终极目标。在一般的训练中，肢体的实际尺寸可能会更小，但附着在肢体上的肌肉更大，从而产生更多的力量和爆发力。这在女性的手臂上更为突出，因为手臂有更多的训练机会，因而获得了更大的增益，因此，肌肉线条变得更加清晰。随着女性在电影和音乐中比以往任何时候都更多地展示手臂和腹肌，一些关于肥胖、体型的社会偏见变得不那么可怕了。然而，值得注意的是，由于脂肪沉积和肌纤维横截面的遗传差异，训练效果与计划制订和个体反应高度相关。如果设计一个适合的训练计划，力量训练将增加女性的肌肉尺寸。

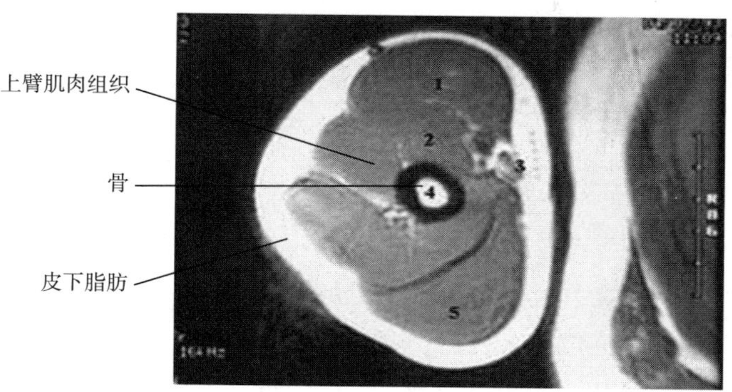

图 12.4　磁共振成像（MRI）显示的一位受过训练的年轻女性的上臂肌肉组织（灰色区域）的横截面

注：随着力量训练和适当的营养计划，皮下脂肪储存量（外部白色区域）减少，从而使上臂肌肉更加清晰。

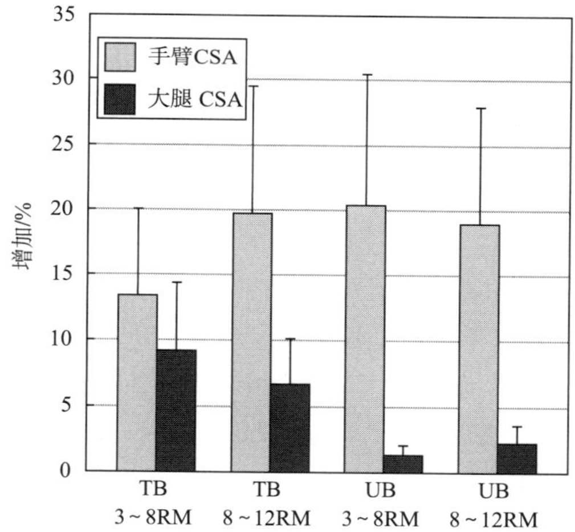

图 12.5　力量训练对女性肌肉肥大的影响

注：TB＝全身训练计划；UB＝上半身训练计划；CSA＝横截面积。上半身和下半身训练计划的结果（经 MRI）表明，在 6 个月的训练计划中，女性手臂上的肌肉尺寸增长最多。全身训练显著（$p<0.05$）增加了手臂和大腿的肥大，而上半身训练只使手臂肌肉显著增加。各组中手臂肥大增加的百分比均大于大腿肥大增加的百分比，只是在全身训练计划 3～8RM 组中两者增加的百分比相差较小。在 6 个月的训练过程中，各组从 RM 高负荷到 RM 低负荷均呈线性周期性发展。

［资料来源：W.J. Kraemer, B.C. Nindl, N.A. Ratamess, et al., "Changes in Muscle Hypertrophy in Women with Periodized Resistance Training," *Medicine & Science in Sports & Exercise* 36, no. 4(2004): 697-708.］

肌肉的刺激是运动单位激活的功能（大小原则）。这意味着参与练习的运动单位（一个α运动神经元及其相关肌纤维）必须受到刺激才收缩。运动单位激活及其与力量训练课的关系，可以通过规定的常规训练中使用的大小原则的基本思想得到最好的理解（见第三章）。值得关注的是，随着年龄的增长，运动单位会丧失，通常是Ⅱ型运动单位及其相关的Ⅱ型肌纤维会丧失，因此，力量训练对于减少与年龄有关的这种运动单位的丧失至关重要，尤其是在女性中。研究人员已从许多方面研究了与运动单位大小相关的因素，包括以下几点。

（1）在一个运动单位中发现的肌纤维的数量。

（2）肌纤维横截面积的大小。

（3）引起神经元放电所需的 EMS 量（神经递质的释放量）。

理解大小原则的基本原理对于深入了解力量训练对肌肉的刺激至关重要，在训练女性时尤其重要。正如前面提到的，尽管有人认为小负荷抗阻训练和大负荷抗阻训练同样有效，但如果一个女性不愿意举起大重量，那么就永远不会意识到力量训练的许多好处。正确的训练周期使用的负荷是连续的，但只有在使用大负荷抗阻训练时，才会刺激或训练到含有较大肌纤维的运动单位。

哈佛大学的埃尔伍德 • 亨尼曼（Elwood Henneman）博士一直研究大小原则，历时 25 年之久。该原则表明运动单位按从最小到最大的顺序被激活，以满足训练的外部需求（即举起杠铃上的重量）。激活的运动单位数量与完成练习动作而产生特定力量和爆发力的阻力的要求相匹配。这一原则适用于肌肉的向心和离心收缩，换句话说，这一原则适用于举起动作。同样，许多因素影响运动单位的大小，运动单位的排列从小到大不等，随着肌肉的变化而变化。重要的是要了解个体之间也存在差异，因为不是所有的女性（或男性）在特定肌肉中都有同样大量的运动单位（如与 100m 优秀短跑运动员的同一肌肉相比，优秀长跑运动员股四头肌中的快收缩运动单位较少）。这种差异也凸显了许多类型的运动员之间的内在差异（从力量和爆发力运动员到耐力运动员）。因此，运动员所拥有的运动单位的补充，在某种程度上决定了各种运动表现的潜力。图 12.6 说明了随着产生力量的增加，运动单位激活和肌纤维募集的变化情况。

在训练计划的构建中，当试图最大限度地刺激肌肉中运动单位的最佳数量时，需要考虑许多因素。每次改变角度，无论是关节角度还是施加力的角度，练习的范围最好涉及不同的运动单位。当试图发展最优的肌肉质量时，重要的是使用在不同的生物力学角度下都起到刺激的一组练习，以确保刺激到所有肌肉。刺激高阈值的运动单位需要更大的阻力。这对女性的爆发力训练尤为重要。使用更大的训练量（如多组训练）对增加瘦体重也很重要，对女性来说，多组的周期化训练计划已被证明比单组循环计划训练更好。所有这些计划组合元素可以整合到一个周期化的训练计划中，以获得最佳的进展和结果。

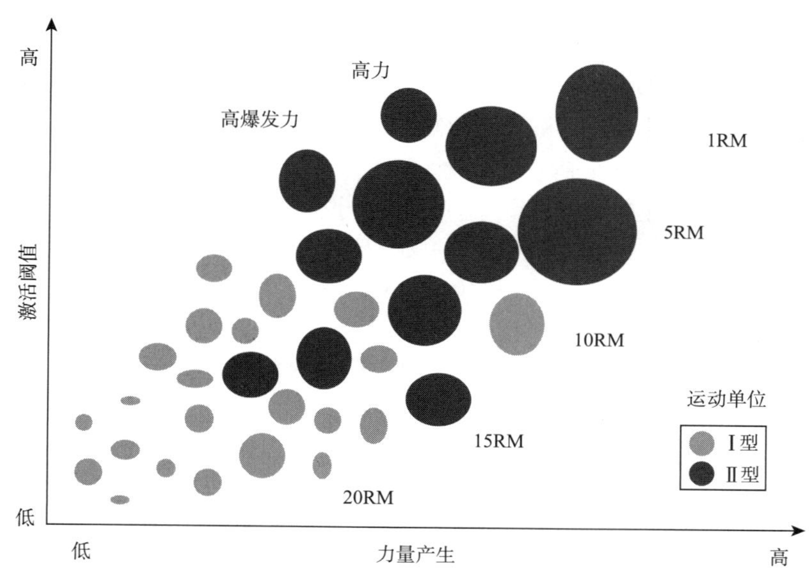

图 12.6 具有所有不同肌纤维类型的肌肉的大小原则的理论模型，如主要肌肉群

注：圆圈代表运动单位及其相关纤维，较大的圆圈包含更多或更大的纤维。随着阻力负荷的增加，对力生成的外部需求也增加，运动单位的募集从低到高。

一、发展力量

与男性一样，女性的力量发展与阻力负荷的安排密切相关。很多时候，在训练计划中缺乏大阻力（3～5RM 或 ＞ 1RM 的 90%）会降低优化力量的有效性。众所周知，为了发展最大的 1RM 力量，女性需要进行大负荷抗阻训练。更明显的是，在许多女性运动项目中负荷计划缺乏，这降低了女性运动员激活所有肌肉组织，以及提高结缔组织强度和密度的能力。虽然一些运动项目（如越野跑）可能不需要很大的力量，但是对韧带、肌腱和骨骼等结缔组织的最佳发展来说，还是需要很大的阻力，以帮助预防损伤。令人关注的是，在一项研究中，当使用高强度间歇训练时，没有按照周期性抗阻训练计划进行大负荷抗阻训练的这组女性，在短期训练中发生了应力性骨折。

对于大负荷的安排，最有效的方式是采用周期性的训练计划（如经典的线性或非线性计划），从而使运动员可以从最优计划所需的大量训练课中得以更好地恢复。同样，虽然我们不能为训练计划提供一个“食谱”，但是在任何计划中包含某些重要的特色是必要的。标题为“提高力量和爆发力的周期性计划”的示例栏是非线性训练计划的一个例子，已多次被用于女性训练的研究中。

二、提高肌肉爆发力

在几乎所有的女性运动项目中，肌肉爆发力正成为一个突出的表现特征。$P = Fd / t$ 是爆发力的计算公式，会受到训练计划的影响。因为当力量下降时，就会产生爆发力平台期，所以运动至少在保持水平的基础上进行大负荷力量训练，以减少对爆发力的影响。如前所述，下蹲需要基本的最大力，以优化全身爆发力的运动和训练。爆发力训练通常是在向心运动中进行的，但重要的是要有高翻的接杠支撑，以及增强式练习中减速运动的离心控制，以提高减速能力，这对体育运动和预防损伤很重要。因此，在任何女性力量训练计划中，大负荷抗阻训练和爆发力训练都是必不可少的。

有些训练计划只关注爆发力计算公式中的力分量，但同样重要的是使用提高速度分量的负荷和练习。对于向心动作，从等长起点开始，爆发力随着负荷的减少而增加。一个1RM举升力由一个高的力分量和一个相对低的爆发力分量组成。直到当阻力显著减少时，运动才能产生最大的爆发力。这被称为最大机械功率（也叫最大机械爆发力）输出（Kraemer and Newton，2000）（图 12.7）。最大机械爆发力通常发生在下蹲跳和卧推抛 1RM 的30%～45%的某个值上，但在如悬垂翻（膝上膝下提铃）、悬垂拉等这样一些举起动作中可能更高（如 1RM 的 60%和 70%）。然而，据观察，这个百分比可以上升到 1RM 的 60%，但随着专门针对速度分量的训练，最大机械爆发力慢慢恢复到 1RM 的 30%～45%。奥运会举重运动员通常不会以如此低的 1RM 的百分比最大限度地进行训练，这可能是这种举起动作的峰值爆发力很高的原因。现在的研究表明，必须训练整个力–速度曲线上的爆发力，以推动整个曲线在所有运动速度下的上升。

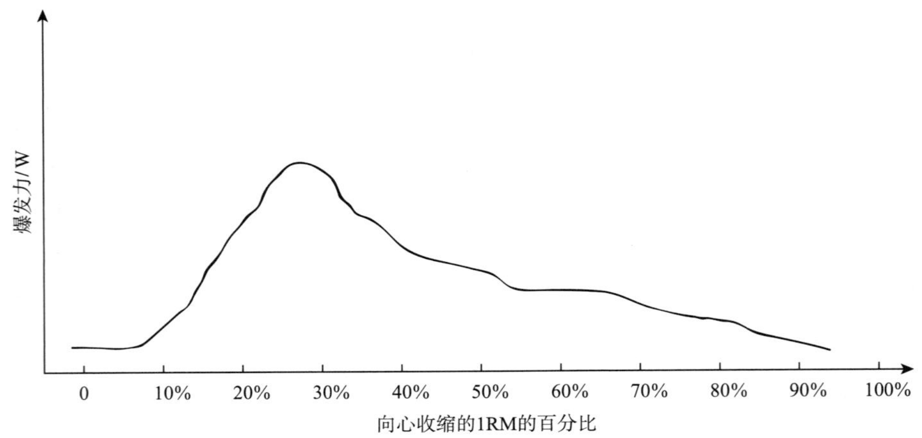

图 12.7　向心训练中使用的阻力与观察到的产生的爆发力之间的理论关系

注：在下蹲跳和卧推抛等向心训练中，机械爆发力峰值通常出现在 1RM 的 30%～45%的某个值上。练习内容的选择对于避免肌肉群减速非常重要，但运动员需要在整个力–速度连续体上训练爆发力，以表现不同负荷下的力–爆发力。

在训练爆发力时，选择在运动范围内发生有限减速的练习是非常重要的。如果使用可以产生高速运动的训练器械或气动装置，这通常要求（相关的）肌肉群持续加速。如果肌肉的发力速度不能匹配，身体将试图通过激活拮抗肌和限制主动肌的发力来保护关节，那么该练习就无法提高爆发力。运动员也可以通过在快速收缩之前使用增强式肌肉动作进行拉长–缩短周期的补充训练来提高爆发力。这种训练可以通过加强爆发力计算公式的速度分量来提高爆发力。

因为任何对爆发力计算公式这部分的停训都可能导致爆发力训练进入平台期，所以必须发展最大力。最大力的发展是提高爆发力成绩的关键。研究发现，在训练期间，只专注于机械爆发力负荷及较小的阻力，缺乏大负荷，会导致爆发力停滞，力量下降。因此，训练课或训练周期必须包括大阻力（1RM 的 90%～100%）训练。力量和爆发力的发展将相互影响，需要在整个训练计划中进行协调。如果一个训练计划只专注于发展力量，就会减少爆发力的提高，而如果只专注于提高爆发力，就会减弱力量的发展。

提高力量和爆发力的周期性计划

阻力和组数持续增加 12 周，12 周周期训练结束后，运动员进行为期一周的积极休息。

练习：

星期一（强度大）	星期三（强度中等）	星期五（强度小）
杠铃下蹲	高翻	下蹲跳（负荷为 30%～50%1RM）
仰卧推举	腿屈伸	哑铃肩上推举
腿推举	直腿硬拉	上拉
坐姿划船后拉	蝴蝶机夹胸	仰卧推举
宽握高位下拉	哑铃上斜推举	坐姿划船
肩上推举	无压力臂弯举	哑铃臂弯举
仰卧起坐	三头肌下推	仰卧起坐
屈腿练习	背屈伸（山羊挺身）	直腿硬拉
杠铃垂直划船	箭步蹲	弓步蹲

组间和练习之间的休息时间：

星期一：3～4min。

星期三：1～2min。

星期五：2～3min；下蹲跳，3～4min。

阻力和组数范围：

星期一：3～5RM，3～5 组。

星期三：6～8RM，2～4 组。

星期五：12～14RM，1～3 组；下蹲跳，6 组，每组 3 次。

（资料来源：克雷默博士实验室）

三、增强局部肌肉的耐力

在运动员的抗阻训练计划中，产生多次肌肉收缩的能力（在最大值的不同百分比下）

增强式训练可以促进快速收缩肌肉的发展，这是跨栏等快速运动项目所需要的

也是一个重要的和可训练的特征。运动员产生多次用力的能力与局部肌肉耐力的增强有关。应确定提高局部肌肉耐力的训练计划。这个训练计划是要发展高强度的局部肌肉耐力还是低强度的局部肌肉耐力呢？更高强度的肌肉耐力是通过使用更大的负荷（1RM 的60%～80%），并结合短时间的休息和多组训练来实现的。在需要重复爆发高强度用力的运动项目中，这种重复性耐力在最大力和爆发力产生的百分比较高时变得尤为重要，这被称为爆发力耐力或力量耐力，反映了这种重复性高强度用力的必要性。

相反，低强度的肌肉耐力可以通过大量的重复次数来增强。使用阻力为 1RM 的40%～60%的组数或 20RM 以上负荷的组数，可以提高局部肌肉耐力，不会对 1RM 的力量产生太大的影响。如果这是一名运动员需要的，那么训练计划必须包括周期计划中特定周期的这些高重复范围。

这种训练既可以单独进行，又可以分布在全身多关节的练习中。需要注意的是，要在每组训练结束时监测练习技术和安排，因为疲劳更不利于运动表现。提高肌肉表现的另一种方法是在每组之间缩短休息时间（从 3min 谨慎过渡到 1min），只允许 8～10 次重复。高浓度乳酸提示生成 pH 和 H^+的值的变化，可以产生一种极端的合成代谢-糖酵解环境。虽然乳酸不会导致疲劳或 pH 下降，但是这样的训练课会增加血液中的乳酸浓度（12～20 mmol/L），使训练变得疲劳（图 12.8）。这里需要注意，基于这种负荷的短暂休息计划，需要对酸碱缓冲系统进行逐步训练，该系统由血液中的碳酸氢盐系统，以及肌肉中的肌肽和磷酸盐产生。头晕、恶心或呕吐的症状是疾病的迹象，而不是良好训练的指标。在这种情况下，运动员应该停训，同时，在减少休息时间方面需要循序渐进。在这里，我们看到如果不谨慎地安排休息时间，运动员可能出现横纹肌溶解。

必须注意如何在小负荷训练日里训练或如何训练肌肉的耐力，两者可能是不同的事情。局部肌肉耐力训练允许在周期训练计划中不同的训练日或周期的强度分布有所变

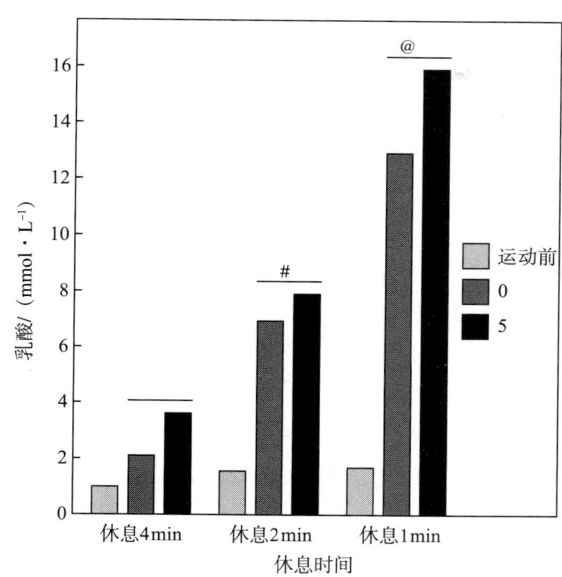

图 12.8　在使用有 8 项练习的计划的女性中，练习和组数之间的休息时长与抗阻训练课后的乳酸值之间的关系

注：横线 = 显著（ $p \leqslant 0.05$ ）大于休息前的值；#= 不同于 4min 的值；@= 不同于 2min 和 4min 的值。

（资料来源：克雷默博士实验室未发表的数据）

化。保持对运动量的控制将只允许使用低阈值的运动单位。因此，如果想利用小负荷训练日来恢复其他运动单位，那么必须保持针对举起较小阻力的运动单位的糖原消耗量。这可以通过限制运动量来实现，每次训练使用一组 20～25RM。关键是训练课的设计不要因产生的化学物质（即过量的 H^{+}和自由基产生）对肌纤维造成损伤（高乳酸浓度；见图 12.8）。在使用 2min 以下的休息时间时，仍只使用一组来限制总训练量。允许高阈值运动单位及其纤维的休息和恢复是很重要的，因为破坏分解代谢会影响非募集的运动单位，切记这一点很重要。如果进行大量、短时间休息（2min 或更短）的高强度 10RM 训练，则不是小负荷训练恢复日；应至少休息一天以用来恢复，并应逐步地缩短休息时间，以允许身体机能的缓冲能力的发展。因此，不要使用小负荷日或耐力训练日来破坏恢复过程。使用小负荷日恢复是周期训练计划中各种模式，特别是非线性方法的基础，这种方法是在给定的天数中使用不同的训练强度，而不是以周为周期的完整训练。

重要的是，不要做极端的高重复数组，因为可能发生非常危险的横纹肌溶解，尤其是在过渡时期或运动员缺乏这种训练量的经历时。有时，有些教练员利用这种训练量来惩罚运动员以及强化训练，导致了不同程度的悲剧。因此，局部肌肉耐力可以通过力量训练计划来增强，但需要仔细、明智、谨慎和个性化的计划。

第六节　男女之间的生理差异

在过去 20 年里，很明显，女性可以接受与男性几乎相同的训练计划（Fleck and Kraemer，2014），但教练员在为女性制订力量训练计划时，仍然需要考虑一些事实。虽然在女性的力量和爆发力运动项目中，力量训练已普及多年，但是其他运动项目（如网球、高尔夫球、足球、篮球）的女性运动员只是在十多年前才开始参与更积极的力量训练。

随着越来越多的运动项目将力量训练作为训练计划的一部分，教练员需要开展一些教育活动来消除女性对力量训练的某些担心，并解释这类计划的生理影响。除了正确指导力量房中的训练、帮助练习动作技术、制订测试方案和训练计划外，教练员还需要留出足够的时间来制订团队和个人的训练目标。由于在一项运动中，运动员的生理变化幅度很大，教练员实施个性化训练或指导个体运动员时，有必要告知运动员力量训练对他们身体的影响。许多女性运动员最常见的担忧就是力量训练会让她们看起来像男性一样。如果女性因为这种担忧而不能完全适应力量训练，就会影响训练的质量。如果没有使用合成代谢药物，女性因进行力量训练而看起来像男性的可能性很小。

一、肌纤维的差异

在某些发育阶段，女性肌纤维的数量可能比男性的少。研究还表明，女性的肌纤维更小。这又让人们注意到男女两组人数相等进行比较的情况。这种性别差异似乎发生在青春期，此时女性的肌纤维横截面积比男性小。在年轻男性中，Ⅱ型肌纤维也比Ⅰ型肌纤维大，但在未经训练的女性中没有观察到纤维类型有大小的对比。通常情况下，女性的肌纤维比男性的要小。这些关于肌肉的实际情况反驳了女性因进行正常的力量训练看起来会像男性这一误区。女性的肌纤维类型排列与男性的相同，有Ⅰ型肌纤维和Ⅱ型肌纤维及其所有亚类型。Ⅰ型肌纤维主要用于肌肉的耐力需求，而Ⅱ型肌纤维主要用于速度、力量和爆发力需求。在未经训练的个体中，确实存在肌纤维大小比例的性别差异。大约 75%的未经训练的女性Ⅰ型肌纤维大于Ⅱ型肌纤维。这可能是因为 25%未经训练的拥有这样肌纤维大小的女性在力量和爆发力运动方面具有更大的潜力。未经训练的女性存在不同情况的原因尚不明确，但可能是男性和女性的基因型随着时间的推移有了不同的表现形式；也可能是因为女性在日常活动中对力量和爆发力需求较少，或者可能存在真正的性别二态性差异。

然而，肌纤维的这些差异会影响力量训练计划。女性可能会在平台期后通过力量训练计划获得更显著的发展。在这个阶段中，Ⅱ型肌纤维在大小方面需要额外的时间来赶上并超过Ⅰ型肌纤维。对这种训练现象来说，重要的是使用更大的阻力来刺激在高阈值运动单位中的Ⅱ型肌纤维的快速生长。此外，如果Ⅰ型肌纤维占主导地位，可能是训练频率或训练量降低导致的更快的停训现象，此时需要保持更频繁的训练课（如每周两次训练课，而不是一次）。男性和女性的不同类型肌纤维的横截面积如图12.9 所示。

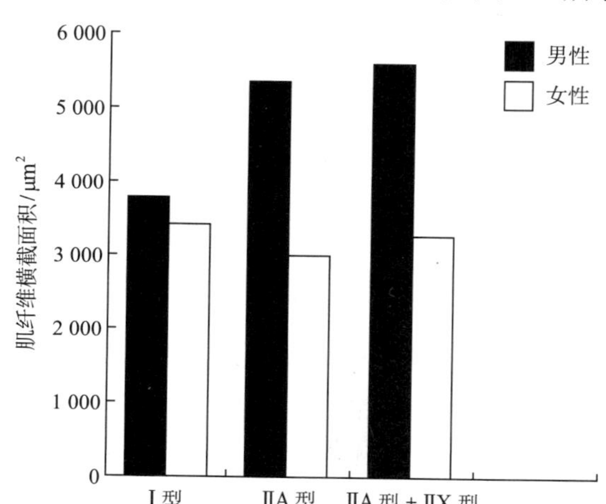

图 12.9 年轻（20～25 岁）的未受过训练的男性（$n = 15$）和女性（$n = 15$）不同类型肌纤维的横截面积

注：所有肌纤维类型之间存在显著差异（$p < 0.05$），男性的肌纤维横截面积更大。

（资料来源：克雷默博士实验室未发表的数据）

二、力量和爆发力的差异

我们可以从绝对力量的差异中看出男女肌纤维数量和肌纤维横截面积的差异。体型和身体质量的改变有时可以改变下半身力量，但不能影响上半身力量，这强调了女性上半身力量发展的必要性。

普通女性最大全身力量的平均值约是普通男性最大全身力量的平均值的 60%。普通女性上肢力量的平均值约是普通男性上肢力量的平均值的 25%～55%。普通女性下肢力量所占的比例更高，为 70%～75%（Fleck and Kraemer，2014）。从力量举运动员和举重运动员记录的成绩来看，我们仍然可以观察到性别对竞技性举重和总成绩的影响。

值得注意的是，这些发现与各类群体的对比有关，包括同类项目运动员群体的广泛对比，或未经训练群体的针对性对比，而且比较条件非常特殊。显然，如果我们在没有匹配变量（如年龄、体型）的情况下进行单独比较，那么某一特定运动项目的女性可能表现出比男性更强的力量能力。这在一项研究中表现得很明显：一名参加过力量举比赛的女性可以下蹲 235 kg，而此研究中没有一名男性可以在 1RM 下蹲中接近这个水平。为了了解与性别有关的任何影响，对男女差异进行比较非常重要。

据报道，普通女性纵跳的最大值是普通男性的 54%～73%，普通女性立定跳远的最大值是普通男性的 75%（Fleck and Kraemer，2014）。对立定跳远来说，这意味着普通女性产生的爆发力大约是普通男性的 63%。造成这种差异的一个可能原因是男女肌纤维类型的大小比例不同。70%～75%的女性Ⅰ型肌纤维的横截面积比她们的Ⅱ型肌纤维的横截面积大。如果女性的力–速度曲线与男性不同，则用较快的动作速度产生的爆发力就要受到影响。然而，随着运动速度的增加，两种性别的力量下降情况相似，膝关节伸展运动的峰值速度也没有性别差异。发力速度会影响爆发力输出。男性的许多肌肉中也有较大的肌纤维夹角（即肌纤维的拉伸方向相对于产生运动所需的拉伸方向的角度），这也会影响肌肉动作的机械力学特性。事实表明，普通女性骨骼肌的发力速度比普通男性要慢（Fleck and Kraemer，2014）。因此，爆发力训练对于提高女性运动员的发力速度和爆发力表现至关重要。

三、激素浓度的差异

影响男性与女性适应抗阻训练的基本机制的最显著差别是雄性激素（睾酮）。虽然男性和女性都有静息循环浓度，但是女性的静息循环浓度是男性的 1/20～1/10（图 12.10）（Kraemer and Ratamess，2003）。当青春期男孩和女孩发生生理变化时，这种差别最为显著，因为睾酮促成了男孩更大的肌肉尺寸、肩围和力量。由于女性主要通过肾上腺和卵巢分泌这种激素，所以一些女性有较高的肾上腺雄性激素浓度，这似乎使她们在肌肉可塑性方面比其他女性更有优势。虽然这个数值是男性的 1/20～1/10，但是我们可以看到这个数值随着运动应激的增加而有小幅度增加，在训练期间也有小幅度增加。睾酮与其他病理学的关系在某种程度上仍然是流行病学所关注的，其与女性训练相关的变化没有联系。

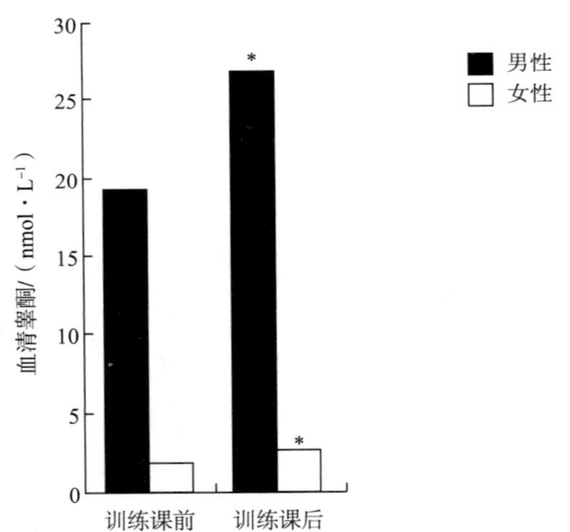

图 12.10　年轻的（20～25 岁）受过训练的男性（$n=12$）和女性（$n=12$）在一次力量训练课前后的血清睾酮反应

注：训练课后，男性和女性的血清睾酮都显著（*表示 $p<0.05$，与训练课前的值相比）增加，男性的变化比女性的更大。注意，女性的血清睾酮浓度明显低于男性。

（资料来源：克雷默博士实验室未发表的数据）

女性似乎更依赖脑垂体分泌的生长激素及其变体或聚合体，以及生长因子（如类胰岛素样生长因子）来帮助调节肌肉、骨骼和结缔组织的变化。女性的生物活性生长激素（生物测定法测定的生长激素）浓度在静息状态下要比男性的高，并且随着抗阻训练而发生不同的变化，甚至女性的正常生长激素水平也高于男性，并潜在地提供补偿机制，帮助调解肌肉和结缔组织中的合成代谢适应（Kraemer and Ratamess，2003；Kraemer et al.，2017）。

可以假定，许多与女性合成代谢差异有关的生物因素可能是两性差异的原因。此外，一些女性的瘦体重和四肢围度增加幅度大于正常值可能是由于以下几个因素。

- 比正常静息状态下的睾酮、生长激素或其他激素更高。
- 抗阻训练的激素反应比正常情况更强烈。
- 雌激素与睾酮的比值低于正常水平。
- 具有形成大块肌肉的遗传倾向。
- 肌肉发达体型可以训练更多的肌纤维。
- 基因组中基因的表达差异增加了蛋白质的合成。

女性的肌纤维对蛋白质质量转变的反应比男性更快。研究表明，在两次训练课中，肌球蛋白 ATP 酶的亚型会转变为速度更快的类型，男性需要 4 次训练才能激发同样的变化。因此，研究发现女性对抗阻训练刺激的反应非常强烈。关键是优化负荷和改变训练计划，这样才能创造出适当的训练刺激，能够刺激必要的生理反应、产生适应性。

制订有效的训练课方案是创建训练计划的第一步。研究发现，如果训练课方案有不同的训练要求（周期性训练）、多组训练计划和不同的负荷计划（包括发展力量所需的更大阻力），那么它就是有效的。就一个成功的女性力量训练计划而言，依据运动重要性比例将肌肉的可塑性特征纳入训练计划中至关重要。

第七节　女性运动员的力量训练指南

一个为女性设计的良好的训练计划应该既反映她的个人需求，也反映她所参加的运动项目的要求。以下的指导方针可以帮助教练员制订一个个性化的计划，其中包括上半身和下半身肌肉系统对称发展所需的关键练习。此外，重要的是使用全身练习来整合身体的整个运动链的表现。然后未包含的适合的专项运动练习可以被添加到基本计划中。正如艾本和詹森在 1998 年的经典论文中所概述的，以下特征被认为是女性力量训练计划中必不可少的，这与美国国家体能协会的观点一致。

（1）精心制订的力量训练计划包括使用身体重量阻力、自由重量和哑铃的训练。女性和男性都应将这些内容纳入训练中，而且女性训练的强度与男性相同。

（2）没有必要停止使用力量训练器械和腹部训练，但应强调使用自由重量练习，包括基于足部的下半身练习，如弓步、斜弓步、弓箭步，以及登台阶运动、侧向登台阶和下蹲。

（3）女性还应进行使用多个肌肉群的上半身运动，如卧推、斜推、背阔肌下拉、引体向上和背部伸展。

（4）有力量训练基础的女性应该考虑使用全身练习，如借力推举、膝上膝下提铃、高翻、挺举和抓举。

（5）训练计划应强调多平面、多关节、功能性练习，以发展肌肉间的协调、本体感觉和平衡，从而使力量迁移到运动和日常活动中。登台阶运动优于使用腿部伸展练习器械，例如，提着一袋袋的杂货走上一段楼梯，因为它提供了功能性力量。

（6）对于基于足部运动（如篮球运动）的运动员来说，下蹲比腿部推蹬训练器材更好，因为下蹲在功能上更像这项运动，在所有 3 个运动平面上都需要更好的平衡、重量和身体控制。

第八节　损伤的发生率

多年来，许多女性都在“塑造自己的体型美”，这让她们的身体无法接受运动的要求。在力量房中使用正确的训练技术的损伤发生率几乎低于每一项竞技运动。据估计，每 1 000 小时的训练中，大约不超过 2.8 人次会发生损伤，大多数损伤是由过度使用下背部、膝关节和脚造成的。此外，损伤的增加通常发生在增加训练负荷的时候，尤其是在运动训练的前两周和节假日结束之后的训练中。训练负荷和损伤之间的时间关系表明了一种因果关系。任何时候增加训练的量或强度时都要小心，因为这是一个易受影响的时间点，体能教练员必须认真监测训练技术和运动员对训练课的承受能力。

已经观察到女性运动员（尤其是女性篮球运动员）前交叉韧带损伤的发生率高于男性运动员。虽然这仍然是一个需要深入研究的主题，但是由此产生了一个问题，即为了降低损伤风险，女性是否应该与男性进行不同的训练。男性的前交叉韧带比女性厚，高个子男性转子切迹宽度变大，但高个子女性不会。这种较窄的转子切迹，以及身体结构因素（不在本章讨论范围）使女性更容易发生前交叉韧带损伤。在一篇经典的综述中，佩蒂特（Pettitt）和布赖森（Bryson）（2002）就体能计划提出了一套广泛的建议，以帮助预防女性运动员（特别是女性篮球运动员）的前交叉韧带损伤，读者可以参考这篇论文的详细分析。克雷默博士已经观察到，虽然关节损伤可能会愈合，但是抑制性刺激肢体的大脑信号可能仍在发挥作用，因此，前交叉韧带损伤或脑震荡可能会导致再次损伤。心理想象和脑训练有很大可能是康复治疗方法的下一个前沿。

已故教练员杰里・马丁和康涅狄格大学的安德里亚・胡迪发现的关键因素可能会影响前交叉韧带损伤的预防。在他们训练女性篮球运动员时，使用高翻支撑对防止前交叉韧带损伤起到了至关重要的作用。在两脚距离较窄的位置上进行爆发力举起杠铃，在两脚距离较宽的位置上进行力量缓冲落地，同时在减速时撑住负荷，这样运动员就可以带着负荷“训练减速”。另外，这使运动员可以反复练习起跳和落地动作。体能教练员往往注重比较长的向上或向下的动作过程而忽略短暂的动作瞬间，这可能会造成对前交叉韧带和落地动作有关键影响的技术动作训练的缺失。

第九节　月经周期和力量训练的关系

令人惊讶的是，关于月经周期在力量训练中的作用的研究数据很少。虽然个体差异很大，但是研究者已经观察到，力量训练会减少正常的经前症状（如乳房增大、食欲旺盛、腹胀和情绪变化）。这就产生了一个普遍的观点，即经常运动的女性的经期前症状问题比久坐的女性更少。多少运动量，以及什么时候进行力量训练对运动员的月经情况产生不良影响，仍然是一个值得关注的主题。月经异常，包括闭经或月经无出血。原发性闭经是指年满 16 周岁仍无月经来潮，继发性闭经是指正常经期开始后连续 3 次或 3 次以上的闭经现象。痛经，意为月经期间的疼痛。月经过多，指定期发生的子宫出血量过多或时间过长；月经稀少，指月经周期延长或经量少。值得注意的是，有报告指出，生活压力比较大的女性，痛经、月经过多和月经周期异常的发生率更高。

一、运动压力与月经周期

造成月经周期异常的不仅仅是运动，其他因素包括热量摄入不足，这可能与运动训练和比赛相互作用，并可能引起月经问题。体重较轻似乎能提高运动成绩的运动项目（如体操、越野跑），或有体重分级的运动项目（如举重、女子摔跤），都可能会影响正常的月经周期。此外，大量的高强度训练伴随着低热量摄入可能会加剧这些问题。

目前已知的是，运动员继发性闭经的患病率高于运动量较小的普通女性，但这两者之间并不是因果关系。关于这个问题的一个新的研究范式指出，所有月经周期问题都处在一个月经异常严重程度的连续体上，并受到身体、营养和生活行为等因素的影响，这些因素会改变严重程度。

对女性来说，必须保障总热量和膳食成分（如蛋白质的摄入）的适当摄入量，以满足能量消耗、肌肉组织修复和重塑的需求。许多女性在力量训练课后摄入的蛋白质不足以满足蛋白质合成所需氨基酸的需求。这种饮食行为和其他营养不足（如钙摄入量减少）会限制对训练课和训练计划的最佳适应，并可能是导致月经周期异常的主要因素。

令人关注的是，在平均年龄为 16 岁的 199 名奥运会举重运动员中，有 25%的人月经不规律。这些 13 ~ 15 岁的运动员中只有 3 人仍无月经来潮。在长跑运动员中，较长的训练距离、大强度、高频率和训练季的持续时间都是增加月经不规律风险的因素。然而，并不是所有进行大运动量、高强度训练的运动员都会出现月经不规律。热量摄入、运动压力和心理因素都会以不同的方式导致月经异常问题，而且每个因素的影响程度都因人而异。

二、月经周期及运动表现

痛经可能随经前症状的增加而增加。据报道，60%～70%的成年女性有痛经现象，且随年龄增长而增加。许多患有偏头痛的女性在月经期间也会出现偏头痛发作的次数增加的情况。据估计，在有偏头痛经历的女性中超过60%的人患有月经期偏头痛。类似于经前症状，在运动员中痛经发生的频率和严重程度低于普通人群。经前症状或痛经可能会对运动表现产生不利影响，一些研究人员建议女性运动员口服避孕药或注射孕酮来控制月经的到来，并避免在月经期间比赛。

在正常的月经周期中，力量没有什么不同，但其他调查表明，身体的最佳表现可能出现在月经刚结束到月经周期的第15天之间。但是在月经周期的各个阶段，都有女性运动员获得奥运奖牌。因此，月经周期对运动表现的影响尚不清楚，可能具有高度个性化。月经过少或继发性闭经应该对运动表现没有影响。女性运动员在月经期间不应停止参加训练和体育项目。迄今为止，其负面影响呈现高度个体化，没有观察到对健康的不利影响。

对怀孕女性运动员的几点建议

人们可能会感到惊讶，怀孕期间举起重物可能会损伤到母亲而不是胎儿。怀孕期间，激素使韧带变软，骨盆变宽，为分娩腾出空间。由于韧带变软，关节可能比平时更不稳定，更容易损伤。因此，妇女在怀孕期间不应该开始一个新的或更剧烈的力量训练计划。先前的长期力量训练将极大地帮助女性在产后较快地恢复正常的力量训练。

卡尔·彼得森（Carl Petersen）是一位理疗师，指导过很多怀孕女性的训练工作，他建议："继续做那些让自己感觉舒服的运动，但不要尝试新的、不熟悉的举起动作或使用太大的阻力弄伤自己。模仿自己的日常活动，如蹬台阶、箭步和小弓步是最好的。"

以下是怀孕期间可以进行的一些特定练习的建议。

训练注意事项

• 下蹲：应减小活动范围（膝盖弯曲度不得超过 90°）。如果想增加下蹲训练，应减慢节奏（即慢慢减慢，数到3或4为止）。

• 腿推举：腿推举有助于保持下腹部绷紧，保护背部。但是应将此练习限制在怀孕早期（背部的练习应该在怀孕中期之前逐步停止）。

• 髋外展器械：使用髋外展器械训练可以增强臀部的力量，从而抵消姿势的变化。保持下腹绷紧以避免背部过度伸展。如果感到麻木、疼痛或刺痛下传到两腿的后面（坐骨神经痛症状），请去看医生。

• 腹肌练习：集中精力通过盆底肌肉运动（凯格尔运动）来控制下腹部。在日常练习中避免传统的仰卧起坐。

第十节　女性运动员三联征

女性运动员三联征指的是一组可能影响女性运动员的问题。三联征由以下 3 个因素组成。每一种，就其本身而言，都可能损害女性的健康，影响体能和运动表现。

（1）饮食紊乱。这涉及一系列问题，从不合适的身体形象到暴饮暴食和排泄障碍。神经性厌食症（自我饥饿）和神经性暴食症（暴饮暴食和排泄）是医学问题，需要得到相关医生的关注和处理。营养学家或体能训练专家不应试图处理这些医学问题。运动医学团队识别这些问题是其得到关注和处理的关键。

（2）闭经。如前所述，闭经是指在很长的一段时间内没有月经周期。原发性闭经是指 16 岁时还没有月经。继发性闭经是指正常经期开始后连续 3 次或 3 次以上的闭经现象。

（3）骨质疏松症。这是骨密度异常低的典型疾病，会增加骨折的风险，且随着年龄的增长骨折风险更大。

由于满足修复和重塑肌肉所需的蛋白质与热量的固有问题，女性运动员在饮食习惯紊乱的情况下，进行力量训练仍然很困难。通常，厌食行为集中出现在耐力训练中，因为它涉及更多的热量消耗或者体型变小。一旦热量摄入量和营养成分得到调整，力量训练可以对饮食紊乱进行运动治疗，但在这种情况下，体能教练员需要与医生进行周密的合作。

此外，男性运动员也容易出现饮食紊乱，特别是有重量级别的运动员的暴食（如摔跤运动员的暴食症），以及为了保持体型而节食。

如果不涉及热量不足或巨大耐力训练量的话，有各种类型闭经现象的女性运动员的力量训练没有表现出相同的问题。由于它与饮食行为密切相关，分析女性运动员的饮食并提供咨询，有助于监测女性运动员三联征这方面的情况。

力量训练被认为是治疗骨质疏松症的一种重要方法，因为它有助于保护骨骼。更重要的是，女性可能需要在早期就开始抗阻训练，以便在成年之前积累最高值的骨量和骨密度。这种疾病的严重程度将决定力量训练的有效性，年轻女性运动员出现这种疾病通常与三联征中的一种或多种以及相关行为有关。

针对这些问题，力量训练计划得以实施。

虽然女性运动员三联征的不同问题出现的原因很容易被过于简单化，但是某些运动员群体可能比其他群体更容易受到影响，原因也各不相同。许多运动项目涉及体型和形象，具有非常主观的判断。因为体型在比赛中被展示和观察，像花样滑冰、体操和跳水这样的运动项目对女性造成很大压力。一些教练员对运动员的体重或身体脂肪含量提出了过分要求，实际上导致了其饮食紊乱。这些微小但负面的影响可能对一些女性产生深远和破坏性的影响。因此，所有参与体育运动的教练员和运动员应小心避免这种做法，因为它们可能会对女性的健康造成负面影响。力量教练员也应该在他们自己的专项训练计划中意识到这些问题。

在下列情况中，女性运动员容易患上三联征。

（1）主观评判的运动项目（如花样滑冰、跳水、体操和健美操）。

（2）耐力运动项目（如长跑、自行车和越野滑雪）。

（3）女性穿着暴露或紧身服装的运动项目（如排球、游泳、跳水、田径）。

（4）重量分级运动项目（如摔跤、举重、划船和一些武术）。

（5）突出青春期前身体的运动项目（如花样滑冰、体操和跳水）。

（6）教练员和队友关于肥胖的错误评论（如社交媒体）。

女性的年龄越小，其影响可能越大。此外，由于运动技能（如跳水、花样滑冰和体操）的生物力学要求，许多女性不得不面对体育运动中显著的成熟过程，因为身体形态和机能与发育较不成熟的身体类型有关。

美国国家体能协会关于女性力量训练的主要观点

为了更好地理解女性和力量训练的重要问题，美国国家体能协会成立了一个研究工作组，并在1990年公布了其研究结果。下面是该工作组对有关力量训练和女性达成共识的主要观点。

（1）适当的体能训练计划可以提高运动表现，改善生理功能，并降低损伤的风险，这些影响对女性运动员和男性运动员都是有益的。

（2）由于生理反应相似，男性和女性似乎应该以同样的基本方式进行力量训练，使用相似的训练方法、训练计划和练习类型。

（3）未经训练的女性的下半身相对力量（力量与瘦体重的比值）似乎与未经训练的男性的大致相等。

（4）女性可以像男性一样通过抗阻训练来使肌肉变得肥大，但不是绝对一样的。

（5）女性运动员的肌纤维类型分布与男性运动员的肌纤维类型分布基本相同，但女性运动员的肌纤维横截面积较小。

（6）几乎没有研究证据表明正常月经周期的开始会影响运动表现。

（7）月经周期已停止的女性运动员发生肌肉骨骼损伤的可能性增加。当女性运动员出现闭经或其他月经问题时，应咨询妇科医生。

（8）建议使用多关节和结构性练习进行抗阻训练，以在骨骼系统上产生足够的应力，并增加骨骼中的钙储存。

（9）关于力量训练和怀孕的关系的研究数据很少。观察得到的证据表明，女性在怀孕期间可以安全地进行力量训练，但需根据常识来选择训练强度和练习项目。

（10）激素松弛素的流入可以软化肌腱和韧带，为分娩做准备，怀孕妇女在妊娠期前 3 个月之后进行高强度多关节练习（如下蹲、硬拉、抓举和高翻）时要谨慎。此外，孕妇的体温可能会升高，因此在所有类型的练习中，都需要在着装和环境条件方面采取预防措施。

（11）抗阻训练已经证明，在体重变化最小的情况下，身体成分发生了有利的变化。

（12）一般来说，女性的上半身比男性弱，成年女性应着重进行上半身力量训练。

［资料来源："Strength Training for Female Athletes：A Position Paper：Part II，" *NSCA Journal* 11，no. 5（1989）：29-37. 经美国国家体能协会许可］

本 章 小 结

为女性运动员制订力量训练计划，需要将运动项目的要求与女性的身体特征相匹配。为了让身体能适应运动项目的要求，个体化训练计划至关重要，它涉及身体发展的各个方面。肌肉的可训练特征和与女性相关的损伤预防问题应一起得到解决。提高爆发力在当今大多数运动中都很重要，并通过优化力量得到支持。上半身的发展（包括肌肉力量和大小）可以是常规训练计划之外的主要目标，以提高大多数运动项目运动员的运动表现，其中上半身肌肉组织与运动表现高度相关。虽然男性和女性的训练只有细微的差别，但是不要认为男性和女性对某节训练课或训练周期的反应会完全相同。与优化男性的力量训练计划一样，为了优化女性的力量训练计划，需要对其进展进行评估，并对力量训练的运动处方进行微调。

第十三章　青少年运动员的力量训练

随着青少年肥胖率的上升以及许多青少年团体运动参与率的下降，青少年的体育活动比以往任何时候都更凸显其重要性。正确制订训练计划对青少年运动员的长期成长和成熟至关重要（Faigenbaum et al.，2009；Lloyd et al.，2016）。力量训练是促进健身行为、帮助对抗肥胖的一种重要方式。最重要的是，通过“训练比赛”，力量训练起到预防青少年运动员受伤的作用。加拿大的戈尔德菲尔德（Goldfield et al.，2017）的一项研究发现，在14～18岁超重或正在减肥的男孩和女孩中，将抗阻训练计划与传统的有氧训练计划结合起来，促进了他们对规定饮食、健康的生活方式和心理健康的坚持。

现在越来越多的人已接受了力量训练，但一些家长和教练员对力量训练的应用常有误

解。对青少年运动员来说，重要的是在安全、愉快的环境中进行训练，以及采用训练目标与年龄相适应的方式进行训练，以提高力量、协调性和促进身体健康，推广终身运动的健康价值观。家长、教练员和运动医学专业人士已经认识到力量训练对青少年的益处。这种转变是由于他们更好地理解了这种方式的有效性、安全性和训练计划的适当性。如果对一个训练计划进行适当修改，使之适用于青少年运动员，那么他们就可以参加各种各样的力量训练。如果训练计划制订正确、实施得当，那么青少年运动员就可以获得健康的体魄，提高运动表现，并预防受伤。

虽然专业人士支持青少年进行力量训练，但是他们也提醒家长、教师和教练员，需要制订正确的训练计划、称职的监督管理方案及正确的训练指导技巧。这些方面对青少年安全有效地进行抗阻训练至关重要。有些益处（如青春期前运动表现的提高）需要进一步研究，以解释传闻和临床现象。人们对青少年和抗阻训练已经有了更多的了解，不切实际的恐惧减少了。

关于青少年运动员的力量训练，主要问题包括以下几点。

（1）青少年运动员进行举重（力量）训练安全吗？

（2）青少年运动员何时可以开始练习举重（力量）？

（3）青少年运动员能从举重（力量）训练中获益吗？

（4）青少年运动员应该使用哪类训练计划？

青少年运动员进行抗阻训练不仅可以提高运动表现，还有益于肌肉和结缔组织的健康

第一节　青少年运动员的安全与力量训练

美国国家体能协会的声明得到了其他运动医学和科学组织的支持，该声明对儿童及青

少年的力量训练做出了以下规定（Faigenbaum et al.，2009）。

（1）制订和监督恰当的抗阻训练计划对青少年来说是比较安全的。

（2）制订和监督恰当的抗阻训练计划可增强青少年的肌肉力量和爆发力。

（3）制订和监督恰当的抗阻训练计划可以降低青少年的心血管病发病风险。

（4）制订和监督恰当的抗阻训练计划可以提高青少年的运动技能，并有助于提高青少年的运动表现。

（5）制订和监督恰当的抗阻训练计划可以提高青少年对相关运动损伤的抵抗力。

（6）制订和监督恰当的抗阻训练计划有助于提高青少年的心理健康水平。

（7）制订和监督恰当的抗阻训练计划有助于青少年养成其所处时期的运动习惯。

当今的一个主要问题是青少年运动员参加的运动项目太多了，以至于没有多少时间可以分配给身体来应对严峻的竞争压力。研究表明，每年十分之一的青少年可能会经历与运动相关的损伤，男孩的总体损伤发生率和严重程度更高（Rosendahl and Strouse，2016）。女孩前交叉韧带撕裂的发生率高于男孩，运动损伤可能长期影响其他疾病的进展（如退行性关节炎）。对青少年运动员进行抗阻训练可以影响其运动控制能力，通过适当的饮食减少体脂，并有助于肌肉和结缔组织的发育。在 20 世纪 70 年代和 80 年代的案例研究中，有许多关于力量训练的损伤报告，当时青少年运动员的抗阻训练开始出现在青少年的运动项目中。案例研究列举了生长板骨折和下背部损伤等损伤案例。如今，人们更清楚地认识到，这种情况往往是由于设备使用不当、负荷重量不合适、技术不正确或缺乏合格的成年人监督，这里需要强调的是适当监督的必要性（Myers et al.，2017；Dahab and McCambridge，2009）。

因此，运动训练不但对运动表现至关重要，而且有助于避免损伤。力量训练的安全性对青少年运动员很重要。损伤主要是由运动技术错误、保护（或缺乏保护）和意外造成的。预防损伤是一个重要的因素，教练员在训练青少年运动员时，应减少（如果不能消除）力量训练计划中存在的潜在损伤，这可能是最谨慎的方法。损伤的类型通常与肌肉和结缔组织有关，可以采取适当的预防措施来预防。2014 年，6 000 万名 6～18 岁的青少年参加了某种形式的体育运动，每年约有 350 万名儿童受伤（Walters et al.，2018）。作为一种训练方式，抗阻训练既有助于预防与运动相关的损伤，又有助于青少年运动员提高身体素质或运动控制能力，因此得到了支持（Myers et al.，2017；Walters et al.，2018；Zwolski et al.，2017）。

肥胖和不运动

据美国疾病控制和预防中心报告，在美国儿童和青少年时期肥胖症的流行是一个严重的问题，这将儿童和青少年置于不良健康的风险中。

肥胖

美国疾病控制和预防中心报告了 2～19 岁儿童和青少年的统计数据，具体如下：

• 肥胖率为18.5%，约有1 370万名儿童和青少年受到肥胖的影响。

• 2～5岁人群的肥胖率为13.9%，6～11岁的人群为18.4%，12～19岁的人群为20.6%。童年时期肥胖症在某些人群中也更为常见。

• 西班牙裔（25.8%）和非西班牙裔黑人（22.0%）的肥胖率高于非西班牙裔白人（14.1%）。

• 非西班牙裔亚洲人（11.0%）的肥胖率低于非西班牙裔黑人和西班牙裔。

不运动

让人关注的是，2017年美国疾病控制和预防中心的统计数据显示，平均只有26.1%的青少年（24.1%～28.3%）达到相关指南对有氧运动的要求（每周7天，每天≥60分钟的体育运动），平均有51.1%（47.5%～54.7%）的青少年达到相关指南对肌力训练活动的要求（每周≥3天的肌力训练活动），而平均只有20%（17.2%～23%）的青少年达到这两种计划的相关指南要求。

如今我们生活在数字环境中，久坐行为已经融入每个人的生活中。因此，训练活动是一个重要的手段，有助于对抗不断变化的技术环境造成的不运动的负面影响。在西方国家，儿童和青少年的肥胖率很高，许多儿童不能做简单的俯卧撑、引体向上和仰卧起坐。研究表明，由于负面反馈和自卑，即使是自重训练，肥胖儿童和青少年也很难完成，无法完成训练极大地影响了他们对训练的向往。体重的控制对最佳运动表现至关重要，在使用重量训练的练习中应减轻负荷，提高青少年运动员的基本体能水平，以便他们能够在俯卧撑和引体向上等练习中提高控制体重的能力。进行各种器械训练和举重训练可以帮助控制体重，提高运动能力，这是提高运动表现的关键。力量训练可以改善人体成分，并显著提高儿童和青少年的运动参与。

第二节 肌肉骨骼损伤的类型

与大多数体育活动一样，青少年的抗阻训练确实存在肌肉骨骼损伤的一些固有风险，但这种风险并不比青少年经常参加的许多其他体育或娱乐活动的风险大。一项前瞻性研究评估了一年内与青少年运动相关的损伤发生率，在1 576例损伤中，抗阻训练导致的损伤占0.7%，而足球和篮球运动导致的损伤分别占19%和15%。对100名参与者进行的评估分析表明，足球（28.3%的损伤率）和摔跤（16.4%的损伤率）位居榜首，但在最后的分析里没有涉及力量训练。然而，青少年生长软骨受到急性和慢性损伤的可能性一直是个值得关注的问题。因此，青少年运动员的力量训练不应该主要集中在举起最大阻力或接近举起最大的阻力上。同时，必须始终强调技术的正确性，因为抗阻训练中的大多数损伤都与不当的训练技术有关（Kraemer and Fleck，2005）。青少年运动员需要时间来适应抗阻训练的压力。兴趣、成长、成熟和理解能力都有助于培养青少年对运动训练的看法。

一、生长软骨损伤

除了可能遭受成年人发生的损伤外，青春期前的个体还容易遭受生长软骨的损伤。生长软骨位于 3 个部位：①生长板；②骨骺或关节面；③肌腱止点或骨突止点。身体的长骨从位于长骨两端的生长板长出来。由于激素的变化，这些生长板在青春期后会骨化。骨化后，长骨不再生长。因此，个体的身高也不再增长。骨骺在形成关节的骨骼之间起着减震器的作用。此处软骨的损伤可能导致关节表面粗糙，并在关节活动时引起后续疼痛。肌腱止点或骨突止点处的生长软骨确保了肌腱和骨头之间的牢固连接。这个部位生长软骨的损伤可能会引起疼痛，也可能增加肌腱和骨头分离的风险。3 个生长软骨部位在青少年发育陡增期间都更容易受到损伤，这是由关节间肌肉紧张度增加等造成的。在正确的计划和监督下，人们对抗阻训练造成的这种损伤的担忧已大大减少（Milone et al.，2013）。

二、急性损伤

急性损伤是指造成的损伤的一次创伤。在力量训练中，骨骼系统的急性损伤（如生长软骨损伤或骨折）是罕见的。与成年人一样，在青春期前的运动员进行力量训练时最常见的急性损伤是肌肉拉伤。很多时候，肌肉拉伤是因为训练前没有进行适当的准备活动。在开始真正的训练前，应该先进行几组准备练习。肌肉拉伤的另一个常见原因是在特定的重复次数下试图举起过高的重量。青春期前的运动员每组的重复次数以可接受的重复次数为原则。

在青春期前的运动员中，有生长板骨折的病例报告。由于生长板尚未骨化，不具备成人骨那样成熟的结构强度，因此儿童在该区域容易发生骨折。所有这些案例报告都涉及接近最大重量的过头举练习（即过头推举和挺举练习）。这些案例报告提示青春期前的训练计划要包括两种预防措施：第一，青春期前的运动员，尤其是在无人监督的情况下，不应该强调进行最大或接近最大举起重量练习；第二，不正确的运动方式是造成任何伤害的一个因素，因此青春期前的运动员应重视所有练习（特别是过头举练习）的正确运动方式。

男孩骨折发生的高峰期在 12～14 岁，早于身高增长高峰或生长高峰的年龄。与骨骼线性生长相比，骨折发生率的增加似乎是由于皮质骨厚度和矿物质化滞后。因此，控制 12～14 岁男孩在力量训练中使用的阻力很重要。这也适用于 10～13 岁的女孩。

急性损伤会导致成年人和儿童的下背部出现问题。在抗阻训练中，急性损伤可能是由于举起最大或接近最大力量的阻力，并试图进行多次的重复举起。在许多情况下，背部疼痛与下蹲或硬拉姿势不当有关。在进行这些训练时，保持背部直立，尽可能多地使用双腿用力是很重要的。这将使腰部区域的扭矩较小，保护下背部免受过度的压力。

三、慢性损伤

慢性损伤，或过度使用损伤，是指反复的微创伤造成的损伤。外胫夹（小腿前部损伤）和应力性骨折是常见的过度使用损伤。长期使用不正确的技术会造成过度使用损伤（如使用不适合青少年的可变阻力器械）。由于物理应力，3 个部位的生长软骨都有可能受到损伤。例如，棒球投球对肩部造成的反复微创伤导致肱骨的生长板损伤。这种损伤会引起肩部运动的疼痛，通常被称为少棒肩。青春期前关节面上的生长软骨更容易受到损伤，踝关节、膝关节和肘关节生长软骨尤其如此。剥脱性骨软骨炎是一种软骨和软骨下骨碎片从关节表面脱落的疾病，膝关节处最常见，但也可能涉及肘关节和踝关节。反复的微创伤似乎是许多青少年棒球投手肘关节和青少年跑步者踝关节的剥脱性骨软骨炎的原因。在肌腱到骨结合部的生长软骨可能与胫骨结节骨软骨炎（奥斯戈德氏病）相关的疼痛有关。虽然胫骨结节骨软骨炎的病因尚不完全清楚，但是越来越多的证据表明，它可能部分由于微小的撕脱性骨折（即肌腱从骨上撕脱）。青少年类似的损伤可能与不正确的抗阻练习技术有关。

反复的微创伤会导致脊椎压缩性骨折，从而产生疼痛。在生长陡增期，许多青少年会出现腰椎前凸。前凸是增加了正常的腰椎弯曲度。过度前凸可能会导致下背部极度向内弯曲。这种情况也被称为摇摆背。导致腰椎前凸的因素包括椎体前部的生长增强和腘绳肌过紧。并不是所有的腰椎前凸都需要医学治疗，但如果曲线是僵硬的（固定的），就需要进行医学评估。

四、背部损伤

加强腹部肌肉（如仰卧起坐）和背部肌肉（如躬身动作、背部俯卧挺身）的训练，可以减少抗阻训练引起的背部问题。加强这些区域的训练有助于保持适当的运动技术，从而减轻下背部的压力。当青少年进行加强下背部的训练时，阻力应处于轻到中等强度的范围，允许至少重复 10 次。

如果不遵守青少年抗阻训练的安全标准，如成年人监督、安全器械和特定年龄的训练指南，就有可能造成灾难性的损伤。在一个案例研究中，一名 9 岁男孩因杠铃从卧推架上滚下并落到他的胸上而死亡。这一死亡事件凸显了要为所有青少年（尤其是儿童）的抗阻训练计划提供成年人的密切监督和安全的训练设备的重要性。

任何针对儿童的训练或活动建议有好处也有风险。在抗阻训练中虽然可能会发生损伤，但是通过成年人的密切监督、正确的指导、恰当的训练计划及仔细选择的训练设备，可以将风险降至最低。拿安全当理由阻止青少年参加抗阻训练计划是不对的。

第三节　避免损伤的主要因素

运动医学和运动科学专业人士的文献支持这样一种观点，即对青少年运动员进行力量训练是安全的，风险较低，但需要注意的是，实施过程中必须要有足以胜任的监督人员和恰当的计划。造成力量训练损伤的主要原因是练习过程中技术失误或发生意外。如果没有正确的指导和有效的监督，这些情况发生在青少年运动员身上会产生更严重的影响。力量房缺乏有效的规章（如不穿鞋）和设备故障（如长凳结构不足以支撑重量）都会造成意外损伤。损伤增加的其他因素包括不适当的训练计划造成的过度使用损伤，如青春期男孩每天做 20 组或 30 组屈臂以训练他们的肱二头肌。如果让儿童自行进行力量训练的话，结果会不尽如人意。因此，所有的主要组织，包括美国国家体能协会、美国运动医学学会、美国儿科学会和美国运动医学骨科学会，都强调成年人监督和由受过专业训练的人士为青少年运动员制订训练计划的重要性。对力量训练进行监督是安全有效的，对青少年运动员而言尤为如此（Guy and Micheli，2001）。合格的监督者应该了解运动技术、运动处方，以及青少年与成人在力量训练需求和要求方面的差异。虽然教练员和家长可以在这个过程中提供帮助，但是他们应该由认证的体能专家培训，以确保在与青少年运动员合作时所有正确的保障措施都到位。

一、正确的举起动作技术

对于在力量房中训练的青少年运动员，安全方面最重要的是对正确举起动作和练习技术进行恰当的指导及之后的理解。指导举起动作的基本知识包括以下几个方面。

（1）适当热身。

（2）恰当的热身组数。

（3）合适的站立姿势。

（4）身体位置和设备相契合。

（5）正确地抓握。

（6）练习动作的运动轨迹范围正确。

（7）举起时恰当的关注点。

（8）保护人员所处的位置正确。

此外，切记，青少年发育还不成熟。从生理上讲，他们的身体处于不断生长和发育的状态。青少年的神经系统仍在快速发育，直到 21 岁左右才完全成熟。从大脑到运动系统，一直在发生变化，神经通道也一直在发展。因此，教和学对青少年运动员的发展至关重要（Lloyd et al.，2016）。青少年的大脑在想象和理解演示的练习动作方面可能跟成年人有所不同。此外，对许多正在经历快速生长和发育的青少年运动员来说，通常由于神经系统缺乏综合调节系统，神经肌肉对动作的控制可能更具有挑战性，因此反馈非常重要，从简单到复杂的动作练习必须是训练课的重要部分。当强度增加，负荷增加过快或没有仔细监控运动技术时，即使对有训练经验的青少年运动员来说，受伤的风险也会增加。同样，随着举起动作变得越来越复杂，对神经协调的要求越来越高，教学、监控和练习技术就变得更加重要。由于手机上有随时可用的视频，反馈可以是实时的。如果使用恰当，显示身体部分和分析动作的简单应用程序也会有帮助。

随着训练技术复杂性的增加，举重教学对教练员来说要求可能会变得更高。自由重量举起动作，如下蹲、弓步、卧推，以及奥林匹克式的举重动作（如提拉、高翻和抓举），都可以作为教学内容，并可以被添加到力量训练计划中。然而，很多时候，如果教练员不能正确地讲解练习动作，就会增加急性损伤和过度使用损伤的可能性，并最终降低该练习的训练效果。理解正确的运动技术和相关的运动保护要求是安全有效进行力量训练的必要条件。正确的运动技术教学对自由重量器械和重量器械训练都很重要。关于训练技术的详细解释，请参阅克雷默和弗雷克 2005 年出版的书，该书详细描述了 120 多种训练技术（Kraemer and Fleck，2005）。

二、正确的保护技术

对器械练习和自由重量练习的保护和练习技术一样重要。保护是指一名或多名保护人员根据需要协助运动员完成举起动作。保护人员不仅帮助运动员完成重复动作，还帮助他们纠正不正确的练习技术。保护人员对于力量训练的安全进行至关重要。以下是保护人员应该随时使用的一份保护清单，该清单由克雷默和弗雷克 2005 年提供。

（1）了解正确的练习技术。

（2）了解正确的保护技术。

（3）确保保护人员足够强壮，可以帮助运动员。

（4）了解运动员计划的重复次数。

（5）时刻关注运动员。

（6）如果使用了不正确的练习技术，要及时制止。

（7）如果使用了不正确的练习技术，纠正该技术。

（8）了解发生严重损伤时的救助行动计划。

保护的目的是预防损伤。运动员应该有保护人员。在没有适当监督的情况下，任何运动员都不能进行抗阻训练。保护人员和运动员都应该知道训练计划中所有正确的练习方法与保护技术。如果运动员有足够的责任心，他们可能会互相保护。如果运动员不能保护对方，可以请其他受过训练的人帮助，或者减少一次训练的人数。

三、合适的训练设备

对青少年运动员来说，合适的训练设备对安全训练至关重要。如果青少年不适应器械重量训练，可能会出现一系列的问题，包括训练的运动范围不完整、负荷压力不适合而导致急性损伤或过度使用损伤，以及肌肉发育不当。当使用自由重量训练器械时，这些问题可以避免或减少，教练员需要为每名青少年运动员配备与之相适应的训练器械。大多数器械训练是为“标准成年男性”设计的，青少年运动员的肢体和体型可能与器械不匹配，对试图在运动范围内改变阻力（即可变阻力）的器械来说尤其如此，因为青少年的力量曲线（即在运动范围内产生力的模式）与成年人的力量曲线不匹配，没有一台器械能够典型地拟合在青少年运动员群体中出现的一系列力量曲线。仅上下移动座位或更换垫子可能无法解决问题。除了匹配问题外，还有器械重量的问题，如重量太大以至于无法完成一次重复，或者从一组配重片到下一组配重片的增量太大。如果教练员觉得设备或负荷不行，可以为青少年运动员选择自由重量训练（Kraemer and Fleck，2005）。

四、正确的呼吸技巧

在举起前吸气，举起或推出重物时呼气。在开始一组练习之前，先做几次深呼吸，然后准备进行一组练习。查看身体的位置、站姿和握姿，专注于将要训练的肌肉。然后在举起前吸气，在举起时呼气。当把重量、杠铃片、举重带或身体质量降低或放回到开始位置时，吸气，为下一次重复练习做准备。尽量不要屏住呼吸，这可能是阻力或负荷变大时的自然行为，是典型的最大用力举起动作。在大多数情况下，青少年运动员的目标不是举起最大的重量，当试图做好最后一次重复动作时常常会屏住呼吸，所以在举到力竭时要更加小心。当在一组中进行最后一次重复动作所带来的增益减少时要果断放弃。屏住呼吸会使血压升高，流向大脑的血液减少，导致头昏眼花甚至昏厥。因为举起最大或接近最大的阻力不是青少年运动员力量训练计划的目标，所以没有必要过度屏气。教练员在任何时候都应该指导和鼓励他们使用正确的呼吸方法。

正确练习技术示例

以下是青少年运动员进行力量训练时使用的练习示例。

平板杠铃卧推

开始姿势：仰卧在扁平的训练凳上，双手正握杠铃，掌心向上。握距比肩稍宽。杠铃在上胸部的上方，保持一臂长的距离（a）。后脑勺、上背部和臀部与长凳接触。双脚分开比臀部宽，平放在地面上，膝关节呈90°角。

动作及结束姿势：控制好杠铃，将其下放到中胸部（b）。让杠铃触及中胸部，然后伸展双臂，推起杠铃回到起始位置。上臂在触胸的位置与躯干成65°～90°角。如果从侧面看，杠铃的末端在手臂长度位置和触胸位置之间呈平滑的弧线移动。

保护：当使用小重量时，一名保护人员可以站在青少年运动员的头部后方，必要时提供协助。如果使用大负荷，应有两名保护人员协助，他们站在杠铃杆的两端，面对对方。

(a)

(b)

杠铃颈后深蹲

开始姿势：身体直立，双脚与臀部同宽或比臀部稍宽，双脚平放在地面上，重心放在脚中部和脚后跟部位，脚趾笔直向前或稍向外，头直立，目视前方，杠铃放在肩胛骨的脊柱上，双手正握杠铃，掌心向前，双手与肩同宽或比肩稍宽（a）。从起蹲架（或蹲举架）上取下杠铃，进入开始位置。

动作及结束姿势：慢慢屈膝控制下蹲，蹲至大腿上部与地面平行（b）。当膝关节弯曲时，膝关节应向前移动并与脚趾上方保持同一直线。控制好速度回到起始位置；躯干微微前倾，但应该始终保持挺直，脚保持平放在地面，重心始终保持在脚中部和脚后跟区域。保持抬头挺胸，两眼目视前方。

保护：杠铃颈后深蹲应在起蹲架或类似的安全装置中进行。建议由 2～3 名保护人员进行保护，两端各一名，后面一名。

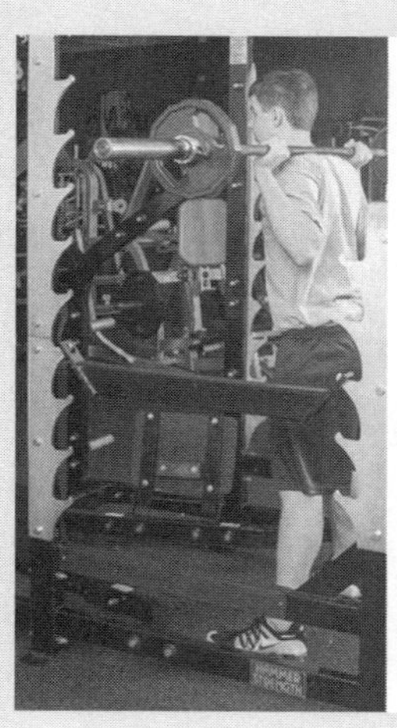
(a)

(b)

坐姿拉力器划船

开始姿势：坐在拉力器的平凳上，躯干与大腿约呈 90°角，两脚分开与臀部同宽，平放在脚踏板上，膝关节稍弯（a）。躯干直立，背部略微向后拱起，颈部和头部与背部的其余部分成一条直线。双手正握手柄，肘部伸直，手柄保持在一臂的长度，肩胛骨放松、分开，调整拉力绳的长度或座位的位置，以便在开始的位置感觉到阻力。

动作及结束姿势：控制好手柄，将其拉动到触碰胸部的位置（b）。拉动开始，肩胛骨用力往后夹，然后弯曲肘部。当手柄碰到胸部时，肩胛骨仍然夹在一起，肘部稍微在背后一点。肩胛骨在整个拉动过程中一直保持紧夹状态，当向前送回手柄时，肩胛骨才分开。在触碰胸部的位置作短暂停留，然后控制好手柄返回到开始的位置，直到伸直肘部时再放开肩胛骨。

变化：因为手柄有几种类型，所以手握柄的姿势可以不同，握距宽度也可以不同。在拉的过程中，肘部离身体的高度和距离也可以不同。

保护：训练中正确的姿势和良好的技术都是必要的；不需要提供保护。

（a）

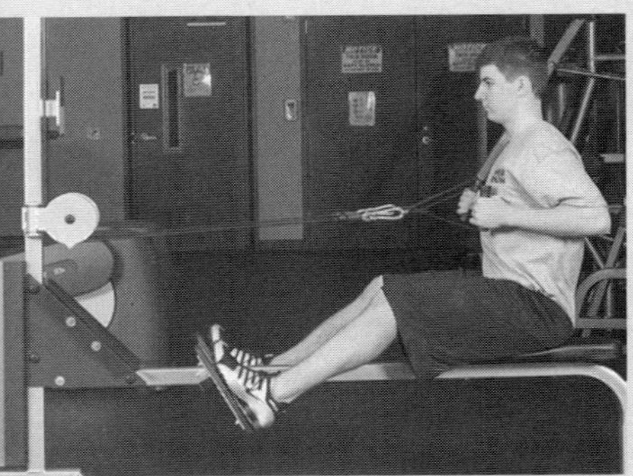
（b）

杠铃箭步蹲

开始姿势：笔直站立，双脚平放在地面上，与臀部同宽或比臀部稍宽，躯干直立，抬头，目视前方，杠铃放在肩胛骨上，与后蹲时杠铃的位置相同，双手正握杠铃，掌心向前（a）。握距比肩稍宽。从起蹲架或蹲举架上取下杠铃，进入开始位置。

运动及结束姿势：一条腿小心向前迈出一步，双脚在迈步后仍然与臀部同宽。迈出的步幅应该足够大，这样最后的姿势如下：向前迈出的那条腿的膝关节应在脚中央的上方位置，而不要超过脚趾或在脚跟后面。迈出的腿小心屈膝，直到后面那条腿的膝关节几乎触到地面（b）。迈出的脚始终保持平放在地板上，后脚在前腿弯曲时脚跟可以抬起，以脚趾撑地。前腿弯曲后，有控制地伸展膝关节，但不要完全伸直小腿。重复该练习动作直到完成所需次数。在完成预期的重复次数后，用前腿蹬离地面，接着后退两小步回到开始姿势。换另一条腿重复上述动作，完成预期的重复次数。在整个练习过程中，躯干应尽可能保持直立。

保护：技术至关重要。一些常见的错误技术动作包括以下几个方面——向前迈的步子太小，以至于当膝关节弯曲时，迈出去的那条腿的膝关节在脚趾的前面；向前迈的步幅太大，膝关节弯曲时迈步的那条腿的膝关节在脚跟后面；在完成向前迈步后，双脚距离没有与臀部同宽，造成在运动过程中因支撑面窄而难以保持平衡；躯干没有尽可能地挺直，这给下背部造成了过度的压力。当涉及所有杠铃箭步蹲的保护和安全时，向前迈出的长度不正确会给迈出腿的膝关节带来不必要的压力。推荐配备两名保护人员，杠铃两端各一名。哑铃箭步蹲通常不需要保护，因为在此情况下躯干更容易保持直立，从而减少了下背部拉伤，所以哑铃箭步蹲比杠铃箭步蹲更容易进行。

（a）　　（b）

第四节　抗阻训练的开始时间

开展和管理安全有效的青少年抗阻训练的先决条件是既要了解既定的训练原则，又要理解青少年的身体和情感的成熟度。虽然对青少年何时可以开始抗阻训练没有最低年龄要求，但是青少年必须在心理和情感上准备好服从教练员的指导，并准备好承受训练带来的压力。一般来说，如果青少年为参加体育活动做好了准备，那么这就意味着他们准备好了进行某种类型的抗阻训练。青少年在开始任何运动或力量训练之前，应由基础保健医生进行全面的医学评估。

一、心理成熟度

心理成熟度以及参加训练的愿望，决定了任何力量训练计划的质量。如果青少年运动员不明白为什么这些训练计划是重要的，或者不具备参加力量训练的心理成熟度，那么取得成功的机会将是有限的。不应该强迫任何青少年运动员进行举重练习。高强度训练并非适合所有的青少年运动员，过度疲劳是青少年体育运动中一个普遍存在的现象。强迫青少年运动员进行超出他们身体和情感能力的训练不会带来长期的成功。训练应该成为积极生活方式的一部分，应该消除与之相关的负面影响。训练不应该被用作惩罚措施，运动员和教练员都应该积极看待力量训练。在高水平的体育运动中，让运动员错误进行“强化训练”或“纪律训练”的力量训练，导致了不应该出现的悲剧发生，这种令人不安的行为不应该被容忍。

二、生理成熟度

如果运动员已成熟到可以参加运动项目，他们应该明白需要调整自己的身体才能承受运动训练的艰苦。和其他运动员一样，青少年的身体必须做好准备才能满足比赛的要求。青少年经常同时参加 2～3 项运动项目（如足球、空手道和篮球），这给他们的身体带来了巨大的压力，有时没有时间进行抗阻训练。在一个被很多心理学家称为“过度培养”的社会里，运动时间安排有限，运动计划中第一个被去掉的就是力量训练。因此我们需要重新审核青少年运动员的运动时间表，以便为这方面的运动训练腾出时间。即使当今，许多青少年运动员在进入比赛季时，几乎没有或根本没有做好赛前身体训练以满足运动项目的要求。在所有青少年的运动中，受伤率为每 1 000 小时 1～10 人次，其中约五分之一是需要康复的严重损伤，受伤者至少一个月不能参加任何赛事。值得注意的是，大约 20%的运动损伤是反复发生的。现在越来越清楚的是，冲撞可能会导致损伤或使其复发，团队运动中的损伤风险高于个人运动的损伤风险，比赛中的损伤风险高于训练中的损伤风险（Theisen et al.，2014）。采取预防措施可平均减少 50%的损伤（Theisen et al.，2014）。因此，青少年运动员应做好身体运动能力的准备，以承受体育运动的训练和比赛压力。

力量、身体生长和成熟

如前所述，青少年的身体经历了成长和持续多年的变化。不同年龄组和不同性别的成熟与发展是不同的。因此，当教练员训练一群 12 岁的儿童时，面对的可能是成熟度最多样化的一个群体。在儿童时期，许多与生长发育有关的生理变化快速且持续地发生。通常，从儿童时期到青少年早期肌肉力量都在增加，这个阶段男孩的力量增加速度显著，而女孩的力量则普遍处于稳定增加阶段。切记，肌肉施加的最大作用力与环境所受的作用力大不相同。

由于训练刺激不足增加的力量可能与正常的成长发育所增加的力量没有区别。如果想看到正常生长之外增加的力量，就必须延长训练时间，并采用恰当的强度和频率。由于儿童成长很快，只有通过持续的训练，才能使训练增加的力量多于由正常生长发育增加的力量（Blimkie，1992；Faigenbaum et al.，2009）。

有证据表明，力量训练对青少年是有效的（Kraemer and Fleck，2005）。多项研究表明，制订适当的抗阻训练计划可以促进青少年力量的增加（超过正常生长发育增加的力量）。一项为期 9 个月的研究表明，6 岁的儿童已经从抗阻训练中获益。迄今为止，在选取的力量测试中，没有明确证据表明青春期前的男孩和女孩在力量方面有很大不同。

青少年运动员的生长发育涉及许多方面。生长不是基于一个单一的因素，如身高。许多因素都影响着发育和健康，包括遗传潜力、营养和睡眠。成熟是走向成年的过程。在检查青少年的成熟度时，可以考虑以下几个方面。

- 体型。
- 骨骼成熟度。
- 生殖成熟度。
- 心理成熟度。

上面每一项都可以用于临床评估。家庭医生对青少年这些方面的生长发育做出各种评估是很常见的。每个人都有一个实际年龄和生理年龄。生理年龄是最重要的，因为它决定了身体功能能力和运动表现，教练员在制订力量训练计划时应该考虑到这一点。生理年龄与青少年的成熟速度有关，随着时间的推移，他们的成熟度会有所不同。

力量发展的生理机制

青少年的身体发育是一个长期的现象，许多系统（如神经系统）直到 21 岁左右才完全成熟（Kraemer et al.，1989）。神经机制似乎是调节青春期前力量增加的主要机制。一些关于训练的研究报道了青春期前儿童力量的显著增加，但整体上肢体形态没有相应地发展（Lloyd et al.，2016）。与年龄较大的人相比，如果没有足够浓度的循环生长因子和雄激素来刺激增加肌肉尺寸，青春期前儿童似乎更难增加肌肉质量。因此，青春期前儿童的训练计划不应该强调这些目标。

在瘦体重没有相应增加的情况下，青春期前儿童训练引起的力量增加的主要原因包括神经适应（即运动单位激活的增加和运动单位协调、募集和放电的变化趋势），以及可能的其他内在肌肉的适应。运动技能表现的提高和相关肌肉群的协调也可能起到重要作用，因为测量到的训练引起的力量增加通常大于神经肌肉激活的变化。

与女孩相比，男孩睾酮的分泌具有显著影响。在青春期，男孩的睾酮分泌与瘦体重的显著增加，以及其他和性别相关的变化（肩宽和面部毛发）有关。在男孩的青春期期间和青春期后，训练引起的力量增加反映在循环睾酮的急剧增加上（图 13.1）。研究表明，要看到青春期男孩（14 ~ 17 岁）训练后睾酮的显著增加，需要两年的训练（Kraemer and Fleck，2005；Kraemer et al.，1992）。

其他激素和生长因子（如生长激素、胰岛素和胰岛素样生长因子）也与体内的合成代谢信号有关，可能对女性的肌肉发育尤为重要。生长激素和胰岛素样生长因子-1（IGF-1）轴具有复杂性和多态性。这个轴由来自下丘脑的激素信号组成，刺激垂体前叶释放生长激素。释放的生长激素随后在血液中循环，可以刺激从肝脏中释放 IGF-1，以及刺激肌肉自身与肌肉中固有的 IGF-1 结合。因此，当生长激素从垂体中释放出来时，其大大影响了许多组织。当 IGF-1 从肝脏的肝细胞中释放出来时，它可以与许多组织相互作用，包括肌

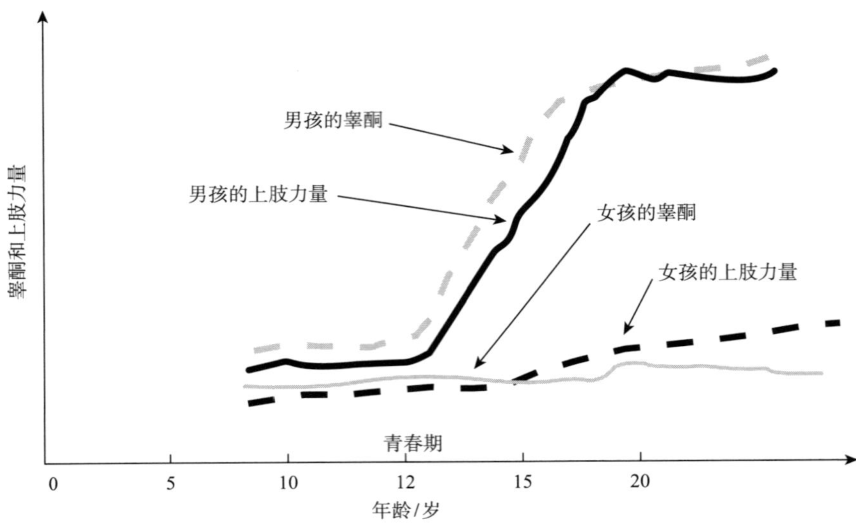

图 13.1　男孩和女孩静息睾酮浓度与上肢力量的理论关系

肉组织和骨骼组织。很多合成代谢激素和生长因子对身体的生长和发育反应积极，并受到训练的影响。

脉冲式生长

人生长最快的阶段是在子宫内，速度从每周 0.5cm 到每周 2.5cm。出生后的生长分为 3 个不同的阶段：婴儿期、儿童期和青春期。在出生后的最初阶段，人平均每年长高 15cm，这被称为婴儿期生长速度，受到胎儿生长因子的影响，这一时期婴儿平均身高可达 79cm。儿童时期人的生长速度开始减慢，一般在 3 岁左右，平均每年长高 6cm。儿童期的生长依靠生长激素，此时，儿童的平均身高为 85cm。青春期的生长速度为平均每年 10cm，受性类固醇影响，既直接影响生长，又刺激生长激素和 IGF 分泌。

第五节　力量训练对青少年运动员的益处

一个制订和实施恰当的青少年力量训练计划可以让青少年获得巨大益处。人们对力量训练的困惑始于 20 世纪 70 年代，当时对抗阻训练和青少年的科学研究表明，抗阻训练很少或根本没有对力量产生积极影响。这导致许多人认为力量训练对青少年没有明显的益处。这是基于设计和测试中一些关键性的实验误差得出了这种错误结论。自 20 世纪 80 年代中期以来的所有研究都表明，肌肉力量增加了，瘦体重也增加了，这样的变化在青春期后是可能的。过去 25 年的大多数科学研究也充分表明，只要抗阻训练的训练时间长度和强度正确，青少年就可以显著地增加他们的力量（独立于生长和成熟中增加的力量）。抗阻训练的益处可能远远超出了力量的增加，不仅可以改善其他生理系统（如结缔组织的强度和密度），还可以改善身体机能并预防损伤情况（Kraemer and Fleck，2005）。

抗阻训练对儿童的主要益处如下：

- 增加肌肉力量和局部肌肉耐力。
- 提高运动表现。
- 提高结缔组织的强度和保护性。
- 改善精力状态。
- 提高运动中的动作控制能力。
- 提升自我形象和自信心。
- 改善情绪状态。
- 预防运动损伤。
- 养成终身训练的习惯。

一、增加力量

对以前没有进行过力量训练的青少年运动员来说，如果参加任何类型的力量训练，随着时间的推移，力量都会有一些增加。年龄较小的运动员，特别是没有抗阻训练经验的小运动员，目前还没有完全理解对他们非常重要的训练强度、组数和量等训练计划中的变量。在特定年龄段出现初始适应后，所使用的抗阻训练计划类型可能会影响特定类型的训练适应。这将需要今后的长期研究。此外，训练计划必须周期化，或随着时间的推移而改变，否则如果青少年运动员出现厌倦，就不会再坚持训练。

据报道，进行 8 周的渐进性抗阻训练后，肌肉力量增加了 74%。平均而言，经过短期（8～20 周）的抗阻训练后，青少年运动员的力量通常会增加 30%～50%。增加的力量中有多少与训练早期阶段的运动学习效果有关，仍有待确定。据报道，在青春期前获得的相对力量增益（提高的百分比）等于（如果不是更大的话）青春期获得的相对增益。显然，与青春期前相比，青少年绝对力量的增加（如举起的重量）似乎更大，成年人比青少年获得更大的绝对力量的增加。

当青少年运动员停训时，停训现象就开始了，机能水平等出现减退现象，如果停止力量训练的时间足够长，青少年运动员的身体力量优势就会丧失，因为自然生长速度会帮助未受过训练的同龄人赶上来（Blimkie，1992）。如果有足够的时间，青少年运动员的快速生长阶段似乎会使未经训练的和之前训练过的青少年运动员在生理发育上达到相同的水平，尤其是在青春期前和青春期期间的生长阶段。

在一项研究中，经过 20 周的力量训练后，每周进行一次训练不足以保持青春期前男孩的力量增长，而一组青春期男运动员进行 12 周的抗阻训练后，维持每周一天的训练计划与每周两天的训练计划一样足以保持力量的增长（Blimkie，1992）。很明显，对青少年运动员来说，想要比未经训练的同龄人在身体上更有优势，每周进行不少于一天的训练是有必要的。

二、提高运动表现

有报道称，参加抗阻训练的青少年某些运动表现有所提高。有研究报告了其跳远或纵跳的成绩提高了，短跑和灵敏跑的时间减少了。与此相比，也有报道称，经过几周的力量训练，青少年的力量显著增加，但特定的运动技能没有相应地提高，这表明训练效果没有从力量训练向运动技能迁移。由于抗阻训练的效果取决于训练刺激的持续时间、频率、速度和量，因此训练计划不具专项性可以解释迁移效果不佳的原因。

当考虑力量训练计划对运动技能的影响时，必须记住专项性原则。青少年运动员的训练适应与成年运动员一样，在动作方式、运动速度、收缩类型和收缩力等方面具有专项性。训练计划与生物力学运动的匹配程度将部分地决定运动技能的迁移量。青少年运动员还必须训练运动专项技能。这就引发了一个问题，即青少年运动员何时应该开始采用专项运动训练方法。这个问题的答案取决于运动员的年龄，以及运动员是否已通过核心训练建立了坚实的力量基础。

由于实验设计问题和训练时间有限而不足以区分高技能成分的运动表现，因此关于力量训练对青春期前和青春期运动表现影响的结论仍不明确，但其肯定会促进身体的生长发育。总的来说，直接、间接的有限证据和对老年群体的观察表明，常识性专项运动抗阻训练会在一定程度上提高运动表现。减少季前赛和赛季的练习课，以留出充足的时间进行准备性抗阻训练是合理的，前提是训练计划监督到位，循序渐进，并且有足够的持续时间和强度。此外，研究设计中的周期性训练计划需要得到优化，尤其是长期训练计划。

三、降低损伤风险

青少年不能通过“娱乐”的形式来塑造自己的体形，因为运动的负荷和需求不能刺激改善肌肉与结缔组织的生长和强度。因此，青少年进行抗阻训练的好处之一可能是它能够更好地为儿童参与运动和娱乐活动做好准备，从而降低损伤风险（Faigenbaum et al.，2009；Milone et al.，2013；Zwolski et al.，2017）。

家长和教练员可能都希望通过力量训练来降低损伤风险，但是运动成绩的提高对于激发青少年运动员参与这种形式补充训练的兴趣也起着重要作用。青少年运动员主要从提高运动表现的角度来看待力量训练，因为他们中的许多人已看到高中和大学的榜样参加了这种训练。那些寻求降低运动和力量训练损伤发生率的专业组织在确保力量训练带来的增益方面能够发挥重要作用（Faigenbaum et al.，1996，2009）。

四、终身训练习惯和其他好处

越来越多的青少年和成年人患上肥胖症及糖尿病，对许多超重且不习惯耐力性运动的青少年来说，抗阻训练是一项最初级的且可信赖的运动。虽然抗阻训练始终是整个训练计划的一部分，但是有助于改善各种与生活质量相关的因素（如改善情绪状态、提升自我形象、提高能量水平和减少代谢功能障碍）（Bea et al.，2017；Faigenbaum et al.，2009；Walters et al.，2018）。除了预防损伤及促进身体发育以提高运动表现外，抗阻训练还有许多其他好处。开发青少年运动员的身体潜能是任何抗阻训练计划的最终目标。然而，如果青少年运动员真正享受在力量房中的训练，其最重要的好处可能是训练习惯的养成。随着世界各地的人们肥胖率的上升，增加运动量对青少年来说十分重要。然而，为了实现青少年抗阻训练在身体和社会心理健康方面的所有潜在益处，教练员和指导人员必须了解青少年脆弱的心理状况和身体的独特性。

为青少年运动员制订和实施适当的力量训练计划，有助于其获得其他一些健康和健身益处，包括以下几个方面。

- 提高血压对应激的反应。
- 改善骨密度。
- 改善身体结构的轮廓。
- 促进心理健康。

通过力量训练，青少年运动员提高了对运动或日常活动应激源的耐受性，有助于降低心血管对特定任务的反应（如血压）。此外，当需要最大用力时，它将帮助身体适应和提高对血压峰值的耐受性。力量训练使骨骼产生应力、张力，使骨骼压缩和弯曲，改善骨骼的整体结构（包括骨密度），这对女性青少年是有益的。力量训练可以促进瘦体重（肌肉和骨骼）的增加，并有助于减少身体脂肪，让身体结构的轮廓更好。进行力量训练可以提升青少年的自信心并改善身体形象，帮助个人获得更好的心理感觉，但前提是力量训练计划能够持续、有效地被执行，这对青少年运动员来说非常重要。

第六节　青少年力量训练的误区

尽管有人认为抗阻训练阻碍青少年结构性生长，但目前的观察表明，青少年抗阻训练（长达 20 周）不会对生长模式产生不利影响。如果青少年在进行力量训练时遵守特定年龄的运动指南及营养建议（如充足的钙），包括力量训练的体育活动，这可能会对任何发育阶段的生长产生有利影响，尽管不会影响青少年运动员可以自然生长达到的最高高度。虽然健康不应简单地被定义为没有疾病，但是适用于青少年健康的可操作性定义很难得到界定，因为实现最佳健康所需的行为仍存在争议。尽管根据成年人的结果推断青少年的情况很有吸引力，但也必须谨慎行事，因为对成年人而言的健康，对儿童来说不一定如此。目前支持通过力量训练而获得与青少年健康相关的有利特征的研究有限。然而，相关研究支持了这样一种观点，即力量训练可能会改善青少年的整体健康状况，而不是对其产生负面影响。

女性青少年可能会有不同的看法，这取决于学校与健身俱乐部提供的运动和力量房的可用性。女孩经常把力量训练与男性形态特征联系在一起，害怕肌肉“变大”或“长肌肉”限制了一些女孩的主动参与。在这种情况下，适当的指导和澄清对力量训练存在的误解是必要的（如由于缺乏睾酮和肌肉细胞数量，女孩不会长出大块肌肉）。此外，还需要为女孩树立力量房中的训练榜样（如进行力量训练的成功女性运动员），同时也需要有能胜任的教练员。这强调了对女性进行适当的训练和指导的必要性（见第十二章）。

第七节　青少年运动员力量训练指南

训练计划需与青少年运动员的年龄相适合，并将他们的训练背景补充进去。由于教练员对影响青少年运动生理能力和心理能力的重要成长和发展问题缺乏了解，往往使用了太多成年人的训练计划。对诸如训练效果、收益及计划适合性等问题的回答集中了公众和医学界对这种训练方式的关注（Kraemer and Fleck，2005）。在过去的25年里，各大运动医学组织和运动科学组织都通过他们的见解声明及训练指南对青少年运动员的力量训练提供了支持。

当为青少年运动员制订力量训练计划时，克雷默和弗雷克（2005）提出了一些应该解决的重要问题，具体如下：

（1）青少年的身心是否准备好了参加抗阻训练？

（2）青少年应该接受哪种抗阻训练？

（3）是否了解计划中每个练习的正确举起动作技术？

（4）是否了解计划中每个安全保护技术？

（5）是否了解计划中使用的每个设备的安全问题？

（6）抗阻训练器材是否适合青少年？

（7）青少年是否有均衡的运动训练计划（即除了抗阻训练外，还参加循环活动和其他运动）？

（8）在制订计划时是否考虑了对青少年生长软骨可能造成的损伤？

（9）是否所有的练习技术都适合青少年？

青少年应能承受力量训练计划规定的练习压力。对个性化运动处方、适当监督及监控训练计划等观念的讨论贯穿本书。为了让这些观念发挥作用，家长、老师和教练员需要与青少年运动员进行沟通，而不要考虑年龄。成年人应该倾听青少年的担忧和恐惧，鼓励他们进行讨论和反馈。最重要的是，教练员需要运用常识，提供有变化的练习、积极的恢复期和训练后的休息，不要掉入“训练得越多越好”的陷阱。

虽然训练计划的建议会被提出来，但是这些只是非常笼统的指导方针，不存在一个理想的计划。青少年运动员应该从本人可以承受的训练计划开始，而且随着年龄的增长该计划可以帮助他们进一步提高。对抗阻训练计划耐受性的巨大变化可以反映出青少年成熟度的提高。重要的是不要高估青少年对训练或运动项目的耐受能力。开始训练时最好放慢节奏，不要超过其训练耐受力而减少了他们参与的乐趣。遵循特定的力量训练原则，制订反映青少年发展状况的计划。遵循恰当的训练计划指导方针，在发展的每个阶段都可以实施抗阻训练计划，既不损害其积极性，也不高估训练的耐受性（Kraemer et al.，2000）。家长、老师和教练员必须永远记住，这个计划不是为他们自己制订的，青少年有参加或不参加训练或运动项目的自由。成年人有责任提供一个积极的环境，并为参加训练的青少年提供服务。

美国国家体能协会在其最新的声明里（Faigenbaum et al.，2009）规定了以下指导方针。

（1）提供合格的指导和监督。

（2）确保训练环境安全无危险。

（3）每次训练开始时，先进行 5 ~ 10min 的动态热身。

（4）从相对较小的负荷开始，始终专注于正确的练习技术。

（5）包括加强腹部和下背部的专门训练。

（6）关注肌肉发育的对称性及关节周围适当的肌肉平衡性。

（7）上肢和下肢爆发力练习：进行 1 ~ 3 组，每组重复 3 ~ 6 次。

（8）根据需求、目标和能力合理地推进训练计划。

（9）随着力量的提高，逐渐增加阻力（5% ~ 10%）。

（10）用强度较小的健美操和静态伸展进行放松。

（11）在每次训练课，倾听个人的需求和关注点。

（12）每周进行 2 ~ 3 次抗阻训练，不在相邻的两天内连续训练。

（13）使用个性化训练日志来监控进度。

（14）通过系统地改变训练计划，保持计划的新鲜感和挑战性。

（15）通过健康营养、适当的补水和充足的睡眠优化运动表现和促进恢复。

（16）教练员与家长的支持和鼓励将有助于青少年保持训练兴趣。

一、初学者的训练计划

应该注意的是，利用青少年自身体重和同伴阻力进行抗阻训练可以有效地促进肌肉的运动适应性。如果青少年超重，就不能在要求的运动范围内训练，在这种情况下，可以用同伴抗阻训练来代替。关于利用青少年自身体重和同伴阻力进行训练有大量的论述，请参阅克雷默和弗雷克（2005）的研究。在力量训练计划开始之前，青少年应该有一个基本的适应水平。

年龄不同，训练起点和训练计划也有很大的不同。克雷默和弗雷克（2005）制订了不同年龄起点的训练指导原则，如表 13.1 所示。在五六岁的儿童开始进行抗阻训练时，应该通过自重训练和同伴的重力训练来发展他们的基本力量，并为他们长大后的其他抗阻训练做好准备。同样，必须注意他们的体重不会使他们超负荷，导致他们很少完成或没有完成训练重复次数。如果存在限制，可以使用轻哑铃或同伴抗阻训练发展所需的力量，以提高自重训练的表现。

表 13.1　青少年抗阻训练进程的基本指导原则

年龄	注意事项
≤7 岁	引导青少年进行轻重量或无重量的基础练习；阐释训练课的概念；教授运动技术；从自重健美操、同伴训练和轻度抗阻训练中逐步取得进步；保持较小的训练量。
8～10 岁	逐步增加练习次数，练习各种举起动作技术，开始逐渐增加训练负荷，保持练习的简单性，缓慢增加训练量，仔细监控青少年对练习压力的耐受性。
11～13 岁	教授所有的基本练习技术，每项练习采用持续渐进式负荷，强调练习技术的正确性，在很少或没有阻力的情况下，引入更高级的练习。
14～15 岁	进展到更高级的抗阻训练，增加专项练习的内容，强调练习技术，增加训练量。
≥16 岁	在获得训练背景经验后进入成年人训练计划。

［资料来源：W.J. Kraemer and S.J. Fleck, *Strength Training for Young Athletes*, 2nd ed. (Champaign, IL: Human Kinetics, 2005), 13. 经许可改编］

如果青少年进入某个年龄阶段，没有任何的先前训练经验，那么必须从先前的水平开始，并随着训练的耐受性、技能和理解能力的增加向更高的水平发展。

二、青少年运动员力量训练的细节

为青少年运动员制订力量训练计划的步骤应与为成年人制订力量训练计划的步骤相同。在有组织、有监督的青少年基础训练计划中，每周 3 次训练课，每次 20～60min。力量训练应在既安全又愉快的气氛中进行。训练环境应反映计划的目标和期望。随着青少年年龄的增长，可以开发更高级的训练计划。表 13.1 显示了青少年的训练计划进展情况。青少年需要准备好参加力量训练，并了解哪些是必要的，以获得最大训练收益。

练习分类

练习可以通过多种方式被分类。

• 单关节练习只需要刺激一个关节周围的肌肉。

• 多关节练习使用围绕多个关节的协调运动。

• 器械练习固定动作路径，青少年运动员必须适应所使用的训练器材。因为不需要平衡，这就限制了使用辅助肌肉。

• 自由重量练习不固定动作路径，它们需要平衡与协调以使青少年举起重量和平衡移动的物体。这需要激活许多额外的肌肉来稳定身体姿势和辅助器械来完成动作。

• 结构性练习需要整个身体来举起重量，需要多关节运动的协调一致。

这些不同类型的练习见图 13.2。

（a）屈腿练习

（b）腿推举

（c）双侧肱二头肌弯举

（d）上拉（高拉）练习

图 13.2　根据使用的器械类型和涉及的关节数量对练习进行分类

注：屈腿练习是一种单关节、固定形式的器械重量练习；腿推举是一种多关节、固定形式的器械重量练习；双侧肱二头肌弯举是一项自由重量、自由形式的单关节练习；上拉（高拉）练习是一种自由重量、自由形式、多关节结构性练习的例子。

训练计划的变量

一开始，建议每次练习所使用的阻力用可以完成的最小重复次数，一旦可以完成最大重复次数，就需要增加阻力，这样再次先从最小重复次数开始。应该不断强调训练形式和保护技术。练习应该以可控的方式进行，这有助于防止失去对重量的控制而造成的损伤，也可防止损坏器械的配重片。尤其对青少年运动员来说，了解如何进行训练及如何进行保护是力量训练计划成功执行的第一步。

由于力量训练计划的目标是针对每个青少年的个人需要而制订的，因此训练计划也会有所不同。训练计划重要变量的各种组合（如练习选择、练习顺序、阻力使用、练习的组数、组间的休息时长）已被证明对青少年是安全有效的，前提是制订训练计划的人员使用了科学的信息、公认的训练原则和常识。青少年运动员必须使用正确的技术进行所有的练习，并且必须仔细监控训练压力（阻力和休息时间），以确保每个青少年都能承受规定的训练。理想的方法是将力量训练纳入一个周期性的训练计划，在这个计划中，训练的量和强度全年都在变化。教练员必须认识到青少年运动员成熟度的正常差异，并清楚身体发育的遗传倾向。不应将青少年视为“小大人”，也不应将成年人运动的指导方针和训练理念强加给青少年。

三、训练计划范例

下面的橄榄球运动的力量训练计划示例展示了本章讨论的一些原则。与任何训练计划示例一样，仅将其用作各种运动不同方面的指导方针。如想了解更多的训练计划简介，请参阅克雷默和弗雷克（2005）的研究。

橄榄球运动的力量训练计划

赛后季（非赛季）训练计划

热身运动：慢跑或骑自行车约5min，然后进行常规拉伸练习。

练习项目

练习者按所列顺序进行练习。斜体字的练习项目表示在这个阶段可以进行的周期性抗阻练习。

- *卧推*
- *下蹲或腿推举*
- *过头推举*
- *屈腿收腹*
- 坐姿划船
- 膝关节伸展
- 屈肘
- 腹部练习

大约用时

- 每周3次训练课，每次至少相隔一天
- 每次练习60 ~ 70min

附加的损伤预防练习

- 颈部练习
- 肩袖练习
- 提踵练习

附加或替代练习

- *硬拉*
- 背部下拉
- 箭步蹲
- *前蹲*

- *窄距卧推*

高级练习项目

练习者每组重复次数不应超过 5 次，使用 8～10RM 的阻力。如果进行高级练习，应该在训练课开始时进行。

- 从膝关节或大腿水平位置高翻或挺举
- 从膝关节或大腿水平位置高抓或抓举

训练计划说明

- 形式：组数-重复次数
- 组数：2～3 组
- 阻力：10～12RM
- 组间休息时间：2～3min
- 腹部练习每组重复次数：20～30 次
- 其他：四分卫和进攻锋线队员进行补充的肩胛带运动

季前赛训练计划

热身运动：慢跑或骑自行车约 5min，然后进行常规拉伸练习。

练习项目

练习者按所列顺序进行练习。斜体字的练习项目表示在这个阶段可以进行的周期性抗阻练习。

- 上斜卧推杠铃
- *后蹲*
- 背部下拉
- 屈腿收腹
- 反向屈肘或屈肘
- 腹部练习
- 肩关节旋内和旋外（特别是四分卫）

大约用时

- 每周 3 次训练课，每次至少相隔一天
- 每次练习 30～45min

附加的损伤预防练习

- 提踵练习
- 肩袖练习
- 颈部练习
- 膝关节伸展练习

附加或替代练习

- *窄距卧推*

- 坐姿或弯腰划船练习
- *卧推*
- *屈腕*
- *硬拉*

高级练习项目

练习者每组重复次数不应超过 5 次，使用 8～10RM 的阻力。如果进行高级练习，应该在训练课开始时进行。

- 从膝关节或大腿水平位置高翻或挺举
- 从膝关节或大腿水平位置高抓或抓举

训练计划说明

- 形式：组数-重复次数
- 组数：3 组
- 阻力：8～10RM
- 组间休息时间：1.5～2min
- 腹部练习每组重复次数：20～30 次

赛季训练计划

热身运动：慢跑或骑自行车约 5min，然后进行常规拉伸练习。

练习项目

练习者按所列顺序进行练习。

- 过头推举
- 后蹲
- 卧推
- 屈腿收腹
- 颈部练习
- 膝关节伸展
- 肩关节旋内和旋外
- 腹部练习

大约用时

- 每周 1～2 次训练课，每次至少相隔一天
- 每次练习 25～45min

附加的损伤预防练习

- 无

附加或替代练习

- 上斜卧推杠铃
- 坐姿划船

- 背部下拉
- 箭步蹲
- 前蹲
- 提踵
- 窄距卧推

高级练习项目

练习者每组重复次数不应超过 5 次，使用 8～10RM 的阻力。如果进行高级练习，应该在训练课开始时进行。

- 从膝关节或大腿水平位置高翻或挺举
- 从膝关节或大腿水平位置高抓或抓举

训练计划说明

- 形式：组数-重复次数或循环
- 组数或循环：2～3 组
- 阻力：8～10RM
- 组间休息时间：1～2min
- 腹部练习每组重复次数：20～30 次

橄榄球运动需要速度、力量和爆发力。每个位置的要求有所不同；通过力量训练提高这 3 个要素，不仅可以提高运动表现，还能预防损伤。青少年运动员在橄榄球运动中必须做好身体上的准备，以防止受伤。四分卫需要关注肩部的练习。所有的运动员都需要进行颈部、肩部、膝关节和踝关节的训练，因为这些部位经常受伤。

第八节 青少年运动员的长期发展

青少年运动员的长期发展一直是人们关注的焦点，这是因为其中涉及了很多因素，包括职业倦怠、训练经历的不同起点、损伤预防、快速恢复的能力、终身影响，以及需要与青少年运动员训练指南相一致的运动能力和适当的训练计划。美国国家体能协会已发布了关于青少年抗阻训练的声明，家长、教练员、体育教育工作者、运动医学专业人员和青少年运动员有必要理解这个声明。以下是青少年运动员长期发展的要点或核心（Lloyd et al.，2016）。

（1）长期的运动发展计划应该符合青少年成长发育的高度个性化和非线性特征。

（2）所有年龄、有不同能力和抱负的青少年都应拥有长期的运动发展计划，以促进身心健康。

（3）应鼓励所有青少年从幼年开始增强体能，主要侧重于运动技能和肌肉力量的发展。

（4）应该鼓励对青少年采取早期抽样方法，以促进广泛的运动技能发展。

（5）青少年的健康和幸福应始终是长期的运动发展计划的中心原则。

（6）青少年应该参加有助于减少受伤风险的体能训练，以确保他们持续参与长期的运动发展计划。

（7）长期的运动发展计划应该为所有青少年提供一系列的训练模式，以增加与健康和技能相关的健身内容。

（8）应使用相关的监控和评估工具，以作为长期的运动发展计划的一部分。

（9）应系统地推进个性化的训练计划，以成功地实现长期的运动发展。

（10）合格的专业人员和正确的教学方法是长期运动发展计划成功执行的基础。

美国国家体能协会关于青少年抗阻训练的声明

下表呈现了美国国家体能协会对力量训练计划中发展力量和爆发力的方法建议（Faigenbaum et al.，2009）。

抗阻训练中发展力量的方法建议

项目	初级	中级	高级
肌肉收缩	离心和向心收缩	离心和向心收缩	离心和向心收缩
练习选择	单关节和多关节	单关节和多关节	单关节和多关节
训练强度	50%～70%1RM	60%～80%1RM	70%～85%1RM
训练量	1～2 组，每组重复 10～15 次	2～3 组，每组重复 8～12 次	≥3 组，每组重复 6～10 次
组间休息时间/min	1	1～2	2～3
速度	中等	中等	中等
频率/（d·wk^{-1}）	2～3	2～3	3～4

抗阻训练中发展爆发力的方法建议

项目	初级	中级	高级
肌肉收缩	离心和向心收缩	离心和向心收缩	离心和向心收缩
练习选择	多关节	多关节	多关节
训练强度	30%～60%1RM	30%～60%1RM 速度 60%～70%1RM 力量	30%～60%1RM 速度 70%～80%1RM 力量
训练量	1～2 组，每组重复 3～6 次	2～3 组，每组重复 3～6 次	≥3 组，每组重复 1～6 次
组间休息时间/min	1	1～2	2～3
速度	中等或快速	快速	快速
频率/（d·wk^{-1}）	2	2～3	2～3

［资料来源：A.D. Faigenbaum, W.J. Kraemer, W.J. Blimkie, et al., “Youth Resistance Training: Updated Position Statement Paper from the National Strength and Conditioning Association,” *Journal of Strength and Conditioning Research* 23, suppl. 5(2009): S60-S79. 许可转载］

本 章 小 结

力量训练是青少年运动员训练计划的有效和重要部分。事实证明，如果遵循适当的训练计划制订原则，它对所有年龄段的青少年都是有效的。正确的训练技术、保护及合格的成年人监督是最佳的安全要求。核心力量和爆发力训练需要与专项运动训练一起进行，以促进训练效果迁移到运动表现上。此外，从养成持之以恒的训练习惯到改善骨骼健康，力量训练对健康和体能都有好处。是否能达到训练目的取决于最佳的训练计划的制订及实施。

第十四章　老年运动员的力量训练

当人到 60 岁时，身体发生了巨大的变化，但是体能训练，包括力量训练，可以改善个体的机能和生理状态，远远高于所预期的衰老曲线。健康地变老的首要威胁是慢性病，而行为方式可以预防一些慢性病。力量训练通过帮助神经肌肉系统维持其功能，在预防慢性病中起着重要作用。虽然力量训练可以避免年龄增长而引起的身体机能的急剧下降，但是事实证明身体机能的下降确实还会发生。在一项对 2001 年老年人奥运会运动员的研究中，莱特和佩里切利发现男性和女性的运动成绩每年约下降 3.4%。从 50 岁到 75 岁，老年运动员（男性和女性）的成绩每年缓慢下降约 3.4%（Wright and Perricelli，2008）。在 75 岁以后，这种下降更为显著，显示了年龄对人体的严重影响。男性老年运动员短跑和耐力项目成绩的下降惊人地相似，而女性老年运动员短跑成绩的下滑幅度大于耐力项目，尤其是在 75 岁以后。

有确切证据表明，骨骼肌对渐进性的大负荷抗阻训练反应迅速，通过持续训练，肌肉的可塑性可以保持到老年阶段（Frontera et al.，1988）。力量训练可能是帮助对抗衰老过程的一种更显著的方法，提高运动表现，同时改善老年人的健康状况（Bechshøft et al.，2017；Häkkinen，2003；Papa et al.，2017；Wang et al.，2017）。更重要的是，研究表明，大脑可以从长期的力量训练中受益，因为氧化应激减少，生长因子释放，认知表现和大脑神经网络得到改善（Greenlee et al.，2017；Portugal et al.，2015；Smolarek Ade et al.，2016；Suo et al.，2016）。

老年人也可以遵循渐进性抗阻训练的原则，而且仍有可能取得进步（American College of Sports Medicine，2009；Fragala et al.，2019；Kraemer et al.，2002；Fleck and Kraemer，2014）。老年运动员的损伤需要更长的时间才能痊愈，并可能从根本上影响体能表现。因此，老年运动员必须做好充分的准备来接受严格的训练（Franklin et al.，2004）。在训练之前和整个训练过程中，对老年运动员进行健康筛查和预防性医疗诊断都很重要，尽管他们可能没有症状（Freeman et al.，2009）。身体准备和对细节的关注在训练和运动实践中都至关重要。力量训练可以提供所需的体能，以使运动员承受与运动训练和比赛有关的压力。美国国家体能协会发布的一份全面的立场声明结论性地指出，老年人可以受益于制订与实施得当的抗阻训练计划，该计划具有明确的个性化需求、有针对性的目标，并随着训练计划的进展而变化（Fragala et al.，2019）。

第一节　年龄及其对力量和爆发力的影响

衰老不仅受到遗传基因的影响，还受到身体活动情况的影响。除了病理之外，与衰老有关的最显著的问题是废用综合征，它能在结构和功能方面影响不同的生理系统。肌肉、骨骼、免疫、内分泌和心血管系统的改善可以通过遵循制订正确并随时间而改进的训练计划来实现（Singh，2004）。

老年人面临的主要挑战是随着年龄的增长如何最大限度地维持身体机能。随着年龄的增长，身体机能会下降。通过力量训练，维持身体机能的能力得到了提高。图 14.1 显示了男性随年龄增长的衰老曲线，以及力量训练如何使这种机能高于未受过训练的个体。

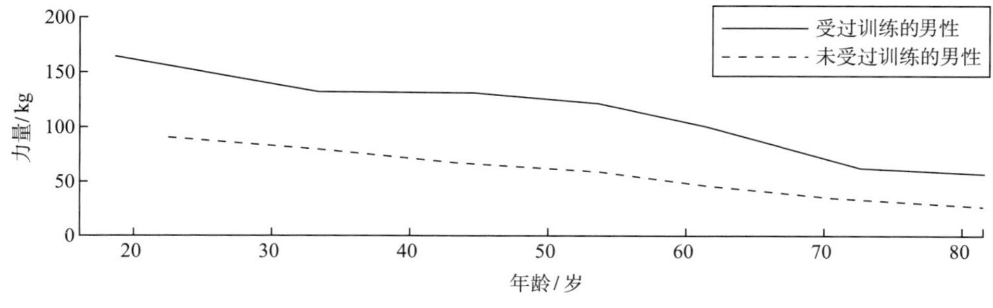

图 14.1　男性 1RM 下蹲力量随年龄增长而发生变化

肩部和背部的力量训练可以增强身体功能，对抗衰老引起的负面影响

进行力量训练的老年运动员展示了令人印象深刻的体能表现。如果我们看一下在力量和爆发力方面同等级别的男性与女性的比较，就会发现一些值得关注的结果。例如，2019年，国际举重联合会女子70岁以上组55kg级抓举世界纪录是31kg；挺举世界纪录是42kg。同一体重级别的同龄男子，抓举世界纪录为62.5kg，挺举世界纪录为68kg。性别对比的结果如下：女子抓举重量是男子的49.6%，挺举重量是男子的61.8%。抓举可能需要更多的上肢力量；而挺举则更多地利用了下肢肌肉，性别差异较小。查阅美国70～74岁年龄组60kg级的男女力量举国家纪录，会发现以下3种成绩的性别对比：女性的卧推纪录是37.5kg，下蹲纪录是50kg，硬拉纪录是70kg；男性的卧推纪录是75.5kg，下蹲纪录是80kg，硬拉纪录是140kg。

女性卧推成绩是男性的49.7%，下蹲成绩是男性的62.5%，硬拉成绩是男性的50.0%。不出所料，下蹲成绩的相差并没有那么大，这表明女性下肢的肌肉质量和力量潜力更大。硬拉的成绩显示，男性和女性体现的最大力都比其他两项更大，这可能是硬拉的生物力学技术要求较低所致。

即使时间流逝，安东等（Anton et al.，2004）在研究了力量举和举重的各种记录后得出的结论仍然是正确的，包括以下几点。

（1）根据举起成绩峰值的评估，肌肉无氧爆发力的峰值，在比从前认为的更早的年龄就开始逐渐下降了。

（2）在需要更复杂和更具爆发力的动作任务中，肌肉爆发力峰值下降的总体幅度似乎更大。

（3）只在需要更复杂和更具爆发力的项目中，与年龄相关的下降率女性高于男性。

（4）上肢和下肢的肌肉力量随着年龄的增长呈现出相似的下降速度。

因此，如图14.1所示，衰老会影响神经肌肉功能，但受过训练的个体的损失程度远远低于未受过训练的个体。看来，持续的力量训练可以维持其受益到老年阶段。

力量训练与任何活动一样，尽早参与至关重要。早期参加力量训练会影响一个人能够产生的力量和爆发力的绝对量。此外，神经系统的练习和较强的生理机能可以促进成熟和生长。在青春期前进行训练，会在人生的关键时期（如青春期）影响许多发展因素。正如男孩和女孩的内分泌功能在成熟初期会发生巨大变化一样，内分泌功能也会在“男性更年期”（即雄性激素减少，一般在50岁左右）和女性更年期（即月经停止，一般在45～55岁）期间发生显著变化。这是内分泌系统变化的重要生理标志，发生在不同的年龄段。这些阶段被称为身体发展的触发点，因为它们调节了身体对发展变化的稳健反应。

老年运动员参加运动的益处和担忧

由于运动类型、心理与生理影响，以及运动员能力水平等，终身运动的好处和负面影响现在才开始受到关注（Baker et al.，2010）。参加运动对老年运动员有很多好处，使他们可以持续参与社会活动，促进终身身体活动。据观察，老年运动员很少表现出紧张、疲劳、抑郁、困惑和愤怒，而且他们的活力也得到了提高。这究竟是由训练过程还是运动成绩引起的还不确定。相反，如果不能再参加某项运动，有些老年运动员可能会感到难以应对，并可能产生负面的心理感受（如内疚、羞愧、无用），或随着年龄的增长，对健康状况欠佳的恐惧也会增加。我们对参与多种形式的终身运动的认识还处于早期的研究阶段。运动项目之间有区别吗？在一生中是否只要保持所需的体能就能受益？在不同的运动中这种受益会有什么不同？

一、生理机能的丧失

运动单位某些组成部分的丧失，包括肌纤维的程序性死亡（细胞凋亡）和随着年龄增长神经肌肉接头的退化，导致运动单位无效，从而引起肌无力（Maxwell et al.，2018；Tudoraşcu et al.，2014）。最大的丧失似乎发生在高阈值快收缩运动单位中，这些运动单位随时间的流逝可能更容易停用。如果最佳的力量训练计划不是一个人生活方式的一部分，那么平均来说，在中年后每年可能会损失3%的力量。除非使用相对较大的负荷（如≥80%1RM），否则这些运动单位不会被募集。这种损失在女性身上尤其明显，因为本来她们肌纤维的数量就较少。

肌少症是指肌纤维变小，整个肌肉质量减少，它导致了力量和爆发力随着年龄的增长而减小。不幸的是，即使对于运动健将，这也是正常衰老过程的一部分。如果使用一个制订正确和负荷合适的力量和爆发力训练计划，身体功能就可以保持在正常水平之上。爆发力在多年前就被确定为一种重要的功能能力。然而，老年人很难发展爆发力（Kraemer and Newton，2000），只有通过进行更高速度的练习才能发展这种爆发力（如奥林匹克式举重、悬垂翻或悬垂拉、气动机械训练）。今天，这种训练方式是老年人完整抗阻训练计划的重要组成部分，因为训练效果可以迁移到许多功能性活动和运动动作中(McKinnon et al.，2017）。很明显，最大力是爆发力计算公式的重要组成部分，在训练计划中不应减小，而应增加。

众所周知，不活动可能加速程序性细胞死亡。肌纤维和神经肌肉接头的丧失与退化，使老化的α运动神经元受损，从而导致运动功能减退。在对衰老的哺乳动物的研究中，α运动神经元虽然保持了其大小，但是由于许多其他因素，功能受到了损害（Maxwell et al.，2018）。因此，运动功能随年龄的增长而减退，人们发现产生不良健康后果的风险也在增加。

在负荷范围和力–速度连续体中募集运动单位，对于保持其在静息稳定水平以上至关重要。虽然肌少症可能发生在任何老年人身上，但更活跃的老年运动员可能不会在同样的时间患肌少症，除非他们在力量房中的训练不包括举起较大的负荷或爆发力训练，以增强恢复高阈值快收缩运动单位。肌少症的原因尚不清楚，因为与合成代谢相比，许多因素可以发挥作用，促进更高水平的分解代谢。一个全面的训练计划应包括力量训练，目的是减缓涉及产生力量的结构和功能随年龄的增长而下降的速度（图 14.2）。

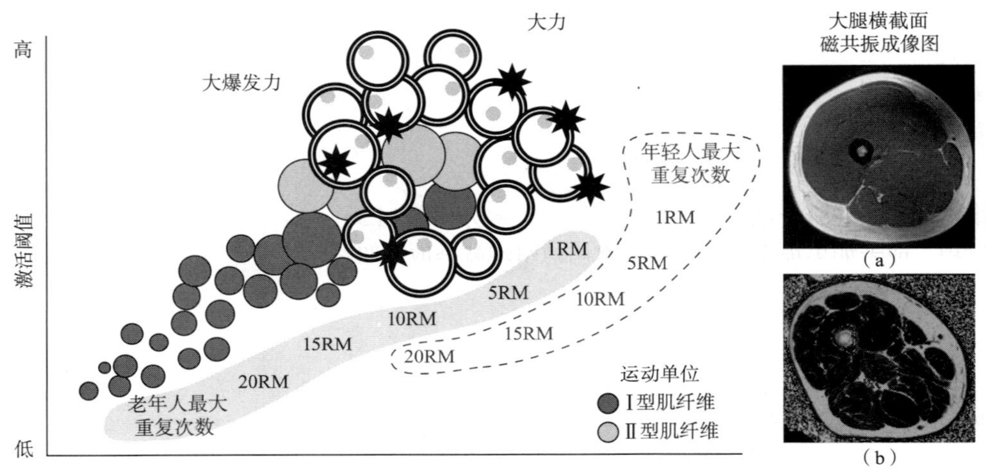

图 14.2　肌纤维和肌力的变化

注：随着年龄的增长，男性和女性的肌纤维，不论是Ⅰ型肌纤维还是Ⅱ型肌纤维，都会因停用而丧失，尤其是在阈值较高的快收缩运动单位序列中（白色圆圈）。当肌肉无法恢复时，它会被脂肪细胞填充，显示出大理石样的花纹（b），这与年轻人的肌肉截然不同（a），肌肉的灰色区域没有大理石样的花纹（见大腿横截面磁共振成像图）。因为所有的最大重复值都下降到相比前几年较低的水平，随着肌纤维（运动单位的一部分）的丧失，产生的力下降了。可以观察到伴随着衰老，出现运动单位排列的压缩形式和产生的力减少的情况。

运动单位的募集有助于维持主要功能及其相关结构。力量和爆发力训练影响底层细胞、组织和生理系统的功能与完整性，这些对维持运动和日常身体表现所需的功能能力至关重要。人们必须保持警惕，因为其他因素也会导致肌肉质量的损失。这些因素包括缺乏足够蛋白质的饮食、导致不能移动的损伤（防止摔倒、住所要安全）、炎症、训练后恢复不充分及任何严重的生活压力（如失去所爱的人），使人容易受到负面生理过程的伤害。适当的力量训练和饮食是非常重要的，有助于减少老年运动员的肌肉丧失，以及预防体能和运动表现的下降。

二、细胞大小假说

现在看来，身体中的每一根骨骼肌纤维都有一个由遗传倾向设定的最小尺寸。当肌肉细胞收缩到小于这个尺寸时，就会发生凋亡过程，导致细胞死亡。随着年龄的增长，骨骼肌纤维的丧失可能是失去与神经的接触，导致去神经现象，也有可能是肌肉细胞受损无法修复，以及机体清除受损物质的免疫反应（如免疫细胞吞噬）失去功能所致。一些肌纤维随着年龄的增长而丧失，但其他肌纤维随着活动的增加而经历神经再支配过程。失去的肌纤维随后被脂肪或纤维结缔组织所取代。不管是什么原因，如果损失是永久性的，那么单个运动单位产生力的功能性能力就会受到损害。这会影响整个肌肉的基本代谢功能（如热量消耗，由于肌肉质量减少而减少）。

众所周知，骨骼肌纤维（细胞）作为运动单位的一部分，在日常活动和训练中不断地修复和重塑。这涉及一套复杂的生化和分子过程来促进这种再生（Tedesco et al.，2010）。骨骼肌细胞的数量是由出生时的基因决定的。同样，肌肉肥大（肌纤维大小的增加）是增加力量的主要机制。卫星细胞位于肌膜外，作为一种干细胞帮助肌肉再生。当肌肉细胞作为募集过程的一部分受到刺激时，卫星细胞就会被激活，以帮助修复肌肉。在最常见的过程中，卫星细胞被激活并产生成肌细胞，作为一种蛋白质糊状物，帮助修复肌纤维的微撕裂损伤。如果需要再生新的肌纤维，成肌细胞则进一步分化为肌细胞，并融合形成新的肌纤维，取代旧的肌纤维，成为运动单位的一部分（图14.3）。如果衰老凋亡过程停止了这一过程，或者如果损伤太严重，那么瘢痕组织就会取代肌纤维，肌纤维的永久丧失减少了力量的产生（Shadrach and Wagers，2011）。

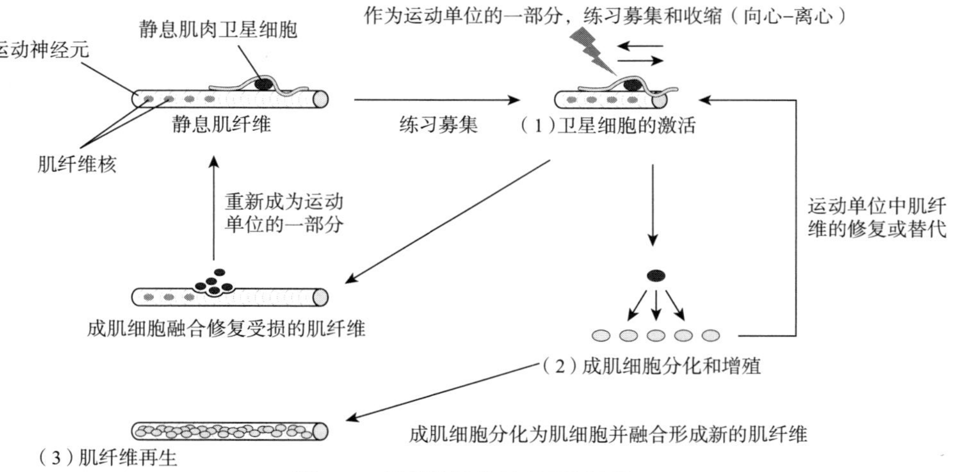

图 14.3　肌纤维的修复和再生过程

注：肌细胞修复和肌纤维再生需要经历一个复杂的分子过程，这涉及肌纤维中的卫星细胞。当收缩发生时，机械的、激素的和其他分子信号可以刺激这些细胞的活化作用，以产生成肌细胞。人们认为，在发送到这些卫星细胞的机械信号中，肌肉收缩的离心阶段是最重要的。然后，成肌细胞融合到当前的肌纤维中，以修复收缩应力造成的损伤。如果进一步刺激，成肌细胞就会增殖并分化成肌细胞，融合在一起形成新的纤维来取代原来的肌纤维。α 运动神经元仍与其肌纤维相连接，这一点很重要。

三、力量丧失的临界年龄阈值

在正常情况下，最佳力量表现似乎在20～30岁达到顶峰，在之后的20年里，力量可能保持相对稳定或略有下降。50岁以后，如果不进行力量训练来减缓力量丧失的速度，力量可能会以每年约3%的速度下降。这种下降在女性中可能更为显著，而横断面研究可能严重低估了力量随年龄增长而丧失的幅度。这种幅度的下降可能是由于随着年龄的增长肌纤维变小了。图14.4显示了Ⅱ型肌纤维的横截面积随年龄增长而减小的情况，男性和女性均会发生这种变化。

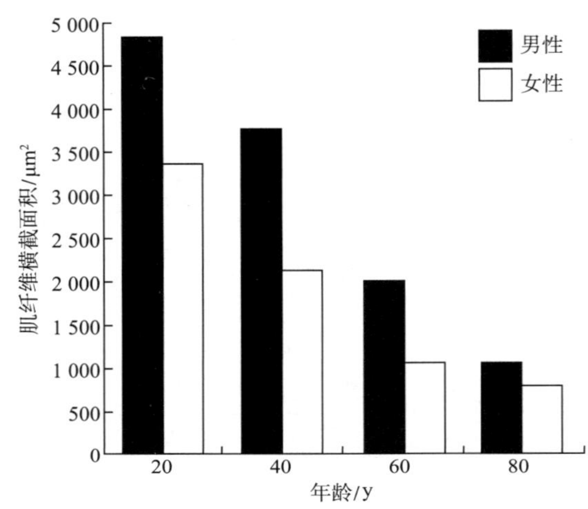

图14.4　男性和女性股外侧肌Ⅱ型肌纤维横截面积随着年龄发生变化

注：在各个年龄段，男性的Ⅱ型肌纤维横截面积显著高于女性（$p<0.05$）。

（资料来源：克雷默博士实验室未发表的数据）

70岁以后肌肉力量的丧失最为明显。横向和纵向研究数据表明，在60～70岁，肌肉力量每10年下降约15%，之后下降约30%。要维持较强的生理和功能性能力似乎只能通过保持训练来实现。力是质量和加速度的乘积，所以为了优化力量的刺激，在训练中应重视使用一些加速的训练内容。

四、爆发力生成能力的丧失

老年人，尤其是老年运动员，爆发力的生成能力是一种重要的身体能力，这已广为人知。在男性和女性中，爆发力和功能能力之间的相关性均已被发现。如本书所述，爆发力具有专项训练任务特征，负荷和最大力的百分比决定了完成任务所需的实际爆发力输出。

年轻的男性和女性比年长的男性和女性有更快地产生力量的能力。在力–时间曲线上0～200ms范围内产生的力受到年龄影响。这很可能是由于快收缩α运动单位的绝对损失或其他尺寸减小的因素。如图14.4所示，Ⅱ型肌纤维的横截面积及收缩蛋白随着年龄的增长而减小。当对男性和女性进行跨年龄段比较时，我们可以看到这种差异。由于固有的依靠高阈值的快收缩运动单位（通常由Ⅱ型肌纤维组成），这甚至可能比 1RM 力量下降得更快。随着快收缩运动单位在衰老过程中的丧失，只有具有较大纤维的慢收缩运动单位存在，它们产生爆发力的能力下降。这强调了全身运动和运动功能所需的身体主要肌肉群中高阈值运动单位的比例不损失或不减少的重要性。据估计，从 65 岁到 84 岁，这种快速生成力量的能力可能以每年 3.5%～4.5%的速度丧失；从 20 岁到 75 岁，生成爆发力的能力随年龄增长可能会损失 50%～70%，这都取决于个体的初始生理状况。反向运动纵跳的爆发力和运动表现也随着年龄的增长而丧失，这反映了构成身体“弹性成分”的结缔组织的损失。此外，随年龄增长的细胞脱水或水分流失，以及肌少症可能有助于解释这种与年龄相关的爆发力表现下降的情况。

五、力量下降的潜在原因

大量不同的研究表明，肌肉质量的减少是产生力量的能力随年龄的增长而下降的主要原因。这种现象甚至可以在那些参加力量训练但没有对产生力量的常规负荷进行优化的个体身上被观察到。似乎对肌肉质量的这一影响与肌肉位置（上肢与下肢）和功能（伸展与屈曲）无关。肌肉质量的减少是单个肌纤维尺寸的减小和肌纤维的丧失引起的。随着年龄的增长，Ⅱ型肌纤维最先丧失。Ⅱ型肌纤维比例的下降很明显：从久坐不动的年轻男性的约 60%，降到 80 岁后的 30%以下。通过对优秀举重运动员及其举重成绩的研究，我们可以推测，优秀举重运动员含Ⅱ型肌纤维的高阈值快收缩运动单位的丧失量可能少于同龄对照组，但其丧失不会停止。

正如安东等（2004）所指出的那样，肌肉快速产生力量（爆发力）能力的下降似乎也随着年龄的增长而加剧。肌肉快速产生力量的能力至关重要，可在摔倒时起保护作用（McKinnon et al.，2017）。快速改变方向和加速的能力也会受到爆发力下降的影响。

第二节　提高力量的训练

过去 30 年或更长时间的研究表明，老年人的力量可以通过各种训练计划得到。60～96 岁老年人的最大力可以比训练之前提高 18%～113%（Häkkinen，2003）。最大力量的训练表明训练很可能有助于较大幅度的力量增加。下肢的肌肉组织力量提高幅度最大。衰老将降低个体的力量产生能力。然而，目前还没有数据来表明不同年龄段可能获得的力量预期增长。肌肉力量的相对提高，特别是在未经训练的情况下，似乎在任何年龄都可以发生。从未经训练的状态开始，通过 48 周的力量训练，前 24 周力量增益大于后 24 周。这表明，在给定运动的前 6 个月内，未经训练的老年人的力量提高幅度最大。然而，对热衷参加力量训练的老年运动员的长期观察研究还很少。

一、运动单位激活与肌肉肥大

肌肉力量的大幅增加似乎与增强所训练肌肉的运动单位激活有关。随着训练时间的延长和充足的营养摄入（热量和蛋白质的摄入增加），肌肉肥大会增加肌肉力量。在这方面存在较大的个体差异，这可能与个体先前的运动情况、健康状况及恢复能力有关。

肌肉肥大是帮助调节肌肉力量增加的主要机制。Ⅰ型肌纤维和Ⅱ型肌纤维横截面积的增加已被观察到。一般来说，如果训练计划中的负荷包括大阻力，那么Ⅱ型肌纤维的横截面积增大要大于Ⅰ型肌纤维。更大的负荷和更大的力量将允许高阈值快收缩运动单位募集，并将更加完全地激活可用的肌肉组织。横跨整个肌肉长度和直径的肌肉肥大将根据力量训练的激活情况而变化。为了观察到整个肌肉肥大，必须激活大量的运动单位。这要求大肌肉群的练习（如下蹲）应该配合上肢和下肢练习的大负荷周期一起使用。

二、激素分泌

激素分泌的研究领域是复杂的，已确定有一些因素与男性和女性的更年期状况有关。虽然这些状况确实存在，但是它们与力量训练的关系还不清楚。男性和女性都会出现激素分泌的变化，这在男性更年期和女性更年期中都有一定程度的体现。然而，近年来的研究表明，在生命后期，静息状态下的激素浓度极具个性化，因此必须在个体基础上进行评估（Kraemer et al.，2017）。所有对老年男性睾酮或生长激素浓度较低的固有看法可能并不正确（Kraemer et al.，2017）。对男性来说，真正的性腺功能减退症需要适当的多因素医学诊断。静息状态下睾酮值降低并不表示性腺功能减退，与真正的性腺功能减退症无关的许多其他因素也可能参与其中（如低热量摄入、一天中的时间段、受体的高使用率）。然而，虽然静息状态下的激素浓度可能没有变化，但是各种激素的受体和转录因子的老化很有可能会受到损害，从而削弱激素信号的影响（Hunter et al.，2018；Munetomo et al.，2015）。

随着年龄的增长，能对力量训练或运动刺激做出反应的许多激素分泌显著减少。多数情况下，这归结于训练总量的减少或生理压力耐受程度的下降（如酸碱值变化和肾上腺素变化），这都降低了运动能力，因为在恢复过程中，正是修复和重塑的需要刺激了血液中的大多数激素变化。因此，当内分泌腺功能随着年龄发生相关变化时，就会降低身体对蛋白质合成和新支持的信号做出相同大小的反应能力，年轻人身上也会发生这样的变化。与年轻的受试者相比，老年人由于无法在运动中产生足够的训练量来承受该压力水平，血液中激素的反应及其对靶组织的冲击可能会受到影响。在这些情况下，合成代谢激素反应（如睾酮、生长激素、IGF-1、胰岛素）的降低解释了许多对训练的生理适应能力降低的原因。图 14.5 显示了 30 岁和 62 岁男性之间的差异。即使在很短的训练期内，老年男性对训练刺激的反应也较低，这表明年轻人的动态反应能力更强。这种变化强调了延长恢复期的必要性，并解释了为什么老年运动员变化的绝对值与年轻运动员的不同。许多不同的合成代谢和分解代谢信号系统可能会受到影响，并可能引起年轻个体比老年个体较小的适应性反应。

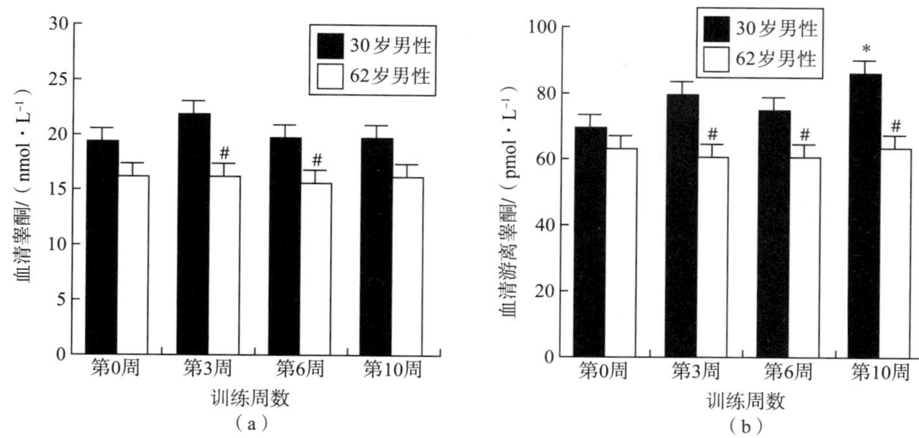

图 14.5 30 岁和 62 岁男性经过 10 周的周期性力量训练后睾酮水平的差异

注：#=两组之间的显著差异；*=30 岁男性训练 10 周时血清游离睾酮显著增加。

［资料来源：W.J. Kraemer, K. Häkkinen, R.U. Newton, et al., "Effects of Heavy-Resistance Training on Hormonal Response Patterns in Younger vs. Older Men," *Journal of Applied Physiology* 87, no. 3(1999): 982-992. 经许可改编］

男性睾酮水平低真的意味着男性性腺功能减退吗？

性腺功能减退症是指垂体–性腺轴无法产生足够数量的睾酮的一种身体状况。随着男性健康诊所数量的增加和广播中的广告宣传对睾酮水平低的关注越来越多，越来越多的男性服用睾酮补充剂进行治疗。因为这种激素代表了男性的阳刚之气，所以它对男性的重要性是显而易见的，但睾酮水平低真的是“性腺功能减退”的一个指标吗？只通过单一的血液测试或单一变量能确定这种疾病吗？重要的是要了解，由于疾病、衰老、药物治疗，性腺功能减退可能以多种形式出现，甚至可能是由服用非必要的外源性睾酮所致。当（始于下丘脑上方的）性腺轴的分泌、受体和合成机制遭到破坏时，就需要进行雄激素治疗的外部临床管理。

令人关注的是，由于运动训练计划的极端要求，运动员经常出现一类练习引起的性腺功能减退的情况。其原因是大量的睾酮从受体结合体中分解，然后从血液循环中游离出来，导致血清睾酮浓度降低。营养摄入不足，热量不能满足运动修复和重塑的要求，可能是问题的部分原因。单一的睾酮测量偏低并不意味着男性性腺功能减退。性腺功能减退症诊断的标准是什么？临床诊断睾酮浓度低，加上睾酮值较低超过一天，就值得进行后续检查，以确定是否存在性腺功能减退症。这些症状包括骨密度低、勃起功能障碍、不孕症、胡须和体毛生长减少、疲劳、性欲减退和潮热。需要注意的是，单靠睾酮浓度并不能诊断性腺功能减退症。如果没有其他的雄性激素缺乏症状，那么该个体就没有性腺功能减退症，也不需要治疗。

男性更年期

随着年龄的增长，内分泌腺体合成和分泌合成代谢激素（如睾酮、生长激素和 IGF-1）的能力降低。因此，血液中的激素浓度较低。在某些情况下，激素的浓度非常低，需要让医生开些合成代谢药物来补充自然生成的激素，以减少激素水平降低对肌肉和骨骼的不利影响。

第三节　肌肉爆发力训练

最初旨在通过短期训练周期提高老年人爆发力能力的科学研究收效甚微。限制老年人爆发力提高的原因似乎是花在训练部分的时间有限，练习的选择，以及神经肌肉系统的自然衰老。通过使用爆发力练习（如悬垂拉、悬垂翻、负重跳跃）或使用能够进行爆发性、高速爆发力重复运动的器械（如固定式练习无减速的气动装置）进行训练后发现，提高老年人的爆发力是可能的。

通过训练中使用的 1RM 负荷的不同百分比可以观察到爆发力的变化。这一比例通常为 1RM 的 30%～55%或身体质量的 50%～70%。因此，可以通过力量训练产生 1RM 的较高百分比的峰值机械爆发力，但这高度依赖于该训练计划的力量和爆发力训练内容。

老年人的肌肉爆发力训练取决于几个因素。老年人必须通过力量和爆发力练习训练爆发力计算公式中的每个因素（变量）。

（1）使用合适的练习，去掉该练习范围内减速阶段的大部分时间。

（2）使用 1RM 的 30%～40%的负荷来训练最大的机械爆发力。

（3）优化力量计算公式的加速度分量。

（4）使用超等长收缩（也叫增强式）训练，包括纵跳和健身球练习，以发展上肢力量。

（5）在较大力量或大爆发力负荷日之间安排最佳恢复时间，可能在 3～7 天。

（6）使用能够进行高速运动的负重机械，确保不会因需要保护关节稳定性和功能性而导致肢体大幅减速。气动抗阻训练器械已被开发出来，能够产生这种类型的训练模式，以更好地训练速度和爆发力。等速运动阻力也被应用于此目的，但在练习选择和有效性方面有局限性。

神经功能随年龄增长而丧失

有证据表明，功能性快收缩运动单位的实际数量在 50 岁之后会略有减少，大约每 10 年减少 10%。由于选择性萎缩或Ⅱ型肌纤维的损失，如果运动员停训，他们似乎会有更大比例的Ⅰ型肌纤维。

因较低的力量水平较难实现爆发力发展，所以肌肉力量训练是提高爆发力的重要组成部分。因此，在完整的周期性计划中，爆发力训练需要包含大负荷抗阻训练内容。力量是基础，可以在一生中不断提高，主要的练习需要包括更大的负荷（如≥80%的1RM）。许多老年运动员使用腿举这一最简单的方法来增加主要肌肉群的负荷（这几乎不需要什么技术），然后进行杠铃下蹲和高翻以获得结构性能力。力量是体能的一个关键因素，运动员可以在整个生命周期中获得，即使是七八十岁的运动员也可以表现出让人赞叹的体能水平。最佳训练依赖坚实的力量基础，而这需要在周期性计划中使用正确的练习来获得。

老年人肌肉爆发力训练取决于许多因素，其中一个是超等长收缩练习（增强式练习），如跳跃

第四节　营养、衰老和训练挑战

关于营养、长寿和健康方面的研究几乎呈指数级增长。对继续参加训练和比赛的老年运动员来说，满足能量需求和摄入组织修复所需营养的饮食更为重要（Campbell and Geik，2004）。随着年龄的增长，细胞水分流失，补水和摄入适当的液体成为必需，特别是在进行力量训练的时候。3%的脱水程度就可能导致24～48h的力量损失。每天的饮水量对每名

运动员来说都是至关重要的，对年龄较大的运动员来说更是如此。水分对体温和体液调节很重要，而且肌肉肥大的首要信号之一与细胞肿胀，或细胞吸收水分以改变导致肌肉肥大的蛋白质沉积的渗透需求有关。坎贝尔和盖克（Campbell and Geik，2004）认为，检测老年运动员的饮食习惯时需要考虑以下几点。

（1）必须监控营养的摄入，以确保营养充足，特别是要重视碳水化合物的摄入，它可以促进葡萄糖的储存，并在训练期间作为能量来源。

（2）必须监控蛋白质摄入量，以促进肌肉肥大。

（3）应重视某些微量营养素的饮食摄入，补充可能需要的某些维生素和矿物质，包括维生素 B_2、B_6、B_{12}、D、E 和叶酸，以及钙和铁等矿物质。

（4）与年龄相关的体温调节变化及脱水敏感性的增加，强调了充足的水分摄入对提高运动表现和保持健康的重要性。

此外，伯恩斯坦（Bernstein，2017）还就老年人的营养需求提出了两个更重要的观点。

（1）食物的可获得性、可接受性（偏好）、准备和进食过程本身会影响摄入适当数量和质量的食物的能力。

（2）随着年龄的增长，营养物质的消化、吸收和新陈代谢发生了变化，人们对大量营养素、维生素和矿物质的饮食需求发生了变化，强调了对营养密集型食品的需求。

综上所述，营养是老年运动员提高运动表现和保持健康的重要工具。在训练课前后摄取营养的时间很重要。为了促进蛋白质合成，应在训练前后 30min 左右摄入必需氨基酸和碳水化合物。来自碳水化合物的胰岛素反应和氨基酸的可用性将有助于老年运动员的蛋白质合成和训练恢复。

改善营养和饮食管理会增强抗阻训练对老年人肌肉质量的影响。老年运动员需要足够的蛋白质来支持肌肉肥大，对蛋白质的需求量可能高于推荐的建议每日摄取量（每天每千克体重 0.8g）（Campbell and Geik，2004）。如果没有必需的蛋白质和其他营养物质，瘦体重的增加将会受到影响。充足的维生素、矿物质对承受抗阻训练的组织恢复和重塑过程中的功能最佳化至关重要。

第五节　从抗阻训练中恢复

恢复对所有运动员都至关重要，对老年运动员尤为如此。训练后的这段时间对组织的最佳修复很关键。补充消耗的能量和适当的休息与力量训练计划本身一样，都是训练计划的重要组成部分。

一、训练课间的休息

可以推测，随着人们年龄的增长，在训练之间，肌肉需要更长的时间才能恢复。由于细胞含水量的减少及身体自然激素信号强度的降低，肌肉和结缔组织需要更长的时间来修复。这表明，为了身体能更好地恢复，训练课的强度和量要有所变化，特别是在大负荷（具有更高的离心负荷分量、离心负荷或大训练量）训练课后，肌肉出现了大量损伤的情况下。

低碳水化合物饮食

每年，越来越多的数据表明，搭配正确的生酮饮食，或现在所说的低碳水化合物、高脂肪含量、正常量的蛋白质饮食有益健康。合理的低碳水化合物饮食有助于对抗 2 型糖尿病和癫痫等疾病，增强大脑功能，缩短恢复时间，并改善睡眠。这类饮食方式正在逐渐成为主流，甚至对老年人而言也是如此。

补充肌酸

对于老年人，使用一水肌酸可以增加力量、爆发力并提高功能性能力。肌酸的一水合物形式与在肝脏、肾脏和胰腺中产生的内源性肌酸产物相似，每天产生 2～3g。额外的肌酸补充剂可以在肌肉中形成更多的磷酸肌酸，从而产生可用于磷酸肌酸能量系统的更大可用能量池。在快速增加负荷阶段服用一水肌酸（每天 4～5 次，每次 5g，冲服饮用，连续 3～4 天），或在慢速增加负荷阶段服用一水肌酸（每天 2 次，每次 5g，连续 30 天），就可以使肌肉充满肌酸。大多数人的骨骼肌中有 65%～70%充满了肌酸，而补充的肌酸将这个比例增加到 100%。对一些人来说，补充肌酸似乎不起作用，这可能是遗传性的高浓度所致。每人每天消耗 2～3g 肌酸，因此每天补充 5g 肌酸将维持能量池处于 100%的状态。停止补充肌酸没有显示副作用，恢复正常功能会导致肌酸能量池浓度较低，这有助于扩大肌肉中的肌酸能量池及快速提供能量，这对增加肌肉的力量和爆发力非常重要。此外，补充肌酸也有助于增强大脑功能，帮助稳定中间神经元的连接。许多老年人服用纯一水肌酸化合物作为补充剂，恢复更好，无真正的副作用。

肌肉活检研究表明，老年人进行日常训练后，7%～10%的肌纤维会出现损伤，而对使用更剧烈训练计划的老年运动员来说，这一损伤比例可能更高。肌肉损伤在老年人中似乎非常常见，但使用标准力量训练计划的年轻男性和老年男性的情况类似。另一项研究表明，老年女性在进行大负荷抗阻训练时，特定肌肉的损伤百分比高于年轻女性。这似乎是因为老年女性的肌肉尺寸小于年轻女性，在每个肌肉横截面上产生更大的张力。较少的绝对肌肉质量和较少的可使用运动单位结合起来，造成更大比例的损伤。

二、氧化损伤

过去几年的研究发现，损伤对刺激修复来说是必要的。因此，训练和炎症产生的自由基和反应性氧化物可以是有益的，也可以是有害的，因为它可以刺激修复和重塑（Bouzid et al.，2015）。然而，如果训练设计不合适，身体的生理压力（如高酸度、高乳酸、高皮质醇、高负荷）过大，会导致过度的炎症反应，恢复期可能会延长数天。如果这种训练累积起来，而身体没有得到应有的恢复，那么炎症反应会恶化。衰老本身会导致反应性氧化物系统的失调，由于训练失误，这类炎症过程的控制变得更加困难，老年运动员的恢复时间会远远超出预期。

当检查年轻人和老年人的DNA氧化损伤标志物时，观察到在老年个体中有显著的氧化损伤，其中在老年男性中，氧化损伤情况更严重。由于存在性别差异，这种氧化损伤可能是激素因子调节的结果。训练如何影响这些标记物尚不清楚，但训练会引起急性肌肉组织损伤和发炎，从而增加氧化压力。我们知道，力量训练确实能防止离心收缩动作造成的损伤，这可能会促进个体更快地恢复。然而，这个恢复时长将取决于训练造成的损伤程度。在某些情况下，老年举重运动员可能每两周只完成一次大负荷训练。根据具体的计划目标，应该谨慎安排大负荷和特大负荷训练日。各种周期模型将有助于实现这种需求。

三、对pH变化的耐受性

对高强度活动的耐受性在大多数运动中都很重要。酸碱状态的变化和对身体组织（特别是肌肉和血液）pH变化的耐受性是训练的一个重要方面。这种基本适应部分可以通过力量训练解决。老年人对身体pH变化的耐受性会降低，很可能是缺乏训练造成了这种代谢状况。

众所周知，乳酸不会导致身体的pH或酸度的下降，因为乳酸只是糖酵解的副产品，但它是无氧糖酵解代谢的重要标记。ATP水解有助于观察到的这些变化，细胞内和细胞间缓冲能力的逐渐发展和充足的休息天数，可以提高运动员对含有高糖酵解成分的运动比赛项目或训练课（如休息间隔短的抗阻训练方案）中出现的剧烈变化的耐受性。如前所述，能产生高乳酸反应的训练课，如休息时间短的循环抗阻训练，会产生大量自由基或反应性氧化物。此外，如果不经过一天的恢复期使这些自由基和反应性氧化物的浓度恢复到正常水平，那么这种训练中肾上腺皮质产生的高皮质醇水平可能累积至休息24h后。因此，如果休息和恢复不充分，24h后皮质醇也会造成化学损伤。它还可以引起肌肉组织的分解代谢，超出了负荷而导致的机械损伤。

逐渐减少力量训练计划中的组数和练习之间的休息时间（如3～4min减到1～2min），可以通过提高血液和肌肉组织的缓冲能力来帮助个体适应和更好地应对这种生理挑战。据观察，每周两次共持续约8周的训练课能提高缓冲能力，但可能需要数周的时间才能达到刺激缓冲能力提高所需的水平。因为这可能是老年运动员最高强度的训练，堪比为400m和800m田径赛做准备，所以仔细监测疲劳症状至关重要。如果出现恶心、轻度头疼或头晕目眩的症状，应立即停训。延长休息时间，充分恢复以保证下一次的训练，避免出现任何不良症状。这些症状可能预示着严重的潜在疾病或代谢需求过高。

四、关节压力

恢复的一个重要方面是训练课后关节承载的压力大小。大负荷将产生较大范围的压缩力，这是通过所使用的练习类型增加的。一个关键因素似乎是达到力竭状态的重复次数。虽然训练至力竭可能是一种流行的训练方式，但是它也可能对关节产生更大的压缩和剪切应力。因为大多数人都能分辨出他们什么时候可以再重复一次或不再重复，所以将一组动作限制在重复 3 次这样的范围内（如目标负荷是重复 3 ~ 5 次，但不要试图竭尽全力做到每组的最后一次重复），就会减少恢复期间的关节疼痛。这种类型的训练已经成功地被应用于心脏病患者，当他们试做出最后一次动作直至力竭时，他们就会意识到瓦尔萨尔瓦动作的可怕之处。

第六节　力量训练与骨骼健康

自骨质疏松症成为女性的一个主要健康问题以来，抗阻训练一直是人们关注的焦点。我们仍在进一步了解这种训练方式，它是人类整个生命周期中骨骼发展的关键手段。力量训练和爆发力训练促进结缔组织（即骨骼、肌腱、韧带、肌肉组织中的非收缩成分）的生长发展，这对于老年运动员预防损伤及一般健康性至关重要。研究表明，与正常对照组或只参加耐力训练的运动健将相比，老年女性运动健将的骨骼更强壮，更不容易患骨质疏松症。莱基等（Leigey et al.，2009）对参加过全国锦标赛的资深奥运会运动员（298 名女性和 289 名男性）进行了研究。这些运动员的年龄在 50 ~ 93 岁，平均年龄在 66 岁左右，包括对抗性运动项目和跑步项目的运动员。主要的发现如下：在参加对抗性运动项目的运动员中，年龄最大的老年运动员的骨密度更高，这表明压缩力和拉力有益于结缔组织的重塑。

为了承受运动给身体带来的压缩力、离心负荷和应力，结缔组织必须足够坚固，以形成重要的弹性元素。在运动比赛中，骨骼必须能够承受严格的结构完整性要求。这样力量训练计划需要采用适当的练习负荷和用力，以增强结缔组织的强度。作为一个结构性组织，骨代谢和骨塑形对拉力、压缩力和应变速率做出反应来适应，运动处方必须反映这些负荷要求。

第七节　老年运动员的力量训练指南

尽管运动员的年龄不同，但训练计划制订的原则是相同的，这个观点反映在美国国家体能协会的新声明中（Fragala et al.，2019）。由于老年人的功能能力各不相同，最好的训练计划应体现个性化，以满足每个人的需求和体现医疗关怀。目前，对老年人周期性力量训练计划的研究有限。虽然还需要更多的研究，但是似乎周期性力量训练可以优化老年人的训练计划。此外，训练计划如果包含功能性抗阻训练（即在不稳定的环境中进行的练习），似乎能显著地改善肌肉平衡、提高力量和功能能力。

与任何运动员一样，为老年运动员制订力量训练计划的过程包括制订预测试方法、设定个性化目标、设计训练方案和制订评估方法。对训练进展的评估应包括力量测试（如果可能，最好在训练中使用的设备上进行）、身体成分评估、功能性能力（如抬起椅子、从椅子上起身）评估、肌肉大小变化评估、营养评估和对原有状况的医疗跟踪。

非处方关节疗法

临床研究得出结论，一种由天然油混合物组成的外用乳膏（酯化脂肪酸），可显著扩大患膝关节骨性关节炎的老年人的活动范围并改善身体表现，且没有任何副作用报告（Kraemer et al.，2004）。这种外用乳膏可以帮助老年人减轻疼痛，提高平衡能力和扩大关节活动范围，从而提高他们的训练能力。

一、医疗许可

美国运动医学学会建议，开始训练的人分为以下 3 类风险人群。

（1）表面健康人群：冠心病危险因素（高血压、吸烟）、心肺疾病或代谢疾病，最多有其中一种风险。

（2）较高风险人群：冠状动脉危险因素、心肺疾病或代谢性疾病症状，有两种及以上风险。

（3）患病人群：被诊断患心血管疾病、肺部疾病或代谢性疾病的人群。

在所有情况下，建议咨询医生并征得医生的同意，并对美国运动医学学会建议的 3 类不同人群进行额外的功能训练测试。建议老年运动员与他们的家庭医生密切沟通，以提高老年运动员的健康水平，将与剧烈训练模式相关的风险降到最低。

二、渐进原则

老年运动员最关注的是在没有损伤或急性过度使用的训练情况下有适当的进展。老年运动员从一节训练课中恢复过来需要更长的时间，而且需要注意不要高估训练课后身体组织的修复能力。美国运动医学学会对老年运动员的渐进性抗阻训练进行了概述。

为老年运动员制订高质量的抗阻训练计划时，可通过尝试增强肌肉适应能力的几个要素（包括肌肉肥大、力量、爆发力和局部肌肉耐力），来提高他们的生活质量并增加比赛获胜机会。建议训练计划包括变化性、渐进性增加负荷、专项性，以及对恢复的密切关注（Kraemer et al.，2002）。

当老年人的长期抗阻训练目标是发展更高水平的肌力和肌肉肥大时，有证据支持抗阻训练计划要有变化性。因为力量适应的潜在能力似乎很高，所以以循序渐进的方式进行很重要。应当注意的是，在第一年的训练中取得基本进步后，适应速度会减慢，适应程度会变低。

老年运动员的训练设计需要通过周期性计划来体现运动表现的重要元素。力量是任何训练计划的核心，可以通过爆发力训练和提高对 pH 下降的耐受性来提高老年运动员的多维身体机能。随着酸碱缓冲能力的提高，局部肌肉耐力也会得到提高。

损伤风险与衰老

老年运动员似乎更容易发生某些损伤，包括肩袖和肱二头肌肌腱炎、髌骨关节病、大转子滑囊炎、股四头肌肌腱炎和断裂、腓肠肌撕裂、骨折（绝经后妇女）和椎间盘源性疼痛（即一种退化性疾病，术语“椎间盘源性疼痛”，意思是一个或多个椎间盘是疼痛的来源）。预防损伤的建议如下：在训练计划中安排某些练习（如肩袖练习）；改变计划所使用的负荷（如使用较小和中等负荷，谨慎使用大负荷）；不要每组训练都练至力竭；注意身体发出的信号，不要试图去忍受疼痛和酸痛。值得关注的是，许多研究表明抗阻训练是一种重要的治疗手段，可用于治疗各种疾病和损伤。

本 章 小 结

老年人进行力量训练的好处包括以下几个方面：增加力量、耐力和肌肉体积；提高柔韧性；拥有更多的活力；提升自我形象和自信心（Fragala et al.，2019）。和任何其他运动员的力量训练计划一样，老年运动员力量训练的两个主要部分是力量和爆发力。肌肉强化可以提高日常的身体表现和生活质量。此外，因为耐力活动的进行速度显著低于最大自主收缩的百分比，肌肉强化通过减少心脏和循环系统的压力来增强心血管耐力。肌肉和骨骼质量的增强非常有益于运动员的健康和恢复潜力。老年运动员抗阻训练计划的正确制订和实施对提高运动成绩和促进健康至关重要。

参考文献

第一章

Bompa，T.O.，and Buzzichelli，C.A.（2019）. *Periodization：Theory and methodology of training*（6th ed.）. Champaign，IL：Human Kinetics.

Fitz-Clarke，J.R.，Morton，R.H.，and Banister，E.W.（1991）. Optimizing athletic performance by influence curves. *Journal of Applied Physiology*，71（3），1151-1158.

Fleck，S.J.，and Kraemer，W.J.（2014）. *Designing resistance training programs*（4th ed.）. Champaign，IL：Human Kinetics.

Haff，G.G.，Triplett，N.T.，and National Strength and Conditioning Association.（2016）. *Essentials of strength training and conditioning*（4th ed.）. Champaign，IL：Human Kinetics.

Hopkins，W.G.（1991）. Quantification of training in competition sports：Methods and applications. *Sports Medicine*，12，161-183.

Siff，M.C.，and Verkhoshansky，Y.V.（1993）. *Supertraining*. Johannesburg，South Africa：University of Witwatersrand.

Smith，D.J.（2003）. A framework for understanding the training process leading to elite performance. *Sports Medicine*，33，1103-1126.

第二章

Fitts，R.H.，and Widrick，J.J.（1996）. Muscle mechanics：Adaptations with exercise training. *Exercise and Sport Sciences Reviews*，26，427-474.

Komi，P.V.，and Nicol，C.（2000）. Stretch-shortening cycle of muscle function. In V.M. Zatsiorsky（Ed.），*Biomechanics in sport：Performance enhancement and injury prevention*（pp. 87-102）. Oxford：IOC Medical Commission/Blackwell Science.

Kulig，A.，Andrews，J.，and Hay，J.G.（1984）. Human strength curves. *Exercise and Sports Science Reviews*，12，417-466.

Pandy，M.C.（1999）. Moment arm of a muscle force. *Exercise and Sports Science Reviews*，27，79-118.

Prilutsky，B.I.（2000）. Eccentric muscle action in sport and exercise. In V.M. Zatsiorsky（Ed.），*Biomechanics in sport*: *Performance enhancement and injury prevention*（pp. 56-86）. Oxford：IOC Medical Commission/Blackwell Science.

Wilkie，D.R.（1950）. The relation between force and velocity in human muscle. *Journal of Physiology*，110，249-280.

Zatsiorsky，V.M.（2003）. Biomechanics of strength and strength training. In P.V. Komi（Ed.），*Strength and power in sport*（pp. 439-487）. Oxford：IOC Medical Commission/Blackwell Science.

第三章

Beyfuss，K.，and Hood，D.A.（2018）. A systematic review of p53 regulation of oxidative stress in skeletal muscle. *Redox Report*，23（1），100-117.

Billeter，R.，and Hoppeler，H.（2003）. Muscular basis of strength. In P.V. Komi（Ed.），*Strength and power in sport*（pp. 50-72）. Oxford：IOC Medical Commission/Blackwell Science.

Butterfield，T.A.（2010）. Eccentric exercise in vivo：Strain-induced muscle damage and adaptation in a stable system. *Exercise and Sport Sciences Reviews*，38（2），51-60.

De Luca，C.J.，and Contessa，P.（2012）. Hierarchical control of motor units in voluntary contractions. *Journal of Neurophysiology*，107（1），178-195.

Duchateau，J.，and Enoka，R.M.（2011）. Human motor unit recordings：Origins and insight into the integrated motor system. *Brain Research*，1409，42-61.

Fogelholm，M.（1994）. Effects of bodyweight reduction on sports performance. *Sports Medicine*，18，249-267.

Frontera，W.R.，and Ochala，J.（2015）. Skeletal muscle：A brief review of structure and function. *Calcified Tissue International*，96（3），183-195.

Herzog，W.，Powers，K.，Johnston，K.，and Duvall，M.（2015）. A new paradigm for muscle contraction. *Frontiers in Physiology*，6，174.

Hessel，A.L.，Lindstedt，S.L.，and Nishikawa，K.C.（2017）. Physiological mechanisms of eccentric contraction and its applications：A role for the giant titin protein. *Frontiers in Physiology*，8，70.

Hessel，A.L.，and Nishikawa，K.C.（2017）. Effects of a titin mutation on negative work during stretch-shortening cycles in skeletal muscles. *Journal of Experimental Biology*，220（Pt 22），4177-4185.

Jaric，S.（2003）. Role of body size in the relation between muscle strength and movement performance. *Exercise and Sport Science Reviews*，31，8-12.

Kraemer，W.J.，Fleck，S.J.，and Evans，W.J.（1996）. Strength and power training：Physiological mechanisms of adaptation. *Exercise and Sport Science Reviews*，24，363-398.

Kraemer，W.J.，Ratamess，N.A.，and Nindl，B.C.（2017）. Recovery responses of testosterone，growth hormone，and IGF-1 after resistance exercise. *Journal of Applied Physiology*，122（3），549-558.

Kraemer，W.J.，Spiering，B.A.，Volek，J.S.，Ratamess，N.A.，Sharman，M.J.，Rubin，M.R.，and French，D.N.（2006）. Androgenic responses to resistance exercise：Effects of feeding and L-carnitine. *Medicine and Science in Sports and Exercise*，38（7），1288-1296.

Kraemer，W.J.，Volek，J.S.，Bush，J.A.，Putukian，M.，and Sebastianelli，W.J.（1998）. Hormonal responses to consecutive days of heavy-resistance exercise with or without nutritional supplementation. *Journal of Applied Physiology*，85（4），1544-1555.

LaStayo，P.C.，Woolf，J.M.，Lewek，M.D.，Snyder-Mackler，L.，Reich，T.，and Lindstedt，S.L.（2003）. Eccentric muscle contractions：Their contribution to injury，prevention，rehabilitation，and sport. *Journal of Orthopaedic and Sports Physical Therapy*，33（10），557-571.

Narici，M.，Franchi，M.，and Maganaris，C.（2016）. Muscle structural assembly and functional consequences. *Journal of Experimental Biology*，219（Pt 2），276-284.

Nishikawa，K.C.，Lindstedt，S.L.，and LaStayo，P.C.（2018）. Basic science and clinical use of eccentric contractions：History and uncertainties. *Journal of Sport and Health Science*，7（3），265-274.

Peake，J.M.，Neubauer，O.，Della Gatta，P.A.，Nosaka，K.（2017）. Muscle damage and inflammation during recovery from exercise. *Journal of Applied Physiology*，122（3），559-570.

Semmler，J.G.，and Enoka，R.M.（2000）. Neural contribution to changes in muscle strength. In V.M. Zatsiorsky（Ed.），*Biomechanics in sport：Performance enhancement and injury prevention*（pp. 3-20）. Oxford：IOC Medical Commission/Blackwell Science.

Volek，J.S.（2003）. Strength nutrition. *Current Sports Medicine Reports*，2（4），189-193.

Volek，J.S.，Noakes，T.，and Phinney，S.D.（2015）. Rethinking fat as a fuel for endurance exercise. *European Journal of Sport Science*，15（1），13-20.

第四章

Ahtiainen，J.P.，Pakarinen，A.，Kraemer，W.J.，and Häkkinen，K.（2003）. Acute hormonal and neuromuscular responses and recovery to forced vs maximum repetitions multiple resistance exercises. *International Journal of Sports Medicine*，24（6），410-418.

Atha，J.（1981）. Strengthening muscle. *Exercise and Sport Science Reviews*，9，1-73.

Casa，D.J.，Anderson，S.A.，Baker，L.，Bennett，S.，Bergeron，M.F.，Connolly，D.，and Courson，R.（2012）. The inter-association task force for preventing sudden death in collegiate conditioning sessions：Best practices recommendations. *Journal of Athletic Training*，47（4），477-480.

Cormie，P.，McGuigan，M.R.，and Newton，R.U.（2011）. Developing maximal neuromuscular power：Part 1 - biological basis of maximal power production. *Sports Medicine*，41（1），17-38.

Cormie，P.，McGuigan，M.R.，and Newton，R.U.（2011）. Developing maximal neuromuscular power：Part 2-training considerations for improving maximal power production. *Sports Medicine*，41（2），125-146.

Kraemer，W.J.，Adams，K.，Cafarelli，E.，Dudley，G.A.，Dooly，C.，Feigenbaum，M.S.，and Fleck，S.J.（2002）. American College of Sports Medicine position stand：Progression models in resistance training for healthy adults. *Medicine and Science in Sports and Exercise*，34，364-380.

Kraemer，W.J.，and Ratamess，N.A.（2004）. Fundamentals of resistance training：Progression and exercise prescription. *Medicine and Science in Sports and Exercise*，36，674-688.

Peterson，M.D.，Rhea，M.R.，and Alvar，B.A.（2004）. Maximizing strength development in athletes：A meta-analysis to determine the dose-response relationship. *Journal of Strength and Conditioning Research*，18（2），377-382.

Peterson，M.D.，Rhea，M.R.，and Alvar，B.A.（2005）. Applications of the dose-response for muscular strength development：A review of meta-analytic efficacy and reliability for designing training prescription. *Journal of Strength and Conditioning Research*，19（4），950-958.

Rhea，M.R.，Alvar，B.A.，Burkett，L.N.，and Ball，S.D.（2003）. A meta-analysis to determine the dose response for strength development. *Medicine and Science in Sports and Exercise*，35，456-464.

Tan，B.（1999）. Manipulating resistance training program variables to optimize maximum strength in men：A review. *Journal of Strength and Conditioning Research*，13（3），289-304.

Zatsiorsky，V.M.（1992）. Intensity of strength training. *National Strength and Conditioning Association Journal*，14（5），46-57.

第五章

Baker，D.，Wilson，G.，and Carlyon，R.（1994）. Periodization：The effect on strength of manipulating volume and intensity. *Journal of Strength and Conditioning Research*，8，235-242.

Casa，D.J.，Almquist，J.，Anderson，S.A.，Baker，L.，Bergeron，M.F.，Biagioli，B.，and Boden，B.（2012）. The inter-association task force for preventing sudden death in collegiate conditioning sessions：Best practices recommendations. *Journal of Athletic Training*，47（4），477-480.

Fleck，S.J.（1999）. Periodized strength training：A critical review. *Journal of Strength and Conditioning Research*，13（1），82-89.

Fleck，S.J.（2011）. Non-linear periodization for general fitness and athletes. *Journal of Human Kinetics*，29A，41-45.

Fleck，S.J.，and Kraemer，W.J.（1996）. *Periodization breakthrough!：The ultimate training system*. New York：Advanced Research Press.

Fleck，S.J.，and Kraemer，W.J.（2014）. *Designing resistance training programs*（4th ed.）. Champaign，IL：Human Kinetics.

Hudy，A.（2014）. *Power positions*. Kansas City，MO：Andrews McMeel Publishing LLC.

Kraemer，W.J.，and Beeler，M.K.（2019）. Periodization of resistance training：Concepts and paradigms. In T.J. Chandler and L.E. Brown（Eds.），*Conditioning for strength and human performance*（3rd ed.）（pp. 371-394）. New York，NY：Routledge Publishers.

Kraemer，W.J.，Häkkinen，K.，Triplett-McBride，N.T.，Fry，A.C.，Koziris，L.P.，Ratamess，N.A.，and Bauer，J.E.（2003）. Physiological changes with periodized resistance training in women tennis players. *Medicine and Science in Sports and Exercise*，35（1），157-168.

Kraemer，W.J.，Ratamess，N.，Fry，A.C.，Triplett-McBride，T.，Koziris，L.P.，Bauer，J.A.，and

Lynch，J.M.（2000）. Influence of resistance training volume and periodization on physiological and performance adaptations in collegiate women tennis players. *American Journal of Sports Medicine*，28（5），626-633.

Monteiro，A.G.，Aoki，M.S.，Evangelista，A.L.，Alveno，D.A.，Monteiro，G.A.，Piçarro，I da C.，and Ugrinowitsch，C.（2009）. Nonlinear periodization maximizes strength gains in split resistance training routines. *Journal of Strength and Conditioning Research*，23（4），1321-1326.

Smith，R.A.，Martin，G.J.，Szivak，T.K.，Comstock，B.A.，Dunn-Lewis，C.，Hooper，D.R.，and Flanagan，S.D.（2014）. The effects of resistance training prioritization in NCAA Division I football summer training. *Journal of Strength and Conditioning Research*，28（1），14-22.

Stone，M.H.，and O'Bryant，H.S.（1987）. *Weight training：A scientific approach.* Minneapolis：Burgess.

第六章

Aagaard，P.（2018）. Spinal and supraspinal control of motor function during maximal eccentric muscle contraction：Effects of resistance training. *Journal of Sport and Health Science*，7（3），282-293.

Albert，M.（1995）. Eccentric muscle training in sports and orthopaedics. New York：Churchill Livingstone.

Bobbert，M.F.（1990）. Drop jumping as a training method for jumping ability. *Sports Medicine*，9，7-22.

Brown，F.，Gissane，C.，Howatson，G.，van Someren，K.，Pedlar，C.，and Hill，J.（2017）. Compression garments and recovery from exercise：A meta-analysis. *Sports Medicine*，47（11），2245-2267.

Cormie，P.，McGuigan，M.R.，and Newton，R.U.（2010）. Influence of strength on magnitude and mechanisms of adaptation to power training. *Medicine and Science in Sports and Exercise*，42（8），1566-1581.

DuPont，W.H.，Meuris，B.J.，Hardesty，V.H.，Barnhart，E.C.，Tompkins，L.H.，Golden，M.J.，and Usher，C.J.（2017）. The effects combining cryocompression therapy following an acute bout of resistance exercise on performance and recovery. *Journal of Sports Science and Medicine*，16（3），333-342.

Enoka，R.M.（2002）. *Neuromechanics of human movement.* Champaign，IL：Human Kinetics.

Hettinger，T.（1983）. *Isometrisches muskeltraining.* Stuttgart：Thieme Verlag.

Komi，P.V.（2003）. Stretch-shortening cycle. In P.V. Komi（Ed.），*Strength and power in sport*（pp. 184-202）. Oxford：IOC Medical Commission/Blackwell Science.

Kraemer，W.J.，Bush，J.A.，Wickham，R.B.，Denegar，C.R.，Gómez，A.L.，Gotshalk，L.A.，and Duncan，N.D.（2001）. Influence of compression therapy on symptoms following soft tissue injury from maximal eccentric exercise. *Journal of Orthopaedic and Sports Physical Therapy*，31（6），282-290.

Kraemer，W.J.，Flanagan，S.D.，Comstock，B.A.，Fragala，M.S.，Earp，J.E.，Dunn-Lewis，C.，and Ho，J.Y.（2010）. Effects of a whole body compression garment on markers of recovery after a heavy resistance workout in men and women. *Journal of Strength and Conditioning Research*，24（3），804-814.

Kraemer，W.J.，Hooper，D.R.，Kupchak，B.R.，Saenz，C.，Brown，L.E.，Vingren，J.L.，and Luk，H.Y.（2016）. The effects of a roundtrip trans-American jet travel on physiological stress，neuromuscular performance，and recovery. *Journal of Applied Physiology*，121（2），438-448.

McBride，J.M.，Haines，T.L.，and Kirby，T.J.（2011）. Effect of loading on peak power of the bar，body，and system during power cleans，squats，and jump squats. *Journal of Sports Sciences*，29（11），1215-1221.

Mester，J.，Spitzenpfeil，P.，and Yue，Z.（2003）. Vibration loads potential for strength and power development. In P.V. Komi（Ed.），*Strength and power in sport*（pp. 488-501）. Oxford：IOC Medical Commission/Blackwell Science.

Nuzzo，J.L.，and McBride，J.M.（2013）. The effect of loading and unloading on muscle activity during the jump squat. *Journal of Strength and Conditioning Research*，27（7），1758-1764.

Saeterbakken，A.H.，Andersen，V.，and van den Tillaar，R.（2016）. Comparison of kinematics and muscle activation in free-weight back squat with and without elastic bands. *Journal of Strength and Conditioning Research*，30（4），945-952.

Sekowitz，D.M.（1990）. High frequency electrical stimulation in muscle strengthening：A review and discussion. *American Journal of Sports Medicine*，17，101-111.

第七章

Alcazar，J.，Csapo，R.，Ara，I.，and Alegre，L.M.（2019）. On the shape of the force-velocity relationship in skeletal muscles：The linear，the hyperbolic，and the double-hyperbolic. *Frontiers in Physiology*，10（769）. doi：10.3389/fphys.2019.00769.

Alcazar，J.，Navarro-Cruz，R.，Rodriguez-Lopez，C.，Vila-Maldonado，S.，Ara，I.，and Alegre，L.M.（2018）. The double-hyperbolic force-velocity relationship in humans. *Acta Physiologica*，226（4）. doi：10.1111/apha.13165.

Comfort，P.，Dos'Santos，T.，Beckham，G.K.，Stone，M.H.，Guppy，S.N.，and Haff，G.G.（2019）. Standardization and methodological considerations for the isometric midthigh pull. *Strength and Conditioning Journal*，41（2），57-79.

Conceição，F.，Fernandes，J.，Lewis，M.，Gonzalēz-Badillo，J.J.，and Jimenēz-Reyes，P.（2016）. Movement velocity as a measure of exercise intensity in three lower limb exercises. *Journal of Sports Sciences*，34（12），1099-1106.

Faulkner，J.A.，Claflin D.R.，and McCully，K.K.（1986）. Power output of fast and slow fibers from human skeletal muscle. In N.L. Jones，N. McCartney，and A.J. McComas（Eds.），*Human muscle power*（pp. 81-94）. Champaign，IL：Human Kinetics.

Fitts，R.H.，and Widrick，J.J.（1997）. Muscle mechanics：Adaptations with exercise training. In J.O. Holloszy（Ed.），*Exercise and sport sciences review*（pp. 427-473）. Baltimore，MD：Williams and Wilkins.

Gonzάlez-Badillo，J.J.，and Sάnchez-Medina，L.（2010）. Movement velocity as a measure of loading intensity in resistance training. *International Journal of Sports Medicine*，31，347-352.

Gonzάlez-Badillo，J.J.，Yañez-Garcίa，J.M.，Mora-Custodio，R.，and Rodrίguez-Rosell，D.（2017）. Velocity loss as a variable for monitoring resistance exercise. *International Journal of Sports Medicine*，38（3），217-225.

Haff，G.G.（2019）. Strength-isometric and dynamic testing. In P. Comfort，P.A. Jones，and J.J. McMahon（Eds.），*Performance assessment in strength and conditioning*（pp. 166-192）. London，UK：Routledge.

Hahn，D.（2018）. Stretching the limits of maximal voluntary eccentric force production in vivo. *Journal of Sport and Health Science*，7（3），275-281.

Mann，B.（2016）. Developing explosive athletes：Use of velocity based training in athletes. Michigan：Ultimate Athlete Concepts.

McGuigan，M.（2017）. *Monitoring training and performance in athletes*. Champaign，IL：Human Kinetics.

Moore，C.A.，Fry，A.C.，Melton，A.J.，Weiss，L.W.，and Rosato，F.D.（2003）. "Power production for different relative intensities for the hang power clean exercise [abstract]，" NSCA National Conference，Indianapolis，IN.

Randell，A.D.，Cronin，J.B.，Keogh，J.W.，Gill，N.D.，and Pedersen，M.C.（2011）. Effect of instantaneous performance feedback during 6 weeks of velocity-based resistance training on sport-specific performance tests. *Journal of Strength and Conditioning Research*，25，87-93.

Sánchez-Medina，L.，and González-Badillo，J.J.（2011）. Velocity loss as an indicator of neuromuscular fatigue during resistance training. *Medicine and Science in Sports and Exercise*，43，1725-1734.

Sánchez-Medina，L.，Pallarés，J.G.，Pérez，C.E.，Morán-Navarro，R.，and González-Badillo，J.J.（2017）. Estimation of relative load from bar velocity in the full back squat exercise. *Sports Medicine International Open*，1，E80-E88. doi：10.1055/s-0043-102933.

Spitz，R.W.，Gonzalez，A.M.，Ghigiarelli，J.J.，Sell，K.M.，and Mangine，G.T.（2019）. Load-velocity relationships of the back vs. front squat exercises in resistance-trained men. *Journal of Strength and Conditioning Research*，33（2），301-306.

Stasinaki，A.N.，Zaras，N.，Methenitis，S.，Bogdanis，G.，and Terzis，G.（2019）. Rate of force development and muscle architecture after fast and slow velocity eccentric training. *Sports*，7（2），41. doi：10.3390/sports7020041.

Stone，M.H.，Stone，M.，and Sands，W.A.（2007）. *Principles and practice of resistance training*. Champaign，IL：Human Kinetics.

Suchomel，T.J.，McMahon，J.J.，and Lake，J.P.（2019）. Combined assessment methods. In P. Comfort，P.A. Jones，and J.J. McMahon（Eds.），*Performance assessment in strength and conditioning*（pp. 275-290）. London，UK：Routledge.

第八章

Anderson，M.K.，and Hall，S.J.（1997）. *Fundamentals of sports injury management*. Baltimore，MD：Williams and Wilkins.

Chiu，L.Z.F.，and Burkhardt，E.（2011）. A teaching progression for squatting exercises. *Strength and Conditioning Journal*，33（2），46-54.

Eliassen，W.，Saeterbakken，A.H.，and van den Tillaar，R.（2018）. Comparison of bilateral and unilateral squat exercises on barbell kinematics and muscle activation. *International Journal of Sports Physical Therapy*，13（5），871-881.

Fuglsang，E.I.，Telling，A.S.，and Sørensen，H.（2017）. Effect of ankle mobility and segment ratios on trunk lean in the barbell back squat. *Journal of Strength and Conditioning Research*，31（11），3024-3033.

Glassbrook，D.J.，Helms，E.R.，Brown，S.R.，and Storey，A.G.（2017）. A review of the biomechanical differences between the high-bar and low-bar back-squat. *Journal of Strength and Conditioning Research*，31（9），2618-2634.

Hrysomallis，C.，and Goodman，C.（2001）. A review of resistance exercise and posture realignment. *Journal of Strength and Conditioning Research*，15（3），385-390.

Kellis，E.，and Baltzopoulos，V.（1995）. Isokinetic eccentric exercise. *Sports Medicine*，19，202-222.

Layer，J.S.，Grenz，C.，Hinshaw，T.J.，Smith，D.T.，Barrett，S.F.，and Dai，B.（2018）. Kinetic analysis of isometric back squats and isometric belt squats. *Journal of Strength and Conditioning Research*，32（12），3301-3309.

Lee，T.S.，Song，M.Y.，and Kwon，Y.J.（2016）. Activation of back and lower limb muscles during squat exercises with different trunk flexion. *Journal of Physical Therapy Science*，28（12），3407-3410.

Lorenzetti，S.，Ostermann，M.，Zeidler，F.，Zimmer，P.，Jentsch，L.，List，R.，and Taylor，W.R.（2018）. How to squat? Effects of various stance widths，foot placement angles and level of experience on knee，hip and trunk motion and loading. *BMC Sports Science，Medicine and Rehabilitation*，10，14.

Mazur，L.J.，Yetman，R.J.，and Riser，W.L.（1993）. Weight-training injuries and preventative methods. *Sports Medicine*，16，57-63.

McGill，S.（2004）. *Ultimate back fitness and performance.* Waterloo，Canada：Wabuno.

McGill，S.M.（2015）. Low back disorders：Evidence-based prevention and rehabilitation（3rd ed.）. Champaign，IL：Human Kinetics.

Miles，M.P.，and Clarkson，P.M.（1994）. Exercise-induced muscle pain，soreness，and cramps. *Journal of Sports Medicine and Physical Fitness*，34，203-216.

Myer，G.D.，Kushner，A.M.，Brent，J.L.，Schoenfeld，B.J.，Hugentobler，J.，Lloyd，R.S.，and Vermeil，A.（2014）. The back squat：A proposed assessment of functional deficits and technical factors that limit performance. *Strength and Conditioning Journal*，36（6），4-27.

National Strength and Conditioning Association.（2017）. NSCA Strength and Conditioning Professional Standards and Guidelines. *Strength and Conditioning Journal*，39（6），1-24.

Oshikawa，T.，Morimoto，Y.，and Kaneoka，K.（2018）. Lumbar lordosis angle and trunk and lower-limb electromyographic activity comparison in hip neutral position and external rotation during back squats. *Journal of Physical Therapy Science*，30（3），434-438.

Plowman，S.A.（1992）. Physical activity，physical fitness，and low back pain. *Exercise and Sport Science Reviews*，20，221-242.

Sands，W.A.，Wurth，J.J.，and Hewit，J.K.（2012）. *The National Strength and Conditioning Association's（NSCA） basics of strength and conditioning manual.* Retrieved from https://www.nsca.com/contentassets/116c55d64e1343d2b264e05aaf158a91/basics_of_strength_and_conditioning_manual.pdf.

van den Tillaar，R.（2019）. Effect of descent velocity upon muscle activation and performance in two-legged free weight back squats. *Sports*（*Basel*），7（1），E15.

Whiting，W.C.，and Zernicke，R.F.（1998）. *Biomechanics of musculoskeletal injury.* Champaign，IL：Human Kinetics.

第九章

Adlercreutz，H.，Härkönen，M.，Kuoppasalmi，K.，Näveri，H.，Huhtaniemi，I.，Tikkanen，H.，and Remes，K.（1986）. Effect of training on plasma anabolic and catabolic steroid hormones and their response during physical exercise. *International Journal of Sports Medicine*，7（Suppl.），27-28.

Fry，A.C.（1998）. The role of training intensity in resistance exercise overtraining and overreaching. In R.B. Kreider，A.C. Fry，and M.L. O'Toole（Eds.），*Overtraining and overreaching in sports*（pp. 107-130）. Champaign，IL：Human Kinetics.

Fry，A.C.（1999）. Overload and regeneration during resistance exercise. In M. Lehmann，C. Foster，U. Gastmann，H. Keizer，and J.M. Steinacker（Eds.），*Overload，performance incompetence，and regeneration in sport*（pp. 149-162）. New York：Kluwer Academic/Plenum Publishers.

Fry，A.C.，and Kraemer，W.J.（1997）. Resistance exercise overtraining and overreaching：Neuroendocrine responses. *Sports Medicine*，23（2），106-129.

Fry，A.C.，Kraemer，W.J.，Gordon，S.E.，Stone，M.H.，Warren，B.J.，Fleck，S.J.，and Kearney，J.T.（1994）. Exercise-induced endocrine responses to overreaching before and after one year of weightlifting training. *Canadian Journal of Applied Physiology*，14（4），400-410.

Fry，A.C.，Kraemer，W.J.，Lynch，J.M.，Marsit，J.L.，Roy，E.P.，Triplett，N.T.，and Knuttgen，H.G.（1994）. Performance decrements with high intensity resistance exercise overtraining. *Medicine and Science in Sports and Exercise*，26（9），1165-1173.

Fry，A.C.，Kraemer，W.J.，van Borselen，F.，Lynch，J.M.，Triplett，N.T.，Koziris，L.P.，and Fleck，S.J.（1994）. Catecholamine responses to short-term high intensity resistance exercise overtraining. *Journal of Applied Physiology*，77（2），941-946.

Haff，G.G.，Jackson，J.R.，Kawamori，N.，Carlock，J.M.，Hartman，M.J.，Kilgore，J.L.，and Morris，R.T.（2008）. Force-time curve characteristics and hormonal alterations during an eleven-week training period in elite women weightlifters. *Journal of Strength and Conditioning Research*，2（2），433-446.

Kraemer，W.J.，and Nindl，B.C.（1998）. Factors involved with overtraining for strength and power. In R.B. Kreider，A.C. Fry，and M.L. O'Toole（Eds.），*Overtraining and overreaching in sports*（pp. 69-86）. Champaign，IL：Human Kinetics.

Meeusen，R.，Duclos，M.，Foster，C.，Fry，A.，Gleeson，M.，Nieman，D.，and Raglin，J.（2013）. Prevention，diagnosis and treatment of the overtraining syndrome：Joint consensus statement of the European College of

Sport Science（ECSS）and the American College of Sports Medicine（ACSM）. *European Journal of Sport Science*，13（1），1-24.

Meeusen，R.，Duclos，M.，Gleeson，M.，Rietjens，G.，Steinacker，J.，and Urhausen，A.（2006）. Prevention，diagnosis and treatment of the overtraining syndrome：ECSS Position Statement Task Force. *European Journal of Sport Science*，6（1），1-14.

Moore，C.A.，and Fry，A.C.（2007）. Nonfunctional overreaching during off-season training for skill position players in collegiate American football. *Journal of Strength and Conditioning Research*，21（3），793-800.

Nicoll，J.X.，Fry，A.C.，Galpin，A.J.，Sterczala，A.J.，Thomason，D.B.，Moore，C.A.，and Weiss，L.W.（2016）. Changes in resting mitogen-activated protein kinases following resistance exercise overreaching and overtraining. *European Journal of Applied Physiology*，116（11-12），2401-2413.

Nicoll，J.X.，Fry，A.C.，Mosier，E.M.，Olsen，L.A.，and Sontag，S.A.（2019）. MAPK，androgen，and glucocorticoid receptor phosphorylation following high-frequency resistance exercise non-functional overreaching. *European Journal of Applied Physiology*，119（10），2237-2253.

Nilsson，S.（1987）. Overtraining. In S. Maehlum，S. Nilsson，and P. Renström（Eds.），An update on sports medicine – Proceedings from the second Scandinavian Conference on Sports Medicine，Soria Maria，Oslo，Norway，March 9-15，1986（pp. 97-104）. Oslo，Norway：Danish and Norwegian Sports Medicine Association，Swedish Society of Sports Medicine.

Ratamess，N.A.，Kraemer，W.J.，Volek，J.S.，Rubin，M.R.，Gomez，A.L.，French，D.N.，and Sharman，M.J.（2003）. The effects of amino acid supplementation on muscular performance during resistance training overreaching. *Journal of Strength and Conditioning Research*，17（2），250-258.

Selye，H.（1936）. A syndrome produced by diverse nocuous agents. *Nature*，138，32.

Sterczala，A.J.，Fry，A.C.，Chiu，L.Z.F.，Schilling，B.K.，Weiss，L.W.，and Nicoll，J.X.（2017）. β_2-adrenergic receptor maladaptations to high power resistance exercise overreaching. *Human Physiology*，43（4），446-454.

Stone，M.H.，and Fry，A.C.（1998）. The role of increased training volume in resistance exercise overtraining and overreaching. In R.B. Kreider，A.C. Fry，and M.L. O'Toole（Eds.），*Overtraining and overreaching in sports*（pp. 87-106）. Champaign，IL：Human Kinetics.

Stone，M.H.，Keith，R.，Kearney，J.T.，Wilson，G.D.，and Fleck，S.J.（1991）. Overtraining：A review of the signs and symptoms of overtraining. *Journal of Applied Sports Science Research*，5，35-50.

Volek，J.S.，Ratamess，N.A.，Rubin，M.R.，Gomez，A.L.，French，D.N.，McGuigan，M.M.，and Scheett，T.P.（2004）. The effects of creatine supplementation on muscular performance and body composition responses to short-term resistance training overreaching. *European Journal of Applied Physiology*，91（5-6），628-637.

Wilson，J.M.，Joy，J.M.，Lowery，R.P.，Roberts，M.D.，Lockwood，C.M.，Manninen，A.H.，and Fuller，J.C.（2013）. Effects of oral adenosine-5′-triphosphate supplementation on athletic performance，skeletal muscle hypertrophy and recovery in resistance-trained men. *Nutrition and Metabolism*，10（1），57.

第十章

Amonette，W.E.，English，K.L.，and Kraemer，W.J.（2016）. *Evidence-based practice in exercise science.* Champaign，IL：Human Kinetics.

Anshel，M.H.，Petrie，T.A.，and Steinfeldt，J.A.（Eds.）.（2019）. *APA handbooks in psychology series. APA handbook of sport and exercise psychology*，*Vol.* 1. *Sport psychology.* Washington，D.C.：American Psychological Association.

Calle，M.C.，and Fernandez，M.L.（2010）. Effects of resistance training on the inflammatory response. *Nutrition Research and Practice*，4（4），259-269.

Comfort，P.，Jones，P.A.，and McMahon，J.J.（Eds.）.（2019）. *Performance assessment in strength and conditioning.* London：Routledge.

Connolly，F.，and White，P.（2017）. *Game changer：The art of sport science.* Canada：Victory Belt Publishing.

Coyne，J.O.C.，Haff，G.G.，Coutts，A.J.，Newton，R.U.，and Nimphius，S.（2018）. The current state of subjective training load monitoring：A practical perspective and call to action. *Sports Medicine*，4，58.

Fleck，S.J.，and Kraemer，W.J.（2014）. *Designing resistance training programs*（4th ed.）. Champaign，IL：Human Kinetics.

Genner，K.M.，and Weston，M.A.（2014）. A comparison of workload quantification methods in relation to physiological responses to resistance exercise. *Journal of Strength and Conditioning Research*，28（9），2621-2627.

Gore，C.J.（Ed.）.（2000）. *Physiological tests for elite athletes.* Champaign，IL：Human Kinetics.

Haff，G.G.，and Triplett，N.T.（Eds.）.（2016）. *Essentials of strength training and conditioning*（4th ed.）. Champaign，IL：Human Kinetics.

Hopkins，W.，Marshall，S.，Batterham，A.，and Hanin，J.（2009）. Progressive statistics for studies of sports medicine and exercise science. *Medicine and Science in Sports and Exercise*，41，3-13.

Kellmann，M.（2010）. Preventing overtraining in athletes in high-intensity sports and stress/recovery monitoring. *Scandinavian Journal of Medicine and Science in Sports*，20（Suppl. 2），95-102.

Knuttgen，H.G.，and Kraemer，W.J.（1987）. Terminology and measurement in exercise performance. *Journal of Strength and Conditioning Research*，1（1），1-10.

Lee，E.C.，Fragala，M.S.，Kavaouras，S.A.，Queen，R.M.，Pryor，J.L.，and Casa，D.J.（2017）. Biomarkers in sports and exercise：Tracking health，performance，and recovery in athletes. *Journal of Strength and Conditioning Research*，31（10），2920-2937.

Maud，P.J.，and Foster，C.（Eds.）.（2006）. *Physiological assessment of human fitness.* Champaign，IL：Human Kinetics.

McGuigan，M.（2017）. *Monitoring training and performance in athletes.* Champaign，IL：Human Kinetics.

Nielsen，R.Ø.，Malisoux，L.，Møller，M.，Thiesen，D.，and Parner，E.T.（2016）. Shedding light on the etiology of sports injuries：A look behind the scenes of time-to-event analyses. *Journal of Orthopedic and Sports Physical Therapy*，46（4），300-311.

Ratamess，N.（2011）. *ACSM's foundations of strength training and conditioning.* Baltimore，MD：Lippincott，

Williams and Wilkins.

Sands，W.A.，Cardinale，M.，NcNeal，J.，Murray，S.，Sole，C.，Reed，J.，and Apostolopoulos，N.（2019）. Recommendations for measurement and management of an elite athlete. *Sports*，7，105.

Sands，W.A.，McNeal，J.R.，and Stone，M.H.（2005）. Plaudits and pitfalls in studying elite athletes. *Perceptual and Motor Skills*，100，22-24.

Starling，L.，and Lambert，M.（2018）. Monitoring rugby players for fitness and fatigue：What do coaches want? *International Journal of Sports Physiology and Performance*，13（6），777-782.

Stone，M.H.，Stone，M.，and Sands，W.A.（2007）. *Principles and practice of resistance training*. Champaign，IL：Human Kinetics.

Viru，A.，and Viru，M.（2001）. *Biochemical monitoring of sport training*. Champaign，IL：Human Kinetics.

Wiseman，A.（2019，May）. *Player monitoring and the four pillars of confidence*. Retrieved from https://soccerologysite.blog/2019/05/07/player-monitoring-the-four-pillarsof-confidence/.

第十一章

Amonette，W.E.，English，K.L.，and Kraemer，W.J.（2016）. *Evidence-based practice in exercise science*. Champaign，IL：Human Kinetics.

Campos，G.E.，Luecke，T.J.，Wendeln，H.K.，Toma，K.，Hagerman，F.C.，Murray，T.F.，and Ragg，K.E.（2002）. Muscular adaptations in response to three different resistance-training regimens：Specificity of repetition maximum training zones. *European Journal of Applied Physiology*，88（1-2），50-60.

Casa，D.J.，Almquist，J.，Anderson，S.A.，Baker，L.，Bergeron，M.F.，Biagioli，B.，and Boden，B.（2012）. The inter-association task force for preventing sudden death in collegiate conditioning sessions：Best practices recommendations. *Journal of Athletic Training*，47（4），477-480.

Casa，D.J.，Almquist，J.，Anderson，S.A.，Baker，L.，Bergeron，M.F.，Biagioli，B.，and Boden，B.（2013）. The inter-association task force for preventing sudden death in secondary school athletics programs：Best-practices recommendations. *Journal of Athletic Training*，48（4），546-553.

Fyfe，J.J.，Bishop，D.J.，and Stepto，N.K.（2014）. Interference between concurrent resistance and endurance exercise：Molecular bases and the role of individual training variables. *Sports Medicine*，44（6），743-762.

Hoff，J.，and Helgerud，J.（2004）. Endurance and strength training for soccer players：Physiological considerations. *Sports Medicine*，34，165-180.

Katch，R.K.，Scarneo，S.E.，Adams，W.M.，Armstrong，L.E.，Belval，L.N.，Stamm，J.M.，and Casa，D.J.（2017）. Top 10 research questions related to preventing sudden death in sport and physical activity. *Research Quarterly for Exercise and Sport*，88（3），251-268.

Kraemer，W.J.，and Fragala，M.S.（2006）. Personalize it：Program design in resistance training. *ACSM's Health and Fitness Journal*，10（4），7-17.

Kraemer，W.J.，Mazetti，S.A.，Ratamess，N.A.，and Fleck，S.J.（2000）. Specificity of training modes. In L.E.

Brown（Ed.），*Isokinetics in human performance*（pp. 25-41）. Champaign，IL：Human Kinetics.

Kraemer，W.J.，Patton，J.F.，Gordon，S.E.，Harman，E.A.，Deschenes，M.R.，Reynolds，K.，Newton，R.U.，et al.（1995）. Compatibility of high-intensity strength and endurance training on hormonal and skeletal muscle adaptations. *Journal of Applied Physiology*，78（3），976-989.

Leveritt，M.，Abernethy，P.J.，Barry，B.K.，and Logan，P.A.（1999）. Concurrent strength and endurance training：A review. *Sports Medicine*，28，413-427.

Mann，J.B.，Ivey，P.A.，Stoner，J.D.，Mayhew，J.L.，and Brechue，W.F.（2015）. Efficacy of the National Football League-225 test to track changes in one repetition maximum bench press after training in national collegiate athletic association division IA football players. *Journal of Strength and Conditioning Research*，29（11），2997-3005.

McCarthy，J.P.，Agre，J.C.，Graf，B.K.，Pozniak，M.A.，and Vailas，A.C.（1995）. Compatibility of adaptive responses with combining strength and endurance training. *Medicine and Science in Sports and Exercise*，27（3），429-436.

Sabag，A.，Najafi，A.，Michael，S.，Esgin，T.，Halaki，M.，and Hackett，D.（2018）. The compatibility of concurrent high intensity interval training and resistance training for muscular strength and hypertrophy：A systematic review and meta-analysis. *Journal of Sports Sciences*，36（21），2472-2483.

Sale，D.，and MacDougall，D.（1981）. Specificity in strength training：A review for the coach and athlete. *Canadian Journal of Applied Sports Science*，6，87-92.

Smidtbleicher，D.（1992）. Training for power events. In P.V. Komi（Ed.），*Strength and power in sport*（pp. 381-395）. Oxford：IOC Medical Commission/Blackwell Science.

Tanaka，H.，and Swensen，T.（1998）. Impact of resistance training on endurance performance：A new form of cross-training? *Sports Medicine*，25，191-200.

Viru，A.（1995）. *Adaptation in sports training*. Boca Raton，FL：CRC Press.

Widow，G.（1990）. Aspects of strength training in athletics. *New Studies in Athletics*，5（1），93-110.

第十二章

Clifton，D.R.，Hertel，J.，Onate，J.A.，Currie，D.W.，Pierpoint，L.A.，Wasserman，E.B.，and Knowles，S.B.（2018）. The first decade of web-based sports injury surveillance：Descriptive epidemiology of injuries in US high school girls' basketball（2005-2006 through 2013-2014）and National Collegiate Athletic Association women's basketball（2004-2005 through 2013-2014）. *Journal of Athletic Training*，53（11），1037-1048.

De Souza，M.J.（2003）. Menstrual disturbances in athletes：A focus on luteal phase defects. *Medicine and Science in Sports and Exercise*，35（9），1553-1563.

Ebben，W.P.，and Jensen，R.L.（1998）. Strength training for women：Debunking myths that block opportunity. *The Physician and Sportsmedicine*，26（5），86-97.

Fleck，S.J.，and Kraemer，W.J.（2014）. *Designing resistance training programs*（4th ed.）. Champaign，IL：

Human Kinetics.

Gilbert，W.（2016）. *Coaching better every season：A year-round system for athlete development and program success*. Champaign，IL：Human Kinetics.

Heck，A.L.，and Handa，R.J.（2019）. Sex differences in the hypothalamic-pituitary-adrenal axis' response to stress：An important role for gonadal hormones. *Neuropsychopharmacology*，44（1），45-58.

Holloway，J.B.，and Baechle，T.R.（1990）. Strength training for female athletes. A review of selected aspects. *Sports Medicine*，9（4），216-228.

Holloway，J.B.，Gater，D.，Ritchie，M.，Gilstrap，L.，Stoessel，L.，Todd，J.，and Kontor，K.（1989）. Strength training for female athletes：A position paper：Part I. *National Strength and Conditioning Association Journal*，11（4），43-51.

Holloway，J.B.，Gater，D.，Ritchie，M.，Gilstrap，L.，Stoessel，L.，Todd，J.，and Kontor，K.（1989）. Strength training for female athletes：A position paper：Part II. *National Strength and Conditioning Association Journal*，11（5），29-36.

Kraemer，W.J.（2002）. Development of the offseason resistance training programs for athletes. In M.B. Mellion，W.M. Walsh，C. Madden，M. Putukian，and G.L. Shelton（Eds.），*The team physician's handbook*（pp. 120-127）. Philadelphia：Hanley and Belfus.

Kraemer，W.J.，and Newton，R.U.（2000）. Training for muscular power. In J. Young（Ed.），*Clinics in sports medicine*（pp. 341-368）. Philadelphia：W.B. Saunders.

Kraemer，W.J.，Nindl，B.C.，Marx，J.O.，Gotshalk，L.A.，Bush，J.A.，Welsch，J.R.，and Volek，J.S.（2006）. Chronic resistance training in women potentiates growth hormone in vivo bioactivity：Characterization of molecular mass variants. *American Journal of Physiology. Endocrinology and Metabolism*，291（6），E1177-1187.

Kraemer，W.J.，Nindl，B.C.，Ratamess，N.A.，Gotshalk，L.A.，Volek，J.S.，Fleck，S.J.，and Newton，R.U.（2004）. Changes in muscle hypertrophy in women with periodized resistance training. *Medicine and Science in Sports and Exercise*，36（4），697-708.

Kraemer，W.J.，and Ratamess，N.A.（2003）. Endocrine responses and adaptations to strength and power training. In P.V. Komi（Ed.），*Strength and power in sport*（pp. 361-386）. Oxford：IOC Medical Commission/Blackwell Science.

Kraemer，W.J.，Ratamess，N.A.，and Nindl，B.C.（2017）. Recovery responses of testosterone，growth hormone，and IGF-1 after resistance exercise. *Journal of Applied Physiology*，122（3），549-558.

Kraemer，W.J.，Rubin，M.R.，Häkkinen，K.，Nindl，B.C.，Marx，J.O.，Volek，J.S.，and French，D.N.（2003）. Influence of muscle strength and total work on exercise-induced plasma growth hormone isoforms in women. *Journal of Science and Medicine in Sport*，6（3），295-306.

Loucks，A.B.（2003）. Introduction to menstrual disturbances in athletes. *Medicine and Science in Sports and Exercise*，35（9），1551-1552.

Miller，J.D.，Ventresca，H.C.，and Bracken，L.E.（2018）. Rate of performance change in American female weightlifters over ten years of competition. *International Journal of Exercise Science*，11（6），290-307.

Naclerio，F.，Faigenbaum，A.D.，Larumbe-Zabala，E.，Perez-Bibao，T.，Kang，J.，Ratamess，N.A.，and Triplett，N.T.（2013）. Effects of different resistance training volumes on strength and power in team sport athletes. *Journal of Strength and Conditioning Research*，27（7），1832-1840.

National Eating Disorders Association.（2018）. Tips for coaches: *Preventing eating disorders in athletes*. Retrieved from https://www.nationaleatingdisorders.org/learn/help/coaches-trainers.

National Strength and Conditioning Association（NSCA）.（1990）. *National Strength and Conditioning Association position paper：Strength training for female athletes*. Colorado Springs，CO：NSCA.

Patterson，M.S.，Umstattd Meyer，M.R.，and Beville，J.M.（2015）. Potential predictors of college women meeting strength training recommendations：Application of the integrated behavioral model. *Journal of Physical Activity and Health*，12（7），998-1004.

Petersen，C.（2005）. Weightlifting during pregnancy. Retrieved November 6，2005，From http://parenting.ivillage.com/pregnancy/pfitness/0,,dfexc_nc1d,00.html.

Petrella，J.K.，Kim，J.S.，Cross，J.M.，Kosek，D.J.，and Bamman，M.M.（2006）. Efficacy of myonuclear addition may explain differential myofiber growth among resistance-trained young and older men and women. *American Journal of Physiology. Endocrinology and Metabolism*，291（5），E937-946.

Pettitt，R.W.，and Bryson，E.R.（2002）. Training for women's basketball：A biomechanical emphasis for preventing anterior cruciate ligament injury. *Strength and Conditioning Journal*，24（5），20-29.

Rana，S.R.，Chleboun，G.S.，Gilders，R.M.，Hagerman，F.C.，Herman，J.R.，Hikida，R.S.，and Kushnick，M.R.（2008）. Comparison of early phase adaptations for traditional strength and endurance，and low velocity resistance training programs in college-aged women. *Journal of Strength and Conditioning Research*，22（1），119-127.

Ritchie，S.J.，Cox，S.R.，Shen，X.，Lombardo，M.V.，Reus，L.M.，Alloza，C.，and Harris，M.A.（2018）. Sex differences in the adult human brain：Evidence from 5216 UK biobank participants. *Cerebral Cortex*，28（8），2959-2975.

Staron，R.S.，Hagerman，F.C.，Hikida，R.S.，Murray，T.F.，Hostler，D.P.，Crill，M.T.，and Ragg，K.E.（2000）. Fiber type composition of the vastus lateralis muscle of young men and women. *Journal of Histochemistry and Cytochemistry*，48（5），623-629.

Staron，R.S.，Herman，J.R.，and Schuenke，M.D.（2012）. Misclassification of hybrid fast fibers in resistance-trained human skeletal muscle using histochemical and immunohistochemical methods. *Journal of Strength and Conditioning Research*，26（10），2616-2622.

Staron，R.S.，Karapondo，D.L.，Kraemer，W.J.，Fry，A.C.，Gordon，S.E.，Falkel，J.E.，and Hagerman，F.C.（1994）. Skeletal muscle adaptations during early phase of heavy-resistance training in men and women. *Journal of Applied Physiology*，76（3），1247-1255.

Staron，R.S.，Leonardi，M.J.，Karapondo，D.L.，Malicky，E.S.，Falkel，J.E.，Hagerman，F.C.，and Hikida，

R.S.（1991）. Strength and skeletal muscle adaptations in heavy-resistance-trained women after detraining and retraining. *Journal of Applied Physiology*，70（2），631-640.

Staron，R.S.，Malicky，E.S.，Leonardi，M.J.，Falkel，J.E.，Hagerman，F.C.，and Dudley，G.A.（1990）. Muscle hypertrophy and fast fiber type conversions in heavy resistance-trained women. *European Journal of Applied Physiology and Occupational Physiology*，60（1），71-79.

Thompson，C.（2014）. *Eating disorders in athletes*. Retrieved from https://www.mirror-mirror.org/athlete.htm.

Volek，J.S.，Forsythe，C.E.，and Kraemer，W.J.（2006）. Nutritional aspects of women strength athletes. *British Journal of Sports Medicine*，40（9），742-748.

Williams，N.I.（2003）. Lessons from experimental disruptions of the menstrual cycle in humans and monkeys. *Medicine and Science in Sports and Exercise*，35（9），1564-1572.

第十三章

American College of Sports Medicine（ACSM）.（1993）. The prevention of sports injuries of children and adolescents. *Medicine and Science in Sports and Exercise*，25（8），1-7.

American Orthopaedic Society for Sports Medicine（AOSSM）.（1988）. Proceedings of the conference on strength training and the prepubescent. Chicago：AOSSM.

Bar-Or，O.（1989）. Trainability of the prepubescent child. *Physician and Sportsmedicine*，17（5），65-82.

Bea，J.W.，Blew，R.M.，Howe，C.，Hetherington-Rauth，M.，and Going，S.B.（2017）. Resistance training effects on metabolic function among youth：A systematic review. *Pediatric Exercise Science*，29（3），297-315.

Blimkie，C.J.R.（1992）. Resistance training during pre- and early puberty：Efficacy，trainability，mechanisms，and persistence. *Canadian Journal of Sport Sciences*，17（4），264-279.

Blimkie，C.J.R.（1993）. Resistance training during preadolescence：Issues and controversies. *Sports Medicine*，15（6），389-407.

Committee on Sports Medicine and Fitness.（2001）. American Academy of Pediatrics：Strength training by children and adolescents. *Pediatrics*，107（6），1470-1472.

Dahab，K.S.，and McCambridge，T.M.（2009）. Strength training in children and adolescents：Raising the bar for young athletes? *Sports Health*，1（3），223-226.

Faigenbaum，A.D.，Kraemer，W.J.，Blimkie，C.J.，Jeffreys，I.，Micheli，L.J.，Nitka，M.，and Rowland，T.W.（2009）. Youth resistance training：Updated position statement paper from the national strength and conditioning association. *Journal of Strength and Conditioning Research*，23（5 Suppl），S60-79.

Faigenbaum，A.D.，Kraemer，W.J.，Cahill，B.，Chandler，J.，Dziados，J.，Elfrink，L.D.，and Forman，E.（1996）. Youth resistance training：Position statement paper and literature review. *Strength and Conditioning*，18（6），62-76.

Faigenbaum，A.，and Westcott，W.（2000）. *Strength and power training for young athletes*. Champaign，IL：Human Kinetics.

Goldfield，G.S.，Kenny，G.P.，Alberga，A.S.，Tulloch，H.E.，Doucette，S.，Cameron，J.D.，and Sigal，R.J.（2017）. Effects of aerobic or resistance training or both on health-related quality of life in youth with obesity：The HEARTY Trial. *Applied Physiology，Nutrition，and Metabolism*，42（4），361-370.

Guy，J.A.，and Micheli，L.J.（2001）. Strength training for children and adolescents. *Journal of the American Academy of Orthopaedic Surgeons*，9（1），29-36.

Kraemer，W.J.，Faigenbaum，A.D.，Bush，J.A.，and Nindl，B.C.（1999）. Resistance training and youth：Enhancing muscle fitness. In J.M. Rippe（Ed.），*Lifestyle medicine*（pp. 626-637）. Cambridge，MA：Blackwell Science.

Kraemer，W.J.，and Fleck，S.J.（2005）. *Strength training for young athletes*（2nd ed.）. Champaign，IL：Human Kinetics.

Kraemer，W.J.，Fry，A.C.，Frykman，P.N.，Conroy，B.，and Hoffman，J.（1989）. Resistance training and youth. *Pediatric Exercise Science*，1，336-350.

Kraemer，W.J.，Fry，A.C.，Warren，B.J.，Stone，M.H.，Fleck，S.J.，Kearney，J.T.，Conroy，B.P.，Maresh，C.M.，Weseman，C.A.，Triplett，N.T.，et al.（1992）. Acute hormonal responses in elite junior weightlifters. *International Journal of Sports Medicine*，13（2），103-109.

Kraemer，W.J.，Ratamess，N.A.，and Rubin，M.R.（2000）. Basic principles of resistance training. In C.G.R. Jackson（Ed.），*Nutrition and the strength athlete*（pp. 1-29）. Boca Raton，FL：CRC Press.

Lloyd，R.S.，Cronin，J.B.，Faigenbaum，A.D.，Haff，G.G.，Howard，R.，Kraemer，W.J.，and Micheli，L.J.（2016）. National Strength and Conditioning Association position statement on long-term athletic development. *Journal of Strength and Conditioning Research*，30（6），1491-1509.

Malina，R.M.，and Bouchard，C.（1991）. *Growth，Maturation，and Physical Activity.* Champaign，IL：Human Kinetics.

Milone，M.T.，Bernstein，J.，Freedman，K.B.，and Tjoumakaris，F.（2013）. There is no need to avoid resistance training（weight lifting）until physeal closure. *Physician and Sportsmedicine*，41，101-105.

Myers，A.M.，Beam，N.W.，and Fakhoury，J.D.（2017）. Resistance training for children and adolescents. *Translational Pediatrics*，6（3），137-143.

Payne，V.G.，Morrow，J.R.，Johnson，L.，and Dalton，S.N.（1997）. Resistance training in children and youth：A meta-analysis. *Research Quarterly for Exercise and Sport*，68（1），80-88.

Rosendahl，K.，and Strouse，P.J.（2016）. Sports injury of the pediatric musculoskeletal system. *Radiologia Medica*，121（5），431-441.

Theisen，D.，Malisoux，L.，Seil，R.，and Urhausen，A.（2014）. Injuries in youth sports：Epidemiology，risk factors and prevention. *Deutsche Zeitschrift für Sportmedizin*，65，248-252.

Walters，B.K.，Read，C.R.，and Estes，A.R.（2018）. The effects of resistance training，overtraining，and early specialization on youth athlete injury and development. *Journal of Sports Medicine and Physical Fitness*，58（9），1339-1348.

Zwolski，C.，Quatman-Yates，C.，and Paterno，M.V.（2017）. Resistance training in youth：Laying the foundation for injury prevention and physical literacy. *Sports Health*，9（5），436-443.

第十四章

American College of Sports Medicine.（2009）. American College of Sports Medicine position stand. Progression models in resistance training for healthy adults. *Medicine and Science in Sports and Exercise*，41（3），687-708.

Anton，M.M.，Spirduso，W.W.，and Tanaka，H.（2004）. Age-related declines in anaerobic muscular performance：Weightlifting and powerlifting. *Medicine and Science in Sports and Exercise*，36（1），143-147.

Arver，S.，and Lehtihet，M.（2009）. Current guidelines for the diagnosis of testosterone deficiency. *Frontiers of Hormone Research*，37，5-20.

Baker，J.，Fraser-Thomas，J.，Dionigi，R.A.，and Horton，S.（2010）. Sport participation and positive development in older persons. *European Review of Aging and Physical Activity*，7，3-12.

Bechshøft，R.L.，Malmgaard-Clausen，N.M.，Gliese，B.，Beyer，N.，Mackey，A.L.，Andersen，J.L.，and Kjær，M.（2017）. Improved skeletal muscle mass and strength after heavy strength training in very old individuals. *Experimental Gerontology*，92，96-105.

Bernstein，M.（2017）. Nutritional needs of the older adult. *Physical Medicine and Rehabilitation Clinics in North America*，28（4），747-766.

Bhasin，S.，and Basaria，S.（2011）. Diagnosis and treatment of hypogonadism in men. *Best Practice and Research. Clinical Endocrinology and Metabolism*，25（2），251-270.

Bouzid，M.A.，Filaire，E.，McCall，A.，and Fabre，C.（2015）. Radical oxygen species，exercise and aging：An update. *Sports Medicine*，45（9），1245-1261.

Campbell，W.W.，and Geik，R.A.（2004）. Nutritional considerations for the older athlete. *Nutrition*，20（7/8），603-608.

Fleck，S.J.，and Kraemer，W.J.（2014）. *Designing resistance training programs*（4th ed.）. Champaign，IL：Human Kinetics.

Fragala，M.S.，Cadore，E.L.，Dorgo，S.，Izquierdo，M.，Kraemer，W.J.，Peterson，M.D.，and Ryan，E.D.（2019）. Resistance training for older adults：Position statement from the National Strength and Conditioning Association. *Journal of Strength and Conditioning Research*，33（8），2019-2052.

Franklin，B.A.，Fern，A.，and Voytas，J.（2004）. Training principles for elite senior athletes. *Current Sports Medicine Reports*，3（3），173-179.

Freeman，J.，Froelicher，V.，and Ashley，E.（2009）. The ageing athlete：Screening prior to vigorous exertion in asymptomatic adults without known cardiovascular disease. *British Journal of Sports Medicine*，43（9），696-701.

Frontera，W.R.，Meredith，C.N.，O'Reilly，K.P.，Knuttgen，H.G.，and Evans，W.J.（1988）. Strength conditioning in older men：Skeletal muscle hypertrophy and improved function. *Journal of Applied Physiology*，64（3），1038-1044.

Gotshalk，L.A.，Kraemer，W.J.，Mendonca，M.A.，Vingren，J.L.，Kenny，A.M.，Spiering，B.A.，and Hatfield，D.L.（2008）. Creatine supplementation improves muscular performance in older women. *European Journal of Applied Physiology*，102（2），223-231.

Gotshalk，L.A.，Volek，J.S.，Staron，R.S.，Denegar，C.R.，Hagerman，F.C.，and Kraemer，W.J.（2002）. Creatine supplementation improves muscular performance in older men. *Medicine and Science in Sports and Exercise*，34（3），537-543.

Greenlee，T.A.，Greene，D.R.，Ward，N.J.，Reeser，G.E.，Allen，C.M.，Baumgartner，N.W.，and Cohen，N.J.（2017）. Effectiveness of a 16-week high-intensity cardioresistance training program in adults. *Journal of Strength and Conditioning Research*，31（9），2528-2541.

Häkkinen，K.（2003）. Aging and neuromuscular adaptation to strength training. In P.V. Komi（Ed.），*Strength and power in sport*（pp. 409-425）. Oxford：IOC Medical Commission/Blackwell Science.

Hooper，D.R.，Tenforde，A.S.，and Hackney，A.C.（2018）. Treating exercise-associated low testosterone and its related symptoms. *The Physician and Sportsmedicine*，46（4），427-434.

Hunter，I.，Hay，C.W.，Esswein，B.，Watt，K.，and McEwan，I.J.（2018）. Tissue control of androgen action：The ups and downs of androgen receptor expression. *Molecular and Cellular Endocrinology*，465，27-35.

Kraemer，W.J.，Adams，K.，Cafarelli，E.，Dudley，G.A.，Dooly，C.，Feigenbaum，M.S.，and Fleck，S.J.（2002）. American College of Sports Medicine（ACSM）position stand：Progression models in resistance training for healthy adults. *Medicine and Science in Sports and Exercise*，34（2），364-380.

Kraemer，W.J.，Fleck，S.J.，and Evans，W.J.（1996）. Strength and power training：Physiological mechanisms of adaptation. *Exercise and Sport Sciences Review*，24，363-397.

Kraemer，W.J.，Kennett，M.J.，Mastro，A.M.，McCarter，R.J.，Rogers，C.J.，DuPont，W.H.，and Flanagan，S.D.（2017）. Bioactive growth hormone in older men and women：It's relationship to immune markers and healthspan. *Growth Hormone and IGF Research*，34，45-54.

Kraemer，W.J.，and Newton，R.U.（2000）. Training for muscular power. *Physical Medicine and Rehabilitation Clinics of North America*，11（2），341-368.

Kraemer，W.J.，Ratamess，N.A.，Anderson，J.M.，Maresh，C.M.，Tiberio，D.P.，Joyce，M.E.，and Messinger，B.N.（2004）. Effect of a cetylated fatty acid topical cream on functional mobility and quality of life of patients with osteoarthritis. *Journal of Rheumatology*，31（4），767-774.

Leigey，D.，Irrgang，J.，Francis，K.，Cohen，P.，and Wright，V.（2009）. Participation in high-impact sports predicts bone mineral density in senior Olympic athletes. *Sports Health*，1（6），508-513.

Ludwig，D.S.，Willett，W.C.，Volek，J.S.，and Neuhouser，M.L.（2018）. Dietary fat：From foe to friend? *Science*，362（6416），764-770.

Maxwell，N.，Castro，R.W.，Sutherland，N.M.，Vaughan，K.L.，Szarowicz，M.D.，de Cabo，R.，and Mattison，J.A.（2018）. α-Motor neurons are spared from aging while their synaptic inputs degenerate in monkeys and mice. *Aging Cell*，17（2）.

McKinnon，N.B.，Connelly，D.M.，Rice，C.L.，Hunter，S.W.，and Doherty，T.J.（2017）. Neuromuscular contributions to the age-related reduction in muscle power: Mechanisms and potential role of high velocity power training. *Ageing Research Reviews*, 35, 147-154.

Munetomo, A., Hojo, Y., Higo, S., Kato, A., Yoshida, K., Shirasawa, T., and Shimizu, T. (2015). Aging-induced changes in sex-steroidogenic enzymes and sex-steroid receptors in the cortex, hypothalamus and cerebellum. *Journal of Physiological Sciences*, 65 (3), 253-263.

Noakes, T., Volek, J.S., and Phinney, S.D. (2014). Low-carbohydrate diets for athletes: What evidence? *British Journal of Sports Medicine*, 48 (14), 1077-1078.

Paoli, A., Rubini, A., Volek, J.S., and Grimaldi, K.A. (2013). Beyond weight loss: A review of the therapeutic uses of very-low-carbohydrate (ketogenic) diets. *European Journal of Clinical Nutrition*, 67 (8), 789-796.

Papa, E.V., Dong, X., and Hassan, M. (2017). Resistance training for activity limitations in older adults with skeletal muscle function deficits: A systematic review. *Clinical Interventions in Aging*, 12, 955-961.

Portugal, E.M., Vasconcelos, P.G., Souza, R., Lattari, E., Monteiro-Junior, R.S., Machado, S., and Deslandes, A.C. (2015). Aging process, cognitive decline and Alzheimer's disease: Can strength training modulate these responses? *CNS and Neurological Disorders Drug Targets*, 14 (9), 1209-1213.

Roubenoff, R. (2000). Sarcopenia and its implications for the elderly. *European Journal of Clinical Nutrition*, 54 (Suppl. 3), S40-S47.

Shadrach, J.L., and Wagers, A.J. (2011). Stem cells for skeletal muscle repair. *Philosophical Transactions of the Royal Society B: Biological Sciences*, 366 (1575), 2297-2306.

Siegmann, M.J., Athinarayanan, S.J., Hallberg, S.J., McKenzie, A.L., Bhanpuri, N.H., Campbell, W.W., and McCarter, J.P. (2019). Improvement in patient-reported sleep in type 2 diabetes and prediabetes participants receiving a continuous care intervention with nutritional ketosis. *Sleep Medicine*, 55, 92-99.

Singh, M.A. (2004). Exercise and aging. *Clinical Geriatric Medicine*, 20 (2), 201-221.

Smolarek Ade, C., Ferreira, L.H., Mascarenhas, L.P., McAnulty, S.R., Varela, K.D., Dangui, M.C., and de Barros, M.P. (2016). The effects of strength training on cognitive performance in elderly women. *Clinical Interventions in Aging*, 11, 749-754.

Suo, C., Singh, M.F., Gates, N., Wen, W., Sachdev, P., Brodaty, H., and Saigal, N. (2016). Therapeutically relevant structural and functional mechanisms triggered by physical and cognitive exercise. *Molecular Psychiatry*, 21 (11), 1633-1642.

Tedesco, S.F, Dellavalle, A., Diaz-Manera, J., Messina, G., and Cossu, G. (2010). Repairing skeletal muscle: Regenerative potential of skeletal muscle stem cells. *Journal of Clinical Investigation*, 120 (1), 11-19.

Trappe, S. (2001). Master athletes. International Journal of Sport Nutrition and Exercise Metabolism, 11 (Suppl.), S196-S207.

Tudoraşcu, I., Sfredel, V., Riza, A.L., Dănciulescu Miulescu, R., Ianoşi, S.L., and Dănoiu, S. (2014). Motor unit changes in normal aging: A brief review. *Romanian Journal of Morphology and Embryology*, 55 (4), 1295-1301.

Turner，C.E.，Byblow，W.D.，and Gant，N.（2015）. Creatine supplementation enhances corticomotor excitability and cognitive performance during oxygen deprivation. *Journal of Neuroscience*，35（4），1773-1780.

Wang，E.，Nyberg，S.K.，Hoff，J.，Zhao，J.，Leivseth，G.，Tørhaug，T.，and Husby，O.S.（2017）. Impact of maximal strength training on work efficiency and muscle fiber type in the elderly：Implications for physical function and fall prevention. *Experimental Gerontology*，91，64-71.

Wright，V.J.，and Perricelli，B.C.（2008）. Age-related rates of decline in performance among elite senior athletes. *American Journal of Sports Medicine*，36（3），443-450.

作 者 简 介

弗拉基米尔 • M. 扎齐奥尔斯基（Vladimir M. Zatsiorsky），博士，宾夕法尼亚州立大学运动学荣誉教授；曾担任苏联奥运会运动队的体能顾问，时间长达 26 年，训练过数百名世界级的运动员；撰写或合著的书籍有 15 部，并发表了 350 多篇科研论文。他的著作被翻译成多种语言出版，包括英语、俄语、德语、西班牙语、汉语、日语、葡萄牙语、意大利语、波兰语、捷克语、罗马尼亚语、匈牙利语和保加利亚语等；获得过波兰和俄罗斯一些大学的荣誉博士学位，同时也是国际运动生物力学协会的荣誉会员；在国际奥林匹克委员会医学委员会工作过 20 年。他喜欢在业余时间阅读、听古典音乐和锻炼身体。

威廉 • J. 克雷默（William J. Kraemer），博士，俄亥俄州立大学教育与人类生态学院

人文科学系教授。在此之前，他曾在康涅狄格大学、波尔州立大学和宾夕法尼亚州立大学担任过教授，并在这些院校的医学院任职；曾担任中学和大学老师；曾任美国陆军上尉，在马萨诸塞州纳蒂克的美国陆军环境医学研究所工作；在与教练员和运动员合作制订力量训练计划方面经验颇丰；曾加入多个组织，曾担任美国运动医学学会及其行政委员会主席，以及美国国家体能协会主席；撰写及与他人合作同行评议的科学文献超过 500 篇；在其研究领域多次获奖，曾获 2020年美国运动医学学会引文奖、美国运动医学学会约瑟夫 • 沃尔夫纪念演讲奖和美国国家体能协会的终身成就奖。2016年，他获得于韦斯屈莱大学荣誉博士学位。他是世界顶尖体能和运动科学专业人士之一。

安德鲁 • C. 弗赖伊（Andrew C. Fry），博士，堪萨斯大学健康和运动科学系教授。他先后在内布拉斯加卫斯理大学、内布拉斯加大学-林肯分校、宾夕法尼亚州立大学获得体育学学士学位、运动科学硕士学位和运动生理学博士学位。

在两年的博士后期间，他在俄亥俄州立大学学习细胞和分子肌肉生理学。在之后的 13 年里，他在孟菲斯大学担任运动生物化学实验室主任。在堪萨斯大学，他与堪萨斯大学田径队合作，帮助发展了研究和指导运动表现团队。多年来，他一直致力于生理和运动表现的反应、抗阻训练的适应性，以及过度训练的研究。

致谢

本书第三版代表了作者及所呈现内容的历史变化和发展。当前，力量训练领域已出现各种通过提高身体基础能力增加力量的方法。然而，以往的许多原则仍然保持不变，这是训练计划制订的基础。

在第一版中，扎齐奥尔斯基博士得到了许多人的帮助，包括1967年在宾夕法尼亚州立大学创建生物力学实验室的理查德·C. 纳尔逊博士、罗伯特·J. 格雷格博士（现为佐治亚理工大学荣誉退休教授）和贝诺·M. 尼格博士（现为卡尔加里大学荣誉退休教授），他们邀请扎齐奥尔斯基博士做他们实验室的客座研究员。第一版的部分内容是在这段时间完成的。

对于第二版的诞生，扎齐奥尔斯基博士和克雷默博士都要感谢人体运动学的许多专业人士，尤其是麦克·巴克博士，感谢他将他们再次聚在一起，就共同感兴趣的研究主题协同开展新一轮的合作。

第三版是在罗杰·厄尔先生的支持和鼓励下完成的。他是人体运动出版社贸易和专业部的高级策划编辑，也曾是一名举重运动员。他积极推动了这部标志性著作的继续完善工作。扎齐奥尔斯基博士的力量训练基本原则和方法在实践中经受住了时间的考验。第二版有克雷默博士的著述，展示了概念和理论的扩展与演变，第三版增添了弗赖伊博士的专业知识，剔除了目前本书所研究主题中普遍存在的各种错误信息，读者会有更多收获。

感谢人体运动出版社的执行编辑汉娜·沃纳女士，她在作者完成这部作品的过程中给予了很大的耐心和帮助。还要特别感谢人体运动出版社许多团队成员，包括开发编辑安妮·霍尔、平面设计师丹尼斯·劳里、高级艺术经理凯利·亨德伦、高级平面设计师乔·巴克、插画师海蒂·里希特和制作总监乔安妮·布鲁梅特，他们做了大量工作，努力从图书出版的不同角度尽可能把本书做到最好。

克雷默博士想要感谢很多人，却限于无法全面介绍他们的贡献。感谢在这个领域和克雷默博士共事几十年的史蒂夫·弗莱克博士，感谢在康涅狄格大学和克雷默博士每天一起工作超过10年的已故朋友杰里·马丁教练，他在克雷默博士开发的模型中付出了很多，为理论与实践搭起了桥梁。

弗赖伊博士要感谢威廉·J. 克雷默和罗伯特·S. 斯塔伦。这两位导师表现出了极大的耐心，帮助弗赖伊博士理解了本书所涉及的研究主题，并允许弗赖伊博士在做学生和博士后期间进行相关的研究。另外，感谢弗赖伊博士所有的同事、教练员和老师们，是他们帮助弗赖伊博士更好地理解相关的原则和概念。弗赖伊博士的众多可爱的学生，多年来参与了无数次讨论、训练课计划的制订和数据的收集与分析，这些互动让弗赖伊博士不断受到启发，能跟上训练理念的发展，也让弗赖伊博士知道了互相学习具有非常重要的价值。此外，感谢运动员和教练员，是他们允许弗赖伊博士将这些训练原则应用到他们的训练项目中。

作者想要感谢很多的运动员、学生和教师同事，他们与作者一起在课堂教学和研究项目中努力工作，为作者提供了充满挑战和令人兴奋的讨论，丰富了作者对力量训练的见解和经验。最后，作者要感谢该领域的许多体能专业人士及健身爱好者，是他们鼓励了作者，并且激励作者继续发展力量训练方面的科学理论和概念，而其中的许多理论和概念已被写入本版。